9 — Commerce mondial et choc des cultures — 1500-1750

10 — D'une révolution à l'autre — 1750-1815

11 — La puissance de l'Europe — 1815-1870

12 — L'Occident conquiert le monde — 1870-1914

13 — [illegible] mondiaux — 1914-1945

14 — Trois mondes en guerre froide — 1945-1965

15 — Vers un avenir meilleur ? — 1965-1985

16 — Une planète bouleversée — 1985-1996

MEMOIRES DU MONDE

Volume 12
L'Occident conquiert le monde (1870-1914)

par Jarle Simensen

Préface : S.A.R. le prince, Henri de France, comte de Clermont
Postface : M. François Caron, Professeur à l'université de Paris IV Sorbonne

Traduit du suédois
par Marianne et Jean-François Battail

Rédaction :
Øivind Blom
Bjarte Kaldhol
Aud Røssum

Légendes :
Gil Dahlström

Conception graphique :
Finn Nyebølle
Kinta Nyebølle

Mémoires du Monde

Published in agreement with C.H. Aschehough & Co. (W. Nygaard), Oslo, Norway,
Bra Böcker, Höganäs, Sweden and Norden Publishing
House Ltd., St. Gallen, Switzerland.
Photocomposition : SCCM, France 1994
Impression et reliure : Brepols, Belgique 1994
ISBN 2-910648-02-8

Préface : 1870-1914

Entre ces deux dates, l'Europe atteint son apogée. En plein essor industriel, elle entreprend la conquête du monde. Des milliers d'Européens à la recherche de nouveaux espaces traversent les mers, s'enfoncent dans les steppes d'Asie centrale, les uns poussés par la faim et le chômage, d'autres — tels les juifs — fuyant les pogroms russes, d'autres encore avides de découvrir l'or de l'Alaska, l'Ouest américain ou des terres encore vierges.

Les principales puissances européennes se partagent déjà ce grand continent vide : l'Afrique. En 1898 les États-Unis, à l'image des occidentaux, affermissent leur emprise sur l'Amérique Latine, justifiant leurs actes par la doctrine de Monroe : repousser toute intervention européenne sur le continent américain. Alors ils annexent Porto Rico et les Philippines. L'expansion occidentale semble ainsi prendre la voie de la domination de la race blanche sur les peuples de couleur.

Une nouvelle ère industrielle explose en Europe comme aux États-Unis, ouvrant de nouveaux espaces, créant, par la force, de nouveaux marchés... La précédente révolution avait propulsé l'Angleterre au premier rang industriel du monde, grâce au charbon et au fer. La nouvelle révolution sera celle de l'acier et de l'électricité, mais aussi celle du développement rapide des moyens de communication, automobile, avion mais surtout chemin de fer. Maintenant tout l'Occident y participe.

Cette expansion contient cependant les germes de sa propre destruction... La montée en puissance de l'argent, celle du capitalisme avec sa cohorte de drames humains, engendre le socialisme utopique, anarchiste puis scientifique avec Marx et Engels. Le matérialisme devient le dieu de la bourgeoisie. Le rationalisme envahit même la théologie, à l'université de Tübingen, elle devient « libérale ».

Face à la montée en force de l'impérialisme des grandes puissances européennes, le nationalisme des minorités s'exacerbe. Se fondant sur leur appartenance à une même culture, à une même langue, elles s'insurgent et se révoltent. Des réactions anti-occidentales s'esquissent déjà en Asie. « L'Ere Meiji » annonce l'entrée du Japon dans le club fermé des grandes puissances industrielles.

Avec le recul historique, l'âge des impérialismes semble une simple parenthèse, et pourtant crises et tensions au sein même de l'Europe vont aboutir aux terribles drames des grands massacres de 1914 puis de 1940. Ainsi ce qui se vit de nos jours en ex-Yougoslavie n'est que la refonte d'un même scénario qui a débuté en 1875... Un empire s'effondre, l'emprise ottomane s'estompe pour disparaître des Balkans. La Russie appuie les revendications des Serbes afin de prendre pied sur les rives du Bosphore. L'Angleterre pousse les Grecs et les Bosniaques à secouer la férule d'une grande Serbie virtuelle. Pour atteindre la Méditerranée, l'Allemagne soutient la Croatie. Face à ce patchwork de nationalités imbriquées viennent se greffer les tensions religieuses qui opposent orthodoxes, musulmans et catholiques. Et la France, ballottée par la politique à court terme de présidents du Conseil qui se succèdent, souffle le chaud et le froid afin de maintenir un équilibre précaire et vain.

Entre 1870 et 1914, le monde a reçu une profonde empreinte européenne. Le rythme des changements et des mutations y fut sans précédents. Les grandes zones industrielles ne seront plus confinées à la seule Europe ou Amérique du Nord. Si les populations asiatiques et africaines sont encore régies par la tradition, ailleurs la mutation de la société agricole en société urbaine, industrielle et technocratique est déjà engagée.

À l'aube du XXIe siècle on peut s'interroger. Ce nouveau type de civilisation est-il source de progrès, ou régression d'une dimension oubliée de l'Humanité ?

Henri
Prince de France
Comte de Clermont

Table des matières

Une société en mouvement

Le « malaise » de la société industrielle

La démocratie à l'âge de la politique de masse

Impérialisme et politique internationale

L'Amérique latine dans le sillage de l'Europe ?

Le Moyen-Orient et l'Afrique du Nord

La Chine : transformations culturelles et dissolution du royaume

Le « miracle japonais »

L'Inde : transformation et stagnation

L'Afrique en noir et blanc

L'Occident conquiert le monde

L'histoire mondiale après 1870 est une partie de nous-même. C'est alors — au cours de la « seconde révolution industrielle » et du développement si décisif d'un marché planétaire — que la société industrielle moderne prit sérieusement forme. Le titre de cet ouvrage renvoie à une modification très concrète de la carte du monde, celle provoquée par la colonisation occidentale de l'Asie et de l'Afrique. Il ne s'agit cependant que de l'aspect politico-militaire d'un processus plus global. Tous les pays du tiers monde se trouvèrent alors reliés au marché occidental mondial, qu'ils fussent soumis à une administration coloniale ou non, et c'est à cette époque qu'on peut commencer à parler de « pays en voie de développement ».

Le moteur de cette évolution économique et culturelle fut l'Europe de l'Ouest. Aussi la première partie de ce volume traitera-t-elle de notre propre continent ainsi que de l'Amérique du Nord. Au cours de cette période, l'industrialisation se répandit là aussi du centre vers la périphérie, et l'évolution qui caractérisa les régions périphériques rappelle à bien des égards celle qui se produisit dans le tiers monde ; les premiers « pays sous-développés » étaient situés sur notre propre continent. Simultanément s'opéra dans les pays industrialisés une « conquête intérieure » du fait que de nouvelles régions rurales furent incorporées à l'économie capitaliste et à l'Etat moderne. Aussi peut-on soutenir que les sociétés de toute la planète, en Occident et ailleurs, furent pour la première fois soumises à une même évolution. S'il faut se garder de toute comparaison hasardeuse, chaque région ayant son histoire propre, il est néanmoins permis de tracer des parallèles et aussi, dans une certaine mesure, de tâcher de voir notre propre continent de l'extérieur. Les traits généraux qu'on peut dégager seront présentés schématiquement dans un bref épilogue.

Pour ordonner les matériaux et expliquer les processus, il est nécessaire de faire appel à certaines vues théoriques d'ensemble sur l'histoire. L'accent sera particulièrement mis ici sur l'économie, et l'on cherchera une des explications à la croissance et à l'expansion de l'Occident dans le « capitalisme » et sa dynamique particulière. Une large place sera également accordée aux progrès des techniques. Cependant, Marx ne saurait suffire, pas plus que les néo-marxistes selon lesquels le marché mondial détermine l'évolution. Il faudra donc aussi examiner de près les conditions démographiques et la culture. Quelles ont pu être les influences de la science, de l'école, des traditions culturelles et des valeurs morales sur l'évolution ? Et comment ont réagi les êtres humains ? Quelles résistances, par exemple, les exigences d'efficacité croissante des sociétés occidentales ont-elles pu rencontrer ? Dans une perspective historique globale, on ne peut guère prendre en compte les réactions des individus, mais en considérant les différentes « classes », il est possible de ressaisir l'action politique de groupes s'efforçant de préserver ou de transformer l'ordre social existant.

Lorsque nous traitons de l'évolution dans les sociétés non européennes, nous nous heurtons au problème des rapports entre forces motrices internes et influences extérieures. Des concepts chargés de connotations politiques comme « impérialisme » ou « sous-développement » peuvent aisément obscurcir notre compréhension. Aussi faut-il aller au-delà et poser des questions ouvertes. Par exemple, qu'est-ce qu'a impliqué le contact avec l'Europe pour les autres continents, en quoi a-t-il favorisé ou au contraire freiné le développement ? Le moment semble venu de soumettre le colonialisme à une analyse plus sobre, moins empreinte de passion.

Nous partons du principe que les conditions internes qui régnaient lors de la rencontre avec les Européens allaient être d'importance décisive pour l'évolution future des territoires non européens. Dès lors, nous nous demanderons de quelle manière les différentes classes sociales dans les colonies se sont servies des possibilités ouvertes par l'administration coloniale et le marché mondial pour promouvoir leurs propres intérêts — en collaboration ou en conflit avec les Européens. Et nous donnerons la parole à des penseurs ou théoriciens qui ont réfléchi à la manière dont la civilisation occidentale avait influencé leur propre culture. Gageons qu'ils nous permettrons de voir l'Occident sous un éclairage nouveau.

Population, santé et éducation

De nos jours, nous pouvons voir à quel point les questions de population sont importantes pour le développement des sociétés, aussi bien dans les pays du tiers monde que dans les pays industrialisés. Nous savons aussi que la santé, les ressources alimentaires et l'éducation sont des conditions essentielles pour le progrès économique en général. Pour comprendre le développement dynamique du monde occidental au cours de la période 1870-1914, qu'il s'agisse de croissance intérieure ou d'expansion vers l'extérieur, il est naturel d'évoquer d'abord les grands traits de l'évolution démographique.

Une des raisons majeures du leadership européen à l'époque moderne réside dans la part croissante prise par l'Europe dans le peuplement du globe. En l'espace de cinq générations, de 1800 à 1930, le nombre des Européens passa d'environ 200 à 700 millions. En 1900, environ un tiers de la population mondiale — un peu plus d'un milliard et demi — était d'origine européenne. Au début de notre siècle, la croissance démographique dans les pays occidentaux commença à se stabiliser. La part de l'Europe dans le peuplement mondial continua à augmenter quelque peu jusque vers 1930. Après quoi c'est le reste du monde qui prit son envol.

L'essor démographique européen alla de pair avec une dispersion géographique d'ampleur jusqu'alors inconnue. Dès le début du XIXe siècle, un mouvement d'émigration vers d'autres continents s'était dessiné, mais de peu d'ampleur par comparaison avec « l'explosion blanche » qui s'observa après 1870. Les Etats-Unis, qui demeurèrent la destination principale, accueillirent environ 21,5 millions d'immigrants européens entre 1860 et 1914 — contre seulement 3,5 millions au cours de la période 1840-1860. Le nombre annuel d'immigrants aux Etats-Unis passa d'environ 350 000 au début des années 1870 à quelque 1,4 million entre 1909 et 1911. C'est au cours de cette période que les immigrants blancs se mirent à exploiter les vastes espaces situés entre le Mississippi et les côtes du Pacifique, tandis que la population indienne était exterminée ou refoulée dans d'étroites réserves.

La « terre promise » ? Des émigrants arrivent dans le port de New York. La statue de la Liberté, offerte par la France à l'occasion du centième anniversaire de l'indépendance des Etats-Unis, fut inaugurée en 1886. Affiche avec texte hébreu.

De manière constante, le gros des troupes lancées à la conquête de l'Ouest avait été d'origine britannique, scandinave et allemande. De 1840 à 1914, la Grande-Bretagne avait fourni environ la moitié des immigrants aux Etats-Unis. Mais après 1890, ceux-ci provinrent en majorité d'Europe du Sud et de l'Est : Espagnols, Portugais, Italiens, Grecs, groupes slaves de l'Empire Austro-Hongrois, Polonais et Russes. Le flux d'immigrants chinois vers la côte ouest de l'Amérique augmenta également. Les nouveaux arrivants s'établirent avant tout dans les villes comme main-d'œuvre non qualifiée. Là, ils firent pression

Emigration européenne de 1846 à 1932

	en millions
Grande-Bretagne et Irlande	18,00
Italie	10,10
Russie (y compris 7 millions vers l'Asie centrale avant 1914)	9,20
Autriche-Hongrie	5,20
Allemagne	4,90
Espagne	4,70
Portugal	1,80
Suède	1,20
Norvège	0,85
Pologne	0,64
France	0,52
Danemark	0,39
Finlande	0,37
Suisse	0,33
Pays-Bas	0,22
Belgique	0,19
Total	58,61

sur le marché du travail et suscitèrent la résistance des ouvriers établis, syndicalement organisés (American Federation of Labour). Il s'ensuivit de nouvelles lois sur l'émigration avec notamment des quotas qui affectèrent au premier chef les nouveaux groupes d'immigrants. Les Asiatiques furent les premiers touchés en 1904. Puis les

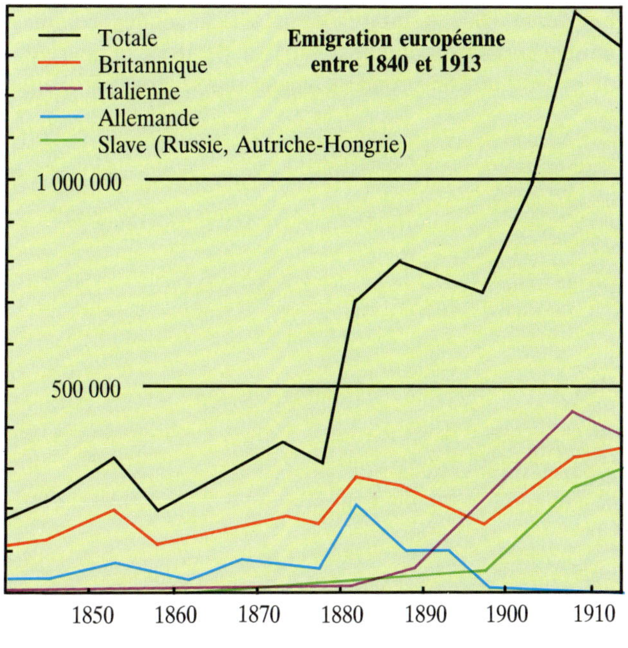

restrictions s'étendirent à un nombre croissant de groupes — jusqu'à ce que les lois de 1921 et 1924 excluent les catholiques d'Europe du Sud, les orthodoxes des pays slaves et les communistes du monde entier.

Parmi les immigrants du Nouveau Monde, la natalité demeura particulièrement forte en comparaison avec l'Europe. Entre 1870 et 1914, l'augmentation de population interne fut environ deux fois plus importante que l'immigration ! C'est aussi à cette époque que les grands espaces canadiens se peuplèrent, avant tout le long des voies ferrées. De 1871 à 1900, la population passa de 3,6 à 5,4 millions, et ceci exclusivement du fait de la croissance intérieure. Le Canada accueillit près de deux millions d'immigrants au cours de cette période mais perdit encore plus d'habitants au profit de son voisin du Sud plus attrayant. Au total, le continent nord-américain comptait en 1914 quelque 100 millions d'habitants d'origine européenne.

L'Amérique du Sud quadrupla sa population — de 20 à 80 millions — entre 1840 et 1914, mais l'augmentation de la population indienne fut ici d'importance capitale. L'apport européen de 1850 à 1914 s'éleva à environ 7 millions, essentiellement en provenance du Portugal, de l'Espagne et de l'Italie, mais aussi pour une part de l'Europe du Nord-Ouest.

Emigration vers la Sibérie, l'Australie et les colonies

Tandis que des colons britanniques fondaient les premières colonies américaines au XVIIe siècle, les Russes commençaient à conquérir la partie nord du continent asiatique jusqu'aux rivages de l'océan Pacifique. Mais il s'agissait pour l'essentiel de comptoirs commerciaux, de citadelles militaires et de camps de déportation ; en 1860, il n'y avait pas plus de 200 000 paysans russes à l'est de l'Oural. Cependant, quand le servage fut aboli en 1861,

Plus de 60 millions de personnes émigrèrent d'Europe au cours des cent ans précédant la Première Guerre mondiale, la plupart entre 1870 et 1914. Elles jouèrent un rôle important dans la construction de la nouvelle économie mondiale. L'Irlande et la Norvège connurent le plus fort taux d'émigration.

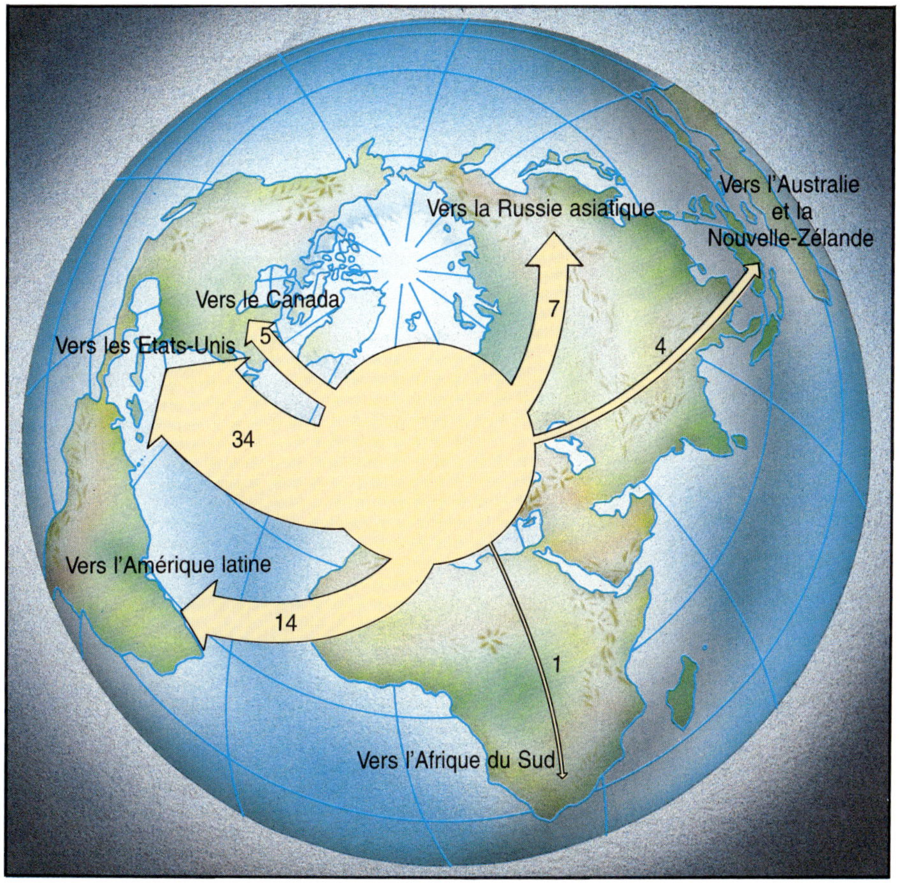

La construction de voies ferrées permit à la Russie de pénétrer profondément en Asie. Le chemin de fer transsibérien atteignit le Pacifique en 1904. Ici, deux scènes qui se déroulent sur la ligne au nord de la Caspienne : on déblaie après une tempête de sable, et un chameau aperçoit un train apparaître à l'horizon.

des paysans avides de terres commencèrent à s'intéresser aux possibilités agricoles de ces vastes contrées. A partir de 1889, ces nouveaux colons reçurent une certaine aide de l'Etat, et en 1891 commença la construction du Transsibérien, achevé en 1904. Il y avait en 1914 quelque 10 millions de Russes établis à demeure à l'est de l'Oural, répartis entre la plaine de Sibérie occidentale dans le bassin de l'Ob, les steppes du Kazakhstan et les régions situées le long de la voie ferrée jusqu'au lac Baïkal. Dostoïevski qui parlait de la Sibérie comme de « l'Amérique non découverte » prédisait que l'avenir de la Russie se situerait à l'Est plutôt qu'en Europe. Mais la Sibérie était beaucoup moins fertile et moins pittoresque que le Far West, et sa population se composait pour l'essentiel de modestes petits paysans qui cherchaient leur subsistance dans un environnement naturel souvent difficile.

Dans l'hémisphère sud, la population européenne d'Australie et de Nouvelle-Zélande augmenta fortement entre 1875 et 1900. En 1840, l'Australie ne comptait guère plus de 500 000 habitants dans les anciennes colonies pénitenciaires britanniques. A partir de 1851, la fièvre de l'or provoqua une première vague d'immigration. Après

« Emigration vers l'Australie du Sud » par R. Hillingford. Une des innombrables images qui évoquent les adieux avec leur lot de chagrins et d'espoirs. Les détails méritent une attention particulière.

1875, il y eut en moyenne 40 000 nouveaux arrivants par an, avec une pointe au cours de la décennie précédant 1914. A cette date, la population de l'Australie s'élevait à 5 millions d'habitants, mais, comme en Amérique du Nord, cette évolution résultait essentiellement d'une croissance démographique interne. L'immigration ne contribua que pour un sixième à l'augmentation annuelle de population. A la même époque, la Nouvelle-Zélande atteignit le million d'habitants. En Australie, les aborigènes furent pratiquement exterminés. En revanche, les Maoris de Nouvelle-Zélande, protégés par des lois spéciales, survécurent — ils étaient environ 50 000 en 1900.

Les conquêtes coloniales dans les régions tropicales d'Afrique, d'Inde et d'Asie du Sud-Est n'entraînèrent pas l'émigration européenne massive que beaucoup à l'époque avaient annoncée et souhaitée. Le climat, les maladies et les résistances des populations indigènes l'expliquent pour une part. Mais dans les principales villes, il y avait des commerçants, des fonctionnaires et des militaires européens. Dans certaines colonies, on trouvait bon nombre de paysans et de planteurs. Au début du XXe siècle, l'Algérie comptait quelque 750 000 colons européens, la plupart d'origine française. Au tournant du siècle, environ un million de Boers et de Britanniques représentaient le quart de la population de l'Afrique du Sud. A la même époque, les autorités britanniques encouragèrent l'immigration de paysans européens au Kenya, et les colons blancs formèrent également des groupes importants dans certaines régions du Congo, de la Rhodésie du Nord et de la Rhodésie du Sud (Zaïre, Zambie et Zimbabwe). Des îlots de population européenne se formèrent ainsi dans toutes les régions coloniales d'Afrique et d'Asie, constituant des têtes de pont stratégiquement importantes pour le contrôle politique et économique de ces territoires.

Les grandes vagues d'émigration parties d'Inde et de Chine du Sud vers l'Asie du Sud-Est, l'Amérique et l'Afrique n'ont pas autant retenu l'attention que l'« explosion blanche ». Entre 1846 et 1932, 27 millions d'Indiens émigrèrent — contre 18 millions de Britanniques et 10 millions d'Italiens, ce qui constitue un record mondial.

On a calculé que plus de cent millions de personnes — soit environ une sur quinze — auraient changé de continent entre 1850 et 1914. Cet indice est révélateur des changements globaux qui s'opérèrent à une date où l'humanité se lançait dans l'exploitation de nouveaux territoires. Avec l'émigration des Européens, la séparation entre les différents peuples fit place à un brassage, à la fois conséquence et condition de liens économiques et culturels accrus à l'échelle planétaire. Les affrontements entre Blancs et indigènes portaient le germe des conflits politiques et militaires de l'âge de l'impérialisme. Mais examinons d'abord l'évolution de la démographie en Europe.

Migrations intérieures en Europe et urbanisation

Dans le contexte européen, l'exode rural constitua le flux migratoire principal au XIXe siècle. En gros, sur sept personnes au sein d'une population rurale en augmentation, une seule restait sur place tandis que cinq s'établissaient dans des villes et qu'une émigrait. Toutefois, ces proportions variaient énormément selon les pays et les régions.

A y regarder de près, le processus migratoire apparaît souvent extrêmement compliqué. La « migration par étapes » était courante. Les gens gagnaient d'abord les villes à partir des campagnes avoisinantes, beaucoup retour-

Diffusion de la civilisation en terre conquise : femmes maoris de Nouvelle-Zélande en costume européen. Les Maoris avaient eux-mêmes conquis la Nouvelle-Zélande deux siècles plus tôt. Ils s'adaptèrent rapidement à la culture européenne.

Emigrants qui retournent au pays

L'émigration transatlantique ne fut nullement un courant à sens unique, contrairement à ce que l'on croit souvent. Parmi ceux qui émigrèrent vers l'Amérique du Nord, 30 % retournèrent en Europe, et cette proportion s'éleva à 50 % chez ceux qui avaient mis le cap sur l'Amérique du Sud. Encore faut-il regarder de plus près sur quelles bases ces statistiques ont été établies. Ainsi, dans quelle catégorie placer les travailleurs saisonniers espagnols qui se rendaient chaque année en Argentine (*golondrinas* = hirondelles) ou les Norvégiens des provinces maritimes du Sud qui firent un court séjour à Brooklyn ?

Ces retours au pays ont certainement contribué à lier plus étroitement les peuples de part et d'autre de l'Atlantique et à redistribuer en Europe des idées américaines, notamment en matière de démocratie. Ainsi, les principaux leaders du mouvement travailliste norvégien, dont le futur Premier ministre Johan Nygaardsvold, étaient des anciens d'Amérique. Ce phénomène intéressant n'a guère fait l'objet d'études approfondies.

naient chez eux alors que d'autres émigraient après un temps passé en milieu urbain. A partir des régions montagneuses et périphériques, les déplacements s'opéraient vers des régions agricoles plus centrales, après quoi beaucoup de migrants poursuivaient vers les villes, et un certain nombre vers l'étranger. Il y avait aussi ceux qui gagnaient directement des cités éloignées ou encore l'Amérique à partir de régions périphériques, et ceux qui revenaient du continent américain. Ce mécanisme des migrations a été décrit de plus près dans le volume 11, pp. 22-43. Nous nous bornerons ici à donner quelques données chiffrées relatives aux migrations vers les villes.

Entre 1870 et 1914, l'augmentation de population urbaine fut énorme — du moins à l'échelle du temps. Alors que l'Europe de 1850 ne possédait que 45 villes de plus de 100 000 habitants, leur nombre s'élevait à 143 en 1914. En 1910, 21,3 % de la population vivait dans de telles cités contre 4,8 % en 1871. Les plus grandes villes connurent un développement particulièrement spectaculaire. Berlin sextupla au cours de cette période, et elle comptait 1 900 000 habitants en 1900. Londres était alors la plus grande ville du monde avec 4 500 000 âmes, suivie de Paris avec 2 700 000. Vienne, Saint-Pétersbourg et Moscou avaient elles aussi franchi la barre du million en 1914.

En cette même année 1914, les populations rurales ne représentaient plus que 12 % en Grande-Bretagne et 18 % en Belgique, et les citadins étaient majoritaires en Italie et en Allemagne. Nous entendons par région rurale les districts comportant des centres de moins de 2 000 habitants. Mais malgré une forte croissance des villes, les autres pays européens demeuraient des nations paysannes. En 1914, environ les trois quarts des Suédois et des Norvégiens vivaient encore à la campagne.

A l'époque, on s'alarmait beaucoup de cette « saignée » des campagnes, et l'on brossait un tableau effrayant des villes grisâtres qui étendaient leurs tentacules sur tout le pays. Ce qui était exagéré. En vérité, l'Europe rurale considérée globalement garda le même nombre d'habitants jusqu'au tournant du siècle, la Grande-Bretagne et la Belgique constituant les exceptions. Ce furent pour l'essentiel les populations *excédentaires* qui se rendirent dans les villes. Et la croissance démographique des villes après 1870 fut due pour une bonne part au fait que les citadins, pour la première fois dans l'histoire, furent eux-même les artisans de cette augmentation grâce a de meilleures conditions sanitaires.

Il y eut deux causes principales à l'urbanisation : la surpopulation des campagnes et l'industrialisation. L'accroissement démographique et le manque de terres obligea bien des gens à chercher leur subsistance en ville. Telle fut la raison essentielle de ces migrations avant 1870, notamment dans les périodes de crise. Entre 1870 et 1914, l'arrivée de ruraux dans les villes d'Europe méridionale et centrale garda ce caractère. Mais dans le reste du continent, l'afflux vers les villes après 1870 résulta surtout de l'attrait que leur conféra l'industrialisation. Les chemins de fer rendirent les voyages plus faciles et améliorèrent l'approvisionnement. Grâce aux techniques modernes,

La grande ville moderne donne une image concentrée des forces en jeu dans la société industrielle. Une rue de New York dessinée par W. Louis Sonntag Jr. en 1895. Le vacarme a fait son entrée dans l'histoire.

Les embarras de Paris — la place de la Bastille en 1913. Les voitures et les autobus avaient fait leur apparition, mais pas les signaux lumineux. Le bruit courait qu'à Londres, des agents de police postés aux carrefours dirigeaient la circulation aux heures d'affluence.

eau courante et égouts notamment, l'hygiène augmenta et les risques de mortalité diminuèrent. L'industrie moderne et les métiers de service qui se développèrent dans son sillage créèrent de nombreux emplois. L'arrivée de nouveaux citadins stimula à son tour la construction. A ce stade, même des représentants de la classe moyenne rurale partirent s'installer en ville.

Là où le développement industriel connut sa plus grande intensité, comme dans les Midlands anglais et la Ruhr allemande, surgirent des régions urbaines au sein desquelles les villes finirent par s'agglutiner en de vastes complexes. Au début, la main-d'œuvre provenait des environs immédiats, puis elle se recruta dans des régions éloignées. Ainsi, les villes de la Ruhr comptèrent après 1880 bien des ouvriers en provenance de l'est de l'Empire allemand (Prusse orientale, Poznan, Silésie). En 1907, environ 35 % des habitants de Gelsenkirchen étaient originaires de ces régions, et le même pourcentage se retrouvait dans les villes industrielles de la région berlinoise. Ces nombreux migrants de l'intérieur, jeunes et prolifiques, donnèrent au développement urbain allemand une dynamique qui évoque celle des Etats-Unis.

Les migrations revêtirent pour une part un aspect transnational. Des Polonais, des Tchèques et des Slovaques furent attirés par les régions industrielles allemandes et certains se rendirent jusqu'en France. Dans les Balkans, un flux de Grecs et de Slaves (Slovènes, Serbes) se dirigea vers les grands centres industriels de l'Autriche-Hongrie. Des ouvriers espagnols émigrèrent vers le sud-ouest de la France, l'Allemagne, la Suisse et l'Autriche. Sur les 15 millions d'Italiens qui quittèrent leur pays entre 1860 et 1914, environ 7 millions émigrèrent vers d'autres pays européens. Les immigrés en provenance du Sud ne constituent nullement un phénomène nouveau en Europe.

Véritable défi culturel, la croissance explosive des villes européennes suscita une attention passionnée à l'époque.

Accroissement de population, migrations et centres urbains en Europe — 1870-1914.

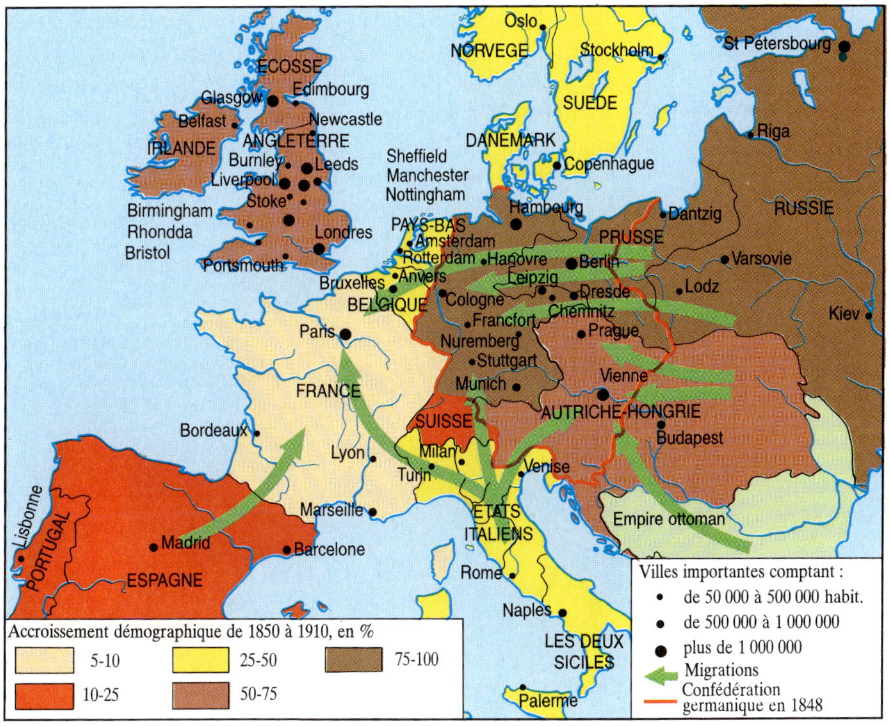

Le Français Louis Pasteur dans son laboratoire en 1885. Les découvertes bactériologiques permirent d'élaborer de nouveaux vaccins et de prendre des mesures de santé publique à grande échelle.

Le laboratoire de Pasteur. Les grands progrès médicaux furent précédés par les longues recherches effectuées au XIXe siècle par les chimistes.

Que pouvait-il subsister de la civilisation occidentale, et dans quel sens fallait-il l'infléchir quand les équilibres se modifiaient aussi radicalement ? Quelles seraient les conséquences de cette urbanisation rapide sur le plan social, politique et culturel ?

Recul de la mortalité en Occident

La population des pays européens augmenta à des rythmes différents entre 1870 et 1910. La France connut le plus faible accroissement, de 36,1 à 39,2 millions. L'Espagne et le Portugal enregistrèrent également une croissance limitée — de 16,3 à 19,5 millions et de 3,9 à 5,9 millions respectivement. La Grande-Bretagne (Irlande exclue) passa de 26,2 à 40,8 millions. C'est en Allemagne que la croissance fut la plus rapide — de 40,8 à 64,9 millions. La population italienne s'accrut de 26,7 à 34,7 millions, et celle de l'Autriche-Hongrie de 37,5 à 51,4 millions. Mais tout cela est peu en comparaison avec l'essor démographique de la Russie européenne (y compris la Finlande, la Bessarabie et les khanats de Khiva et de Boukhara) qui passa de 72,2 millions d'habitants en 1867 à 142 millions en 1914, et avec celui des Etats-Unis où la population fit plus que doubler — d'un peu plus de 40 millions en 1867 à environ 92 millions en 1910. Quelle fut la cause de cette forte croissance ?

Le nombre de nouveaux-nés et leur durée de vie constituent ici les variables essentielles. Entre 1870 et 1914, l'évolution démographique en Europe fut marquée par deux tendances opposées : la durée de vie augmenta mais le nombre des naissances commença à diminuer. Ces deux phénomènes sont liés à de profondes transformations sociales. Cependant, l'augmentation de la durée de vie fut beaucoup plus rapide que la baisse de la natalité, si bien que la population continua à augmenter dans la plupart des pays. Examinons d'abord les causes du recul de la mortalité (la mortalité et la natalité se mesurent par le nombre annuel de décès et de naissances pour mille habitants).

La mortalité dans la partie « blanche » du monde ainsi qu'au Japon diminua environ du tiers entre 1840 et 1914. Il s'ensuivit que l'âge moyen de vie augmenta de 10 bonnes années — en France d'environ 40 à 50 ans, en Suède de 45 à 55 ans. Rien que cela assura à l'Europe une augmentation annuelle de population d'environ 6 millions. Un tournant s'opéra vers 1870, et la mortalité diminua

A droite : une des premières images de radiographie — la main de Mme Röntgen (avec son alliance !). Le médecin allemand Wilhelm Röntgen découvrit les rayons X en 1895.

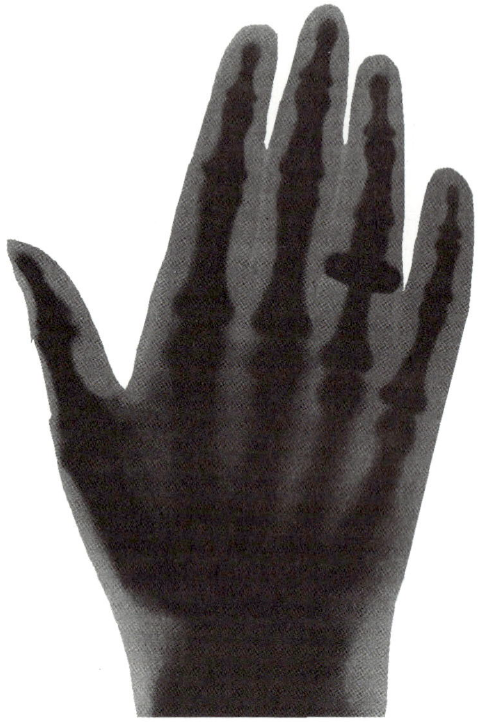

La technique des rayons X excita l'imagination populaire. Sur cette carte postale allemande du tournant du siècle — « idylle balnéaire à la Röntgen » —, les gens apparaissent dépouillés jusqu'au squelette.

encore plus après 1890. Les pays nordiques s'illustrèrent avec une mortalité de moins de 10 pour mille — l'Australie et la Nouvelle-Zélande furent les seules à faire mieux.

Les grands fléaux — la famine et les épidémies — étaient en recul dans la plupart des pays occidentaux dès avant 1870. La vaccination antivariolique, en usage chez les Chinois depuis le XIe siècle, fut connue en Europe à l'époque des Lumières et se répandit partout à la fin du XIXe siècle. Et avant 1850, la chimie avait réalisé des progrès importants qui avaient permis l'élaboration de produits comme la morphine, la quinine, l'éther et le chloroforme.

Affiche publicitaire autrichienne datant d'environ 1900. Le savon avait cessé d'être un luxe, et des couches de plus en plus larges de la population étaient en passe de l'adopter.

Ce qui se produisit dans les années 1860 et 1870, c'est que la recherche chimique s'orienta systématiquement vers les applications médicales. L'industrie pharmaceutique se développa alors en branche autonome. Les travaux de laboratoire qui mirent en évidence le monde microbiologique furent d'une importance décisive. Grâce aux découvertes du Français Louis Pasteur (1822-95), on s'avisa que des matières organiques qui pourrissent engendrent de dangereuses bactéries et que la contagion se propage par des bacilles. Le plus célèbre bactériologue de l'époque, l'Allemand Robert Koch (1843-1910), commença à inventorier les principaux bacilles. Il découvrit celui de la tuberculose en 1883, celui du choléra l'année suivante. Vers 1914, la plupart des microbes dangereux étaient connus. De ce fait, la technique de la vaccination put être utilisée après 1890 contre un nombre croissant de maladies telles que la diphtérie, le typhus et la peste.

Cependant, il s'écoulait du temps entre la découverte et l'application. Ainsi, l'aspirine, mise au point en 1854, ne fut pas utilisée avant le tournant du siècle. Et en 1914 encore, on était désarmé devant des maladies comme les affections pulmonaires, la poliomyélite, la fièvre puerpérale et la syphilis. La tuberculose faisait rage dans les nouvelles villes industrielles et se répandait dans les campagnes. Elle constitua la principale menace contre la santé publique au début de notre siècle et ne fut vraiment jugulée qu'au lendemain de la Deuxième Guerre mondiale grâce à une meilleure hygiène, une nourriture plus équilibrée et l'isolement précoce des sources de contagion.

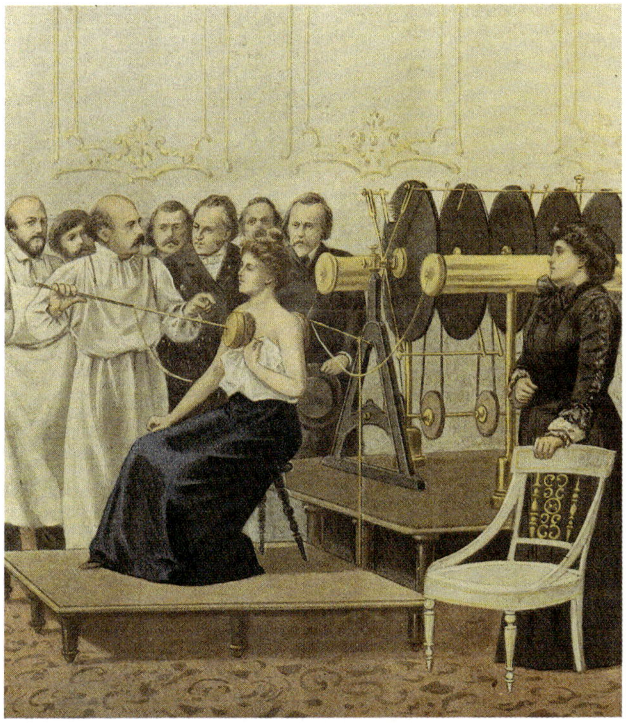

A gauche : Tentative de traitement électrique de la tuberculose à Lyon, juste avant 1900, sous la direction du docteur F. Crötte. Ce grand fléau qu'était la tuberculose resta menaçant en Occident jusqu'à la Seconde Guerre mondiale.

Propreté et mesures prophylactiques

Les connaissances bactériologiques permirent une hygiène accrue dans le traitement des malades. Les techniques de stérilisation et de désinfection prirent une importance décisive. Louis Pasteur découvrit que la plupart des microbes pouvaient être tués à une température de 70-80 degrés, ce qui offrit notamment de nouvelles possibilités pour conserver le lait et autres denrées alimentaires. Le Britannique Joseph Lister (1827-1912) apporta des éléments essentiels à la technique de désinfection, notamment en utilisant l'eau oxygénée comme antiseptique. A l'hôpital Cochin à Paris, on ramena de 10 à 1% la mortalité parmi les patients grâce à la désinfection systématique pratiquée à partir de 1878. Il y avait alors plusieurs décen-

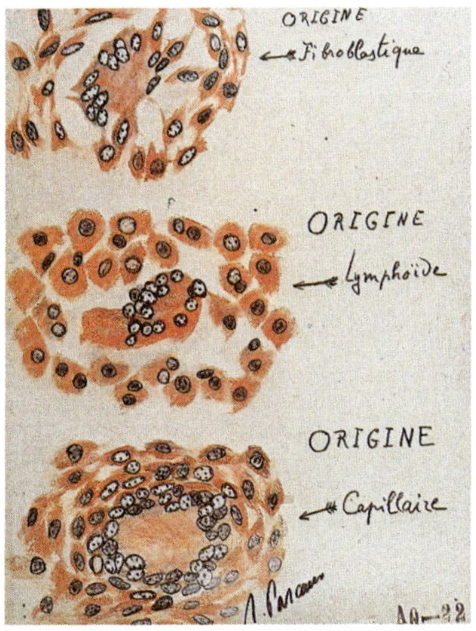

Le plus célèbre bactériologiste de l'époque, l'Allemand Robert Koch, découvrit le bacille de la tuberculose en 1883. A gauche, des lésions tuberculeuses (dessin d'environ 1900) ; à droite, culture de bacilles de la tuberculose.

Cependant, à l'aube du nouveau siècle, il y avait toujours un fossé entre les connaissances médicales et les applications pratiques. La plupart des gens n'avaient pas encore atteint le stade où l'hygiène personnelle — ablutions et lessives fréquentes — était de règle. La pauvreté et les préjugés contre « l'hystérie du lavage » y faisaient obstacle. Avec la scolarité obligatoire et l'extension du service militaire, les services de santé purent commencer à localiser les sources de contagion, mais il était plus difficile de promouvoir l'hygiène dans les foyers. Le contrôle sanitaire dans les écoles et sur les lieux de travail ne prit un caractère systématique qu'après 1945.

L'assistance régulière d'un médecin était une pratique coûteuse que seuls les gens aisés pouvaient s'offrir. A la campagne, la visite d'un docteur en carriole ou à cheval était un événement. On cherchait plutôt assistance dans son voisinage : un guérisseur, un rebouteux ou un forgeron adroit pouvaient aider à extraire une dent ou à soigner une fracture. On en appelait toujours aux recettes magiques, et l'on plaçait son espoir dans des prières à Dieu — si elles s'avéraient inopérantes, c'est que la souffrance endurée obéissait au dessein du Créateur. Une telle mentalité ne diffère pas essentiellement de celle des peuples non européens qui sont confrontés de manière encore plus dramatique à l'omniprésence de la mort.

Douche dans une usine française vers 1900. La « médecine sociale » était devenue une réalité, et les pouvoirs publics travaillaient entre autres choses à promouvoir une meilleure hygiène dans l'industrie.

Heure du bain dans un orphelinat français vers 1900. La nouvelle hygiène reposait sur un triomphe de la technique : le réseau souterrain de canalisations d'eau et d'égouts. Un meilleur approvisionnement en eau potable entraîna un recul de la mortalité.

nies qu'à Vienne, le médecin accoucheur Ignace P. Semmelweis (1818-65) était parvenu à des résultats remarquables en conseillant tout simplement aux médecins de se laver souvent les mains !

Les connaissances acquises sur les bactéries et les bacilles dynamisèrent les services sanitaires officiels. Le concept de « médecine sociale » existait déjà en Angleterre avant 1850. Après 1870, des mesures furent prises dans toute l'Europe pour améliorer l'hygiène publique, notamment par l'adduction d'eau, la construction d'égouts et un début de contrôle des conditions sanitaires dans les usines. Pour la première fois, la mortalité urbaine devint inférieure à celle des campagnes. La politique de santé commenca à revêtir son aspect moderne : création d'établissements sanitaires, nomination d'inspecteurs de l'hygiène publique, professionnalisation des infirmières (Florence Nightingale, 1820-1910), organisation d'un corps médical contrôlant lui-même le standard de la profession, mise en place de centres de puériculture, etc.

Opérations indolores

La chirurgie réalisa de grands progrès après 1870, en liaison notamment avec le développement des techniques d'anesthésie. On préfère ne pas penser à ce qu'enduraient les patients du temps où on ne disposait pas de moyens efficaces pour endormir la douleur. On commença à utiliser l'éther et le chloroforme vers 1850 (en 1847, sir James Simpson et deux de ses assistants inhalèrent du chloroforme à titre expérimental — avec succès, puisque tous trois tombèrent simultanément évanouis !). La technique de l'anesthésie locale, par exemple avec injection de cocaïne (déjà utilisée à cette fin par les Indiens), entra dans la pratique à partir de 1870. Il devenait possible de procéder sans douleur à des interventions compliquées : la première ablation d'un rein eut lieu en 1876, et d'autres premières se succédèrent : opération du cerveau en 1879, de l'appendicite en 1886, d'une tumeur intestinale en 1892.

Recul de la mortalité infantile

C'est avant tout la mortalité infantile élevée qui avait maintenu à un faible niveau la durée moyenne de la vie avant 1870. Au milieu du XIXe siècle encore, environ 15 % des nourrissons mouraient en Scandinavie, 20 % en Grande-Bretagne, environ 25 % en Allemagne et de l'ordre de 33 % en Europe du Sud et de l'Est. De tels chiffres évoquent ceux du tiers monde d'aujourd'hui. Les enfants qui survivaient étaient en revanche promis à une vie relativement longue. Les Nordiques de sexe masculin qui atteignaient 20 ans pouvaient compter vivre encore 43 ans — donc jusqu'à 63 ans, alors que la durée *moyenne* de vie ne s'élevait qu'à 47 ans. En 1900, l'espérance de vie n'avait augmenté que de deux ans pour atteindre 65 ans. L'augmentation de plus de 10 ans de la durée moyenne de vie depuis le milieu du XIXe siècle jusqu'à 1914 dépendait essentiellement du recul très important de la mortalité infantile. En Autriche, Hongrie et Russie, celle-ci s'élevait toujours à 20-25 % en 1910. En Suède et au Danemark, de même qu'en Australie et en Nouvelle-Zélande, elle était inférieure à 10 %.

Quelles furent les causes majeures de ce recul ? Les progrès de l'obstétrique et de la puériculture jouèrent certainement un rôle, mais pas vraiment décisif avant 1914. En milieu urbain augmentèrent les possibilités d'accoucher dans des institutions qui étaient également des écoles de sages-femmes, mais ce furent surtout les femmes pauvres et les mères célibataires qui y eurent recours. En outre, beaucoup de communes attendirent longtemps avant de financer des emplois fixes de sages-femmes, et nombre de femmes enceintes préféraient encore s'adresser à des rebouteuses de leur entourage plutôt qu'à des étrangères, fussent-elles diplômées. Grâce à la diffusion d'informations auprès des accouchées, les connaissances en matière de puériculture se répandirent. Vers 1900, de nouvelles lois sociales accordèrent un congé de maternité et des allocations aux femmes qui travaillaient.

Une cause plus essentielle au recul de la mortalité infantile est à chercher dans l'amélioration de l'hygiène publique. A Paris, la mortalité parmi les nourrissons diminua rapidement après 1875, phénomène qui est certainement lié à l'adduction d'eau potable en ville. Au cours des chauds mois d'été, lorsque la flore bactérienne était importante, la mortalité infantile affectait particulièrement la France et la Russie. C'est alors qu'une meilleure hygiène pouvait se révéler décisive. L'amélioration de l'alimentation augmenta sans doute aussi la résistance aux maladies, y compris chez les nourrissons. En France, la mortalité dans la tranche d'âge de 2 à 10 ans diminua de moitié entre 1860 et 1914. Encore cela variait-il en fonction des classes sociales. La mortalité infantile était deux fois plus élevée dans les quartiers ouvriers de Londres, Paris et Berlin que dans les milieux bourgeois. En France, elle frappa deux fois moins les enfants « légitimes » que ceux nés hors mariage au cours des années 1906-1910.

Bilan de santé dans les campagnes avant 1870

Des rapports rédigés par des médecins militaires donnent une description détaillée des conditions sanitaires dans la « bonne vieille société ». Sous-alimentation, malnutrition, mauvaise hygiène, maladies non traitées et une longue suite de mariages consanguins pouvaient donner des résultats tels que ceux enregistrés en 1860 dans un village près de Grenoble. Sur 1 000 hommes examinés, 553 n'étaient pas aptes à porter les armes ; 140 d'entre eux étaient goitreux, 13 étaient sourds ou muets, 13 paralysés, 36 faibles d'esprit, 19 souffraient d'herpès et 86 d'autres affections cutanées, 15 de ganglions lymphatiques, 2 d'épilepsie, 198 de « diverses tares », 29 de dos bossu et 2 de malformation du squelette.

Un médecin du Tarn-et-Garonne affirma dans un rapport que beaucoup des maladies qu'il soignait (maux de tête, affections intestinales) dépendaient de l'angoisse permanente dans laquelle vivaient les paysans, obsédés par la crainte de manquer, la maladie, la mort, les périls nocturnes, les fantômes et autres superstitions. On songe aux témoignages des missionnaires d'Afrique au XIXe siècle et, à notre époque, aux rapports sanitaires en provenance des pays du tiers monde. Le développement de l'hygiène publique dans les campagnes occidentales n'a jamais qu'un bon siècle d'avance.

(Source : Eugen Weber, *Peasants into Frenchmen*, Stanford 1976.)

Mais à l'instar de la mortalité infantile, l'alimentation et l'état de santé des adultes variaient beaucoup selon les régions et les classes sociales. Au tournant du siècle, la mortalité était plus élevée dans les campagnes, en particulier parmi les paysannes. Une enquête réalisée aux Pays-Bas vers 1910 montre que les femmes célibataires, divorcées ou veuves vivaient moins longtemps que la moyenne. Cela constitue un indice statistique précoce du lien qui existe entre la solitude et la mort. Mais les différences étaient surtout grandes d'une classe sociale à l'autre, comme le révèlent notamment les statistiques militaires.

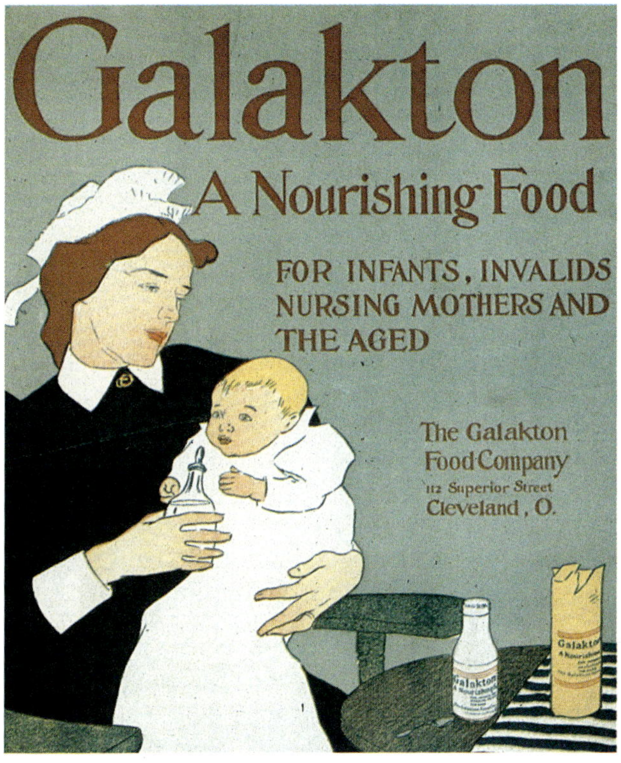

Hygiène et puériculture. Affiche publicitaire pour le lait « Galakton » vers 1900. Le recul de la mortalité infantile fut la cause principale de l'augmentation spectaculaire de la durée moyenne de vie.

Alimentation et capacité de travail

Les évaluations nutritionnelles concernant la période 1870-1914 sont rares et délicates à manier. On sait que globalement, les gens eurent plus à manger. Selon une enquête française, la ration quotidienne moyenne pour les hommes adultes représentait environ 3 200 calories en 1890 contre 2 400 en 1840. L'approvisionnement des villes fut grandement facilité par les navires et les chemins de fer qui pouvaient acheminer de la viande et des légumes sur de longues distances. Les techniques de conservation revêtirent une importance particulière lorsque la production mécanique massive de conserves de nourriture et de lait en poudre prit son essor après 1870.

Santé et force. Course à l'aviron entre les universités américaines de Harvard et de Yale au tournant du siècle. Illustration de P. Eyendecker dans le « Scribner's Magazine ». Mais vigueur et hardiesse demeuraient essentiellement l'apanage des classes supérieures.

En bas à droite : « Croissez et multipliez... ». Brochure française de 1865 environ. La baisse de la natalité s'observa dans l'ensemble du monde occidental après 1890. La France fut la première touchée par cette tendance, ce qui fit redouter un affaiblissement de la puissance nationale.

La première femme nommée proviseur à Berlin (vers 1912). Les diplômées de l'enseignement supérieur vivaient souvent seules. Jusqu'à nouvel ordre, cela n'affectait guère les statistiques de la natalité, mais le conflit entre les enfants et la carrière, si sensible de nos jours, s'amorçait déjà.

A Lyon, la taille des recrues de la classe ouvrière était en moyenne inférieure de 10 cm à celle des fils de bourgeois. En 1912, les étudiants de Cambridge et d'Oxford affichaient 8 cm et 12 kilos de plus que les jeunes ouvriers des régions industrielles du nord de l'Angleterre.

Malgré tout, c'est un fait que la population blanche du globe non seulement s'accrût mais aussi devint plus robuste et plus énergique. Cette amélioration de la santé publique joua un rôle important dans le développement des divers secteurs de la vie sociale. Un surplus d'énergie accroît l'endurance et permet de donner un coup de collier quand il le faut. Et chacun sait que la capacité de travail diminue quand l'organisme est affecté. C'est là une des causes de l'arriération du tiers monde.

On ne saurait nier que cette bonne santé contribua à renforcer la confiance en soi des Européens vis-à-vis des autres peuples du globe. L'idée d'une supériorité raciale put aisément germer chez les officiers et fonctionnaires coloniaux qui débordaient d'énergie au sein de populations moins bien portantes. Et il fallait une solide santé à ceux des Européens qui s'expatriaient ainsi, qu'ils fussent fonctionnaires, militaires ou missionnaires.

On peut également admettre que les millions d'émigrants européens qui s'établirent au cours de cette période dans les vastes contrées de l'Amérique et de la Sibérie appartenaient à la fraction la plus vigoureuse de la population. Rompre avec son milieu et émigrer comportaient des risques propres à faire réfléchir les faibles et les gens maladifs. Dans les régions tropicales, l'établissement permanent de colons européens n'aurait pu s'opérer sans diverses conquêtes de la médecine. Nous y reviendrons.

Baisse de la fécondité

Malgré le recul de la mortalité, l'essor démographique des Blancs, comparé à celui d'autres peuples, commença à diminuer à partir de 1900 environ. La raison principale en est simple : la *fécondité* était en voie de régression en Occident. En France, cette tendance — caractéristique de la civilisation occidentale — apparut clairement dès avant 1870, et elle ne cessa ensuite de s'accentuer. Il reste à expliquer pourquoi cette baisse de la natalité commença à se manifester sérieusement à la fin du XIXe siècle.

Il existait alors de grandes différences régionales. En Russie, la fréquence des naissances demeura élevée, environ 50 pour mille, jusqu'à la fin du siècle. Dans le reste de l'Europe orientale et méridionale ainsi que dans les provinces allemandes à l'est de l'Elbe, la fécondité se maintint à environ 40 pour mille jusqu'à la même date, et elle dépassait toujours 30 pour mille en 1910. Jusqu'en 1900, l'Angleterre présenta un taux de natalité remarquablement stable — environ 35 pour mille. Après quoi elle passa sous la barre des 30 pour mille, en conformité avec les autres pays d'Europe occidentale. La baisse de la natalité en France — 30 pour mille dès 1830 — s'accentua fortement après 1890 : en 1910, on en était à 20 pour mille. Cela impliquait une diminution globale de population de 33 000 personnes par an.

En Scandinavie, la fécondité commença à diminuer régulièrement à partir de la fin du XIXe siècle, moins en Norvège qu'ailleurs. Au Danemark, la courbe des naissances chuta brutalement vers 1890 : alors que les couples qui s'étaient mariés entre 1860 et 1880 avaient eu en moyenne 4 ou 5 enfants, ceux qui s'unirent après 1890 n'en mirent que deux au monde.

En forçant quelque peu le trait, on peut dire que le nombre des naissances dépend de la manière dont la capacité de reproduction des femmes est utilisée — et donc de la fréquence des mariages, de l'âge où l'on convole, de la

durée des unions et de la fréquence des grossesses.

De manière générale, la fréquence des mariages demeura assez stable en Europe après 1870, même si les grandes migrations purent produire des variations occasionnelles. Au sein de la population ouvrière, le nombre des unions avait tendance à augmenter à mesure que les conditions de vie s'amélioraient. A l'inverse, il apparaissait que les femmes possédant un haut niveau d'instruction vivaient souvent seules. Vers 1900, c'était le cas de

Annonces pour des préservatifs dans le quotidien suédois Dagens Nyheter le 14 novembre 1909 — « Rien que des avantages », « Le meilleur et le moins cher » ... Ces moyens de contraception demeuraient cependant peu répandus. Le contrôle des naissances s'effectuait à l'aide de « méthodes naturelles ».

80 % des Anglaises ayant acquis un diplôme universitaire. Parmi les enseignantes françaises, une sur quatre était célibataire en 1914. On ne saurait dire si cela résultait d'un choix délibéré. Mais les femmes très instruites ne constituaient certes qu'un groupe trop restreint pour avoir un effet notable sur les statistiques matrimoniales.

La durée des mariages eut tendance à augmenter. Cela est dû pour une part au fait qu'on se maria un peu plus jeune. En Norvège par exemple, l'âge moyen pour les hommes était de 27,8 ans en 1918 contre 29,2 dans les années 1860. On observe la même tendance chez les femmes : 25,6 ans en 1914 contre 27,2 dans les années 1860. Mais par ailleurs, la fréquence des divorces augmenta — en Scandinavie, ils triplèrent environ entre 1840 et 1910. Globalement, leur nombre demeurait néanmoins très faible, même si en France, 5 % des unions contractées furent dissoutes en 1913.

Les préservatifs à travers les âges

Si les préservatifs ne jouèrent aucun rôle dans la vie des gens avant 1914, ils remontaient pourtant à loin. Les Araméens utilisaient déjà des petites pierres pour rendre les chamelles inféconde — ce serait là l'origine du stérilet. On sait qu'au cours des âges, avant que n'apparaissent les spermicides et les crèmes modernes, les femmes ont utilisé comme moyens anticonceptionnels des excréments de crocodile et d'éléphant, des extraits de chou, de fruits pourris, etc. Les anciens Hébreux font déjà allusion à la technique de l'éponge dans le vagin. Un médecin allemand inventa le stérilet en caoutchouc dans les années 1880. Les ablutions énergiques furent utilisées de tous temps, et l'on élabora au XIXe siècle des pulvérisateurs spéciaux, parfois de dimensions gigantesques.

Au milieu du XVIe siècle, le médecin italien Gabriele Falloppio fabriqua les premiers condoms en toile de lin. Ultérieurement, le tissu fut remplacé par des membranes animales plus fines, par exemple des boyaux de mouton. Ces condoms de 15 à 20 centimètres de long étaient laçés à l'aide de rubans colorés en soie. Dans la deuxième moitié du XIXe siècle, une fois connue la technique de la vulcanisation, Londres devint le centre de production des préservatifs en caoutchouc. Dans les années 1880, l'écrivain norvégien Hans Jaeger fut puni de prison pour avoir évoqué dans un livre l'utilisation de tels condoms. La pilule elle aussi a une longue histoire. Au VIIe, les Chinois recommandaient une préparation à base de vif argent et d'huile. Ensuite furent essayés au cours des âges divers breuvages de sorcières — juqu'à ce que des chercheurs mettent au point la pilule à l'œstrogène dans les années 1930.

(Source : *Forskningsnytt* no 3 1984.)

Le contrôle des naissances

La cause principale de la baisse de la fécondité, c'est qu'un nombre croissant de couples décidèrent d'avoir moins d'enfants — et purent réaliser ce programme. Pour les statisticiens et les autorités de l'époque, ce phénomène parut à la fois énigmatique et inquiétant. L'âge relativement élevé auquel on se mariait dans les pays européens pouvait certes impliquer un contrôle conscient ou inconscient des naissances en fonction des ressources disponibles. Un prétendant devait pouvoir nourrir son épouse. Mais la baisse brutale de la natalité au tournant du siècle représentait quelque chose de nouveau dans l'histoire du monde, et, aujourd'hui encore, nous sommes loin de pouvoir en proposer une explication exhaustive. La sphère la plus intime de la vie privée est toujours difficile à éclairer faute d'informations précises.

Les principaux moyens de contrôle des naissances doi-

Noce paysanne à Hol dans la province norvégienne du Hallingdal en 1910. On se mariait tard dans la vieille société paysanne. Cela limitait le nombre des enfants du fait que la période féconde de la femme était plus courte.

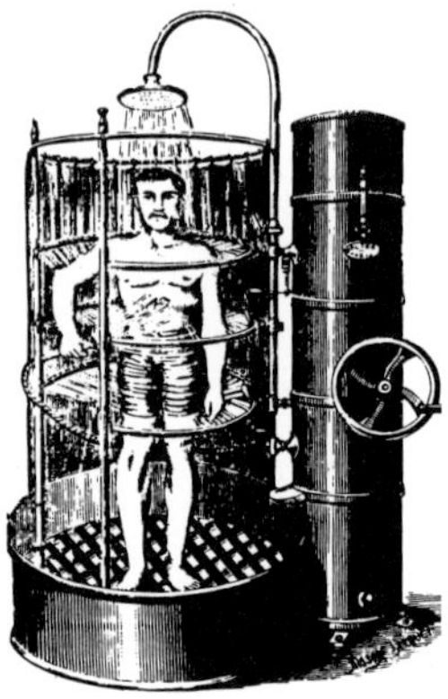

Les techniques de douche progressent : modèle français avec réservoir d'eau chaude et jets verticaux et latéraux !

vent avoir été le *coïtus interruptus* et l'abstinence. Les préservatifs modernes ne jouaient encore qu'un rôle insignifiant. En 1798, le fondateur des études démographiques modernes, le Britannique Thomas Malthus, avait formulé sa sombre « loi » selon laquelle les populations augmentaient toujours plus vite que la production de vivres, ce qui condamnait la plupart des gens à vivre au bord de la famine. Ces idées exercèrent une grande influence au XIXe siècle, et après 1870, les néo-malthusiens militèrent pour la limitation des naissances, d'abord en Grande-Bretagne, puis en France après 1890. Du fait de la résistance de la morale officielle et de l'interdiction légale de toute information relative au contrôle des naissances, ces « pamphlets diaboliques » se diffusèrent d'abord sous le manteau, mais à la fin du siècle, la législation se transforma dans de nombreux pays, et des campagnes d'information purent se dérouler de manière plus directe.

En règle générale, les Eglises avaient prêché la fécondité, mais leur influence diminua à la fin du siècle dans les villes et les régions centrales des pays industrialisés. Là où la position de la religion était la plus forte, avant tout dans les régions rurales d'Europe centrale et méridionale, la fréquence des naissances demeurait élevée. Grâce à l'amélioration de l'institution scolaire à la fin du XIXe siècle, une information plus poussée facilita la diffusion d'idées jusqu'alors taboues sur le contrôle des naissances.

Raison et planning familial

Bien entendu, l'évolution économique contribua grandement à faire évoluer les mentalités en matière de contrôle des naissances. Ainsi, le passage pour les mères de l'artisanat au foyer au travail en usine se traduisit directement par une baisse de la natalité dans les régions textiles françaises au cours des années 1870 et 1880. Avec une mortalité infantile réduite de moitié, il n'était plus nécessaire d'avoir de nombreux enfants pour être certain que quelques uns vivraient. Dans les villes, ils n'étaient pas non plus aussi utiles à la famille qu'en milieu rural, et ils coûtaient plus cher puisqu'il fallait payer pour la nourriture, la garde, les soins et l'éducation. Les parents qui voulaient assurer le succès de leur progéniture et se ménager une vieillesse décente ne pouvaient avoir beaucoup d'enfants.

C'est dans les régions où dominaient l'agriculture et l'économie en vase clos — Europe orientale et méridionale, parties montagneuses de la Scandinavie — que la natalité demeura élevée le plus longtemps.

L'appartenance de classe avait aussi son importance dans ce domaine. Le contrôle des naissances apparut d'abord dans les hautes classes. Des enquêtes anglaises révèlent que le nombre d' enfants parmi la noblesse diminua de moitié au XIXe siècle. Chez les mineurs, le taux des naissances était d'environ 30 % plus élevé que chez les fonctionnaires de la classe moyenne à la fin du siècle.

La limitation des naissances qui s'opéra à la fin du XIXe siècle révèle des changements profonds dans la civilisation occidentale. Auparavant, des adaptations plus ou moins conscientes aux ressources existantes — âge différé du mariage, unions moins nombreuses — s'étaient certes produites. Mais le planning familial conscient qui se répandit alors était adapté à une économie monétaire capitaliste et aux normes bourgeoises dominantes. L'on s'efforça d'investir plus dans chaque enfant, de procurer une aisance accrue à la famille et une liberté plus grande aux parents. Les femmes mariées échappèrent désormais aux grossesses répétées et aux ribambelles d'enfants pendus à leurs jupes.

Si la limitation des naissances permettait aux familles d'augmenter leur niveau de vie, les nations, quant à elles, avaient tout lieu d'être préoccupées. Avec sa faible natalité, la France enregistra entre 1870 et 1914 une plus forte augmentation du niveau de vie *par habitant* que la plupart des autres pays européens. Mais en cas de conflit entre nations, des facteurs globaux comme le produit national et le nombre d'habitants revêtaient une importance capitale. Et dans ce domaine, il se produisit après 1870 un glissement favorable à l'Allemagne dont la population augmenta beaucoup plus. Aussi la France fut-elle dans les années 1890 le théâtre de campagnes importantes en faveur d'une relance de la natalité.

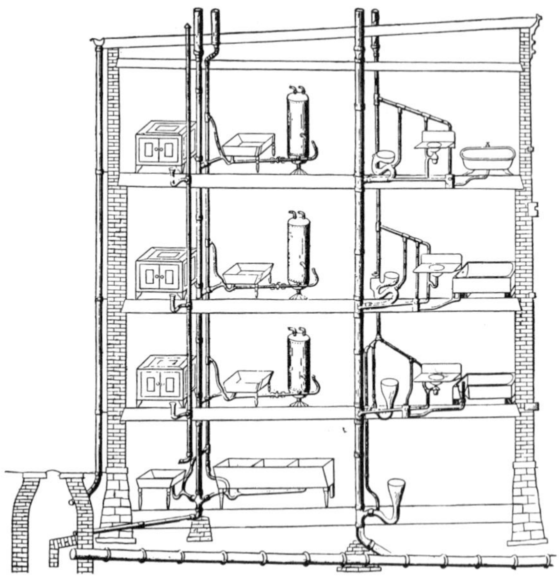

A droite : croquis d'immeuble à Chicago datant de 1891, avec canalisations standardisées et salles de bains dans tous les appartements. Une solution d'avenir.

Début du XXe siècle : baignoire, lavabo, bidet, W.C. et de nombreux miroirs. Une salle de bains de ce type demeurait toutefois un luxe.

Cabinet d'aisance de 1890, avec décoration de chrysanthèmes. Le water-closet impliquait une révolution culturelle, mais il coûtait cher ; il ne se répandit que lentement. Ici, la publicité est axée sur le siphon qui élimine efficacement les odeurs.

En Allemagne, la classe dirigeante des junkers encourageait aussi les familles nombreuses. La religion luthérienne prêchait dans le même sens. « Kirche, Küche, Kinder » (l'Eglise, la cuisine, les enfants) : le devoir des femmes tenait dans ces trois mots. Dans les régions nouvellement exploitées de la Prusse orientale, une forte natalité était particulièrement souhaitable pour assurer les positions allemandes face aux peuples slaves. Pour les partisans de la grande Allemagne dont Hitler allait reprendre les idées, la poursuite de l'essor démographique était une condition *sine qua non*, et la propagande faisait volontiers appel au symbole de la bonne ménagère entourée de nombreux enfants.

La tradition scientifique et les universités

En liaison avec l'évolution démographique, il est naturel de présenter la constitution de l'institution éducative moderne. C'est cette augmentation du potentiel intellectuel qui, conjointement avec l'amélioration de la santé physique, contribua à la croissance et à l'expansion de l'Occident au cours de cette période. Dans les chapitres qui suivent, nous verrons à maintes reprises que les dirigeants politiques et les intellectuels du tiers monde virent dans les sciences et la scolarisation systématique une explication essentielle à la position de force des pays occidentaux.

La tradition scientifique fondée sur l'étude de la nature prit racine parmi les élites intellectuelles aux XVIe et XVIIe siècles. La raison fut systématiquement utilisée comme instrument de connaissance et les explications rationnelles supplantèrent la religion dans un nombre croissant de domaines. Les traits principaux de la méthode scientifique peuvent être brièvement résumés : expérience se substituant à la foi comme base du savoir, déduction de lois générales à partir d'observations précises, mise à l'épreuve des hypothèses à l'aide de procédures expérimentales, prévision des effets basée sur la connaissance du déterminisme des phénomènes naturels.

Les caractéristiques essentielles de cette évolution des sciences et de la pensée rationnelle ont été décrites dans les volumes précédents. Il convient néanmoins de les résumer ici car elles constituent un facteur important du développement social après 1870.

Marie Curie découvrit le radium et fut professeur à la Sorbonne. Elle figure parmi les rares chercheurs qui reçurent deux fois le prix Nobel — en physique, conjointement avec son époux Pierre Curie (1903), et en chimie (1911). Elle mourut en 1934 d'une maladie du sang provoquée par les radiations qu'elle avait étudiées.

Nous avons vu que la recherche scientifique était à l'origine des progrès de la médecine après 1870, et ceci vaut tout autant du développement des techniques. Avant 1870, la recherche s'effectuait dans une large mesure hors des universités, dans des laboratoires privés, dans des instituts indépendants ou au sein de sociétés savantes comme la *Royal Society* de Londres ou l'*Académie des Sciences* de Paris. Les universités allemandes modifièrent cette situation dès la première moitié du XIXe siècle en faisant de la *recherche* la base de toute autre activité, en investissant à grande échelle dans les bibliothèques et les laboratoires, en subordonnant la carrière des universitaires à leurs publications scientifiques. L'utilité pratique des résultats de la recherche s'en trouva accrue et les liens se renfor-

Située à Trondheim, l'école polytechnique de Norvège commença à fonctionner en 1910, bien avant les établissements similaires dans les pays voisins. Les grandes écoles d'ingénieurs contribuèrent à renforcer les liens entre science, technique et industrie et donc à promouvoir la croissance économique.

Un chimiste allemand dans son laboratoire. Le développement scientifique fut à l'origine des progrès médicaux et industriels de l'époque, et les sciences renforcèrent leur position dans les universités.

cèrent entre les milieux industriels et le monde universitaire — spécialement les grandes écoles techniques (nous en reparlerons au chapitre suivant).

Le modèle allemand se répandit progressivement dans d'autres pays. Aux Etats-Unis, des universités dites *Landgrants* furent créées dans une série d'États au cours des années 1860 — *Landgrants* signifiant que les autorités dotèrent ces établissements d'importants biens fonciers en guise de capital de départ. L'utilisation pratique de la recherche, notamment dans le domaine agricole, figura d'emblée à leur programme. En Grande-Bretagne, plusieurs commissions officielles préconisèrent entre 1850 et 1900 une modification des modèles en vigueur à Oxford et à Cambridge où l'on formait surtout des gentlemen en mettant l'accent sur les disciplines classiques et la culture générale. En 1872, l'on s'alarma de constater qu'il y avait moins d'étudiants avancés en chimie dans tous les établissements supérieurs anglais que dans la seule université de Munich. Réorganisée en 1858, celle de Londres allait servir de modèle à une série de nouvelles universités anglaises (Birmingham, 1900 ; Sheffield, 1905 ; Leeds, 1904 ; Liverpool, 1903). Mais les hautes classes britanniques avaient encore tendance à considérer les études techniques comme indignes de leurs rejetons. En Allemagne, en France et en Scandinavie, l'ingénieur moderne jouissait en revanche d'un grand prestige.

Dans les universités scandinaves, le nombre des étudiants en lettres et en sciences augmenta par rapport à celui des étudiants en droit jusqu'alors dominants. Des matières modernes comme l'économie sociale et la théorie des assurances firent aussi leur apparition. Sans nul doute, le développement universitaire contribua directement et indirectement à diffuser des attitudes scientifiques au sein de la société, notamment par le biais de l'institution scolaire. Pour ce qui est de la vision du monde, le fossé qui s'était creusé après la Renaissance entre les élites intellectuelles et le peuple se combla lentement.

Le pape Léon XIII (1878-1903). Les sciences, le libéralisme et la société industrielle lancèrent un défi à l'Eglise. Le pape s'en tint à l'infaillibilité pontificale en matière religieuse (1870) et s'opposa à la subordination de l'Eglise à l'Etat (en Allemagne). Mais dans l'encyclique Rerum novarum *(1891), Léon XIII préconisa l'engagement social du catholicisme.*

« Négliger la brosse, c'est se gâter les dents ! » Hygiène dentaire au programme d'une école anglaise. L'institution scolaire permit de répandre de bonnes habitudes, et les instituteurs devinrent les ambassadeurs de la culture en milieu rural.

Développement de l'institution scolaire et combat culturel

La mise en place d'une école populaire laïque et obligatoire s'inscrit parmi les grandes réalisations publiques de la période 1870-1914. Au début, l'analphabétisme demeurait répandu. Même en Grande-Bretagne, il n'y avait guère que la moitié de la population qui savait lire et écrire en 1870. Au sein de la classe ouvrière, la scolarisation était pour l'essentiel l'affaire d'associations de charité, tandis que les familles mieux loties faisaient appel à des précepteurs ou des internats privés. Dans les pays catholiques ainsi qu'en Europe orientale, c'est avant tout l'Eglise qui offrait aux ruraux la possibilité d'apprendre à lire et à écrire. En Scandinavie, l'enseignement dans les campagnes avant 1870 fut pour une bonne part assuré par des écoles ambulantes, avec des enseignants dépourvus de formation professionnelle.

En 1914, tous les enfants étaient assis sur les bancs de l'école en Europe occidentale et aux Etats-Unis. L'Alle-

En 1870, la moitié de la population britannique ne savait ni lire ni écrire. Il régnait parfois des conditions chaotiques dans les écoles destinées aux pauvres.

magne avait joué un rôle de pionnier en instituant des écoles communales du temps de l'absolutisme prussien. Aux Etats-Unis, également, l'école obligatoire devint vite un moyen pour intégrer les différents groupes d'immigrants et pour réaliser le « rêve américain » d'une éducation permettant à la génération montante d'avoir une vie meilleure. La France introduisit l'école laïque et obligatoire en 1881-82, et de cette date à 1914, le budget de l'éducation quintupla. En Grande-Bretagne, l'école primaire fut rendue obligatoire en 1891. Mais en Europe orientale et méridionale, le combat contre l'analphabétisme ne faisait que commencer. A la fin de la Seconde Guerre mondiale encore, on estimait que 25 % des Bulgares et environ 35 % des Portugais étaient analphabètes. Sous ce rapport, ces pays ne présentaient guère de différence avec les plus avancés de ceux du tiers monde.

En même temps que l'école communale se répandit dans la plupart des pays, des réformes furent entreprises en faveur de l'enseignement secondaire et de l'enseignement supérieur. La tendance générale fut de créer des structures d'accueil pour plus d'élèves et de ménager des passerelles entre les différents niveaux.

Dans l'école primaire moderne furent introduites des disciplines d'éveil comme l'histoire et la géographie aux côtés de la lecture, de l'écriture, du calcul. Dans le secondaire, les matières scientifiques se frayèrent un chemin au détriment du latin jusqu'alors tout puissant. La création d'écoles normales favorisa l'apparition d'enseignants d'un type nouveau — formés à leur métier, sûrs d'eux et quelque peu initiés à l'esprit scientifique qui s'épanouissait dans les universités et les instituts de recherche. L'enseignement des matières profanes entra en conflit sur

Le lycée de Mill Hill (Grammar School) était destiné aux jeunes gens des classes supérieures. On y comptait extrêmement peu d'élèves issus des districts ouvriers.

Le temple de la connaissance : l'école polytechnique de Regent Street à Londres. Les nouvelles grandes écoles misaient plus que les universités traditionnelles sur les sciences de la nature.

de nombreux points avec les représentations religieuses traditionnelles. Avec ce qu'elle impliquait d'entraînement rationnel, la scolarisation renforça la sécularisation des mentalités, autrement dit la distinction de plus en plus nette entre foi religieuse et connaissances basées sur l'observation. Plus que par le passé, la religion fut perçue comme une affaire privée ; elle concernait certes le salut de l'âme, mais on ne lui accordait plus la même importance comme fondement de la morale et de l'ordre social.

Bachelier coiffé de la casquette blanche en Scanie (1928). Dans l'entre-deux-guerres encore, l'étudiant se situait bien au-dessus de l'ouvrier et du paysan dans les pays nordiques.

Par le biais de l'école, le conflit entre la raison et la foi se trouva pour la première fois actualisé dans de larges couches de la population. Certains parents furent conduits à s'insurger contre la coupable influence profane des instituteurs sur leurs enfants. La question des rapports entre l'école et l'Eglise se révéla particulièrement délicate. Dans les pays luthériens, l'Eglise d'Etat garda son influence grâce à l'enseignement religieux obligatoire. Aux Etats-Unis, la question des liens entre la religion et l'école ne se posait pas, les immigrants appartenant à un grand nombre de confessions différentes. Le conflit fut surtout violent dans les pays catholiques où l'Eglise dut renoncer à son monopole éducatif et où les enseignants se dressèrent en dangereux concurrents du clergé. En France et en Allemagne, il en résulta un véritable « combat culturel » qui imprégna aussi bien la vie politique que les débats d'idées dans les deux dernières décennies du XIXe siècle. Il en résulta en France la séparation de l'Eglise et de l'Etat en 1905 — et un anticléricalisme très répandu parmi les enseignants.

L'école et la société

Le développement de l'institution scolaire coûta beaucoup d'argent. En France, 6 % du budget de l'Etat étaient affectés à l'éducation en 1914, et l'école représentait une dépense importante pour les communes. Il n'empêche que les pouvoirs publics misèrent sur ces investissements jugés nécessaires. Qu'en attendaient-ils ?

Pour les cadres et employés du public comme du privé, l'existence d'une telle institution scolaire, notamment au niveau secondaire, était d'une importance fondamentale, et c'est grâce à elle qu'apparurent de nouvelles classes moyennes. L'importance *économique* du système éducatif est plus difficile à déterminer, et c'est aussi ce point qui fut le plus discuté à l'époque. Les paysans et les ouvriers agricoles n'avaient guère besoin de savoir lire et écrire, même si cela leur permettait de profiter d'informations écrites. En milieu rural, les parents, dans bien des cas, furent d'abord hostiles à une extension de la scolarité car ils avaient besoin des enfants à la ferme. Il n'était pas nécessaire non plus de savoir lire pour travailler en usine. Beaucoup d'employeurs britanniques estimaient que l'école risquait de gâcher l'aptitude au travail pratique et de semer des lubies dans la tête des travailleurs.

La scolarité institutionnalisée était à même d'exercer une influence sur tous les métiers en contribuant à l'apprentissage de la discipline : présence obligatoire, emploi du temps réglé, devoirs, notes, examens et châtiments. Le « certificat de bonne conduite » jouait son rôle sur le marché du travail. L'importance économique de l'institution scolaire apparaît le plus clairement au niveau secondaire où les futurs techniciens recevaient leur formation et acquéraient les bases nécessaires pour accéder à l'enseignement supérieur. Dans ce domaine, l'Allemagne occupait le premier rang avec son vaste réseau d'écoles professionnelles et techniques.

En outre, les mécanismes de sélection scolaire eurent un impact sur la vie professionnelle en offrant aux jeunes gens doués des chances de promotion en fonction de leurs capacités. Mais ce principe de « mobilité sociale » pouvait entrer en collision avec des intérêts de classe. Ce fut particulièrement net en Angleterre. Les riches continuaient à envoyer leurs enfants dans des internats privés disposant de maîtres et d'équipements supérieurs à ceux des écoles publiques. Selon l'écrivain H. G. Wells, la loi scolaire de 1870 n'était « pas une loi sur la scolarité obligatoire mais une loi pour l'éducation des classes subalternes en vue d'emplois subalternes, avec des enseignants ayant reçu une formation insuffisante, non universitaire ».

Dans tous les pays, les études secondaires et supérieures exigeaient des moyens privés. Cela limitait bien entendu les possibilités d'ascension sociale de ceux qui venaient des milieux pauvres. Les obstacles étaient moindres en Ecosse et en Allemagne où les différentes composantes du système éducatif étaient bien coordonnées et où un système de bourses permettait d'aider les élèves doués à un stade précoce. Aux Etats-Unis, une famille paysanne d'origine scandinave pouvait avoir les moyens d'envoyer ses enfants dans un *college*, mais en Scandinavie même, avant la Première Guerre mondiale, les étudiants du supérieur d'origine rurale appartenaient en règle générale à des familles « comme il faut ». Au total, avant 1914, l'institution scolaire ne bouscula guère les barrières de classes dans la société européenne.

Ignorance et superstition

« Ne crois pas aux sorcières et aux magiciens... Ne crois pas aux fantômes et aux mauvais esprits... Ne crois pas que quelqu'un puisse provoquer du mal et des accidents avec... des amulettes et des objets magiques... » On s'imaginerait entendre un missionnaire européen en Afrique, mais cette citation est bel et bien tirée d'un manuel scolaire français de 1895 ! Les vieilles superstitions demeuraient vivaces, notamment à la périphérie de l'Europe. On attendait de l'Eglise des formes d'assistance surnaturelle : guérison par la foi, conditions météorologiques favorables, protection contre les accidents. On faisait sonner les cloches pour annoncer l'imminence d'une tempête ou d'un orage. Avant l'invention du paratonnerre, cette pratique se révéla parfois meurtrière : ainsi, en 1783, 121 sonneurs français furent foudroyés dans la tour de leur église. D'autres connurent le même sort en 1874 et 1875. L'école obligatoire devint l'instrument essentiel de la raison pour combattre les innombrables superstitions répandues parmi les « indigènes » — en Europe aussi bien qu'en Afrique.

(Source : Eugen Weber, *Peasants into frenchmen*, Stanford 1976.)

L'école et le sentiment national

La mise en place de l'institution scolaire répondit aussi à d'importants motifs politiques. L'école primaire fut un instrument remarquable au service du sentiment national. Elle contribua à inculquer l'amour de la patrie et le senti-

Affiche publicitaire allemande de 1903 (Albert Sterner) pour une bibliothèque de prêt spécialisée dans la littérature moderne. Le lectorat était constitué en majorité par les femmes de la classe moyenne.

La bibliothèque royale de Berlin en 1905. Les bibliothèques publiques rendaient les livres accessibles à tous les groupes sociaux. L'« éducation du peuple » fut une des grandes causes de l'époque.

ment du devoir à son égard. Dans les écoles américaines, on commençait la journée en hissant le drapeau. En Allemagne, les enseignants étaient aussi chargés de donner les rudiments d'une formation militaire. Partout, l'histoire nationale et les chants patriotiques prirent une place importante. La carte du pays eut sa place toute désignée derrière la chaire. Dans les pays nordiques, les hautes écoles populaires pour adultes qui se développèrent dans les années 1860 et 1870 avaient à leur programme l'intégration des paysans à la communauté nationale.

Dans ce café, l'homme de droite attend son tour pour consulter « The Times » — le journal le plus prestigieux du monde, fondé en 1785. Mais à la fin du XIXe siècle émergea la presse moderne à sensation.

Ce désir d'inculquer un sentiment de communauté nationale obéissait aussi à l'intention délibérée de réduire les conflits de classes. Le sociologue et réformateur norvégien Eilert Sundt, se référant au mouvement ouvrier qui s'était amorcé après la révolution de février 1848, déclarait ceci : « ... qu'une nouvelle agitation ouvrière se produise ou que l'évolution se déroule pacifiquement, cela dépend de la moralité inculquée à la jeunesse et du sens de l'action bonne et utile qu'on lui communiquera ». Dans la capitale anglaise, l'inspecteur d'académie affirmait que « sans ses cinq cents écoles primaires, Londres serait envahie par une horde de jeunes barbares ». Sous cet angle, l'institution scolaire servait à incorporer les classes paysanne et ouvrière au système social existant.

Mais on ne se saurait rendre entièrement compte du système scolaire en se référant exclusivement aux besoins sociaux. L'éducation était une grande cause pour les idéalistes et les amis des hommes. Les idées des Lumières pouvaient à présent s'appliquer à la société tout entière. « L'éducation populaire » revêtit à l'époque un caractère sacré . Elle se réalisa aussi hors des écoles grâce au travail des organisations de bénévoles et au développement des bibliothèques populaires. Beaucoup d'universités introduisirent des programmes d'études pour adultes non bacheliers (Cambridge, Oxford et Londres dans les années 1870). En Grande-Bretagne, une fédération d'éducation ouvrière fut créée en 1903, en Suède en 1908. Des « universités populaires » françaises virent le jour entre 1899 et 1903. En Scandinavie, les hautes écoles populaires mirent fortement l'accent sur l'instruction comme instrument de connaissance de soi et d'épanouissement de la personnalité. L'élévation générale du niveau de culture permit aux organisations populaires libres, alors en plein essor, de travailler sur des bases toutes nouvelles.

Développement de la personnalité ou nivellement par le bas ?

L'éducation de masse créa-t-elle des individus plus nobles et plus libres, comme les idéalistes l'avaient souhaité ? En Grande-Bretagne, on produisit en 1913 deux fois plus de livres que dix ans auparavant, et le nombre des prêts dans les bibliothèques publiques doubla lui aussi. Mais les gens de la classe ouvrière et de la classe moyenne inférieure s'en tenaient de préférence à la littérature « bon marché » : romans policiers, histoires sentimentales et écrits religieux. De tels ouvrages étaient peut-être plus faits pour fuir la réalité que pour contribuer à la « connaissance de soi et à l'épanouissement de la personnalité ».

L'éducation de masse créa un marché pour la presse populaire moderne qui se développa alors. La « presse jaune » américaine, où s'illustra particulièrement William Randolph Hearst, imposa un style qui se répandit ensuite en Europe — scandales, accidents, nouvelles à sensation, sport et bandes dessinées, le tout assorti de rubriques tapageuses et d'illustrations voyantes. En 1896, Hearst vendait son « New York Journal » à plus d'un million et demi d'exemplaires par jour. La même année, le Britannique Alfred Harmsworth lança selon la même formule le « Daily Mail » qui atteignit en 1901 un tirage d'un million. Ce journal présenté comme « écrit par des employés pour des employés » s'adressait à un public n'ayant d'autres habitudes de lecture et réflexes intellectuels que ceux de l'école primaire. Mais cette presse était à même de travailler l'opinion, notamment en jouant sur des préjugés simplistes et des sentiments nationalistes. Un nouveau pouvoir faisait son apparition sur la scène politique.

En vérité, les grands journaux représentaient une nouvelle branche industrielle gouvernée selon des principes commerciaux. Les équipements techniques nécessitaient de lourds investissements que seuls les tirages de masse pouvaient rentabiliser. Simultanément, on était dépendant des recettes publicitaires pour pouvoir maintenir le prix du numéro à un niveau raisonnable. Le but suprême étant de vendre le plus possible, on exploita cyniquement le fait que les gens savaient lire — alors què cette capacité aurait dû être un moyen d'accès à la culture.

A la même époque se développa un moyen de communication qui, à terme, risquait d'affaiblir la maîtrise de l'écrit. André Gide se demandait dans son *Journal* combien de belles lettres étaient à jamais perdues parce que remplacées par des communications téléphoniques. Dès avant la Première Guerre mondiale, le film tendit à devenir un moyen de distraction produit industriellement. Les bandes dessinées et les photos prirent une part croissante dans la presse. Dans le domaine publicitaire, on affina l'art de jouer sur les sentiments à l'aide de dessins et d'images suggestives. L'instruction de masse moderne ne garantissait nullement le triomphe sans partage de la raison.

Dès 1846, la firme new-yorkaise Richard M. Hoe fabriqua une gigantesque presse rotative qui pouvait imprimer plusieurs milliers de feuilles à l'heure. C'était une des conditions techniques pour qu'émergent à la fin du XIXe siècle les journaux bon marché à grand tirage.

Affiche publicitaire de Vaclav Oliva pour le journal tchèque « Zlata Praha » (1898). A cette époque, l'affiche offra de nouvelles possibilités aux artistes.

Dessin publicitaire pour « Harper's Magazine » (Edward Penfield, 1895). La presse devint un « quatrième pouvoir » à cette époque, mais ce ne furent pas les publications de qualité comme « Harper's » qui connurent les gros tirages.

L'essor des techniques et la croissance

Les nations occidentales firent un grand bon en avant de 1870 à 1914. D'importantes innovations techniques virent le jour, à tel point qu'on a pu parler de deuxième révolution industrielle. L'industrialisation se répandit vraiment jusqu'à la périphérie de l'Occident (Russie, Scandinavie...). De nos jours, les problèmes du tiers monde et les crises économiques ont particulièrement attiré l'attention sur les conditions requises pour le développement. L'étude de notre période fournit des éléments de réponse.

On a calculé que la valeur de la production totale en Europe avait augmenté en moyenne d'environ 2 % par an entre 1870 et 1914. Autrement dit, notre continent produisait en 1914 deux fois et demie plus qu'en 1870. Quant à la valeur de la production *industrielle*, elle se trouva multipliée par quatre.

Mais la croissance économique ne constitua pas un processus régulier et uniforme. D'abord, il y eut d'importantes variations régionales. Avant 1870, l'industrie ne se tailla une place économique dominante qu'en Europe du Nord-Ouest, plus précisément en Grande-Bretagne, dans le nord de la France, en Belgique, aux Pays-Bas et dans la vallée du Rhin. Mais l'industrie venait aussi de démarrer dans des régions plus excentrées : Allemagne, divers districts de Russie, Scandinavie — et côte est des Etats-Unis. Dans les années 1870, les anciennes régions ouvrières avaient épuisé une partie de leurs possibilités après la première révolution industrielle basée sur le charbon, le fer et la vapeur. En Grande-Bretagne et en France, la

Laminoir. Dans ce tableau de 1875, Adolph von Menzel restitue à sa manière la force dramatique et spectaculaire de la technique moderne. Vision romantique ou réaliste ?

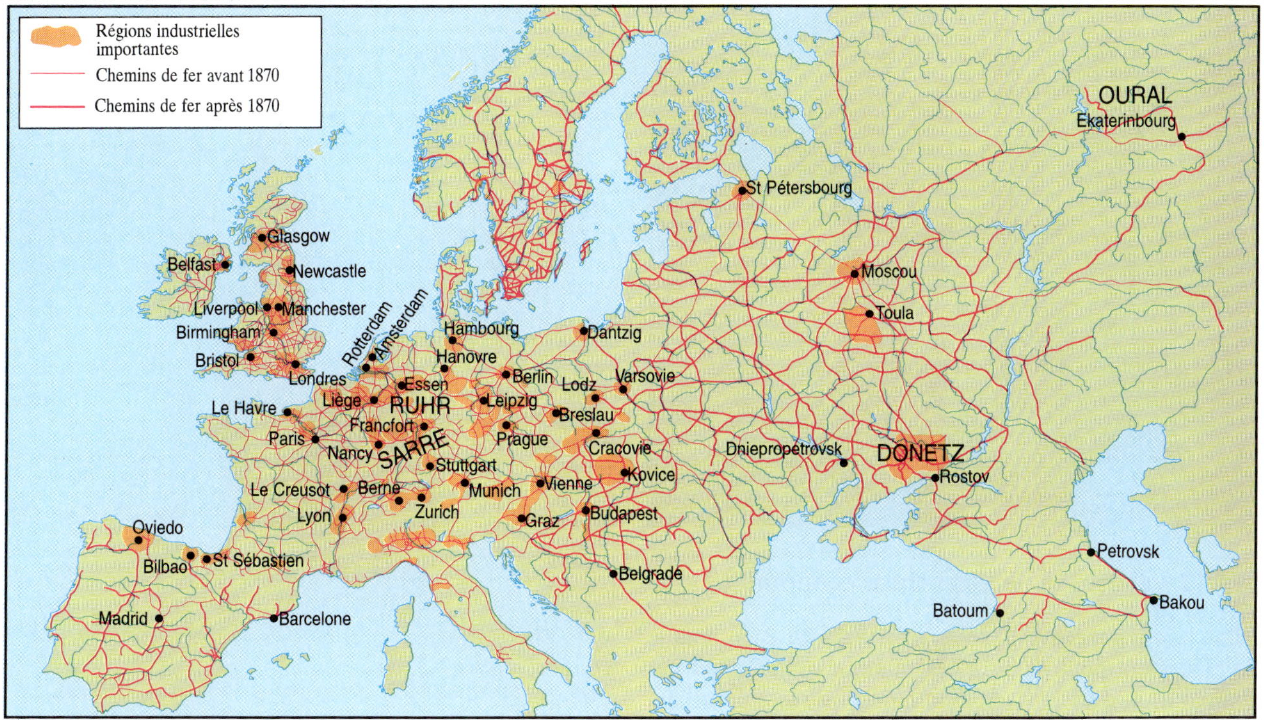

Les chemins de fer et les régions industrielles d'Europe. La construction ferroviaire postérieure à 1870 révèle bien comment la civilisation industrielle s'étendit alors à la périphérie du continent (Europe méridionale et orientale, pays nordiques).

croissance industrielle plafonna à 1,5 et 2 % par an. Mais l'Angleterre connut une croissance supérieure à celle de tout autre pays dans le secteur des services — commerce, banque, assurances —, ce qui compensa largement le tassement industriel. En ce qui concerne le produit national brut calculé par habitant, la Grande-Bretagne demeurait en tête au tournant du siècle.

Ce qui bouleversa les données entre 1870 et 1913, c'est que l'Allemagne devint le principal pays industriel d'Europe et que les Etats-Unis développèrent une industrie géante. Après 1880, l'Allemagne connut une croissance industrielle d'environ 4 % par an, et les Etats-Unis dépassèrent les 5 % entre 1890 et 1930. Dans ces deux pays, ce furent les industries nouvelles basées sur l'acier, l'électricité et la chimie qui s'imposèrent massivement. La construction des chemins de fer américains vers l'ouest contribua en outre à la mobilisation de gigantesques ressources naturelles.

Après 1890, l'industrialisation se répandit sérieusement en Scandinavie, en Russie, en Italie du Nord et en Autriche-Hongrie. Aussi bien en Russie qu'en Scandinavie, on put vérifier à cette époque ce qu'on appelle dans les débats actuels sur le tiers monde les « avantages de l'arriération ». D'emblée, il fut possible de mobiliser les techniques les plus modernes, d'importer des capitaux et des experts de l'étranger et de stimuler le développement avec l'aide de l'Etat. Ainsi, la production industrielle suédoise sextupla de 1885-94 à 1905-13. La « nouvelle Norvège » avec la mise en exploitation de la houille blanche et la naissance d'une grande industrie électrique connut son plein essor après 1900. La Russie atteignit une croissance industrielle de 8 % dans les années 1890, et l'Italie enregistra des résultats comparables. Ces pourcentages élevés s'expliquaient bien entendu par le fait que ces pays étaient partis de très bas. L'Espagne, le Portugal, la Grèce et les pays balkaniques n'avaient encore guère amorcé leur croissance économique.

Dans tous les pays, la croissance, irrégulière, s'opérait souvent par saccades. Les variations de la conjoncture étaient parfois violentes. Si l'on prend les prix, les salaires et l'emploi comme instruments de mesure, la période 1870-90 fut marquée par un long déclin, tandis que la reprise amorcée en 1890 se poursuivit jusqu'à la Première Guerre mondiale. Cette « grande onde » régulière, certains historiens de l'économie (N. D. Kondratchev) ont cru en apercevoir les effets plus avant dans notre siècle, avec de nouvelles périodes de déclin dans les années 1920 et 1970. Il y eut aussi de brèves et violentes variations lors de ces années de crise que furent 1873, 1882, 1890, 1900, 1907 et 1911-13 — baptisées plus tard « ondes moyennes » dans le cycle de la conjoncture. Nous reviendrons sur les explications proposées pour rendre compte de ces variations.

La production industrielle mondiale en 1870 et 1913

	Pourcentage par pays	
	1870	1913
USA	23,3 %	35,8 %
Allemagne	13,2 %	15,7 %
Grande-Bretagne	31,8 %	14,0 %
France	10,3 %	6,4 %
Russie	3,7 %	5,0 %
Italie	2,4 %	3,1 %
Canada	1,0 %	2,0 %
Belgique	2,9 %	2,0 %
Inde	—	1,2 %
Suède	0,4 %	1,1 %
Japon	—	1,0 %
Autres pays	11,0 %	12,7 %

Le grand industriel allemand Alfred Krupp (1812-87) prit à l'âge de 14 ans la direction de l'usine métallurgique que son père avait créée à Essen. Il constitua un des plus grands empires industriels du monde (« L'arsenal de l'Allemagne »). Lui qui aimait entendre le vacarme des machines fit construire son château à proximité immédiate de ses usines.

Les usines Krupp à Essen, division de la construction mécanique. Ce tableau d'environ 1900 montre l'industrialisation sous sa forme la plus avancée et la plus impressionnante. Cependant, les petits ateliers étaient tout aussi représentatifs de l'industrie européenne que les grandes usines.

Les causes de la croissance économique

Dans une perspective globale, la croissance économique de l'Occident peut paraître énigmatique, notamment par comparaison avec la stagnation qui s'observe aujourd'hui dans beaucoup de pays du tiers monde. Les régions périphériques de l'Europe qui s'industrialisèrent alors, par exemple la Scandinavie, ont été tenues pour les premiers pays en voie de développement ayant réussi. On a parlé à propos de la Norvège d'un passage du sous-développement au stade industrialisé. Mais de telles comparaisons peuvent s'avérer fallacieuses. Au XIXe siècle, au début de la phase de croissance, le produit national par habitant

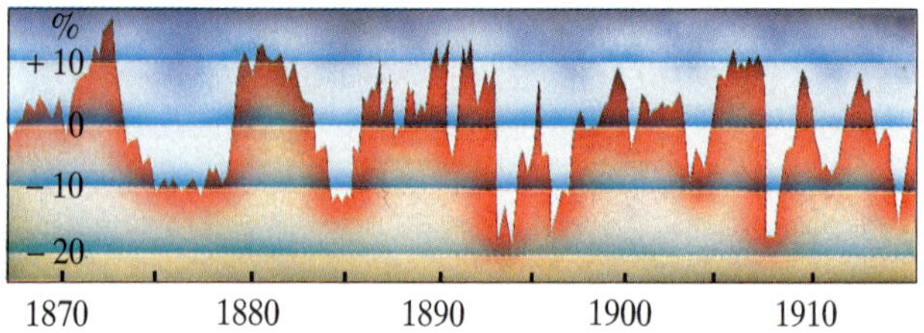

Variations de la conjoncture économique occidentale entre 1870 et 1914. Le retour périodique des crises était bien le problème majeur du capitalisme.

dans les pays européens était en gros deux ou trois fois supérieur à celui de la plupart des pays du tiers monde après la Seconde Guerre mondiale. Une économie monétaire s'était développée pendant des siècles, si bien qu'il existait un marché de masse et une force contributive importante. Les structures éducatives étaient solides, des universités avaient été fondées dès le Moyen Age ; le développement parfois très poussé des outils avait préparé l'industrialisation dans bien des secteurs d'activité (« proto-industrialisation »). On possédait une administration stable, et les citoyens jouissaient de libertés et de garanties légales étendues. Pour comparer avec les pays du tiers monde, il faudrait remonter bien plus avant dans l'histoire européenne.

Les historiens de l'économie discutent toujours vivement des causes essentielles de la croissance. Est-ce l'augmentation de la demande sur le plan national et international ? Est-ce la qualité accrue d'une main-d'œuvre plus énergique et mieux formée (cf. le chapitre précédent) ? Est-ce une organisation plus efficace de la production ?

Le capitalisme — moteur de l'évolution

Le « capitalisme » joue un rôle central dans ce livre. En quoi consiste-t-il au juste ? Il n'en existe aucune définition universellement acceptée.

Avec Karl Marx, ce concept a pris une coloration négative, mais on peut également le décrire de manière neutre. Les moyens de production constituent des biens privés aux mains d'une petite minorité. La majorité est formée d'une main-d'œuvre libre, salariée et non possédante. La production se trouve incluse dans un réseau commercial régi par la libre concurrence. Aussi est-il d'importance vitale pour les entreprises de préserver (ou d'augmenter) leurs parts de marché. Cela les incite à rechercher toujours plus d'efficacité à l'aide d'innovations techniques, d'une meilleure organisation, de la formation de la main-d'œuvre et de son redéploiement. Une bonne partie des bénéfices (la plus-value) doit donc être constamment réinvestie pour améliorer les moyens de production.

Marx et Engels, dans le *Manifeste communiste* (1848), constataient que la bourgeoisie, classe dominante depuis à peine un siècle, était parvenue à créer des forces productives plus importantes et plus puissantes que celles de toutes les générations antérieures. Qui aurait pu s'imaginer au cours des siècles précédents que de telles forces productives existaient en puissance dans le sein de la société ?

L'une des perspectives importantes du présent ouvrage, c'est précisément l'évolution du capitalisme entre 1870 et 1914, l'impact qu'il a eu sur l'évolution sociale, politique et culturelle de l'Occident, la signification qu'il a revêtu dans les relations internationales et l'influence qu'il a exercé sur d'autres continents.

Les économistes de l'école dite néo-classique ont avant tout mis l'accent sur les capitaux et les investissements. Mais des calculs simples ont vite montré que la production a augmenté plus rapidement que les investissements, ce qui a incité à la fin des années 1950 un certain nombre d'économistes néo-classiques (A. Abramovitch, R. Solov) à parler d'un mystérieux « facteur résiduel » qui aurait contribué à la croissance. Petit à petit, on en est venu à souligner plus fortement le rôle clé des *innovations techniques*. Un économiste comme Joseph A. Schumpeter (1883-1950), chercheur américain d'origine autrichienne, avait dans l'entre-deux-guerres attiré l'attention sur l'« entrepreneur », facteur d'innovation technique. Et il n'était pas nécessaire d'être grand clerc pour savoir que les inventions constituent depuis toujours des moteurs du progrès économique !

Laboratoire de la firme allemande Hoechst (matières colorantes). Après 1870, les inventions furent mises en système. Dans la nouvelle industrie chimique notamment, les grandes sociétés se dotèrent de laboratoires de recherche.

Inventeurs et chercheurs

L'évolution technique explosive de la fin du XIXe siècle n'était pas facile à prévoir. Quelqu'un a parlé de « civilisation inattendue ». Ni les économistes classiques (Smith, Malthus, Ricardo) ni Marx n'avaient imaginé des conquêtes techniques d'une nature et d'une ampleur telles qu'elles pourraient vaincre la pénurie, créer de nouvelles ressources et en un sens permettre à l'Occident de se surpasser. Notamment par comparaison avec d'autres civilisations, cette évolution apparaît unique dans l'histoire.

Une explication partielle réside dans le fait qu'après 1870, les inventions furent mises en système — ce qui, selon le philosophe anglais A. N. Whitehead, constituait la plus grande des inventions ! Fait important, des liens étroits commençèrent à se nouer entre la science et la technique, surtout après 1890. Une telle démarche n'allait pas de soi. D'autres civilisations comme celles de l'Islam et de la Chine avaient atteint un haut niveau scientifique sans que cela donne naissance à d'importantes applications techniques. Au cours de la première révolution industrielle, les inventions avaient été largement le fait d'amateurs, artisans et autres praticiens. Mais le besoin de techniciens pourvus de connaissances théoriques augmenta dans les domaines militaire et civil, et nous avons constaté précédemment le surgissement des écoles techniques dans les pays européens dès le début du XIXe siècle, y compris au Danemark et en Suède. La recherche scientifique basée sur des laboratoires de qualité trouva naturellement sa place dans les universités, avant tout en Allemagne et aux Etats-Unis. Les grandes entreprises elles aussi, notamment dans l'industrie chimique et électrique, commencèrent à la fin du siècle à créer leurs propres laboratoires de recherche, systématiquement orientés vers l'élaboration de nouveaux produits et de nouvelles techniques. Après 1870, rares furent les inventions faites par des amateurs dépourvus de connaissances théoriques.

Quand cette connexion entre science et technique fut bien établie, l'action réciproque qui s'ensuivit fit surgir d'innombrables possibilités nouvelles. D'une part, les problèmes techniques lançaient un défi aux chercheurs et pouvaient même les inciter à élaborer de nouvelles théories générales. D'autre part, les nouvelles connaissances scientifiques ouvraient d'emblée de vastes champs d'application. Ainsi s'imposa progressivement l'idée, si répandue de nos jours, que l'une des tâches essentielles de la recherche était de promouvoir le développement industriel.

Le moteur des inventions

Bien entendu, cette étroite connexion entre science et technique à la fin du XIXe siècle était liée à l'apparition de nouveaux besoins. Ceux-ci étaient pour une part inhérents au système technologique, puisque des progrès dans tel domaine appelaient de nouvelles inventions dans tel autre. La machine à filer avait entraîné au XVIIIe siècle une production excédendaire de fil, et ce problème avait été résolu par le métier à tisser mécanique. Le besoin de nouvelles inventions se traduisait par des promesses de récompenses et par des contributions pécuniaires aux individus ou aux laboratoires en quête de solutions.

Simultanément, la technique faisait partie intégrante de

Thomas Edison (1847-1931) et ses collaborateurs travaillent à mettre au point l'ampoule électrique (1878). Edison fut l'un des inventeurs les plus célèbres de l'époque. Le plus souvent, il partit d'idées existantes mais les poussa plus loin. Les innovations de l'époque s'inscrivirent dans un processus continu plus qu'elles ne résultèrent de trouvailles soudaines et isolées.

Dans l'esprit de J. Schumpeter, l'histoire économique récente a accordé une place importante à l'entrepreneur, l'innovateur — celui qui possède l'énergie et le goût du risque requis pour exploiter les dernières inventions, se procurer de l'argent et organiser rentablement une production tournée vers de nouveaux besoins, malgré l'inertie et les résistances inhérentes à l'ancien système.

Il s'agit donc ici d'innovations, de structures nouvelles au sein de l'économie, non d'inventions techniques isolées. La période 1870-1914 connut beaucoup d'entrepreneurs de ce type — chefs d'entreprise allemands et français comme Siemens et Schneider, magnats américains de l'industrie comme Carnegie et Ford.

Il est intéressant de mettre les innovations en relation avec l'évolution de la conjoncture. La créativité en matière de produits semble souvent se manifester dans les périodes difficiles comme 1870-90. Les crises favoriseraient-elles les transformations techniques ? Apparemment, les périodes fastes seraient plutôt propices aux innovations permettant d'améliorer les techniques de production. Toutefois, il s'agit là d'un domaine obscur qui suscite toujours des controverses entre spécialistes faute de définitions claires et de critères objectifs.

Ce qui caractérisa la société capitaliste occidentale, c'est sa manière de protéger et de récompenser inventeurs et innovateurs, et de porter au nom du progrès un jugement inconditionnellement positif sur les transformations techniques. Ainsi, la législation sur les brevets d'invention garantissait à l'inventeur tout le bénéfice de sa trouvaille — en même temps qu'elle protégeait le producteur contre la concurrence. Le contraste était manifeste avec la plupart des civilisations non européennes où la religion, l'autorité des anciens ou le pouvoir en place contribuaient en règle générale à maintenir l'ordre traditionnel et à freiner ceux qui d'aventure se montraient désireux de changer les choses.

Voyons maintenant comment ces mécanismes contribuèrent entre 1870 et 1914 à promouvoir le développement des techniques dans trois domaines, à savoir l'acier, l'électricité et la chimie.

L'usine électrique de Pearl Street à New York permettait de centraliser la distribution de courant, conformément aux idées d'Edison. Celui-ci fut aussi un « entrepreneur » qui créa plusieurs sociétés pour commercialiser ses propres inventions et celles des autres.

La production massive d'acier fut le fondement même de la deuxième révolution industrielle en permettant l'essor des communications, du machinisme et de la construction. Les processus de fabrication ont fasciné les artistes. Peinture de William Krause.

la vie économique où certains obstacles pouvaient susciter le besoin d'inventions. Un exemple en est fourni par l'Allemagne, pauvre en matières premières naturelles, qui misa tout spécialement sur l'élaboration de substances chimiques, synthétiques. Le haut niveau des salaires aux Etats-Unis suscita des inventions susceptibles de réduire les coûts de main-d'œuvre. Toutefois, il va sans dire que les solutions techniques ne découlent pas automatiquement des besoins sociaux ; sinon, la situation des pays du tiers monde serait moins sombre aujourd'hui.

En même temps que les besoins engendraient des transformations techniques, il existait au sein de la machine économique des forces d'inertie, voire souvent des résistances directes aux innovations. Ainsi, l'urbanisme et les transports étaient adaptés au vieux système de production. Artisans et ouvriers spécialisés pouvaient s'opposer à la mécanisation. Ceux qui avaient investi dans un certain type de technique, par exemple l'éclairage au gaz, avaient tout à perdre si l'on en introduisait un autre, en l'occurrence l'éclairage électrique.

« L'âge de l'acier »

La civilisation industrielle repose sur le fer. Ce lien est si direct que la consommation de fer par habitant peut servir à mesurer le degré d'industrialisation d'un pays. Mais le fer brut fabriqué au cours de la première révolution industrielle, avec ses quelque 4,5 % de carbone, demeurait cassant et ne pouvait être directement utilisé que comme fonte. C'est sous forme d'acier, avec une teneur en carbone comprise entre 0,5 et 1,7 %, que le fer présente les meilleures qualités de dureté, de souplesse et de résistance. Cependant, la fabrication de l'acier à partir du fer brut était une procédure coûteuse qui exigeait beaucoup de main-d'œuvre. Aussi les principaux utilisateurs, notamment les compagnies de chemin de fer, durent-ils se contenter d'un fer de moins bonne qualité. Dans les années 1860, les locomotives avaient atteint un tel niveau de développement qu'elles pouvaient remorquer à grande vitesse jusqu'à 50 wagons d'environ 10 tonnes chacun.

Mais les rails s'usaient vite, et il se révéla onéreux de maintenir les infrastructures en bon état. Nous avons là un exemple de déséquilibre au sein d'un système technique qui appelait d'urgence des améliorations. Les compagnies ferroviaires subventionnèrent à grande échelle la recherche de nouvelles méthodes qui permettraient de fabriquer de l'acier en masse.

Un premier pas fut franchi en 1855 avec le convertisseur Bessemer (voir volume 11, p. 63). Mais le procédé Bessemer n'eut qu'un impact limité car il s'appliquait à du minerai de fer sans phosphore, et il n'y avait guère que l'Angleterre à en posséder. Il y avait cette fois déséquilibre entre les ressources naturelles et les exigences techniques. La solution fut trouvée en 1878-79 par Sidney Gilchrist Thomas et son cousin Percy Gilchrist. Ils s'avisèrent qu'on pouvait revêtir le convertisseur de matières telles que chaux, magnésium et dolomie qui avaient la propriété d'absorber le phosphore. Ce procédé donna comme sous-produit de grandes quantités de phosphate (dit « de Thomas ») pouvant servir d'engrais artificiel. Grâce à cette invention, il devint possible de mettre en exploitation de vastes gisements de minerai de fer en Allemagne, en France et en Suède. Simultanément, l'ancienne méthode d'affinement du fer brut fut améliorée grâce au procédé Siemens-Martin de 1864. Vers la fin du siècle, on allait également se servir de l'électricité pour fabriquer de l'acier grâce aux fours électriques à induction ou à arc.

Une invention très convoitée

La lutte pour acquérir les droits du procédé Thomas-Gilchrist de fonte de l'acier illustre ce que nous avons appelé le « besoin d'inventions ». En 1878-79, Thomas croula sous les offres — à ce qu'il paraît, il ne pouvait même pas prendre son petit déjeuner en paix. On raconte que deux firmes allemandes concurrentes envoyèrent leurs représentants à Middlesbrough, et celui qui ne succomba pas au sommeil pendant le voyage remporta la victoire ! Même s'il s'agit là d'une exagération, cela en dit long sur l'ambiance fiévreuse qui régnait. Certains magnats de l'industrie firent des affaires d'or en acquérant à moindre frais des droits d'exploitation de brevets qu'ils monnayèrent ensuite auprès d'autres producteurs. La fabrication d'« acier Thomas » prit aussitôt son essor. En quatre ans, 84 convertisseurs furent mis en exploitation en Europe occidentale et centrale.

(Source : David Landes, *The Unbound Prometheus*, Cambridge 1969.)

La tour Eiffel, construite en 1889 pour l'Exposition universelle de Paris. Cette tour révéla les possibilités de l'acier en matière de construction verticale. A la même époque surgirent les gratte-ciel américains.

Les chiffres de production de l'acier révèlent l'importance révolutionnaire de ces nouvelles méthodes. En 1900, la production mondiale atteignait 28 millions de tonnes contre 80 000 tonnes en 1850. En jouant sur la dureté, la résistance et l'élasticité, on pouvait à présent fabriquer des aciers aux propriétés hautement différenciées qui se prêtaient aux réalisations les plus diverses, depuis les ponts, les machines, les bâtiments et les navires jusqu'aux plus petits objets tels que clous, vis ou épingles. En alliage avec d'autres métaux (nickel, chrome, tungstène), l'acier pouvait être rendu plus dur, ce qui était nécessaire pour l'industrie des outils (tour rapide), ou être doté de l'élasticité requise pour les ressorts modernes.

En Europe, l'Allemagne prit la tête de la production d'acier en combinant efficacement recherche scientifique, pratique industrielle, apports de capitaux financiers et regroupement en vastes unités. En 1870, la Grande-Bretagne avait produit quatre fois plus de fer et deux fois plus d'acier que l'Allemagne. En 1914, la tendance s'était radicalement inversée — les Allemands produisaient deux fois plus de fer et d'acier que les Britanniques. Mais les Etats-

On peint la tour Eiffel. Ce gros plan montre éloquemment la composition des forces dans ce type de construction en acier.

L'inventeur du téléphone, Alexander Graham Bell, ouvre en 1892 la première ligne entre New York et Chicago. C'est en enseignant aux sourds qu'il conçut le principe du téléphone. Il consacra ensuite des sommes importantes à l'amélioration de l'enseignement pour les sourds.

Unis, qui avaient dépassé la Grande-Bretagne dès 1890 et qui assuraient en 1914 41 % de la production mondiale d'acier, étaient très en avance sur les pays européens.

L'électricité : télégraphe et téléphone

L'utilisation pratique de l'électricité est assurément la conquête technique qui a eu la plus grande influence sur les modes de production et les conditions de vie au cours de ces cent dernières années. Dans ce domaine, nous associons volontiers les grandes inventions à quelques individus exceptionnels comme Thomas Alva Edison. Mais l'évolution de l'électricité et de ses nombreuses applications résulta d'interactions compliquées entre la science et l'industrie. Il y eut à la base des milliers de petites inventions et améliorations que des hommes d'affaires imaginatifs exploitèrent habilement. Un nouveau *système* technique prit forme, en liaison étroite avec toute l'économie moderne. David Landes a évoqué à ce sujet un remodelage du monde, une nouvelle « genèse ».

Le premier appareil téléphonique de Bell, expérimenté en juin 1875. Le son provoque des vibrations dans une membrane — comme dans l'oreille humaine. Ces vibrations deviennent des impulsions électriques que des lignes transmettent jusqu'au récepteur.

L'étude du courant électrique et du magnétisme remontait à loin. En 1800, l'Italien Alessandro Volta avait inventé l'élément électrochimique que l'on utilise toujours dans les piles et batteries. Une telle source d'énergie fut utilisée dès avant 1870 pour la signalisation des chemins de fer, l'éclairage des trains et des bateaux, et avant tout pour le développement du télégraphe électrique. Le premier câble télégraphique sous-marin fut posé dans l'Atlantique en 1865-66. En 1873, l'Australie était reliée à l'Europe, et au cours des décennies suivantes fut créé un réseau mondial de câbles télégraphiques sous-marins. La transmission rapide d'informations et d'ordres était essentielle pour que l'Occident pût assurer son hégémonie politique et économique sur le reste du monde.

Le téléphone se développa à partir du télégraphe. Plusieurs inventeurs travaillaient à transmettre la parole à l'aide d'impulsions électriques. Le premier qui y parvint fut Alexander Graham Bell en 1875 (Thomas Edison élabora ultérieurement un meilleur modèle qui servit de base au système téléphonique américain). En 1880, les Etats-Unis étaient équipés de plus de 50 000 téléphones, et de 8,7 millions en 1912. En Europe, l'Allemagne prit la tête comme dans d'autres secteurs de l'industrie électrique, et elle possédait à l'aube de la Première Guerre mondiale quatre fois plus de téléphones que la France. En Angleterre, cette nouvelle technique ne prit sérieusement son essor que dans les années 1890. Le téléphone révolutionna d'abord les liaisons rapprochées au sein des entreprises et des administrations. Le nombre des plantons et garçons de courses, jusque-là énorme, diminua d'autant. Dans la vie politique et l'existence quotidienne, le téléphone en vint progressivement à remplacer les instructions écrites et les missives — au grand dam des historiens.

L'histoire du télégraphe « sans fil » remonte aussi aux expériences électromagnétiques antérieures. Vers 1880, on connaissait les ondes de radio, et, à l'approche de 1900, Ernest Rutherford en Angleterre et Guglielmo Marconi en Italie parvinrent à fabriquer des appareils qui transmettaient la parole à assez longue distance à l'aide d'ondes radiophoniques. En 1901, Marconi envoya un

Trop de communications ?

Le télégraphe, le téléphone et la radio offrirent de nouvelles possibilités de contact et de communication. Les contours d'une « société de l'information » commençaient à se dessiner.

En 1934, Lewis Mumford, dans *Technics and Civilization*, se demandait ce qui allait en résulter. Il notait que les contacts directs à travers le monde ne constituaient nullement un remède contre la mesquinerie et le provincialisme. En outre, la communication directe pouvait faire obstacle à l'écriture, à la lecture et au dessin, bref, aux fondements mêmes de la réflexion et de l'action concertée. Mumford estimait aussi que cet essor des techniques d'information augmentait les risques de frictions internationales, d'hystérie collective et de tensions pouvant mener à la guerre. Il en tirait la conclusion que le contact et la communication n'avaient pas de valeur en soi. Tout dépendait du contenu, du message — et aussi des dispositions de ceux qui se servaient des nouveaux médias. Comment développer la personnalité humaine au même rythme que les progrès techniques ? les interrogations de Mumford demeurent plus actuelles que jamais à l'ère de la communication par satellite.

(Lewis Mumford, *Technics and Civilization*, New York 1934.)

message radio au-delà de l'Atlantique sans pour autant tirer de bénéfices de son invention. On ne voyait dans la radio qu'un moyen nouveau de transmettre des messages individuels, comme le télégraphe. Avant 1914, personne n'entrevoyait la possibilité d'émettre des programmes de radio pour distraire et informer un vaste public.

L'électricité : éclairage et énergie

L'utilisation à grande échelle de l'énergie électrique pour l'éclairage et l'industrie exigeait autre chose que des batteries. Il fallait transformer la force motrice de machines à vapeur ou de chutes d'eau en courant électrique à l'aide de dynamos ou de générateurs. L'électricité n'était donc pas une source d'énergie mais une technique de *transfert* d'énergie.

Le principe de la dynamo avait été découvert par l'Anglais M. Faraday dès 1831. Cette invention entra

L'Italien Guglielmo Marconi devant son premier appareil de télégraphie sans fil (1896). L'idée de diffuser des programmes radiophoniques à un vaste public demeura toutefois inconnue avant 1914.

Le premier générateur utilisable, 1862. La force motrice se transforme en électricité.

Un « acteur » important de l'histoire économique moderne fait son entrée : moteur électrique construit par Froment en 1847. Il transforme de l'énergie électrique en force motrice.

sérieusement dans le domaine pratique vers 1870 lorsque le Belge Z. Gramme et l'entreprise allemande Siemens (futur géant de l'industrie électrique) construisirent les premiers générateurs utilisables. En 1875, la Gare du Nord à Paris fut éclairée électriquement avec son propre générateur, et des installations similaires basées sur des machines à vapeur chauffées au charbon apparurent dans toute l'Europe.

En Amérique, un grand pas fut franchi avec Edison qui travailla à élaborer un système d'éclairage domestique. L'invention de la lampe à incandescence n'en fut que l'un des éléments, et il fallut d'abord trouver un matériau adéquat pour le filament. La fourniture de courant aux particuliers nécessitait de grandes centrales, un réseau ramifié de distribution, des lignes extérieures isolées, des compteurs électriques, etc. Tout cela fit surgir quantité de problèmes techniques. Outre ses dons d'inventeur, Edison avait le sens des affaires, et il eut conscience que le système électrique ne serait rentable que s'il était conçu globalement. Nous avons là un bel exemple d'innovation menée sur un large front par un homme qui fut aussi à sa manière un entrepreneur.

L'utilisation industrielle de l'électricité exigeait qu'on puisse la reconvertir en force motrice, en énergie mécanique. Ce problème fut résolu grâce au moteur électrique, construit sur le même principe que le générateur mais travaillant en sens inverse. Il ne se répandit à grande échelle qu'après 1888 où il servit à la traction des tramways. Dans les grandes cités en expansion, le transport des personnes sur des distances souvent importantes entre domicile et lieu de travail posait de sérieux problèmes. Il y avait en l'occurrence déséquilibre entre les nouveaux besoins sociaux et les anciennes techniques. Les compagnies de transport cherchaient des substituts aux coûteux moyens hippomobiles. Une solution provisoire consista à faire rouler sur rail les voitures à chevaux. On essaya également la traction à vapeur — tant que le moteur électrique alimenté par des fils sous tension ne put être mis en place. La baisse des coûts d'exploitation entraîna non seulement des bénéfices accrus mais aussi une augmentation du nombre des voyageurs grâce à des tarifs moins élevés.

Dans l'industrie, le moteur électrique se répandit vers 1890. Il révolutionna les conditions de travail en milieu ouvrier. Il était propre et relativement silencieux, on pouvait le placer à côté des différentes machines, ce qui permettait d'en finir avec le foisonnement anarchique et dangereux des courroies et autres mécanismes de transmission. A présent, il était possible de construire des machines plus grandes et d'augmenter notablement la cadence de rotation. Ce moteur était aussi « démocrati-

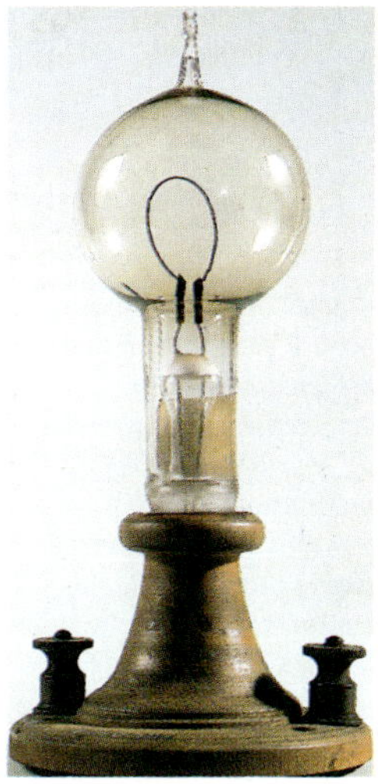

La première lampe à incandescence, mise au point par Edison en 1879 après un an de travail intensif.

Trois phases dans l'histoire des tramways. Immédiatement à droite, véhicule hippomobile ; plus à droite, le premier tramway électrique, construit en 1881 par la firme Siemens à Berlin ; ci-dessous, l'inauguration en grande pompe du premier tramway électrique de Londres (1903).

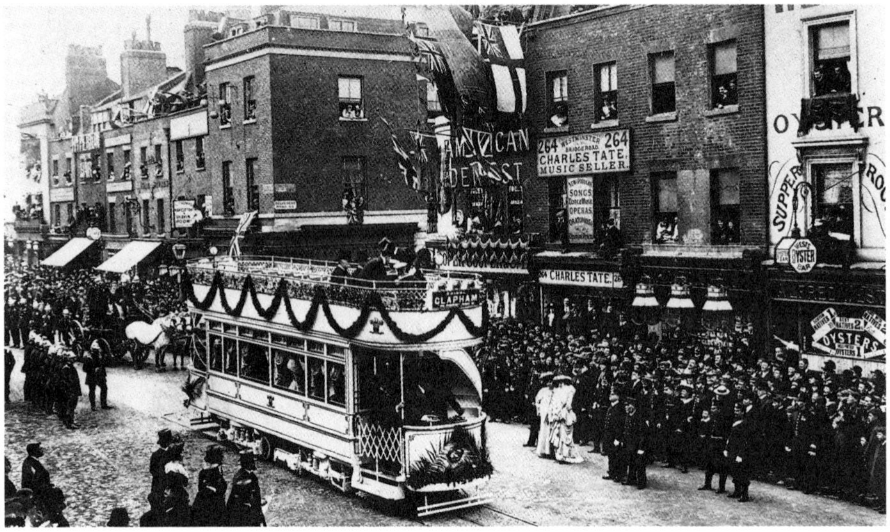

Dans ce domaine comme dans celui de la chimie, les Allemands affirmaient leur puissance, notamment sur le marché de l'exportation. Ce succès, ils le devaient à la coordination systématique entre la recherche et la production industrielle, au développement poussé de la formation professionnelle, à des méthodes commerciales agressives, à la qualité du service et à l'organisation rationnelle des grandes entreprises. Les plus puissantes, l'Allgemeine Elektricitäts-Gesellschaft (AEG) et le groupe Siemens-Schuckert, formaient d'énormes consortiums disposant de filiales à l'étranger.

que » en ce sens qu'il était accessible aux petites entreprises artisanales et les rendait donc compétitives — beaucoup d'entre elles devinrent sous-traitantes de grandes sociétés industrielles.

Lorsque le courant devait être transporté à distance notable, les déperditions d'énergie dans le réseau posaient un problème redoutable. Le courant alternatif et la haute tension permirent d'y remédier partiellement avec l'invention du transformateur en 1885. A présent, la haute tension pouvait être convertie en courant pour les besoins locaux. Mais les déperditions d'énergie subsistaient et subsistent encore, si bien qu'on est toujours à la recherche de techniques et de matériaux plus performants.

Grâces aux lignes à haute tension, on put commercer à exploiter des chutes d'eau éloignées qui alimentèrent des générateurs. Il fallut aussi améliorer les machines hydrauliques. A partir des années 1830 étaient apparues des installations où l'eau des hautes chutes, dûment canalisée et propulsée en jets puissants, actionnait les aubes des turbines. Vers 1870 se produisit une fois encore une avancée décisive. Dans les régions alpines, on construisit des centrales exploitant des chutes hautes de 200 mètres en 1869, de 500 mètres en 1882, ce qui permit d'assurer les gros besoins énergétiques des nouvelles industries du ciment, de l'aluminium, de l'acier, des engrais azotés.

Avant la Première Guerre mondiale, les Etats-Unis étaient les plus gros producteurs d'appareils électriques, suivis de près par l'Allemagne dont l'industrie électrique était deux fois plus importante que celle de l'Angleterre.

Charbon, pétrole et moteur à explosion

En 1929 encore, la houille blanche ne fournissait que 40 % de l'électricité du globe, le reste provenant de centrales thermiques. Le charbon servait aussi de combustible aux locomotives, aux navires et aux machines industrielles. En 1913, il représentait 88,5 % de la production énergétique mondiale. A l'échelon planétaire, la production de charbon quintupla entre 1870 et 1913. En 1913, la houille représentait 20 % des exportations totales de la Grande-Bretagne. Seuls, des pays montagneux comme la Norvège, la Suisse et l'Italie assuraient leurs besoins énergétiques à 70-80 % grâce à des centrales hydroélectriques.

Avant l'introduction du moteur électrique, les ateliers mécaniques étaient caractérisés par un fouillis de courroies et de mécanismes de transmission. L'électricité permit aussi de réduire considérablement le bruit et la saleté.

En matière d'utilisation directe de la force de la vapeur, une modification révolutionnaire intervint dans les années 1880, grâce notamment à l'Anglais Charles Parsons et au Suédois Gustaf de Laval, avec le développement de la turbine à vapeur dont le principe de base était le même que celui de la turbine à eau. Comparée à l'ancienne machine à vapeur, cette turbine était dotée d'une rotation beaucoup plus rapide qui pouvait se transmettre directement, et avec une perte d'énergie minime, à des générateurs ou des hélices. En 1913, dans l'usine électrique d'Edison à Chicago, la turbine à vapeur permettait de réduire de plus de moitié la consommation de charbon par kWh. Le développement de la turbine à vapeur offre un bon exemple de la collaboration entre les mathématiques, les sciences physiques, la conception de machines et le développement des procédés de fabrication qui fut à la base du progrès technique lors de la deuxième révolution industrielle.

Turbine à vapeur de la compagnie Curtis-General Electric. Ce chef-d'œuvre technique, construit sur le même principe que la turbine à eau, permettait une bien meilleure utilisation de l'énergie que la vieille machine à vapeur.

C'est aussi au cours de cette période que le gaz et le pétrole furent sérieusement utilisés comme sources d'énergie. Le premier existe à l'état naturel ou comme sous-produit des industries basées sur la houille. Il peut aussi être fabriqué directement à partir du charbon dans des usines à gaz. A l'instar de l'électricité, il présente le double avantage d'être transportable à l'aide d'un réseau de distribution et de pouvoir se transformer en lumière, en chaleur et en force motrice. Le gaz fut d'abord utilisé pour l'éclairage des rues où il demeura longtemps un concurrent de l'électricité. Mais le système de canalisation revenait cher, si bien que la distribution de gaz fut généralement limitée aux grandes villes. Les pays qui en disposaient comme l'Allemagne et la Grande-Bretagne l'utilisèrent dès avant la Première Guerre mondiale pour le chauffage et la cuisine — et continuent à le faire.

Comme combustible, le pétrole présentait l'avantage de produire à poids égal un effet calorifique deux fois plus grand que celui du charbon tout en prenant moitié moins de place. De plus, il était plus propre, et, à l'inverse du charbon qui exigeait le pelletage, il se prêtait à l'approvisionnement automatique des machines. Mais son prix demeura très supérieur à celui du charbon jusqu'au tournant du siècle. Il fallut attendre l'exploitation de nouveaux gisements en Asie du Sud-Est (Bornéo, 1898) et en Amérique (Texas) pour que commence à se répandre à prix plus compétitif un mazout de qualité destiné avant tout à la chauffe des navires. Avant la Première Guerre mondiale, on l'adopta largement dans la marine de guerre où l'on était très soucieux d'économiser de la place et de réduire les équipages. Jusqu'au tournant du siècle, la Russie fut le premier exportateur mondial de pétrole, et, dès les années 1870, les Russes avaient les moyens de se servir de ce combustible pour produire de la force vapeur.

Le brillant avenir du gaz et du pétrole allait être lié au moteur à combustion interne — ou à explosion. Le principe de la force d'explosion était connu grâce aux armes à feu. En 1859, Etienne Lenoir mit au point un combustible explosif fait de gaz et d'air, et dans les années 1860 furent élaborés les principes du moteur à quatre temps. Ainsi, l'Allemand N. A. Otto construisit en 1876 le premier moteur à gaz utilisable pratiquement, et après quelques années seulement, l'on se servait en Occident de dizaines

Démonstration de transmission de courant à haute tension sur un trajet de 57 km — exposition internationale de l'électricité, Munich, 1882. La technique de la haute tension permettait d'alimenter des usines situées loin des stations hydroélectriques.

Usine à gaz en Allemagne vers 1900. Le gaz était produit à partir du charbon ou exploité directement comme gaz naturel. Cette source énergétique entra en concurrence avec l'électricité pour le chauffage et la cuisine, mais non pour l'éclairage.

Nikolaus Otto, un des pionniers du moteur à explosion et de l'automobile, dans son atelier de Deutz en 1885. Ce dessin laisse transparaître l'enthousiasme qui régnait à cette époque héroïque. Il montre aussi avec quels moyens réduits ces premières expériences s'effectuèrent.

Moteur à explosion à deux temps d'Otto et Langen (1876). Un mélange de gaz était introduit dans le cylindre où il explosait, actionnant un piston qui entraînait l'essieu. C'est ce principe qui rendit possible le moteur de voiture.

de milliers de moteurs de ce type. Les premières turbines à gaz furent construites à l'aube de notre siècle, entre autres par l'ingénieur norvégien Aegidius Elling en 1903 — elles préfigurent les futurs moteurs à réaction.

C'est l'utilisation du pétrole et de ses dérivés raffinés (l'essence fut d'abord appelée « esprit-de-pétrole ») qui permit au moteur à explosion de se prêter au *transport*. Au cours des années 1893-96, l'ingénieur allemand Rudolf Diesel mit au point le système de vaporisation du pétrole qui domina ensuite la technique du moteur à explosion. Vers 1910, le moteur diesel faisait son apparition dans la navigation. A ce stade, l'essence avait rendu possible l'élaboration du moyen de communication qui allait s'imposer massivement, l'automobile.

Samuel Eyde, portrait de Seymour M. Stone (1918). Eyde fut l'un des plus grands entrepreneurs norvégiens. Il parvint à intéresser à la production de nitrate les banquiers suédois Wallenberg (et par leur biais les investisseurs francais), et il fonda Norsk Hydro en 1905.

Les prodiges de la chimie

C'est dans le domaine de la chimie que s'instaura la collaboration la plus systématique entre science et technique. A la base de la grande industrie chimique moderne, il y avait la technique de fabrication de la soude inventée par Leblanc en 1791 et qui resta dominante jusqu'en 1880. La soude (carbonate de sodium) était notamment utilisée comme décolorant par l'industrie textile, et elle servait à fabriquer du savon et du verre. On savait sur des bases purement théoriques que l'ammoniaque pouvait permettre de produire plus aisément de la soude, et l'on chercha fiévreusement des procédés de fabrication utilisables en pratique. Ce problème fut résolu en 1861 par le Belge Eugène Solvay.

Après de longues recherches en laboratoire, l'électricité fut mise au service de la production chimique dans les années 1880. En 1886, on put grâce à l'électrolyse fabriquer de l'aluminium à partir de la bauxite. Ce qui avait été auparavant un métal de luxe devint dès lors assez bon marché pour pouvoir être utilisé dans l'industrie, et l'on allait peu à peu s'apercevoir qu'il était riche d'avenir. Au tournant du siècle, les Norvégiens Kristian Birkeland et Samuel Eyde se servirent de l'électrolyse pour transformer l'azote de l'air en acide nitrique et en nitrate de calcium. Plus tard, la méthode allemande Haber-Bosch allait dominer l'industrie des engrais artificiels.

Dans le domaine de la chimie organique, les dernières décennies du XIXe siècle marquèrent l'essor de la production industrielle de substances artificielles, « synthétiques ». Au départ, il y avait la découverte antérieure de la constitution moléculaire d'importantes substances organiques *naturelles*. Grâce à ces résultats de la recherche, on put commencer en laboratoire à fabriquer de nouvelles substances par voie artificielle. Un exemple en est fourni par les travaux sur la cellulose — composante essentielle du monde végétal — qui furent effectués par des chercheurs allemands à partir des années 1840.

La photographie comme source de connaissance historique

La photographie repose sur l'action de la lumière sur une surface sensible. Cette technique était connue depuis le XIIIe siècle, mais il fallut attendre les années 1830 et 1840 pour que soient élaborés des plaques et des procédés de développement pratiquement utilisables (Fox Talbot). La plaque sèche apparut en 1871, et le rouleau de pellicule en celluloïd (George Eastman) en 1884. La grande industrie prit le relai de ces inventions. On produisit en série des « boîtes » simples à prix modérés, puis des appareils à soufflet pour le sport et les voyages. En 1914, Oscar Barnack construisit la première caméra miniature avec film de 35 mm.

Comme jamais auparavant, la photographie rendait possible un contact direct avec le passé. En principe, la mémoire visuelle de l'humanité ne connaît plus de limites grâce à cette invention. Quand le gramophone puis le film apparurent, l'écrivain anglais Samuel Butler en vint à se demander dans quelle mesure une personne était morte lorsque son image et sa voix vivaient toujours ! Cependant, il faut garder son esprit critique pour faire la part de ce qui est naturel ou arrangé, représentatif ou occasionnel.

A partir de ces bases, il devint possible de mettre au point une série de nouveaux produits riches d'avenir : le plastique (un échec au début pour la fabrication d'imperméables parce qu'il se fendillait trop aisément), la pellicule photographique (qui à l'inverse de l'ancienne technique de la plaque préparait la voie aux appareils photos modernes et aux « images animées »), le celluloïd (très demandé à partir des années 1870, notamment pour la fabrication de fausses dents), la cellophane (qui allait révolutionner la technique d'emballage et même remplacer les boyaux dans la fabrication des saucisses). La soie artificielle était connue depuis 1889. Toutes ces conquêtes qui aboutirent à la commercialisation à bas prix de produits de haute qualité résultaient d'une interaction systématique et complexe entre connaissances scientifiques, inventions pratiques et impulsions internationales.

L'Anglais William Perkins élabora en 1856 la première couleur artificielle, le mauve. Mais ce fut surtout l'industrie chimique allemande qui développa les colorants synthétiques. Des teintes jusqu'alors inconnues firent leur apparition dans la civilisation moderne.

Le développement des colorants artificiels destinés à l'industrie textile en offre peut-être l'exemple le plus spectaculaire. La production en masse de tissus avait entraîné une pénurie de colorants naturels traditionnels. Une première couleur artificielle, le mauve, fut obtenue par distillation du goudron dès 1856, puis l'on mit au point toute une série de nouvelles teintes dans les années 1860 et 1870. Cette évolution culmina en 1883 lorsqu'on élabora l'indigo, « le roi des colorants synthétiques ». Mais une fois encore, le grand problème technique consistait à rendre les résultats de la recherche utilisables dans la pratique. Les apports décisifs de sociétés comme Badische Anilin, Hoechst et Agfa marquèrent sans doute le plus grand triomphe de l'industrie allemande à cette époque. Vers 1900, l'Allemagne assurait 90 % de la production mondiale de colorants artificiels. En liaison étroite avec cette industrie, il y eut aussi l'essor des médicaments synthétiques et la production industrielle de peinture — qui à terme allait contribuer à modifier le paysage européen.

Méthodes de production industrielle : mécanisation, standardisation, recherche d'efficacité

Parallèlement à la conquête de nouveaux produits et de sources d'énergie, des transformations importantes dans

Œuvre de Dubroni, cet appareil photo à collodion date d'environ 1865. Les substances chimiques étaient introduites par le haut pour rendre la plaque photographique sensible à la lumière. La pellicule en celluloïd révolutionna la technique de la photo.

les techniques de production s'opérèrent à partir des années 1890. *Mécanisation* devint un maître mot. Dans l'industrie métallurgique, on passa de l'outillage manuel à des machines-outils électriques. La lime fit place au tour de précision et à la machine à affûter. Le filetage ne s'opéra plus manuellement mais à l'aide d'appareils spéciaux. Un autre terme à la mode fut celui de *spécialisation*. En 1912, une entreprise de Kristiania fit de la réclame pour 48 sortes de tours avec des fonctions différentes. Enfin, certaines de ces nouvelles machines furent *automa-*

Les couleurs élaborées par Perkin. A gauche, l'alizarine qui remplaça le rouge tiré de la garance. Au milieu, le mauve, la première couleur artificielle. A droite, de la laine teinte en mauve.

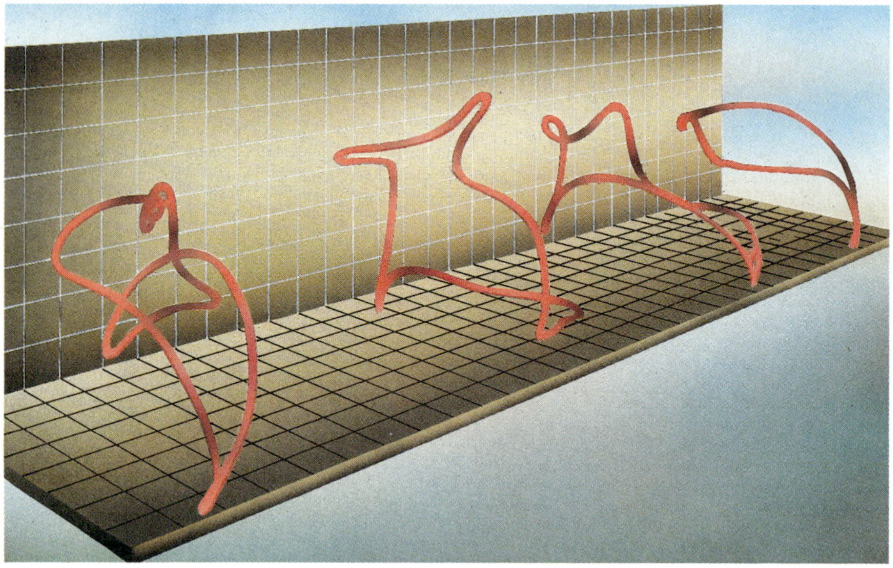

Modèle en fil de fer représentant les mouvements correspondant à une phase de travail déterminée. Frank B. Gilbreth, un collègue de F. W. Taylor, en est l'auteur. En voyant ses gestes ainsi schématisés, l'ouvrier pouvait essayer de les rendre plus efficaces.

tisées dès la fin du XIXe siècle. Dans l'usine norvégienne Christiania Spigerverk, la fabrication de clous à partir de tôles ne nécessitait aucune intervention humaine.

Plus généralement se produisit un *accroissement de l'efficacité*. Les techniques de soudure et de découpage au chalumeau simplifièrent considérablement le travail dans l'industrie mécanique au début de notre siècle. Mais c'est peut-être la mécanisation de la manutention qui profita le plus aux entreprises. De nombreux employés furent remplacés par des grues, des chariots électriques, des engins mécaniques de chargement, etc. Dans certaines aciéries allemandes, on estima à 60 % le gain de main-d'œuvre ainsi réalisé. Toutefois, le degré de mécanisation variait beaucoup — depuis la production automatisée d'objets simples comme des clous jusqu'aux activités faiblement mécanisées des chantiers navals. Les techniques artisanales ne disparurent pas. La mécanisation se répandit sérieusement dans l'industrie de transformation au cours des années 1910, mais elle demeura insignifiante dans la construction navale jusqu'à la Seconde Guerre mondiale.

Lors de la première révolution industrielle, les machines avaient été fabriquées à la main par des ouvriers hautement qualifiés qui en élaboraient chaque partie séparément, en fonction de l'ensemble. Même procédure pour les réparations qui devaient s'effectuer à l'aide de pièces spécialement fabriquées. La production en masse de biens d'équipement tels que machines à coudre ou automobiles reposait au contraire sur la *fabrication en série* de pièces standardisées, strictement identiques, susceptibles d'être assemblées en un produit fini et remplacées par des pièces détachées. Cette innovation était due à la nouvelle génération de machines-outils de haute précision et également à de nouveaux instruments de mesure qui permettaient des ajustements au dix-millième de pouce. Une telle précision permit d'introduire progressivement des normes nationales déterminant le format standard des produits industriels depuis les plaques d'acier et les solives en fer jusqu'aux vis et aux écrous. Les Américains furent des pionniers en la matière. En Europe, l'Allemagne prit la tête du mouvement alors que l'Angleterre restait très en deçà.

L'ingénieur américain Frederick W. Taylor fut l'inventeur du « management scientifique » basé sur l'étude des phases du travail et orienté vers une efficacité accrue.

Avec de telles pièces interchangeables, le montage des machines devint affaire de routine. En 1906, lors d'une démonstration effectuée en Angleterre, des mécaniciens américains éparpillèrent sur le sol de l'atelier les pièces de trois automobiles sans les marquer, puis chacun assembla son véhicule à l'aide d'outils ordinaires.

La production mécanisée de masse montra clairement à quel point la technique pouvait conditionner le rôle de l'ouvrier. C'est au cours de cette phase qu'on vit apparaître les études sur le travail et l'idée de « management scientifique », si importante de nos jours dans l'industrie. Au début, ces préoccupations furent le fait des grandes entreprises produisant en série. L'idée de base était que la meilleure manière de réduire les coûts consistait à rendre plus efficace le travail lui-même. Le grand pionnier en la matière fut l'Américain Frederick W. Taylor (1865-1915), ouvrier à partir des années 1880 puis contremaître

Pièce de moteur en acier (à droite). Précises, standardisées, fabriquées en série, interchangeables, telles étaient les « cellules » du nouvel organisme industriel. En bas : fraisage. De nouvelles machines-outils et des instruments de mesure de haute précision rendaient possible la fabrication en série de pièces standardisées.

et enfin ingénieur au Midvale Steel Works en Pennsylvanie. Pour parvenir à la plus grande efficacité possible, il jugeait nécessaire d'étudier *comme une machine* l'ouvrier, les mouvements qu'il effectuait et le temps que prenait chacun d'eux. On mobilisa le chronomètre, la technique photographique, la représentation graphique des gestes. On procéda à des évaluations précises des coûts du travail dans chaque phase, l'on élabora de nouvelles directives et de nouvelles normes de rémunération. Un collègue de Taylor, Frank Gilbreth, augmenta considérablement la cadence de travail des maçons rien qu'en mettant au point un support réglable pour les moellons qui évitait à l'ouvrier de se baisser chaque fois qu'il devait en saisir un.

La chaîne de fabrication — un bel exemple de rationalisation systématique. Henry Ford fit installer la première en 1913 dans l'usine de Highland Park à Detroit, et il traumatisa ses concurrents en parvenant à produire une automobile toutes les 93 minutes. En 1920, la production de Ford s'élevait à environ un million de voitures par an.

Exigences accrues d'efficacité et condition ouvrière

L'accroissement d'efficacité atteignit un sommet quand Henry Ford introduisit dans l'industrie automobile la chaîne de montage où chaque ouvrier accomplissait un petit nombre de gestes avec célérité et précision. Cette méthode fut bientôt étendue à d'autres branches aux Etats-Unis. En Europe, elle ne se répandit que pendant et après la Première Guerre mondiale.

Pour les ouvriers, cette évolution entraîna des effets aussi bien positifs que négatifs. La part de dur labeur diminua, et les ateliers s'améliorèrent. On récompensa délibérément l'accroissement d'efficacité par des augmentations de salaires — ainsi, Henry Ford instaura la « journée à cinq dollars ». Mais les cadences s'accélérèrent, et c'est souvent la machine qui les détermina. Les fières traditions des ouvriers qualifiés se trouvèrent sérieusement menacées. Dirigeants et ingénieurs eurent un pouvoir de décision plus direct sur le travail des ateliers. Dans le pire des cas, il s'ensuivit une « mise en tutelle », une « aliénation » propre à confirmer les vues de Marx sur la division du travail dans la société capitaliste. La vieille crainte du chômage engendré par les machines se manifesta aussi. Mais avec des unités de production plus grandes, une égalité plus poussée parmi les ouvriers et des propriétaires lointains, la solidarité des travailleurs put aussi se renforcer.

Y a-t-il un lien entre les méthodes de production et les attitudes mentales ? Certains ont évoqué l'émergence d'une « mentalité d'ingénieur » à la faveur de l'industrialisation. Le monde était conçu mécaniquement, les choses pouvaient être analysées et décomposées en unités de base susceptibles ensuite d'entrer dans des combinaisons

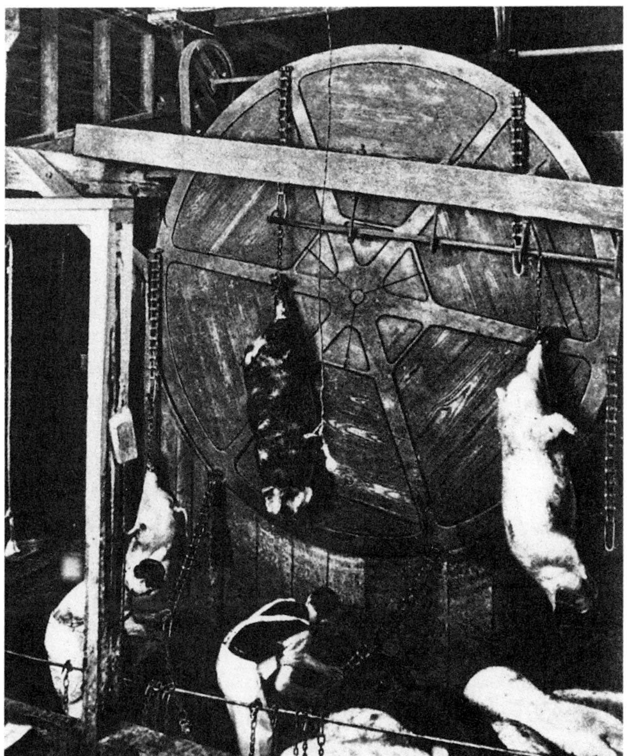

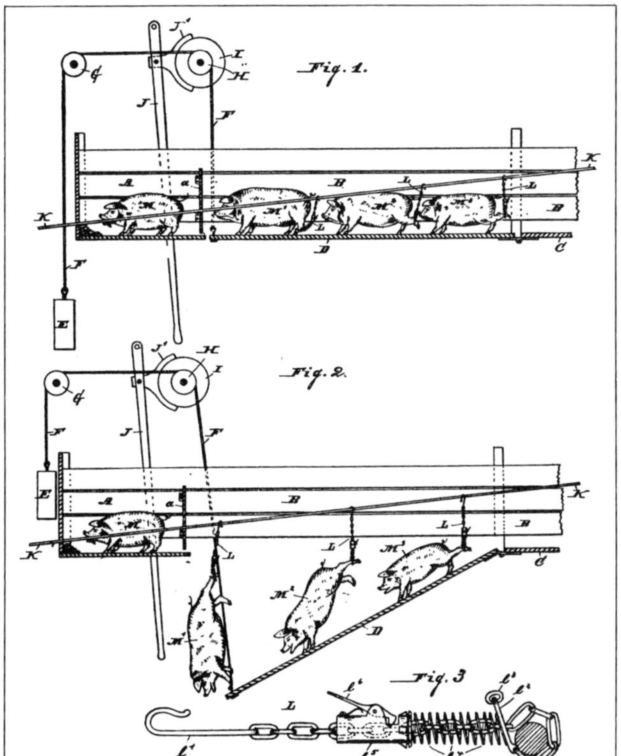

Abattage à la chaîne à Chicago vers 1910. Cette technique fit d'abord son apparition dans les gigantesques abattoirs de cette ville. Le dessin ci-contre date de 1882.

Montre fabriquée par la firme Ingersoll en 1893. L'horloge présidait à l'organisation de la production industrielle, et avec la montre, la conception mécanique du temps se diffusa dans de vastes couches de la population.

sans cesse renouvelées et sans cesse plus performantes. Et cela valait pour tout, depuis les corps chimiques et les machines jusqu'à la main-d'œuvre et à la société. Le contraste était grand avec la mentalité des paysans, occidentaux ou non, qui se montraient plus enclins à concevoir la nature et la société comme un tout et s'en remettaient à la religion et à la coutume.

Il faut toutefois répéter que la mécanisation n'affectait encore qu'une partie de l'industrie en 1914. Les petits ateliers et l'industrie domestique existaient toujours et pouvaient même se montrer florissants en marge de la grande industrie.

Les prodiges de la technique : la bicyclette, l'automobile, l'avion

La mécanisation rendit possible la production en masse de biens d'équipement à des prix accessibles. Au début du XIXe siècle déjà, des armes individuelles, des pendules et des serrures avaient été fabriquées en usine. La première merveille technique qui pénétra dans des milliers de foyers fut la machine à coudre. Inventée aux Etats-Unis (Singer, 1851), elle se répandit largement en Europe après 1870. Les représentants en machines à coudre furent de véritables ambassadeurs de la technique, comme ils le sont aujourd'hui dans les pays en voie de développement. Cette appareil revêtit aussi une grande importance sociale et économique en offrant aux femmes de nouvelles possibilités de travail, soit comme ouvrières d'usine, soit comme sous-traitantes. Vêtements de confection et chaussures fabriqués en séries stardardisées firent alors leur apparition sur les marchés.

A droite : Christopher Latham Sholes avec sa première machine à écrire, brevetée en 1868. La position des caractères est demeurée pratiquement inchangée : les lettres les plus fréquemment utilisées sont situées à distance les unes des autres pour éviter qu'elles ne s'entremêlent à la frappe.

Quelques anciennes machines à écrire qui ne parvinrent pas à s'imposer. De gauche à droite : Lambert (1900), Columbia (1886), Blickensderfer (1893).

Couverture du manuel d'instruction de la machine à coudre Singer. La première fut construite dès 1854, mais c'est surtout après 1870 qu'elle se répandit en Europe et fit pénétrer la technique moderne à domicile.

Dans les bureaux, la machine à écrire se répandit au cours des années 1880 et 1890. L'Américain Christopher Sholes fit breveter sa « Type-Writer » en 1868, et la société Remington commença sa production de masse en 1873. Outre le téléphone, la machine à écrire devint le pilier des techniques de bureau qui en gros demeurèrent inchangées jusqu'aux années 1970. Une des conséquences sociales en fut qu'on put se procurer des *doubles* sans recourir à des copistes. En contrepartie, la paperasse proliféra, ce qui entraîna l'extension du secteur bureaucratique et partant la création d'emplois.

La bicyclette, l'automobile et l'avion virent tous trois le jour au cours de la période 1870-1914. L'idée d'associer deux roues à des pédales et à un guidon germa d'abord en France. L'invention du pneu en caoutchouc avec chambre à air, brevetée en 1888 par l'Ecossais John Boyd Dunlop, fut décisive pour la mise en application pratique. Le cyclisme apparut d'abord comme un sport et une mode dans les classes moyennes, mais rien qu'en France, on fabriquait au tournant du siècle environ un million de bicyclettes par an. La motocyclette ne se répandit que lors de la Première Guerre mondiale où elle fut utilisée par les estafettes.

Entre-temps, l'automobile avait fait son apparition sur les routes d'Europe et d'Amérique. La première phase du développement de ce véhicule qui allait devenir l'idole de l'homme moderne ressembla à une aventure. A ce stade, il était encore possible pour des mécaniciens adroits et imaginatifs mais peu fortunés de tirer leur épingle du jeu. Il y eut des fabricants de bicyclettes parmi les pionniers de l'automobile. Un climat tonique d'esprit de découverte

A l'extrême gauche : l'Ecossais John Boyd Dunlop, l'inventeur du pneu à chambre à air breveté en 1888. Sans cette invention, la bicyclette et l'automobile n'auraient pu se répandre massivement comme moyens de transport. Elle entraîna aussi la nécessité d'améliorer les voies de communication.

Henry Ford sur ses vieux jours à bord de la première automobile qu'il avait fabriquée en 1896. Son génie consista à organiser efficacement la production pour réduire les coûts et faire de la voiture un objet de grande consommation.

régnait, et l'on en appela précocement au goût du standing et à l'ivresse de la vitesse chez les acheteurs. Les apports les plus essentiels au développement de l'automobile furent l'invention du moteur à combustion par Otto en 1876, l'utilisation de ce moteur en 1885 par Daimler pour mouvoir les roues d'une voiture en bois, le moteur à explosion spécialement conçu pour les voitures par Karl Benz en 1882 et la boîte de vitesses élaborée par le Français Emile Levassor. L'automobile était pratiquement accomplie dès le tournant du siècle, et l'on est frappé du peu de transformations qu'elle a subi par la suite.

Avant la Première Guerre mondiale, les voitures construites en Europe — à l'exception des taxis, des camions et des premiers autobus — étaient essentiellement des objets de luxe destinés aux classes supérieures. Aux Etats-Unis en revanche, le pouvoir d'achat des classes moyennes et des paysans était assez grand pour qu'on pût s'orienter vers la production de masse. Et l'automobile était le moyen de transport idéal dans ce pays aux vastes étendues. Le génie de Henry Ford résida dans sa capacité à organiser rationnellement la production. Son fameux modèle « T » de 1908 coûtait 850 dollars ; c'était à peu près le tiers du prix des voitures européennes équivalentes. En 1913, environ un million de voitures circulaient déjà sur les routes américaines, contre 200 000 en Grande-Bretagne, 90 000 en France et 70 000 en Allemagne. Mais la mobilisation militaire de 1914 s'effectua pour beaucoup avec des voitures hippomobiles. Il n'y eut probablement jamais autant de chevaux dans le monde.

Les premiers avions avaient également décollé avant la Première Guerre mondiale. Dans ce domaine, le moteur de l'évolution fut moins le souci d'améliorer les transports que celui de relever des défis techniques et de réaliser des rêves follement audacieux. Le premier ballon dirigeable avait été lancé dans le ciel de France en 1783, et, après 1880, on avait pu équiper ce type d'aérostat d'hélices et d'un moteur à combustion. Au tournant du siècle, le comte allemand Ferdinand von Zeppelin (1838-1917) lança ses gigantesques ballons dirigeables dans lesquels il mit de grands espoirs mais dont l'exploitation allait être marquée par une suite d'accidents et de fiascos.

Les vrais pionniers de l'aviation furent ceux qui à la fin du XIXe siècle mirent au banc d'essai des avions pourvus d'ailes. Après une période de tentatives fiévreuses effectuées dans de nombreux pays, les frères Wright parvinrent le 17 décembre 1903 à se maintenir dans les airs environ une minute au-dessus d'une plage de sable en Caroline du Nord. En Europe, les Français furent à la pointe de l'évolution, et Louis Blériot traversa la Manche en 1909. En matière de transport, l'avion n'était pas encore concurrentiel, mais la Première Guerre mondiale apporta la preuve incontestable de son utilité militaire. Et avant 1940, il devint possible de passer rapidement d'un continent à l'autre grâce aux premières lignes commerciales.

Ces nouveaux moyens de transport dessinent la figure de l'« homme mobile », moins dépendant que jadis des obstacles géographiques. Il n'existe guère de sentiment de liberté plus concret que celui qui résulte de la maîtrise de la distance. Jusqu'à nouvel ordre, ce privilège était réservé à un petit nombre, mais il allait se démocratiser.

Affiche publicitaire allemande de 1905 pour des voyages en ballon dirigeable. Cette technique se révéla toutefois sans avenir.

Le premier vol des frères Wright à Kitty Hawk, Caroline du Nord, en 1903. Le pilote est couché devant les leviers de commande.

Le premier phonographe d'Edison (1877).

Edison en 1878 avec son « phonographe » — l'ancêtre du gramophone et du magnétophone.

Le disque du praxinoscope (1880) — une forme précoce d'« images animées ».

La technique au service des loisirs

Pourrait-on imaginer le XXe siècle sans les industries de la musique et du film ? Et sans la télévision dans nos foyers ? Dans ces domaines, les découvertes fondamentales furent effectuées au cours de la période 1870-1914.

Le gramophone

Le principe que le son pouvait « s'écrire » à l'aide d'une aiguille vibrante avait été établi par l'Anglais Leon Scott dès 1859. Thomas Edison construisit son « phonographe » en 1877 — une aiguille gravait des sillons sur une feuille d'étain placée sur un cylindre en rotation. Les premiers disques furent réalisés en 1887 par Emile Berlin, un émigrant allemand installé aux Etats-Unis. A la même époque, le Danois Valdemar Poulsen inventa la technique d'enregistrement magnétique. La voie était dès lors tracée pour la révolution du son qui allait susciter une industrie et faire de la musique un produit de consommation de masse et un élément essentiel de la civilisation moderne.

Le film

L'astronome grec Claude Ptolémée (IIe siècle de notre ère) avait déjà montré que les images s'« attardent » sur la rétine. En vertu de ce principe, on construisit au XIXe siècle divers jouets où des images se succédant à rythme rapide donnaient l'illusion de la continuité du mouvement (« praxinoscope »).

Une impulsion décisive fut donnée par la photographie et la pellicule en celluloïd qui permettaient de montrer successivement des images prises à intervalles rapprochés. Egalement présent sur ce front, Edison élabora en 1887 un appareil de pro-

Une des premières affiches publicitaires pour la projection de film sur écran — le « cinématographe », invention des frères Auguste et Louis Lumière.

Sarah Bernhardt, la plus grande comédienne de l'époque, dans « Théodora » de Sardou en 1884. Elle se laissa aussi convaincre de jouer dans les premiers films muets, techniquement déficients.

jection, le « kinoscope ». Mais le véritable inventeur du cinématographe fut le Français Louis Lumière qui résolut en 1895 le problème de la transmission de l'image sur un écran.

Le film commercial rencontra initialement des difficultés. Les grands acteurs hésitaient à figurer dans des films muets aux images sautillantes. Mais Sarah Bernhardt accepta de jouer la « Reine Elizabeth » en 1912 et, à ce stade, les grandes compagnies américaines avaient commencé à miser sur les « stars » capables d'attirer un vaste public et de rapporter des millions. Première grande vedette internationale, Mary Pickford devint « la petite fiancée du monde » et Charlie Chaplin débuta à Hollywood en 1913.

La télévision

L'idée que l'image pouvait être transmise comme la parole par impulsions électriques germa elle aussi avant 1914. Dès 1884, l'Allemand Paul Nipkow fit breveter un système qui permettait de transmettre des images « point par point », assez vite toutefois pour que celles-ci apparaissent comme un tout. En 1907, on songea à transmettre des images à un récepteur de télévision au moyen d'un tube cathodique, mais il fallut attendre les années 1920 pour qu'on y parvienne vraiment. Et ce n'est qu'après 1945 que la télévision pénétra dans les chaumières et contribua à donner au film une audience élargie. Avec l'essor récent du câble et du satellite, l'internationalisation de ce medium ne connaît plus de limites.

Nous ne mesurons pas encore à quel point ces nouvelles techniques de l'image et du son ont radicalement transformé notre mode de vie et jeté les bases d'une culture planétaire. Les recherches sur les médias ne font que commencer.

La première grande star de cinéma, Mary Pickford, la « petite fiancée du monde ».

La caméra de Marey chargée d'un rouleau de film (1890). Cette caméra prenait 50 images par seconde avec un temps d'exposition d'un millième de seconde.

Fabriqué en 1897, le tube cathodique de Karl Braun marque le premier pas vers l'électronique moderne. Ce tube contient une cathode qui envoie des électrons dans la partie effilée, une ou plusieurs anodes qui attirent les électrons dans la partie médiane et un écran fluorescent dans la partie large qui s'éclaire sous l'action des électrons. Cette invention ouvrait la voie aux techniques d'amplification et elle permit de réaliser en 1907 le tube de radio. Elle allait également conduire à la transmission électronique des images.

Le maître du film muet, Charlie Chaplin, débuta en 1913. Ici dans « Les Temps modernes » (1936), satire de la déshumanisation entraînée par le travail à la chaîne.

Le capitalisme en mutation

Disposant de nouvelles techniques, le capitalisme occidental créa après 1870 un marché intérieur de masse et provoqua une forte augmentation du commerce mondial. Simultanément s'amorça une concentration des entreprises en unités plus grandes par le jeu des fusions. Le capitalisme organisé — le « capitalisme des monopoles » — était en marche. C'est notamment cette concentration de forces qui fut à l'origine des interventions impérialistes sur d'autres continents. Quelles furent les forces motrices de cette évolution ?

Laissons de côté la technique pour examiner d'autres explications à la croissance économique de l'Occident jusqu'en 1914. L'élargissement incessant des marchés, aussi bien dans chaque pays industrialisé que sur la scène mondiale, apparaît indubitablement comme un facteur essentiel puisqu'il permit la production de masse. Encore fallait-il disposer de moyens de transport modernes, véritables artères vitales de l'organisme économique.

La construction des chemins de fer dans les vieilles régions industrielles de l'Europe était en gros achevée vers 1870. Elle s'était opérée pour l'essentiel à l'aide de financements privés, et le souci de rentabilité en avait été le moteur. Aux Etats-Unis, les grandes lignes à destination du Pacifique furent terminées dans les années 1870.

A partir des années 1880 s'opéra une nouvelle vague de construction ferroviaire, notamment dans les zones plus périphériques de l'Europe, et cette fois sous l'impulsion des Etats. Les chemins de fer étaient appelés à forger de nouvelles nations (Italie), à préserver de vieux royaumes menacés de dissolution (Autriche-Hongrie), à préparer l'avènement de l'industrie et l'établissement de colons dans des régions peu peuplées (Russie). L'on était unanime à souligner que l'expansion du réseau ferroviaire, même en l'absence de rentabilité directe, était génératrice d'activités qui contribuaient à la croissance.

La mise en place des chemins de fer stimula avant tout la métallurgie et l'industrie mécanique. Dans un grand pays retardataire comme la Russie, les voies ferrées permirent de développer des industries dans de nouvelles villes établies à proximité des gisements de matières premières. L'exploitation des lignes ne cessa de gagner en efficacité dès lors que la fabrication d'acier à bon marché permit d'améliorer et de renforcer l'infrastructure. Les prix du transport ferroviaire diminuèrent — en Allemagne, de moitié entre 1855 et 1908. Il y eut plus d'acheteurs pour des marchandises devenues moins chères. Le lien entre le développement des transports et l'émergence d'un marché de masse apparaissait clairement.

Le développement explosif des villes au tournant du siècle n'aurait guère été pensable sans les chemins de fer qui assuraient un approvisionnement satisfaisant. En sens inverse, ceux-ci firent pénétrer dans les campagnes un style de vie urbain et suscitèrent le désir de se procurer des marchandises. Cette influence s'exerça surtout par l'intermédiaire des villes qui se développèrent autour des gares. Quant au voyageur, il put économiser son temps et son énergie — un gain difficilement mesurable, mais certes appréciable.

Les années qui suivirent 1870 furent aussi marquées par l'expansion du réseau routier que les pouvoirs publics développèrent systématiquement. Outre les chemins de fer, les routes de campagne contribuèrent puissamment à rompre l'isolement des gens.

Trains, vapeurs et commerce mondial

En matière de commerce mondial, les chemins de fer eurent comme conséquence majeure que les céréales américaines et russes se répandirent alors sur le marché européen, ce qui fut catastrophique pour les paysans du cru. Hors d'Occident, la construction de lignes ferroviaires constitua un moyen efficace de renforcer l'influence européenne et de rattacher de nouveaux territoires au marché mondial. Le transport de marchandises volumineuses jusqu'aux ports devint possible sans l'aide de cours d'eau.

Cependant, les statistiques ferroviaires datant du tour-

« Le triomphe de la vapeur et de l'électricité ». Planche de 1897 dans un numéro spécial de « Illustrated London News ». Les moyens de transport modernes créèrent un marché plus vaste — condition essentielle pour une croissance économique accélérée.

nant du siècle montrent que les grands réseaux étaient l'apanage exclusif des pays occidentaux. Les Etats-Unis possédaient 45 % des chemins de fer mondiaux, l'Europe sans la Russie 28 % et la Russie environ 6 % — soit au total quelque 80 %. Le reste était partagé entre l'Asie et l'Amérique latine (environ 7,5 % chaque) ainsi qu'entre l'Afrique et l'Australie/la Nouvelle Zélande (de l'ordre de 2-3 % dans les deux cas).

« Le plus grand et le meilleur » — le train de marchandises le plus long du monde ne pouvait être qu'américain ! Convoi spécial dans l'Etat de New York. Le texte précise que le sel transporté dans les 162 wagons de ce train aurait permis de saler 50 millions de kilos de beurre.

Le transport maritime connut également un surcroît d'efficacité, mais la technique de la vapeur s'imposa plus tard que sur la terre ferme. Le vent dans les voiles ne coûtait rien, et l'on ne considérait pas encore le temps comme de l'argent. On estime qu'en 1870, les voiliers représentaient toujours 87 % du tonnage mondial. La vapeur ne prit le dessus qu'au cours des années 1885-90. Elle s'imposa d'abord dans le trafic postal et les lignes de passagers du fait que cette nouvelle technique permettait de respecter l'horaire quelles que soient les conditions météorologiques. En 1914, les vapeurs représentaient environ 90 % du tonnage mondial.

Grâce à cette efficacité accrue et à la concurrence, les coûts du fret baissèrent de moitié en moyenne entre 1870 et 1909. Simultanément, les routes maritimes les plus importantes furent raccourcies grâce à des canaux qui demeurent d'importance capitale. Achevé en 1869, le canal de Suez marqua le triomphe de l'ingénierie française (Ferdinand de Lesseps). Il permit de réduire de presque de moitié la distance entre la Grande-Bretagne et l'Inde. La route maritime de New York à San Francisco se trouva raccourcie de manière comparable grâce au canal de Panama, achevé en 1914. En Europe, le canal de Kiel inauguré en 1895 permit des liaisons est-ouest plus directes.

Les coûts du transport maritime dépendaient beaucoup de la manutention et des délais d'attente dans les ports. Il apparut donc essentiel de moderniser les installations, de mécaniser les techniques de chargement et de déchargement. Grâce à de grands investissements de ce type, des ports tels qu'Anvers, Rotterdam et Hambourg prirent des parts de marché à leurs concurrents.

Affiche publicitaire de 1910 pour le chantier naval de Dantzig, Danziger Werft. Les vapeurs acheminèrent les marchandises volumineuses et le commerce mondial tripla au cours de la période 1870-1914.

Chemin de fer, rythme trépidant et stress

En 1875, l'écrivain anglais W. R. Creg s'est exprimé sur l'hystérie des temps modernes :

« La vitesse des chemins de fer, les médecins peuvent l'attester, produit une sorte d'ébranlement chronique du système nerveux chez celui qui voyage beaucoup... La peur de ne pas arriver à l'heure, la précipitation et, dans bien des cas, la course pour ne pas manquer son train provoquent une usure quotidienne accompagnée d'une augmentation des pulsations cardiaques dont nous savons pertinemment qu'elle peut conduire à une mort subite (je connais trois cas de ce type dans mon entourage le plus proche). Et le nombre de ceux qui prennent le chemin de fer ne cesse d'augmenter...

En cette seconde moitié du XIXe *siècle, la vie est essentiellement caractérisée par un rythme rapide, des mouvements précipités, des tâches qui s'effectuent sous pression... La vie peut sembler plus riche ainsi, mais est-ce réellement le cas, peut-on dire qu'elle nous apporte plus ?... Toutes les choses supplémentaires que nous faisons, en valent-elles vraiment la peine ? Il est incontestable que nous agissons plus, mais faut-il admettre qu'agir soit tout et qu'exister ne soit rien ? »*

Les statistiques maritimes de 1913 montrent que la Grande-Bretagne possédait environ 40 % du tonnage mondial — comme en 1850. Les chantiers navals britanniques construisaient environ 60 % de tous les navires en acier du monde. C'était la seule branche dans laquelle les Britanniques conservaient leur avance industrielle. Avec 11,6 % du tonnage, les Etats-Unis venaient en second. Suivaient ensuite l'Allemagne avec 10,8, la Norvège avec 5,2 et la France avec 4,7 %. A égalité avec l'Italie, le Japon occupait déjà la sixième place avec 3,2 %.

Emergence de la société de consommation moderne

En Occident, la demande accrue alla de pair avec l'essor démographique et l'augmentation du pouvoir d'achat. L'accroissement démographique peut conduire à une paupérisation massive, comme le montre l'exemple du tiers monde. En ce qui concerne l'Europe d'alors, l'émigration en Amérique relâcha de manière décisive une pression qui sinon aurait été *écrasante*. On a calculé que le salaire réel des Européens augmenta en moyenne de quelque 60 % entre 1870 et 1914. En Grande-Bretagne, cette augmentation fut de l'ordre de 75 %, aux Etats-Unis plus encore, mais de 33 % seulement en Allemagne. Fait important, le prix des denrées alimentaires diminua beaucoup, essentiellement à cause des céréales bon marché de Russie et d'Amérique. Ainsi donc, malgré l'augmentation de population, les individus disposèrent de plus d'argent.

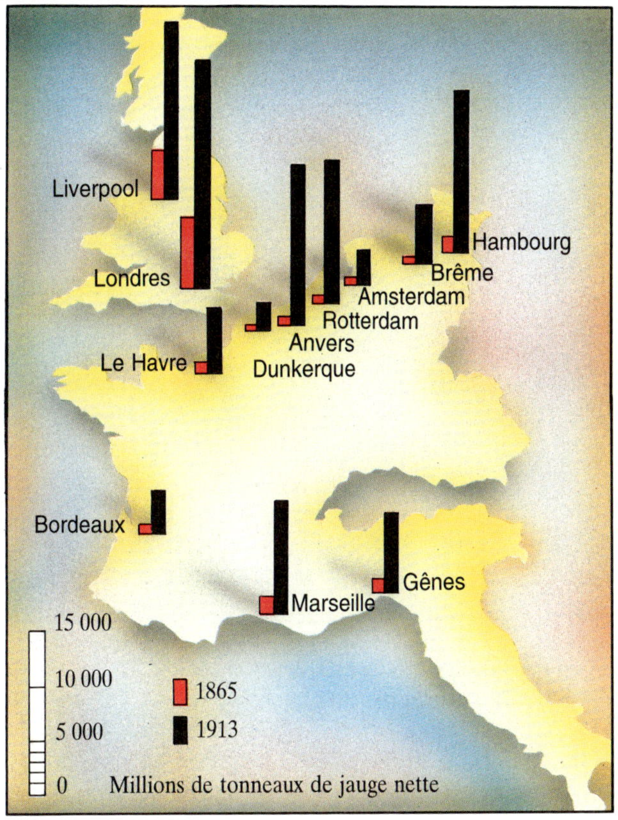

Augmentation du trafic portuaire entre 1865 et 1913 dans un certain nombre de grandes villes maritimes européennes.

Bien entendu, la capacité de l'industrie à produire des marchandises moins chères et donc plus accessibles contribua puissamment à l'émergence d'un marché de masse. La première révolution industrielle avait essentiellement concerné l'industrie lourde, le textile constituant l'exception. En revanche, après 1870, le secteur moderne des biens de consommation se développa sur un large front. Des techniques nouvelles rendirent plus accessibles les produits à base d'acier, d'aluminium, d'étain ou encore les textiles de qualité supérieure qui jusqu'alors étaient réservés au marché de luxe. En Suède, la pâte à papier d'une part, la soude et les colorants synthétiques de l'autre, furent vendus respectivement huit et sept fois moins cher. Des montres bon marché, des machines à coudre, des bicyclettes, des équipements électriques — et même des voitures aux Etats-Unis — se répandirent dans de vastes couches de la société. A présent, un ouvrier avait les moyens de s'offrir un costume du dimanche.

Intérieur d'une boutique suédoise. Cette reconstitution figure au musée de Ransäter. L'augmentation du pouvoir d'achat et un plus grand assortiment de produits de consommation bon marché stimulèrent les activités commerciales.

Les substances artificielles permirent d'imiter les produits de luxe des hautes classes — sacs et gants en similicuir, vêtements en soie artificielle et bibelots fabriqués avec des alliages ressemblant à l'or et à l'argent.

La production destinée à la consommation de masse présupposait une certaine standardisation du style et du goût. Cela ne posait pas de problème aux Etats-Unis où des produits bon marché fabriqués en série s'étaient imposés à un stade précoce. En revanche, cette uniformisation se heurtait au goût du style et à l'individualisme des Français. Cependant, les variations de mode dictées par les grandes maisons de couture entraînèrent des changements plus fréquents et une consommation accrue. Peut-être faut-il compter la conception moderne de la mode parmi les innovations économiques majeures de notre temps !

Les nouvelles techniques de vente à grande échelle se développèrent au cours de cette période. D'habiles hommes d'affaires comme l'Anglais Thomas Lipton, pionnier en la matière, comprirent que les petites économies des ouvriers multipliées à des millions offraient d'énormes possibilités de profit. Il fallait pour cela proposer des prix moins élevés, ce qui était réalisable à l'aide de chaînes vendant des marchandises standardisées et déjà emballées. Et l'on eut recours aux techniques de séduction qui n'ont cessé de caractériser la société de consommation : grandes vitrines, campagnes publicitaires, soldes, catalogues de vente, droit de retour, etc. Les journaux acquirent une importance considérable comme supports d'annon-

L'évolution des navires. Une comparaison entre l'« Oceanic » (1871) et l'« Aquitania » (1914), les deux plus grands paquebots en leur temps.

	tonnage brut	longueur du bâtiment (en pieds)	largeur du bâtiment (en pieds)	chevaux vapeur	vitesse en nœuds	passagers en première classe	passagers en deuxième classe	passagers en troisième classe	tonnage brut par passager
Oceanic, 1871	3 800	420	41	3 000	14,7	166	—	1 000	3,3
Aquitania, 1914	47 000	868	97	60 000	23	597	614	2 052	14,4

ces. La publicité prit sa forme moderne. « Il s'agit de créer une aura autour du produit », déclara un pionnier en la matière.

L'évolution des marchés intérieurs varia d'un pays à l'autre en fonction des structures sociales, du pouvoir

Publicité française pour les cycles Gladiator, 1905. Un cocktail efficace d'inspiration artistique et d'appel aux fantasmes.

La consommation des ménages

Pourcentage annuel moyen sur la base des prix de 1913.

Exemple de l'Allemagne.

	1850-54	1910-13
Alimentation	43,8 %	39,9 %
Alcool et tabac	16,1 %	11,8 %
Frais de logement	11,5 %	15,9 %
Eclairage, chauffage, ustensiles de ménage	4,2 %	7,6 %
Textiles et peausseries	10,9 %	14,1 %
Santé, hygiène	2,5 %	3,4 %
Aide à domicile	10,3 %	2,9 %
Loisirs	0,5 %	1,4 %
Transports	0,2 %	3,0 %

La reine Victoria boit du chocolat dans son compartiment. Réclame de 1884 pour les produits Cadbury. Ultérieurement, interdiction fut faite de se servir des membres de la famille royale à des fins publicitaires.

d'achat et des habitudes de consommation. Mais le style de la bourgeoisie servit largement de norme aux ouvriers et les campagnes se mirent à l'heure des villes. De ce fait, la bourgeoisie et le capitalisme privé exercèrent une sorte d'« impérialisme intérieur » sur le développement des produits de consommation.

Physionomie du commerce mondial

Dans une perspective globale, c'est peut-être l'accroissement du commerce mondial qui constitua le facteur de développement le plus important au XIXe siècle. On estime que sa valeur tripla entre 1870 et 1914. Les échanges avec l'Europe commencèrent à avoir une importance réelle pour les conditions de production dans le tiers monde. En outre, dans le sillage du négoce, l'Occident exerça une influence culturelle et politique, et il s'érigea dans bien des cas en colonisateur. Mais il faut se garder de surestimer l'importance des échanges extérieurs pour l'Occident, notamment dans ses rapports avec le tiers monde. A cet égard, les théoriciens de l'impérialisme, de Lénine à Wallerstein, peuvent nous donner des idées fausses.

Entrée de Harrods, un des grands magasins les plus chics de Londres. Les variations de la mode (une « invention » française) augmentèrent les ventes de vêtements auprès des classes aisées. Quant aux vitrines, elles modifièrent la physionomie des rues et poussèrent à la consommation.

Dans tous les pays occidentaux, le marché intérieur était plus important que le commerce extérieur. En 1913, la Grande-Bretagne exportait environ 25 % de son produit national, les pays nordiques un peu plus. En 1910, cette proportion se situait en moyenne à environ 12 % pour les pays d'Europe continentale, 18 % pour l'Allemagne. En ce qui concerne les Etats-Unis, le commerce extérieur ne jouait qu'un rôle marginal — 7 % seulement du produit national en 1910.

La plus grande partie du commerce mondial (environ 70 %) s'effectuait *au sein* du monde occidental, Australie et Nouvelle-Zélande incluses. Quelque 40 % des échanges s'opéraient entre pays d'Europe de l'Ouest. Les matières premières représentaient une partie de ce commerce : minerai de fer suédois vers l'Allemagne, fer allemand vers la France, charbon anglais à destination de toute l'Europe (les exportations britanniques de houille quintuplèrent entre 1850 et 1913). On observa aussi une certaine augmentation des échanges commerciaux de produits industriels. Dans ce domaine, l'Allemagne était le meilleur client de la Grande-Bretagne et vice-versa. Malgré les tensions politiques, les pays européens étaient économiquement liés et mutuellement dépendants.

Une partie un peu moins importante du commerce mondial (37 %) s'effectuait entre l'Europe occidentale et le reste du monde, mais avec pour partenaires essentiels les Etats-Unis, la Russie, l'Australie et la Nouvelle-Zélande. Les importations consistaient surtout en denrées alimentaires : céréales américaines et russes, viande d'Australie, de Nouvelle-Zélande et des deux Amériques. Simultanément augmenta l'importation de produits tropicaux d'Asie, d'Afrique et d'Amérique du Sud : thé, café, cacao — et sucre (cependant, en 1913, l'Europe, grâce à la betterave sucrière, pourvoyait à 56 % de ses besoins).

La plus importante des matières premières importées était le coton qui provenait essentiellement des Etats-Unis, de l'Inde et de l'Egypte. En 1860, le coton représentait les deux tiers des exportations globales des Etats-Unis, et cette exportation tripla jusqu'à la Première Guerre mondiale. La laine en provenance d'Australie, de Nouvelle-Zélande et d'Amérique du Sud acquit également de l'importance dans l'industrie textile européenne. Les matières premières nécessaires à l'industrie métallurgique se trouvaient en Europe, mais beaucoup de branches industrielles nouvelles nécessitaient des importations : cuivre pour les lignes électriques (la moitié en provenance des Etats-Unis), caoutchouc pour les matériaux isolants et les pneus (la moitié en provenance du Brésil, le reste de Malaisie, d'Indonésie et d'Afrique), huiles végétales pour le savon, les lubrifiants et l'alimentation (Afrique et Asie du Sud-Est), pétrole comme source d'éclairage et d'énergie (jusqu'en 1910, le plus grand fournisseur fut la Russie, après quoi les Etats-Unis prirent le relai). Mais en 1914, les substances synthétiques avaient commencé à remplacer un certain nombre de produits naturels comme le caoutchouc et — partiellement — la soie et le coton.

La part du commerce mondial s'effectuant entre pays non européens — essentiellement entre les Etats-Unis, l'Amérique latine et les dominions anglais de peuplement blanc, ainsi qu'entre ceux-ci et les pays d'Afrique et d'Asie — ne s'élevait en 1914 qu'à 23 %. Seuls deux peuples de « couleur », les Indiens et les Japonais, commençaient à exporter des produits industriels, avant tout des cotonnades. L'Inde eut sa première usine textile en 1851, et en

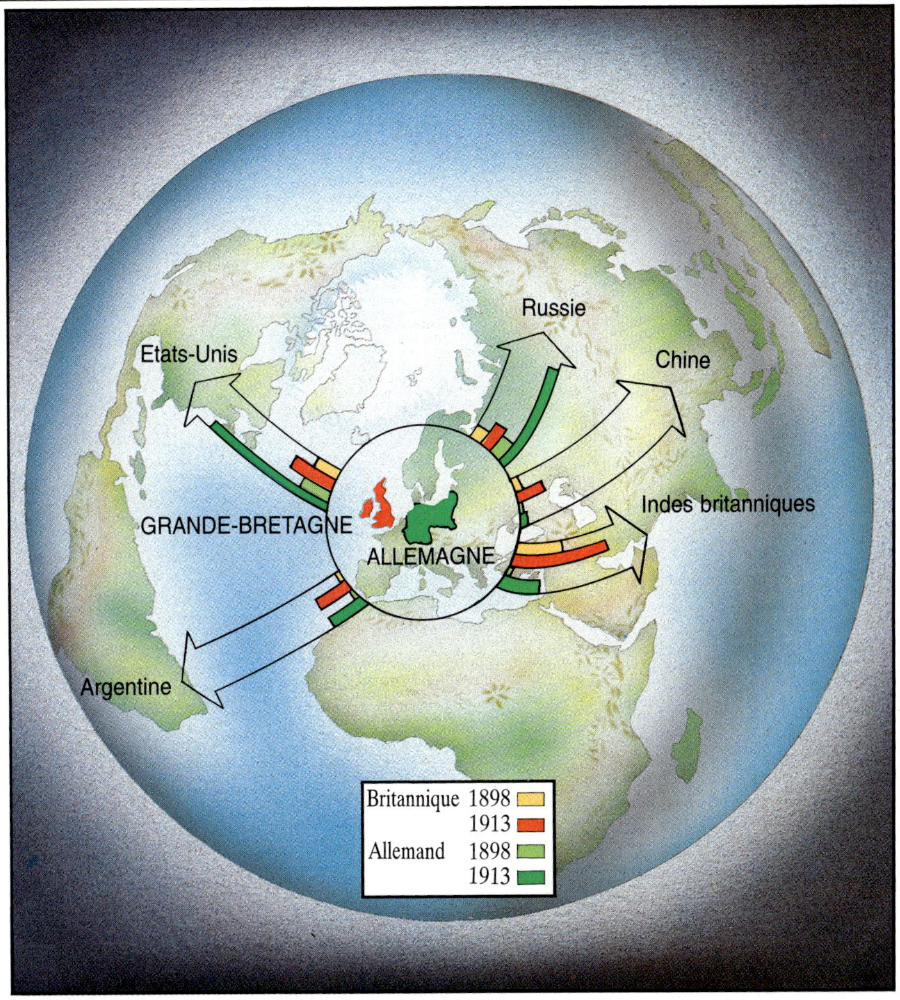

La concurrence commerciale anglo-allemande. La Grande-Bretagne demeurait la plus grande nation commerciale en 1914, mais l'Allemagne n'était pas loin derrière.

Des blocs de glace venus de Norvège sont déchargés dans le port de Londres en 1874. Les techniques frigorifiques étaient indispensables pour transporter sur de longues distances, par bateau ou par train, de la viande et des produits frais.

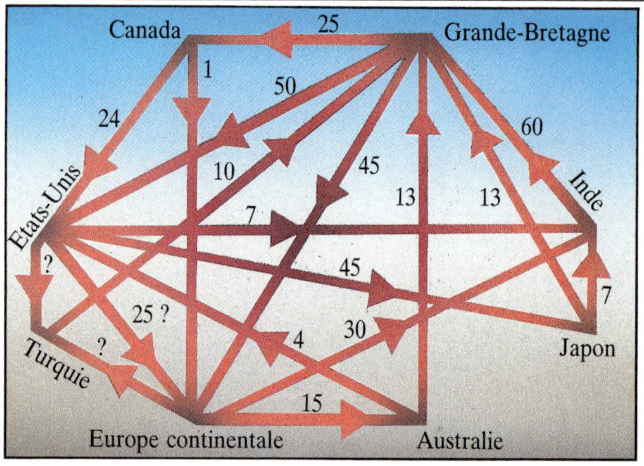

Le commerce tissa des liens de plus en plus étroits entre les continents. L'explication de ce diagramme est donnée dans l'encadré ci-contre.

« Achetez du thé indien ». Réclame pour une denrée coloniale classique.

L'art de jouir des bienfaits des produits exotiques ! Affiche publicitaire de 1900 pour le café belge « Rajah ».

Le réseau du commerce mondial

L'équilibre du commerce mondial est illustré par la figure ci-dessus où les chiffres indiquent l'ampleur des *excédents* commerciaux (en millions de livres) et les flèches leur destination. A la base de ce système, il y avait les importations anglaises en provenance des quatre coins du monde qui s'effectuaient sans barrières douanières. La Grande-Bretagne devint tout à fait dépendante de ses importations de vivres, ce qui entraîna un déficit commercial dans ses échanges avec les Etats-Unis et les pays d'Europe continentale, notamment la Russie. Ce déficit, elle pouvait s'en accommoder grâce notamment à son commerce excédentaire avec les pays producteurs de matières premières — l'Inde en premier lieu qui constituait un marché essentiel pour les produits industriels anglais. Les pays producteurs de matières premières compensaient leur déficit vis-à-vis de la Grande-Bretagne grâce à un commerce excédentaire avec les pays du continent européen et les Etats-Unis. Ces derniers palliaient ce déficit grâce au solde positif de leur balance commerciale avec la Grande-Bretagne. Bref, tous s'y retrouvaient sauf les Britanniques. Mais ceux-ci couvraient ce qu'il leur restait de déficit commercial grâce aux intérêts de leurs capitaux exportés et au fruit de leurs activités de service.

(Source : *Histoire économique et sociale du monde*, sous la direction de Pierre Léon, volume 4, Paris 1978.)

1913, sa consommation de coton brut la plaçait au quatrième rang mondial après la Grande-Bretagne, les Etats-Unis et la Russie. Les exportations japonaises de fil et de tissus représentaient le double de celles de l'Allemagne et 40 % de celles de la Grande-Bretagne.

Les échanges directs entre l'Europe et les territoires coloniaux d'Afrique et d'Asie — excepté l'Inde — ne représentaient qu'une faible part du commerce mondial. En 1880, 4 % seulement des exportations britanniques étaient destinées à l'Afrique — la moitié environ allant en Afrique du Sud. En revanche, l'Inde jouait un rôle clé dans l'économie britannique. Ce pays présentait en 1910 un excédent d'importation d'environ 60 millions de livres dans ses échanges avec la Grande-Bretagne, ce qui permettait à celle-ci de poursuivre ses grands investissements dans d'autres parties du monde.

Exportations de capitaux et systèmes de paiement

C'est l'Europe qui apporta les capitaux nécessaires au développement de la production et des transports sur d'autres continents. Cela put se faire tantôt à l'aide d'emprunts tantôt directement grâce à des investissements de sociétés. Dans ce domaine, la Grande-Bretagne continua à jouer le premier rôle. On a calculé qu'en 1900, les investissements globaux à l'étranger provenaient de Grande-Bretagne à hauteur de 43 % , la part de la France s'élevant à 20 %, celle de l'Allemagne à 13 % et celle de la Belgique, de la Suisse et des Pays-Bas à 12 %. Ainsi, en 1914, environ 10 % du produit national britannique était placé à l'étranger — avant tout aux Etats-Unis mais également en Australie et dans les colonies. En revanche, quelque 50 % des investissements français étaient effectués dans d'autres pays d'Europe, pour moitié en Russie. Seule une part modeste des investissements européens à l'étranger était destinée aux colonies : 16 % pour l'Asie, 9 % pour l'Afrique et 5 % pour l'Océanie. Pour ces pays, le *manque* de capitaux était un obstacle majeur pour participer au marché mondial ou s'équiper.

La stabilité monétaire internationale et l'efficacité des systèmes de paiement étaient des conditions indispensables à la bonne marche du commerce mondial. La première fut assurée du fait que la plupart des pays garantissaient à l'époque l'échange de leurs billets contre de l'or (étalon-or). Cela rendait facile les transferts d'argent et permettait de conclure des contrats à long terme sur des bases relativement sûres. Et le principe de la conversion en métal précieux obligeait aussi les différents pays à se préoccuper de l'équilibre de leur commerce extérieur sous peine que les réserves d'or ne fondent.

Les centres nerveux de la nouvelle économie mondiale étaient les grandes banques et les bourses européennes, avant tout la City de Londres. On pouvait y faire des affaires par contacts personnels ou grâce au réseau télégraphique désormais mondial. L'escompte de traites constituait un moyen de paiement, et la vente d'actions et d'obligations une manière d'assurer des emprunts à long terme. De la sorte, le flux des marchandises n'était pas entravé par des transferts lents et compliqués de numéraire.

Libre commerce, concurrence et développement

Le commerce mondial ne pouvait se développer que si les barrières douanières n'étaient pas infranchissables. Le libre commerce connut un sommet avec l'accord franco-britannique de 1860 qui abrogeait toute douane pour les matières premières et les produits agricoles, et fixait un plafond aux droits à acquitter pour les produits industriels. Mais les lois douanières allemandes de 1879 marquèrent un retour au protectionnisme. Quelques pays persistaient à maintenir en dessous des 10 % les douanes sur les produits industriels (Belgique, Suisse, Pays-Bas). Pour la plupart des pays européens, ces droits se situaient entre 16 et 20 %, tandis qu'ils atteignaient quelque 40 % en Espagne, en Russie et aux Etats-Unis (le président Wilson allait toutefois les réduire à environ 25 % en 1913). La Grande-Bretagne était le seul pays à maintenir intact son libre commerce, malgré de fortes campagnes en faveur du protectionnisme, par exemple sous forme d'une union douanière pour l'Empire britannique (Chamberlain). De manière générale, les droits de douane sur les matières premières et les produits agricoles demeuraient relativement faibles.

Ainsi se développa un marché international de masse où les forces capitalistes purent se donner libre cours : l'argent, les matières premières et la main-d'œuvre étaient transférables là où la production se montrait la plus rentable. La libre concurrence internationale fit que les prix baissèrent et que les innovations techniques furent rapidement mises en œuvre par souci de compétitivité. Même si l'exportation ne représentait qu'un faible partie du produit national, elle pouvait se révéler très importante pour la croissance économique. Les grandes industries notamment trouvaient ainsi à écouler leurs excédents et se voyaient entraînées à augmenter leur productivité.

Selon les théories actuelles du sous-développement, le capitalisme international a pour effet de condamner les pays peu développés à garder leur position marginale sur le marché mondial. Pourtant, loin d'être ainsi verrouillés, des pays situés à la périphérie de l'Europe comme la Russie et la Scandinavie s'intégrèrent de plus en plus étroitement au marché capitaliste international entre 1870 et 1914. L'exportation servit de moteur à une croissance économique qui conduisit progressivement à une industrialisation

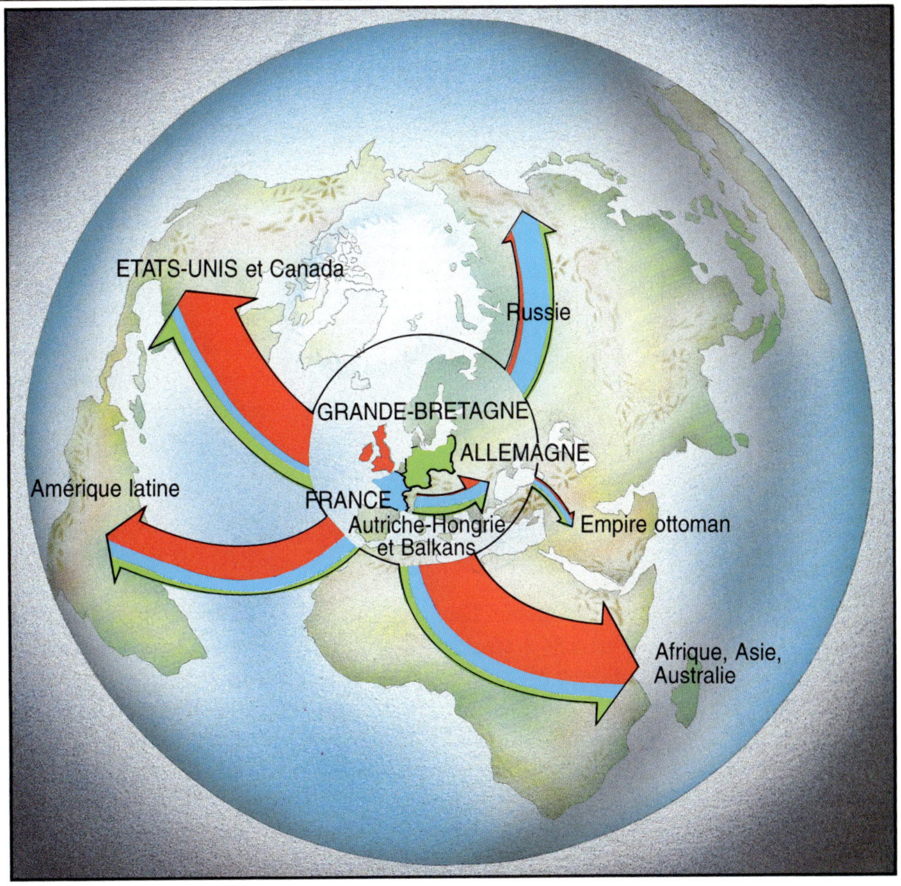

Exportation de capitaux européens jusqu'en 1914 (prêts d'Etat et investissements privés) — au total, plus de 30 milliards de livres sterling.

La vie des chercheurs d'or en Australie (1880). A la même époque, les grandes mines d'or de Johannesburg en Afrique du Sud furent mises en exploitation. L'étalon-or contribua à juguler l'inflation et à limiter les fluctuations dans le cours des monnaies. La longue période faste qui s'ouvrit en 1880 peut s'expliquer par le fait que l'or devint plus abondant.

Plantation de coton au bord du Mississippi. Lithographie de William Walker datant de 1883. Le coton constituait la matière première la plus importante pour l'Europe. En 1860, cette denrée représentait les deux tiers des exportations américaines.

plus poussée. Des capitaux et des experts étrangers contribuèrent à ce développement. Ce qui fut décisif pour ces pays, c'est qu'ils possédaient du savoir-faire, des entrepreneurs, des moyens de transport et un commerce intérieur qui leur permirent de profiter des retombées des activités exportatrices. Les pouvoirs publics mirent en œuvre une politique volontariste de développement économique national. Là où de telles conditions n'étaient pas remplies, le rattachement au marché mondial risquait d'engendrer une dangereuse dépendance, et, dans le pire des cas, de n'offrir d'autre issue que la fourniture de matières premières. C'est ce qui se passa dans de nombreux territoires africains et asiatiques à l'époque coloniale.

Accumulation de capital : sociétés anonymes et banques d'affaires

Outre les progrès techniques et les caractéristiques du marché, l'accumulation de capital et l'organisation des entreprises permettent largement de rendre compte de la croissance économique. Une question en vient à se poser : où situer au juste le centre du pouvoir économique ?

Dans les vieux pays industriels, là où les entreprises avaient souvent démarré à petite échelle avec de l'argent privé et une gestion familiale, l'auto-financement demeura la clé de l'expansion, même après 1870. On estime qu'en 1914, 75 % des entreprises industrielles britanniques étaient financées de cette manière. En cas de faillite, les propriétaires avaient à en répondre avec tous leurs biens.

A droite : la Bourse de Berlin en 1896. Le capitalisme sous forme chaotique ? La Bourse n'était pas un organe de régulation mais un marché où le flux et le reflux des capitaux — et partant les mécanismes économiques nationaux et internationaux — dépendaient de la spéculation sur les valeurs.

La Bourse de Paris. Le temple du capitalisme ?

Une industrialisation plus poussée exigeait toutefois que l'épargne privée répartie dans toute la société puisse être mobilisée pour des investissements. Les sociétés anonymes, avec leurs actionnaires qui en cas de faillite n'étaient responsables que d'une somme nominale (« responsabilité limitée »), apportèrent une solution nouvelle. En France, de telles sociétés anonymes furent approuvées par une loi de 1867, l'Etat posant des conditions spéciales en matière de comptabilité et de publicité. Un nombre croissant de sociétés de ce type vit également le jour en Grande-Bretagne et aux Etats-Unis. Au regard d'autres civilisations, la société anonyme occidentale apparaissait comme une invention majeure, à parité avec les grandes innovations techniques. Désormais, les entreprises ne dépendaient plus de la famille et des relations, elles pouvaient même s'affranchir de toute considération de nationalité. Les actions s'achetaient et se vendaient comme n'importe quelle autre marchandise.

La mobilisation de l'épargne privée exigeait une nouvelle mentalité. En Autriche-Hongrie, on déplorait la propension des gens, même riches, à placer leur argent à la caisse d'épargne — sans risque, mais aussi sans perspective de gains importants. Pour beaucoup, le fond d'un coffre demeurait le meilleur lieu de dépôt, même si le capital ne pouvait travailler dans ces conditions. Mais la bourgeoisie prit de plus en plus l'habitude d'investir dans des valeurs. En 1911, 25 % des fortunes de Paris étaient placées à la Bourse. Les émissions d'obligations publiques suscitèrent un engouement particulier car on faisait plus confiance à l'Etat qu'aux sociétés anonymes.

Les banques demeuraient l'instrument le plus important pour mobiliser l'épargne en vue de tâches productives. Les rapports entre les établissements bancaires et les nouvelles industries variaient d'un pays à l'autre. Aux côtés des anciennes caisses d'épargne, des banques d'affaires se développèrent après 1850, qui assuraient des prêts à l'établissement, des crédits à court terme, divers services en liaison avec les émissions d'actions, etc. De telles banques d'affaires purent étendre leurs activités à de vastes régions, à toute une nation, voire au monde entier.

La puissance du capital financier

Les banques jouèrent surtout un rôle essentiel dans les pays dépourvus d'une riche bourgeoisie qui aurait pu rassembler elle-même des capitaux importants. Les grandes banques allemandes et autrichiennes (Dresdner Bank, Darmstädter, Creditanstalt) cumulèrent les rôles de caisse d'épargne et de banque d'affaires, et elles prirent une part prépondérante au développement industriel. On a calculé qu'entre 1894 et 1913, plus de 60 % des investissements allemands dans des entreprises furent financés par des banques et des compagnies d'assurances généralement représentées dans les conseils d'administration. En l'occurrence, les banquiers n'étaient plus simplement les serviteurs des affaires, ils en devenaient aussi les maîtres. Les banques exercèrent une domination toute particulière dans les nouvelles industries exigeant beaucoup de capitaux — acier, chimie, électricité.

John Pierpont Morgan (1837-1913), magnat américain de la finance, dont la spécialité fut de mettre sur pied des trusts permettant de coordonner et de stabiliser des secteurs entiers de l'économie. Il en vint ainsi à contrôler la majeure partie de l'industrie de l'acier aux Etats-Unis.

Aux Etats-Unis, les banques développèrent pour l'essentiel des activités locales, tandis que les compagnies d'assurances et les sociétés de construction (« building societies ») contribuèrent de manière plus décisive à l'accumulation de capitaux. Cependant, puissance et prestige furent avant tout l'apanage des « investment bankers », géants privés de la finance qui opéraient avec leur argent et celui des autres, achetaient des parts de sociétés, encourageaient les fusions, réorganisaient la production et faisaient pression sur les politiciens pour obtenir une législation servant leurs intérêts. Ces magnats de la finance étaient soit d'origine juive-allemande (Speier, Seligmann, Lehmann), soit issus de familles yankees de la côte Atlantique (Lee, Peabody, Morgan).

La richesse de l'Europe symbolisée par les billets de banque des différentes nations. L'accumulation de capitaux, fer de lance du système capitaliste, pouvait seule permettre de grands investissements.

Le fait qu'un si petit groupe pût ainsi contrôler une bonne partie de la vie économique et donc exercer une influence politique démesurée provoqua de vives résistances. Cela s'accordait mal avec les idées de libre concurrence et de démocratie politique. En 1913, les travaux d'une commission d'enquête suscitèrent la création d'une banque centrale contrôlant les activités financières des États-Unis.

Les études de R. Hilferding (1877-1941) en Autriche et de J. Hobson (1858-1940) en Angleterre dressèrent le bilan du « capital financier ». Il apparut que financiers et banquiers s'étaient également arrogé un pouvoir *politique* en soutenant économiquement la presse, les partis et divers politiciens. Lénine basa directement sa théorie de l'impérialisme sur les travaux de Hilferding et Hobson en insistant sur le rôle des fusions et des monopoles. Dans

Mayer Karl Rothschild (1820-86), banquier et parlementaire de Francfort. Avec leurs quartiers généraux à Francfort, Vienne, Londres et Paris, les Rothschild formaient la plus puissante dynastie financière d'Europe. Même les gouvernements des grandes puissances recherchaient leur soutien (ainsi, à l'occasion de la construction du canal de Suez ou lors des accords consécutifs à la guerre franco-allemande de 1870).

Andrew Carnegie : chef de brigands ou bienfaiteur de la société ?

Fils d'un tisserand écossais, Andrew Carnegie connut une lente ascension sociale. Il commença comme employé et spécula dans les chemins de fer. Grâce à des fusions de sociétés, il s'imposa dans l'industrie métallurgique et, à partir de 1872, il mit tous ses moyens au service de la production d'acier. En possession de mines, de navires, de voies ferrées, d'usines et de sociétés de vente, il put coordonner la production à tous les niveaux. En matière de qualité et d'efficacité, il se montra intraitable : *« Qu'on surveille les coûts, et les profits viendront d'eux-mêmes ! »*

La menace d'une « guerre de l'acier » avec ses concurrents plana longtemps, mais elle prit fin en 1901 lorsque le banquier J. P. Morgan racheta Carnegie pour la somme incroyable de 226 millions de dollars plus 5 % dans la nouvelle compagnie de Morgan, l'United Steel Co., la plus grande société d'affaires du monde. La même année, Carnegie écrivit un livre intitulé « L'évangile de la richesse ». Loin de ne satisfaire que ses besoins personnels, Carnegie mit ses richesses au service de la société. A la fin de sa vie, il affecta sa fortune à diverses causes culturelles et humanitaires, et il encouragea notamment le mouvement pacifiste. Rockefeller, le « roi des chemins de fer », eut un comportement analogue, ainsi qu'Alfred Nobel, le « roi de la dynamite ». Tout cela contribua à donner ses lettres de noblesse au capitalisme en tant que système social.

Andrew Carnegie (1835-1919), magnat américain de l'acier. Ici à Berlin en 1907 pour remettre à l'empereur une adresse émanant des sociétés pacifistes américaines et gratifier le mouvement allemand pour la paix d'une somme de 100 000 marks.

l'analyse marxiste, le « capital financier » apparut comme la puissance en partie occulte mais omniprésente qui dirigeait la société capitaliste.

La « monopolisation » : les cartels

Une restructuration profonde s'opéra dans le monde des affaires au cours de cette période. Avant 1870, le nombre des entreprises avait en gros augmenté au rythme de la croissance économique. A partir des années 1880, les entreprises tendirent au contraire à devenir moins nombreuses, et cette évolution allait persister. En Grande-Bretagne, près de 70 entreprises disparurent chaque année en tant qu'unités autonomes entre 1888 et 1914. En outre, la collaboration augmenta entre les sociétés travaillant dans une même branche. Pour expliquer cette évolution, il faut distinguer causes externes et mécanismes internes.

La plus importante des causes externes fut le souci

Atelier de montage de la firme allemande AEG. Les dimensions gigantesques que prit la grande industrie moderne entraînèrent la constitutions de monopoles destinés à assurer l'efficacité et à stabiliser le marché.

d'éviter une guerre des prix aux conséquences dévastatrices. Dans bien des secteurs, la capacité de production, stimulée par les inventions, se révéla supérieure à la demande. D'où le risque, notamment en cas de conjoncture dévaforable, d'une guerre des prix en dessous du seuil de rentabilité, à seule fin d'assurer l'écoulement des produits. Compte tenu de l'importance des capitaux investis dans les moyens modernes de production, cela ne pouvait être toléré, et surtout pas par les banques prêteuses qui n'avaient aucune envie d'enregistrer des pertes. En Allemagne, les représentants du secteur bancaire dans l'industrie s'employèrent énergiquement à promouvoir des formes de collaboration permettant de régler le marché. Il en résulta des cartels où les entreprises d'un même secteur concluaient des accords sur les prix et les quotas de production, et, dans certains cas, coordonnaient leurs ventes en recourant aux mêmes agents. En 1905, il existait en Allemagne 400 cartels de ce type, qui influençaient grandement l'économie. Opéré en 1893, le regroupement des producteurs de charbon des pays du Rhin et de Westphalie leur permit de contrôler la moitié de la houille du pays, et en 1904, celui des producteurs d'acier (« Stahlverband ») leur assura la maîtrise de tout le marché ou peu s'en faut. Entre 1880 et 1914 se développèrent également quelques cartels internationaux, notamment pour les produits chimiques, le fer et certaines matières premières.

La « monopolisation » : les regroupements d'entreprises

Au sein des cartels, chaque entreprise gardait son autonomie interne. Mais la collaboration pouvait aussi revêtir la forme de regroupements directs en grandes sociétés appelées groupes ou trusts. Le contrôle des actions de plusieurs sociétés à l'aide de sociétés de holding offrait une autre possibilité d'assurer la coordination. Outre que la concurrence était éliminée, on pouvait ainsi relier ensemble différents niveaux de la production — matières premières, produits semi-finis, produits finis, marketing. Cela rendait les investissements plus sûrs et offrait une plate-forme plus solide pour la production, la recherche et la commercialisation. Sous cet angle, les fusions obéissaient à des mécanismes *internes*, liés aux techniques modernes qui exigeaient de grandes unités. Le terme de « monopolisation » est discutable, car on chercherait vainement l'exemple d'une société qui aurait dominé tout un marché à elle seule. En Grande-Bretagne, certaines « associations » contrôlaient à 60-90 % le textile et l'alimentation. En Allemagne, dans le secteur de la chimie organique, trois grands groupes (Badische, Bayer, Hoechst) représentaient 76 % du marché des colorants synthétiques.

Salle de montage dans l'usine de lampes d'AEG à Berlin vers 1890. Des unités de production de cette dimension ne pouvaient être abandonnées aux caprices du libre capitalisme. Dans les années 1890, les tribunaux allemands édictèrent des réglementations en matière de concurrence.

Ce sont surtout les « trusts » américains qui firent parler d'eux. Ils contrôlaient environ 40 % de tous les capitaux industriels des Etats-Unis en 1904. Leurs méthodes brutales pour écraser les concurrents furent révélées par la presse et les enquêtes officielles, et des lois antitrusts furent promulgées en 1890 puis en 1913. Elles interdisaient les monopoles qui feraient obstacle à la libre concurrence, mais c'était aux tribunaux de décider du sens à donner à des concepts tels que « monopole », « libre concurrence » et « entraves inacceptables au commerce ».

Dans une perspective historique, les monopoles revêtent une grande importance car ils montrent que le monde des affaires était lui-même en passe de s'affranchir du principe fondamental du capitalisme, à savoir la libre concurrence. Si les autorités de la plupart des pays autorisèrent certaines formes de monopoles, c'est qu'elles estimaient qu'une organisation plus forte du capitalisme était nécessaire pour assurer à la société une évolution féconde et régulière. Mais il y eut aussi des monopoles qui mirent leur puissance au service d'une rapacité sans frein, et certains d'entre eux tardèrent à utiliser les techniques nouvel-

Les fonderies d'acier Krupp à Essen. Cette image tirée de « Illustrierte Zeitung » de 1890 montre le triomphe de l'industrialisme — l'ouvrier salue ce vaste complexe avec sa casquette !

les car les anciennnes leur assuraient un profit suffisant. Dans la doctrine communiste telle que Lénine la formula, de tels exemples déplorables furent invoqués. Les monopoles témoignaient de la corruption du capitalisme.

Interventions étatiques et sociétés multinationales

Les limitations à la libre concurrence et le regroupement en unités de production plus grandes annoncent l'économie planifiée moderne. Quand l'Etat voulait intervenir pour coordonner l'économie, il disposait déjà des instruments que le monde industriel avait mis en place avec ses cartels et ses groupes. La guerre de 1914-18 renforça dans tous les pays les tendances à une telle coordination. En Allemagne, ce fut l'industriel Walter Rathenau, directeur de l'AEG (Allegemeine Elektricitäts-Gesellschaft), qui reçut pour mission de mettre sur pied, en liaison avec 68 autres entreprises, une économie de guerre. Rathenau le fit en collaborant avec les monopoles privés, mais cet homme clairvoyant jugea le moment venu de passer de l'économie privée à l'économie collective. Marx avait exprimé la même idée lorsqu'il avait déclaré que la production capitaliste avait revêtu un tel caractère social qu'il n'était désormais plus possible de la diriger rationnellement si la propriété privée demeurait illimitée.

Le nouvel impérialisme exercé après 1880 sur le monde non européen peut être également rapproché des tendan-

A droite : Walther Rathenau (1867-1922), homme d'affaires et politicien allemand d'origine juive. Il fut assassiné en 1922 par des officiers antisémites.

Les circuits commerciaux au sein de l'empire britannique. Cette affiche publicitaire qui incite à acheter les produits de l'empire date de l'entre-deux-guerres, époque où le libre commerce fut remis en question et où les échanges mondiaux diminuèrent.

ces à la monopolisation. Les grands groupes voulaient s'assurer à la fois l'approvisionnement en matières premières et l'écoulement de leurs produits dans les colonies où ils avaient automatiquement droit de priorité sur leurs concurrents étrangers. Avec l'aide des pouvoirs publics, ils « monopolisèrent » des pans entiers de la planète. Lénine était formel sur ce point : en exacerbant ainsi la concurrence internationale, les monopoles avaient bel et bien provoqué la Première Guerre mondiale dont l'enjeu n'était autre que le partage du marché mondial.

Mais les liens entre les monopoles et les Etats n'étaient nullement aussi simples. Beaucoup de grandes entreprises issues de fusions commençaient à opérer au-delà des frontières nationales. Ainsi, les compagnies pétrolières britanniques et néerlandaises se regroupèrent dans l'imposante Royal Dutch Shell entre 1902 et 1907. Les producteurs de dynamite allemands et britanniques s'associèrent au sein de la Nobel Dynamite en 1886. Peu à peu, de grandes sociétés étendirent leur production à des usines situées dans plusieurs pays étrangers, entre autres pour échapper aux nouvelles barrières douanières.

Les sociétés multinationales furent particulièrement importantes aux Etats-Unis. En 1914, elles représentaient les deux tiers des investissements américains à l'étranger. Bon nombre des géants multinationaux américains surgirent au cours de cette période : Standard Oil (avec des activités au Canada, en Roumanie, en Inde, au Pérou et au Mexique), United Fruit (Amérique centrale et mer des Caraïbes), etc. En Europe apparurent des filiales de compagnies américaines comme Singer, Gillette et Western Electric. Un journaliste britannique parla en 1901 d'« invasion américaine » à propos de la diffusion sur le marché européen d'un grand nombre de produits modernes.

Ainsi, les traits caractéristiques de notre économie commencèrent à se dessiner avant 1914. L'histoire du capitalisme ne manque pas de continuité.

Dégradation de l'environnement et protection de la nature

La société industrielle occidentale « pilla » les ressources de la nature à un degré jusqu'alors inconnu, sans se soucier des conséquences à long terme (« Après nous le déluge ! »). Mais simultanément germa aussi l'idée d'une protection active de la nature. Darwin et d'autres biologistes avaient créé le concept de « système écologique » : un territoire donné était comme un organisme où régnait un équilibre délicat entre les différentes formes de vie. En faire un simple appareil de production n'allait pas sans conséquences graves. Dès 1866, l'Américain George Perkins Marsh publia un livre désormais classique sur *L'homme et la nature*. De manière percutante, il évoquait la mince couche d'humus recouvrant certaines parties du globe qui risquait de disparaître en l'espace d'une génération sous l'action du déboisement et d'une agriculture trop brutale. Ses idées trouvèrent petit à petit un écho favorable, et aux Etats-Unis, d'ambitieux programmes de sauvegarde de la nature virent le jour au tournant du siècle. Les immenses parcs nationaux américains (Yellowstone, Yosemite) furent créés à cette époque. Le combat contre la pollution industrielle s'amorça également. Les systèmes d'égout permirent d'avoir de l'eau plus pure, l'électricité améliora la qualité de l'air, et, grâce à de nouvelles techniques, on put traiter la ferraille, les déchets de caoutchouc et autres scories de manière à épargner la nature. Toutefois, l'idée de profit à court terme demeurait dominante. Est-ce bien différent aujourd'hui ?

Force et faiblesses du capitalisme

Il apparaît remarquable que cette forte croissance se soit opérée sans inflation. Les prix de gros baissèrent jusqu'à 1895 environ pour augmenter quelque peu ensuite, mais en 1914, ils se situaient encore en dessous du niveau de 1870. L'augmentation des salaires fut modérée, mais le pouvoir d'achat des salariés augmenta en Occident de quelque 65 % au cours de la période 1870-1914.

Si les salaires augmentèrent moins vite que la production (celle de l'industrie quadrupla presque), c'est que les salariés n'avaient qu'un pouvoir limité. Les travailleurs aspiraient avant tout à gagner de quoi vivre. L'esprit de revendication n'avait pas encore fait son apparition. La bourgeoisie elle aussi n'utilisait qu'une partie de ses revenus pour acheter des biens de consommation. Les primes d'assurance commencèrent toutefois à apparaître dans les budgets au tournant du siècle.

Il en résulta que les fruits d'une production accrue purent être largement réinvestis dans de nouveaux équipements, dans l'industrie lourde et le transport. Comme nous l'avons vu, une bonne part des excédents était écoulée à l'étranger, notamment sur d'autres continents, ce qui en Europe ne contribuait à augmenter ni le pouvoir d'achat, ni les tendances inflationnistes.

Ce qui rendit possible cette gigantesque épargne, conforme à la morale et aux intérêts de la bourgeoisie, c'est que les classes inférieures de la société furent imprégnées de la même idéologie. La presse, l'école, l'Eglise et l'Etat diffusèrent de mille manières le message selon lequel le contentement de son sort, la patience et l'esprit d'économie étaient les clés du bien-être économique. Pour le meilleur et pour le pire, le capitalisme en tant que système put se développer en toute tranquillité.

Les variations brusques de la conjoncture et les crises incessantes constituèrent les grandes faiblesses du capitalisme. La régularité des fluctuations semblait être liée à des traits fondamentaux du système. Le contrôle privé des capitaux entraînait des variations importantes et imprévisibles des investissements, et le libre commerce répercutait ces secousses sur la scène internationale. Les fusions donnant naissance à des cartels et des groupes pouvaient apparaître comme des tentatives pour régler la concurrence et renforcer la stabilité. Tentatives vouées à l'échec, selon les marxistes, pour la bonne raison que la surproduction allait de pair avec la sous-consommation. Exploités par les capitalistes, les ouvriers avaient un pouvoir d'achat trop faible pour aider efficacement à l'écoulement de la production.

L'homme le plus riche du monde en 1913, l'Américain John D. Rockefeller, roi des chemins de fer et du pétrole. Il menait personnellement une vie ascétique mais était toujours prêt à dévorer ses concurrents. Sur cette caricature, on le voit en train d'avaler le globe tout entier pour remédier à sa constipation.

Les transformations du monde rural

Lorsqu'on étudie l'essor du développement industriel après 1870, on oublie facilement que la plupart des Occidentaux vivaient toujours à la campagne, dans des communautés rurales marquées par des structures de propriété, des méthodes d'exploitation et des mentalités issues de traditions séculaires. Un paysan africain ou asiatique ne se serait pas senti dépaysé parmi ses homologues européens du XIXe siècle. Cependant, l'agriculture, notamment en Europe du Nord-Ouest, était soumise au contrecoup de l'évolution industrielle et urbaine. L'économie monétaire, le capitalisme et le dirigisme étatique firent irruption dans la vie des paysans d'une manière qui peut faire songer aux mécanismes de la colonisation hors d'Europe. Peut-on pour autant parler d'« impérialisme intérieur » ? De fait, l'évolution rurale revêtit bien des aspects en Occident, et il faut prendre en compte cette diversité pour dresser un bilan nuancé.

Famille paysanne de Scanie (Suède) en 1902. On voit ici un paysan typique de l'Europe du Nord. Il possède sa ferme et l'exploite avec sa famille sans avoir grand besoin de travailleurs agricoles. Dans ce milieu, l'apport des femmes était important.

Les populations rurales étaient les moins nombreuses là où l'industrialisation et l'exode rural avaient atteint leur plus grande ampleur, autrement dit en Europe du Nord-Ouest (Grande-Bretagne, France, Benelux, Allemagne occidentale, Scandinavie). Dans la Grande-Bretagne de 1914, une personne sur dix seulement travaillait dans le secteur agricole. En Allemagne et en France, les ruraux qui constituaient plus de la moitié de la population en 1870 n'en représentaient plus qu'environ le tiers en 1914.

Au sein des petites nations (pays nordiques, Belgique et Pays-Bas), la plupart des terres étaient aux mains de paysans propriétaires. L'étendue des domaines pouvait varier, mais les grandes propriétés étaient rares. On en trouvait beaucoup plus en France et en Allemagne. En France, 50 000 propriétaires disposaient d'environ 25 % des terres. Mais dans ces deux pays, les petits paysans propriétaires formaient une écrasante majorité. La Grande-Bretagne présentait un profil différent : plus de 75 % des terres étaient aux mains de propriétaires disposant de plus de 100 hectares ; ces domaines étaient en grande partie exploités par des métayers acquittant une redevance.

Par la suite, nous nous servirons du terme de paysan pour désigner aussi bien les propriétaires que les métayers. Car dans toute l'Europe rurale, le clivage social essentiel s'opérait entre ceux qui disposaient de terres, en propriété ou en location, et l'immense majorité de ceux, ouvriers agricoles et domestiques, qui en étaient privés ou n'en avaient pas assez pour pouvoir nourrir une famille.

Les propriétaires terriens éclairés avaient joué un rôle de pionnier dans le processus de modernisation de l'agriculture lancé en Grande-Bretagne dès le milieu du XVIIIe siècle. Au XIXe siècle, le progrès se répandit de plus en plus largement parmi les paysans de l'Europe du Nord-Ouest, et ce sur plusieurs fronts. Il y eut d'abord celui de la *mécanisation*, lorsque les innovations américaines — moissonneuses, lieuses mécaniques, batteuses à vapeur — commencèrent à s'imposer après 1860. Dans les secteurs de la laiterie et des conserves, les nouvelles techniques profitèrent indirectement aux paysans. La centrifugeuse permettant de séparer la crème du lait fut inventée à la fin des années 1870. Sur le front de la *chimie*, l'usage de la chaux était répandu depuis longtemps. Grâce aux nouvelles conquêtes industrielles postérieures à 1870, les engrais artificiels, avant tout le phosphate de Thomas et les nitrates, gagnèrent du terrain. Même le fumier fut utilisé de manière plus efficace lorsqu'on le stocka dans des caves au lieu de le mettre en tas ou de le remiser dans des granges. Les moyens de pulvérisation mis précocement en œuvre par les viticulteurs furent un sous-produit des recherches du chimiste allemand Justus von Liebig (1803-73). Les découvertes de Pasteur donnèrent naissance aux techniques de conservation du lait qui portent son nom.

Les améliorations les plus spectaculaires se produisirent sans doute sur le front *biologique*, plus précisément en matière d'élevage. Depuis le XVIIIe siècle, des pionniers anglais avaient œuvré dans cette voie, mais il fallut attendre la fin du XIXe siècle pour que s'opère une systématisation des méthodes modernes sous la direction qualifiée de vétérinaires, d'agronomes et de spécialistes de l'industrie laitière. Ainsi, on procéda à des mesures rigoureuses (rendement laitier, teneur en matières grasses, quantité de viande produite), on élabora sur des bases scientifiques des tables pour l'alimentation des animaux et on vulgarisa les connaissances pour inciter les paysans à rechercher la qualité. Peu à peu, le concept d'hygiène gagna droit de cité jusque dans les étables. L'insémination artificielle, connue dès avant 1914, se généralisa en l'espace d'une génération. Ces améliorations apportées à l'élevage entraînèrent des résultats spectaculaires. On a calculé que dans les exploitations d'Europe du Nord-Ouest pratiquant ces nouvelles méthodes, le rendement laitier moyen par vache doubla entre 1850 et 1914 et la quantité de viande produite augmenta d'environ 60 %. Les cochons doublèrent presque de poids. La sélection systématique des plantes donna des résultats comparables ; selon des estimations, le rendement céréalier par hectare aurait augmenté d'un tiers entre 1893 et 1913. Mais cet accroissement

Ce tableau de Per Hansen, « Le laboureur fait demi-tour », laisse transparaître l'admiration de l'artiste pour le paysan danois qui créa une des agricultures les plus performantes du monde.

A gauche : la machine à arracher les pommes de terre a fait son apparition en Allemagne. Nous sommes en 1887. Des gens de la haute société interrompent leur partie de chasse pour examiner cette merveille de la technique.

Réclame pour des engrais phosphatés suédois au tournant du siècle. Le « salpêtre de Norvège » fit irruption sur le marché vers 1910. La science et l'industrie contribuèrent aussi à rendre l'agriculture plus efficace.

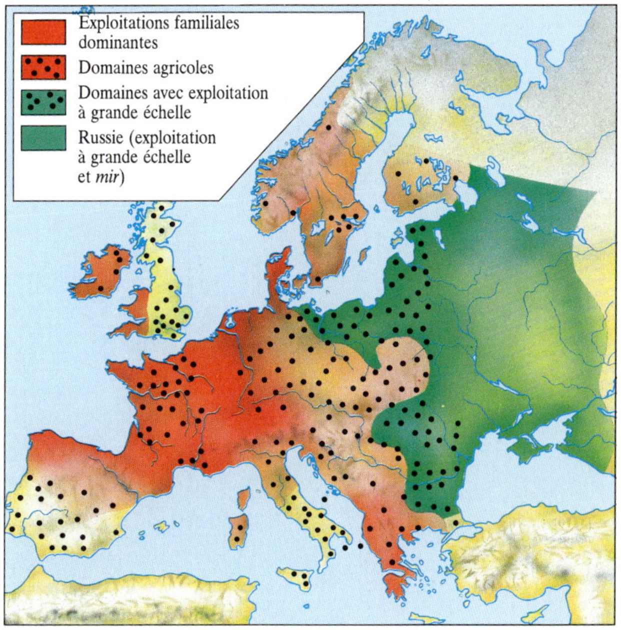

Les conditions de propriété dans l'Europe rurale au tournant du siècle. En Europe occidentale ainsi que dans certaines parties de l'Europe orientale et des Balkans, l'agriculture familiale prédominait, et il y avait une proportion variable de grands domaines (régions marquées en rouge). En Angleterre, dans le sud de l'Espagne et de l'Italie, les grands domaines constituaient l'élément essentiel, mais leur exploitation était basée pour une bonne part sur le fermage (régions marquées en jaune). L'exploitation à grande échelle régnait dans la plus grande partie de l'Europe orientale — combinée en Russie avec la commune rurale.

d'efficacité s'opéra à un rythme irrégulier, et c'est dans les régions périphériques qu'il se fit sentir le plus lentement.

Ces progrès résultèrent pour une bonne part d'une nouvelle *organisation* de l'agriculture. Dès avant 1870, le remembrement avait pratiquement mis fin au vieux système caractérisé par l'imbrication des parcelles, la coordination des tâches agricoles, les pâturages communs et le droit de passage à travers les propriétés. Ainsi, les fermes avaient commencé à ressembler à des entreprises gérées selon les principes du capitalisme privé. Le fil de fer barbelé dont l'usage se répandit à la fin du siècle permit de mettre en place des clôtures bon marché qui marquèrent concrètement les limites de chaque propriété. Le fait d'être totalement maître chez soi rendait plus sûrs les investissements et permettait d'emprunter de l'argent plus facilement. Notons encore que la production des différentes fermes et des différentes régions se spécialisa de plus en plus. Les céréales bon marché venues de loin provoquèrent un recul de l'exploitation des terres agricoles en Europe. En contrepartie, l'élevage destiné à produire du lait et de la viande s'accrut, tout comme la viticulture, et la culture spécialisée de légumes se répandit.

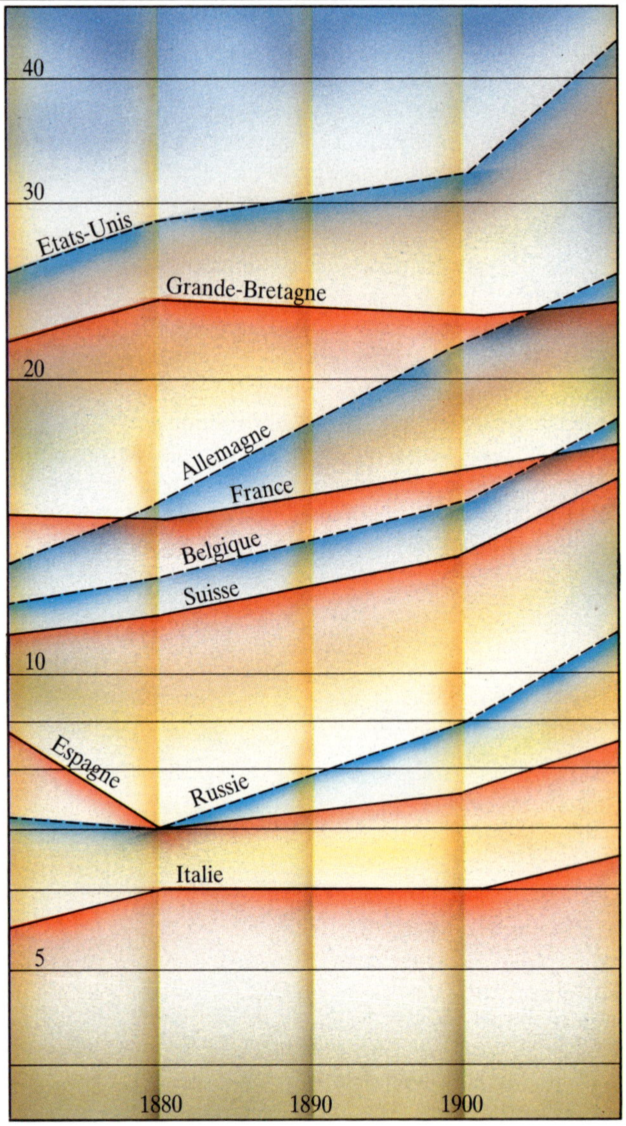

La productivité agricole mesurée en kilocalories produites par ouvrier et par an. Les Etats-Unis dominent largement et l'Allemagne dépasse la Grande-Bretagne après 1900. En bas de l'échelle, l'Europe méridionale et orientale.

Les causes de la modernisation

Quels furent les facteurs qui stimulèrent ou freinèrent cette modernisation ? On en discute toujours, et les réponses doivent être modulées quelque peu en fonction des régions. Il est possible que l'évolution démographique ait joué un rôle. Ainsi, la grande émigration vers l'Amérique, en entraînant une raréfaction de la main-d'œuvre et une augmentation des salaires, aurait pu provoquer le besoin d'une mécanisation accrue.

Mais l'explication majeure à la rapide modernisation de l'agriculture dans les dernières décennies du XIXe siècle réside sans doute dans le fait que les paysans voyaient s'ouvrir de nouveaux marchés grâce à l'essor des villes et au développement des transports. L'extension du réseau routier permit à un paysan d'atteindre dans la journée un marché situé à 50 km, contre peut-être 10 km seulement par le passé. Les chemins de fer à présent ramifiés réduisirent considérablement les frais de transport et permirent de drainer engrais artificiels vers les campagnes, produits alimentaires vers les villes. Les pionniers de la modernisation agricole avaient déploré la mentalité routinière des paysans qui se montraient rebelles à l'expérimentation. Peut-être s'agissait-il d'une réaction de bon sens de la part de gens qui ne disposaient pas de capitaux — une logique dont les pays du tiers monde nous offrent aujourd'hui l'exemple. Mais lorsqu'ils disposèrent de bases mieux assurées pour opérer une restructuration rentable, ils passèrent d'une économie en vase clos à une production tournée vers la vente. Soumis eux aussi aux tentations de la société industrielle que faisaient miroiter les boutiques, la publicité, les catalogues de vente par correspondance, ils souhaitèrent augmenter leurs revenus en argent. Pour les paysans socialement ambitieux, c'était aussi un moyen de financer les études de leurs enfants. De tels motifs poussèrent les paysans à abandonner leur mode de vie autarcique.

Boutique à Westfalen (Allemagne) en 1908. Désireux de se procurer de l'argent pour acheter des marchandises, les paysans abandonnèrent l'économie en vase clos pour produire des denrées destinées à la vente.

Mais la modernisation de l'agriculture fut également accélérée par les pouvoirs publics, soucieux notamment d'augmenter les ressources fiscales — tout comme les autorités coloniales en Afrique et en Asie. L'Etat avait adopté des lois et fourni des experts pour le remembrement. Il avait aussi contribué à la création d'établissements financiers destinés spécifiquement au monde rural, les banques hypothécaires.

Les sociétés de vente par correspondance firent pénétrer les produits modernes de consommation dans les immenses étendues américaines. Catalogue de Sears, Roebuck et Cie, Chicago.

Dans plusieurs pays se développèrent des caisses de prêts mutuels pour agriculteurs. Pionnière en la matière, l'Allemagne comptait en 1913 quelque 500 000 établissements de ce type contre 170 000 seulement en France. Les écoles publiques d'agriculture contribuèrent à diffuser les nouvelles techniques agricoles. La profession d'agronome se développa au cours de cette période. En 1914, l'Allemagne, en tête ici aussi, comptait une centaine de centres d'agronomie — contre dix en France.

Le pouvoir d'attraction des marchandises commerciales

Le désir de se procurer des produits modernes de consommation fut une motivation qui poussa les gens des campagnes, en Europe comme dans d'autres parties du monde, à produire pour la vente ou a exercer un travail salarié. En France, fonctionnaires, prêtres et enseignants qui notèrent cette évolution à la fin du XIXe siècle se montrèrent préoccupés par ce goût du « luxe », du « gaspillage » et de la « frivolité » se manifestant en milieu rural. Les ouvriers agricoles achetaient eux aussi des pipes, des jeux de cartes, des mouchoirs, des écharpes, voire même des livres, et on commençait à les voir en chapeau, en bottes et en costume. Les femmes s'équipaient de robes et de sous-vêtements modernes. Ces gens voulaient-ils s'élever au-dessus de leur condition ? Ils désiraient en tout cas rompre la monotonie quotidienne, et leur argent leur permettait de mettre un peu de piment dans leur existence. Le dimanche était attendu avec impatience. *« Ce qui était superflu est devenu nécessaire, nous avons besoin de choses que nos ancêtres n'auraient jamais pu imaginer. »* Ambition légitime ou besoins artificiels créés par les techniques modernes de vente ? Le débat est loin d'être clos.

(Source : Eugen Weber, *Peasants into Frenchmen*, Stanford 1976.)

Terroir, ville, nation

La contribution la plus importante de l'Etat aux changements de mentalité dans les campagnes fut sans conteste le développement du système scolaire. Les nouvelles lois sur la scolarité gratuite et obligatoire en vigueur dans la plupart des pays après 1870 entraînèrent une sorte de révolution culturelle. Il devint possible d'édifier des écoles permanentes et de recruter des enseignants formés à leur métier. L'école devait non seulement diffuser des connaissances et former le jugement, mais aussi inculquer les vertus d'ordre, d'assiduité, de propreté et d'épargne — celles qui favorisaient l'économie de marché capitaliste.

C'est aussi dans les campagnes qu'on voit le plus clairement comment se répandit la conception du monde d'inspiration scientifique qui depuis la Renaissance avait été l'apanage de l'élite. Les restes de la religion traditionnelle avec ce qu'ils impliquaient de culte des ancêtres, de magie et de croyance aux miracles s'effacèrent progressivement au profit de représentations rationnelles. La multiplication des gens sachant lire stimula la vente des almanachs et des journaux, produits typiques des villes qui contribuèrent à diffuser la mentalité urbaine dans les campagnes.

Enfin, il est évident qu'une des missions importantes de l'école fut de forger un sentiment patriotique sans lequel un marché intérieur et un Etat moderne n'auraient pu fonctionner. Cela correspond à la « construction de la nation » telle qu'elle s'opère aujourd'hui dans les pays en voie de développement. Là où il existait de fortes différences régionales, comme en France, l'apprentissage de la langue commune à toute la nation était une tâche primordiale. On estime qu'en 1860, plus de 20 % des habitants de l'Hexagone ne comprenaient pas le français standard.

L'expression la plus concrète du resserrement des liens entre ville et campagne fut l'accroissement de la mobilité.

Mise en place du système éducatif. L'école laïque et obligatoire fut introduite dans la plupart des pays au cours de la période 1870-1914. Ecole de Skönvik (Suède) en 1900.

Salle d'allaitement en France. Les femmes de la campagnes se rendaient en ville pour se placer, notamment comme nourrices dans des familles bourgeoises où la maîtresse de maison voulait être rapidement déchargée de l'allaitement après avoir accouché.

A droite : style bourgeois dans une opulente ferme suédoise. Maîtres et serviteurs se distinguent aussi bien par le costume que par l'attitude face à l'objectif du photographe.

Dans la France de 1860, environ 11 % des gens vivaient dans un district autre que celui de leur naissance, mais à la fin de la Première Guerre mondiale, cette proportion s'élevait à 25 %. Ces migrations pouvaient résulter de motifs fort divers. L'une des causes est à chercher dans la surpopulation. Les conflits entre générations et la sujétion des femmes dans la société paysanne peuvent également fournir des explications. L'ennui, les commérages et les contraintes sociales éveillaient sans doute le désir de s'en aller, notamment parmi les femmes et les jeunes. D'autres motifs sont liés au pouvoir d'attraction exercé par les villes : possibilité de s'employer dans l'industrie et l'administration, liberté individuelle plus grande, accès plus aisé aux biens de consommation de la société moderne.

Mais les déplacements s'effectuaient souvent en plusieurs étapes, et pas seulement dans une seule direction. Dans toute l'Europe, les montagnards allaient traditionnellement chercher du travail dans les plaines. De là, ceux qui le désiraient pouvaient poursuivre vers les cités, tandis que d'autres rentraient chez eux. La ville la plus proche ne constituait parfois qu'une halte avant une nouvelle migration. Mais même les nouveaux citadins pouvaient fort bien regagner leur province, pour s'y marier ou s'y établir pour de bon. Le service militaire général et obligatoire introduit dans une série de pays après 1870 constitua un « déplacement forcé » temporaire d'un genre particulier. Les jeunes paysans entrèrent alors en contact avec une institution nationale qui leur permit d'élargir leur horizon.

Tout au long de cette évolution, un maître mot fut celui d'*intégration* : l'agriculture se trouva incorporée à l'économie monétaire moderne, les campagnes devinrent partie intégrante de la communauté nationale. « Les paysans deviennent des Français », tel est le titre d'un ouvrage portant sur les années 1870-1914 en France. Bien des traits de l'époque fiévreuse qui s'amorça en 1870 rappellent clairement ceux qui s'observèrent sur d'autres continents lorsque l'économie, l'administration coloniale et le style de vie européens s'y répandirent. En ce sens, on peut parler de « colonisation intérieure » : ce fut ses propres « indigènes » que l'Europe civilisa alors.

L'exemple de la France montre que de telles expressions furent bel et bien utilisées à l'époque par des fonctionnaires et autres observateurs. On décrivit les paysans en des termes qui ressemblaient à s'y méprendre à ceux utilisés à l'égard des populations exotiques : ils étaient « primitifs », « enfantins », « méfiants », « superstitieux », et l'esprit d'initiative leur faisait défaut. On disait des fonctionnaires nommés en Savoie qu'ils abordaient leur tâche comme s'ils étaient appelés à servir dans l'administration coloniale. On mettait en parallèle cette province avec l'Afrique du Nord. Dans les pays nordiques également, le fossé pouvait être grand entre fonctionnaires et paysans, surtout peut-être en Norvège et en Finlande.

Intérieur reconstitué d'une chaumière dans le Härjedalen (Suède). Ce genre de demeure paysanne était aussi un lieu de travail où l'hygiène pouvait laisser à désirer.

Une nouvelle culture locale ?

A propos des transformations dans les campagnes avant 1914, un écrivain norvégien a parlé de « grande mue », évoquant ainsi les animaux qui changent de peau. Il n'avait pas seulement en tête l'agriculture mais se référait à la métamorphose de toute la société rurale. Certes, les changements culturels ne revêtent jamais la forme d'une mutation

La gare de Fårhult en Småland (Suède). Les localités situées le long des chemins de fer contribuèrent à faire pénétrer la culture urbaine dans les campagnes, ce qui, à terme, allait modifier le mode de vie paysan.

instantanée et totale, surtout pas à l'échelle d'une vaste région comme l'Europe du Nord-Ouest, mais les observateurs du temps eurent le sentiment que le monde rural se transformait à vitesse accélérée après 1870.

Ces transformations pouvaient se lire dans le paysage lui-même. L'architecture par exemple offrait au regard des bâtiments économiques d'un nouveau genre, des demeures peintes, des églises modernes, des maisons communales dans les agglomérations et peut-être une bibliothèque ou une maison de réunion destinée à accueillir les associations. De nouvelles catégories professionnelles avaient fait leur apparition. Dans les postes et les gares, dans les boutiques et les auberges, on rencontrait beaucoup de personnes venues de l'extérieur, souvent assez instruites. Cette « bourgeoisie » locale redistribuait la culture urbaine à la campagne, et les familles paysannes ambitieuses la prenaient volontiers pour modèle.

La vie quotidienne se modifia en milieu rural. La lampe à pétrole se diffusa jusque dans les foyers les plus pauvres. Les veillées en commun se prolongèrent, et le rythme quotidien, moins dépendant de la lumière du jour, se modifia. L'usage des fourchettes (en complément aux cuillers et aux couteaux) et des chaises (en plus des bancs) se répandit, le fourneau en fonte vint compléter ou remplacer la cheminée. Grâce aux allumettes, il n'était plus nécessaire d'aller « emprunter du feu » chez le voisin. Et l'on consomma plus de viande et de légumes, en complément à la sempiternelle soupe et au gruau qui, avec le pain, avaient constitué les bases traditionnelles de l'alimentation dans les campagnes. En France et en Allemagne du Sud, le vin devint une boisson quotidienne.

Pendule de fabrication américaine (Jerome & Cie), très répandue dans les campagnes à la fin du XIXᵉ siècle. Cet objet qui coûtait son prix était souvent offert comme cadeau de mariage. Contribua-t-il à modifier la perception même du temps ?

La perception du temps se trouva elle-même modifiée. Les remboursements réguliers de prêts, le calendrier de la distribution de fourrage et du fumage, la planification à long terme des cultures, la vente sur des marchés éloignés, tout cela exigeait une gestion temporelle rigoureuse. L'*espace* où œuvraient les paysans se transforma lui aussi : les terres furent réparties différemment, et les maisons modernes distribuées autrement ; ainsi, la cuisine ne servit plus nécessairement de grande pièce commune. En Scandinavie, on peut constater que les décorations à motif floral furent recouvertes de peinture bleu rustique. Des églises médiévales en bois debout furent abattues, et l'on retrouva parfois des gravures sur bois artistement sculptées dans des dépendances ou des chalets de montagne. Toute cette évolution tendit à refouler les traditions — art du conteur, musique et danse populaires — qui avaient partie liée avec l'ancien mode de vie.

Mais il n'y avait guère lieu de s'attendrir sur la disparition de l'ancien. Ceux qui avaient quitté les campagnes, en majorité des ruraux sans terre, n'auraient certes pu invoquer le bon vieux temps. Et ceux qui restaient bénéficièrent d'une nourriture plus abondante, d'une meilleure hygiène, de maisons mieux chauffées et de vêtements plus confortables. Ils devinrent de plus en plus nombreux à avoir le temps de participer à la vie associative et politique. Grâce aux chorales et aux sociétés musicales, la grande culture européenne pénétra dans les campagnes.

La rationalisation est en marche : planification et comptabilité à la ferme. Registre de 1906 tenu par E. Gustafsson, un paysan de Vaddö (Suède).

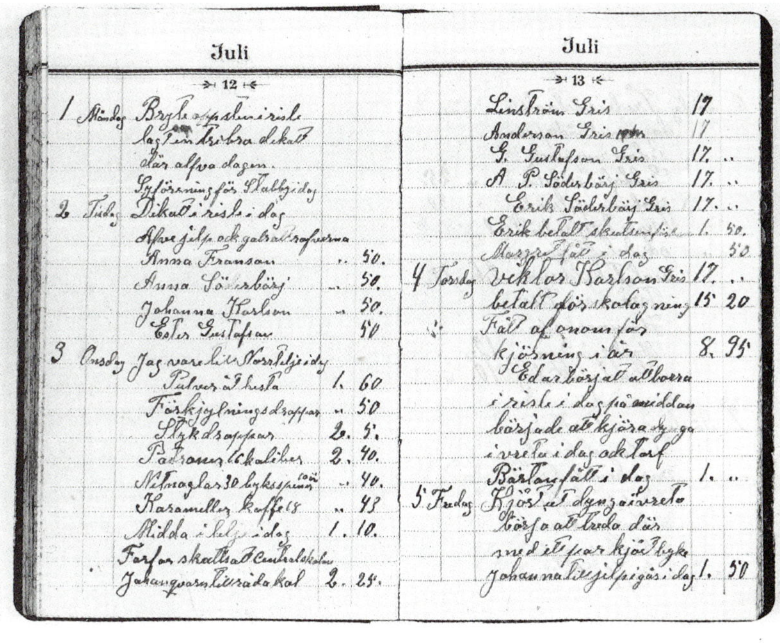

Eveil culturel à la campagne : une haute école populaire suédoise en 1909. On se rassemble ici en vue d'une excursion. L'initiateur de ce type d'établissement fut le Danois Grundtvig, et ces hautes écoles populaires se répandirent dans tous les pays nordiques après 1860.

« Mobiliser » les paysans

En Scandinavie, la jeunesse rurale s'ouvrit dans la deuxième moitié du XIXe siècle à un courant national et culturel dont le Danois Nicolai Frederik Severin Grundtvig (1783-1872) avait été l'inspirateur hors pair. Pasteur, poète, historien et philosophe, il avait jeté les bases des hautes écoles populaires qui chaque année allaient transmettre leur message à des milliers de jeunes campagnards.

D'inspiration idéaliste, les mouvements de jeunesse avec leurs chorales et leurs groupes de danse folklorique inculquèrent l'amour de la patrie, la fierté du terroir, et ils exaltèrent le travail constructif.

Tout cela eut sans nul doute une grande importance pour le développement économique — n'oublions pas que de nos jours, une des questions essentielles qui se pose dans les pays du tiers monde est celle de la « mobilisation » des paysans.

Quant aux hautes écoles populaires d'inspiration grundtvigienne, elles ont puissamment contribué à promouvoir dans les pays nordiques cette « démocratie culturelle » qui, aux yeux de beaucoup d'observateurs, en constitue une des spécificités majeures. Aujourd'hui encore, ce type d'éducation populaire dûment modernisé continue à remplir une fonction importante, et pas seulement en milieu rural.

Vendange en Alsace. Ce type d'agriculture exigeait beaucoup de main-d'œuvre. Les antagonismes de classes entre propriétaires et ouvriers agricoles furent plus marqués au sud qu'au nord du continent européen.

En Scandinavie, les hautes écoles populaires et les mouvements de jeunesse contribuèrent à donner aux jeunes ruraux une confiance en soi toute nouvelle. Des rencontres à l'allure de fête populaire — avec marches, drapeaux, théâtre, musique, discours — créèrent un esprit de communauté qui s'étendit au-delà des provinces. Dans les villes s'éveilla un intérêt nouveau pour le folklore et les traditions populaires, notamment parmi les émigrés de l'intérieur qui cultivaient à distance l'amour du clocher pour marquer leurs racines et leur identité.

Plutôt que de dissolution, on peut parler d'une nouvelle *synthèse* culturelle. En attendant d'être rendue exsangue par l'hécatombe de la Première Guerre mondiale puis l'exode rural massif postérieur à 1945, la société paysanne apparaissait sous des dehors plus « épurés ». De riches traditions locales subsistaient, en proportion raisonnable avec le sentiment nouvellement éclos d'appartenance à une communauté nationale.

Rapports de classe et politique

De manière générale, les campagnes de l'Europe du Nord-Ouest ne connurent pas d'oppositions de classes telles qu'elles auraient pu menacer la paix sociale. Les paysans se montrèrent politiquement actifs après 1870, et, forts de leur nombre, ils exercèrent une grande influence. En 1870 apparut en Suède un parti paysan, le premier d'Europe. Dans les pays scandinaves, les ruraux se dotèrent aussi au XXe siècle d'associations particulièrement puissantes qui prirent progressivement en main l'essentiel de la transformation et de la vente des produits agricoles (laiteries, abattoirs, compagnies céréalières, coopératives commercialisant le lait, les œufs et la viande).

La période qui s'étend de la fin du XIXe siècle à la Deuxième Guerre mondiale apparaît dans la politique européenne comme l'âge des paysans en lutte contre les propriétaires terriens là où ils étaient puissants — et aussi contre le mouvement ouvrier. Le journalier, le métayer et le petit exploitant ne pouvant vivre exclusivement de la terre firent ultérieurement entendre leur voix dans le concert politique. A l'inverse des ouvriers d'usine, il leur était malaisé de s'organiser en syndicats et en partis. D'innombrables liens personnels les attachaient à la société rurale et à leurs employeurs. En 1912, à peine plus de 2 % des travailleurs agricoles français étaient organisés. Mais dès le milieu du XIXe siècle, leurs homologues de l'est de la Norvège s'étaient en partie mobilisés sous l'influence de Marcus Thrane, pionnier du socialisme. Au tournant du siècle, ils avaient partie liée avec les organisations ouvrières, et le parti travailliste norvégien allait devenir le principal représentant des petits cultivateurs. Dans toute l'Europe occidentale, la défense des exploitations modestes figurait au programme des partis ouvriers malgré l'intention exprimée par la doctrine communiste d'abolir le droit à la propriété privée.

S'il régna une relative harmonie dans les sociétés rurales de l'Europe du Nord-Ouest, encore faut-il ne pas en surestimer les effets. Dans les années 1870, les travailleurs agricoles britanniques débrayèrent dans de telles proportions que l'on parla de « révolte rurale ». En France, les

La haute société rurale en Europe méridionale. Ces dames sont servies dans la véranda. « Il pergolato » de Silvestro Lega.

campagnes furent le théâtre de grèves incessantes entre 1890 et 1914, notamment parmi des gens spécialisés — par exemple dans la sylviculture ou la viticulture — ou au sein de petites entreprises rurales. Et la soumission à l'égard des propriétaires terriens allait inconstablement de pair chez les ruraux avec une sourde agressivité.

Europe méridionale : domaines agricoles et antagonismes de classes

La partie méridionale de l'Europe agricole comprenait le Portugal, l'Espagne, le midi de la France, l'Italie, la Grèce et — si l'on veut — la Turquie. La terre y était généralement moins fertile, et la sécheresse plus prononcée. Les grandes propriétés dont l'existence remontait au temps des Romains (« latifundia ») jouaient un rôle beaucoup plus important qu'au nord des Alpes. Dans le sud de l'Espagne et de l'Italie, entre la moitié et les deux tiers des terres appartenaient à de grands propriétaires. La partie principale de l'exploitation — le domaine — était cultivée par une main-d'œuvre rurale dirigée par le régisseur du propriétaire terrien. La production, spécialisée, était destinée à la vente. Les autres terres étaient affermées, souvent avec une clause assurant au maître une part de la récolte.

Il y avait par ailleurs la cohorte nombreuse des petits paysans qui possédaient quelque parcelle sans que celle-ci pût toujours assurer leur subsistance. En Espagne du Sud par exemple, 97 % des ruraux étaient des paysans de ce type, mais ils ne disposaient que d'environ 25 % des terres. Ils s'efforçaient avant tout de pourvoir à leur propre nourriture à l'aide de cultures variées. Mais même en Europe du Sud, les variations étaient importantes, et certains petits paysans avaient créé des îlots d'agriculture commerciale moderne, par exemple dans la plaine du Pô.

Alors qu'en gros le calme régnait dans les campagnes du nord de l'Europe, celles du sud connurent une montée dramatique des tensions dans la deuxième moitié du XIXe siècle. Une des raisons en fut que les tentatives de modernisation des grandes exploitations dans l'esprit du capitalisme accrurent la pression sur les paysans. En Italie, la bourgeoisie et les banques avaient acheté des biens fonciers en quantité — jusqu'à 30-40 % dans certains districts — dans le but d'en tirer un maximum de profit. D'où des restrictions au libre accès à la nature et à la coupe à blanc, et des contrats de métayage plus durs. Simultanément, l'essor démographique provoqua une dramatique pénurie de terres dont souffrirent les petits paysans.

Les basses classes rurales en Europe méridionale. Nuit à l'étable. « Les deux mères » de Giovanni Segantini.

Fabrication de pâtes alimentaires en Italie. Les ouvriers mettent les spaghettis à sécher.

Pour apaiser ces tensions, une « réforme agraire » s'imposait. Le gouvernement espagnol décida en 1902 de diviser en parcelles les parties *non exploitées* des domaines au profit des paysans. A la même époque fut créé un Institut pour les réformes sociales destiné à aider les ruraux. Mais en 1911, une nouvelle proposition de loi visant à diviser également en parcelles une partie des *terres cultivées* des propriétés fut remisée lorsque la guerre mondiale éclata. En Italie, le gouvernement Crispi, bourgeois et libéral, envisagea en 1884 une législation de ce type mais se heurta à l'opposition des propriétaires terriens. Les dirigeants ne tenaient guère à se les aliéner, même s'ils étaient conscients que les tensions dans le monde rural risquaient de produire l'effet d'une bombe. En cas de crise, on pouvait faire appel aux militaires pour tenir les paysans en échec. En Italie du Sud, les propriétaires terriens eurent recours au besoin à la *maffia*, une organisation de gangsters, pour défendre leurs biens et écraser leurs adversaires. Dans ces conditions, travailleurs agricoles et petits paysans en furent réduits à des solutions désespérées — quitter le pays ou se soulever. La grande vague d'émigration postérieure à 1870 contribua à relâcher la pression. Quant aux protestations politiques, elles revêtirent pour une part des formes extrêmes. A l'inverse de ce qui s'observait en Europe du Nord, des mouvements socialistes radicaux s'implantèrent avec succès dans les campagnes, surtout parmi les nombreux ouvriers agricoles. Des syndicats à tendance anarchiste se constituèrent, qui préconisaient l'abolition aussi bien de l'Etat que de la propriété privée. L'Espagne du Sud connut deux vagues de terreur anarchiste dans les campagnes, l'une vers 1870 et l'autre après 1903. La seconde fut provoquée par la sécheresse et la famine. Les révoltés s'emparèrent du pouvoir dans les villages et ne furent délogés par la police et les milices bourgeoises qu'après des affrontements sanglants. En Sicile, des syndicats socialistes à tendance anarchiste poussèrent 50 000 travailleurs ruraux à la grève et à la révolte en 1893. Cette révolte fut écrasée par une campagne militaire en bonne et due forme à laquelle participèrent 40 000 soldats, et il en résulta des arrestations de masse et des déportations.

Il ne faut cependant pas s'imaginer que les masses populaires se dressèrent de manière constante contre les propriétaires terriens. La terre pour tous par morcellement des propriétés ne figurait pas non plus au programme des partis socialistes traditionnels. Une exigence aussi irréaliste aurait entraîné une atomisation des exploitations et donc une agriculture inefficace.

« Un ciel nouveau, une terre nouvelle »

On peut lire dans l'*Apocalypse* une description saisissante du règlement de comptes avec les forces du mal. A toutes les époques et en tous lieux, ce texte a exercé une fascination particulière sur les opprimés. Symboles du mal, la Bête de l'Apocalypse et le faux prophète qui l'accompagnait sont jetés dans l'étang de feu. Le Christ peut alors régner avec les justes pendant mille ans. Vient ensuite le jugement dernier et le royaume de Dieu sur terre décrit dans les versets suivants (21, 1-5) : *« Puis je vis un ciel nouveau, une terre nouvelle — le premier ciel, en effet, et la première terre ont disparu, et de mer, il n'y en a plus. Et je vis la cité sainte, Jérusalem nouvelle, qui descendait du ciel, de chez Dieu ; elle s'est faite belle, comme une jeune mariée parée pour son époux. J'entendis alors une voix clamer, du trône : "Voici la demeure de Dieu avec les hommes. Il aura sa demeure avec eux ; ils seront son peuple et lui, Dieu-avec-eux, sera leur Dieu. Il essuiera toute larme de leurs yeux ; de mort, il n'y en aura plus ; de pleur, de cri et de peine, il n'y en aura plus, car l'ancien monde s'en est allé". Alors, Celui qui siège sur le trône déclara : "Voici que je fais l'univers nouveau." »*

Les protestations populaires qui s'appuyèrent sur ce message sont désignées par le terme général de « millénarisme » (doctrine du « millenium » ou règne des mille ans).

« Emeutiers primitifs »

Les protestations populaires dans les campagnes présentent bien des traits communs dans toutes les parties du monde. Sous le titre d'« Emeutiers primitifs », Eric Hobsbawn en a donné une analyse classique en se basant sur l'Italie du Sud.

Le banditisme était très développé dans le sud de la péninsule. Les brigands se recrutaient parmi tous les groupes marginaux de la société rurale : bergers et ouvriers agricoles au chômage, paysans misérables ployant sous le poids des redevances et des dettes accumulées. Parmi les 328 brigands qui en l'année 1863 furent jugés en Calabre, 201 étaient des ouvriers agricoles, 51 des paysans, 4 des métayers et 24 des artisans. En Espagne et dans les Balkans également, le banditisme était très répandu au XIXe siècle, et il continua à sévir même après 1900.

Toute forme de banditisme ne saurait être interprétée comme une protestation sociale, mais les brigands d'Italie du Sud invoquèrent volontiers des arguments évoquant Robin des Bois : dans une société injuste, il était moralement légitime de dépouiller les riches. Le brigandage fit tache d'huile dans les périodes de crises, par exemple en cas de disette provoquée par des catastrophes naturelles.

Mais il pouvait aussi être le symptome d'une crise de société plus profonde, avec pour prolongements possibles des soulèvements paysans généralisés ou des guérillas. Ainsi dans l'Italie des années 1860 et 1870.

Les grandes révoltes paysannes en Europe méridionale comportaient elles aussi des aspects « primitifs ». Ceux qui y participaient étaient en général des analphabètes à l'horizon limité. Il leur était difficile d'entrevoir des améliorations possibles au sein du système existant. Lorsqu'ils abandonnaient leur terre et leur famille pour prendre les armes, il s'agissait d'un acte désespéré visant à une transformation totale de la société. Dans l'Europe méridionale du XIXe siècle comme dans l'Afrique du XXe, on vit surgir des paysans révoltés qui s'inspirèrent des prophéties bibliques sur le jugement dernier et le « règne millénaire » — triomphe sur terre de la fraternité, de l'égalité et de la justice faisant disparaître tous les soucis. Le socialisme anarchiste et même la doctrine de Marx sur la société communiste portaient des traces du même rêve millénariste. Retranchés dans les forêts et les montagnes, ces hors-la-loi unis par un même combat s'efforcèrent de pratiquer au sein de leur groupe leur idéal social.

Des paysans misérables prennent les armes pour s'opposer au recouvrement forcé de terres et de biens. Ces révoltes paysannes « primitives » eurent à leur tête des révolutionnaires d'un genre particulier (voir l'encadré de la page précédente).

A gauche : à la ferme Prozorov, dans le district de Moscou, lecture est faite des nouvelles lois concernant les paysans. Le servage fut aboli en 1861, mais la moitié des terres appartenait toujours à l'aristocratie rurale.

Le brigandage et les révoltes paysannes purent dégénérer en terreur systématique et en frénésie aveugle. Mais là encore, le contexte social global fournit sans doute une explication. En l'absence de dirigeants instruits, les pauvres et les opprimés n'avaient guère que leur propre violence pour s'exprimer. Des destructions apparemment insensées pouvaient avoir un lien avec cette représentation primitive qu'une société juste ne pourrait être construite que sur les ruines de l'ancienne. En version moderne, on retrouve sous une forme élaborée l'écho de cette violence purificatrice dans « Les damnés de la terre » (1961), ouvrage du psychanalyste martiniquais Franz Fanon.

Russie : commune rurale et propriétaires nobles

L'étude de la Russie dans ses rapports avec l'Occident moderne met en lumière une série de problèmes qui se retrouveront plus tard dans le tiers monde. C'est notamment vrai des conditions de vie en milieu rural après 1870 — période au cours de laquelle augmentèrent les antagonismes de classes qui furent en partie à l'origine de la révolution de 1917. L'évolution de l'agriculture russe, et spécialement peut-être au cours de la période 1870-1914, constitue pour l'historien un sujet particulièrement épineux. Le caractère lacunaire de nos connaissances et les innombrables variations régionales rendent hasardeuse toute présentation d'ensemble.

A la fin du XIXe siècle, environ 85 % des Russes vivaient dans les campagnes. Cette population était organisée en communautés villageoises qui peuvent faire songer en un sens aux communautés rurales autonomes dans le tiers monde. *Mir*, le mot russe qui désigne le village, signifie aussi « monde » et « paix ». La vie du paysan était tout entière réglée par le mir, institution collective dirigée par un « ancêtre » et pourvue d'un conseil composé de tous

Le village de Protasovo à la fin du XIXe siècle. La commune rurale ou « mir » — où l'exploitation était à la fois privée et collective — garda une position forte après 1861.

Marchandes russes à la fin du XIXe siècle. La population urbaine en augmentation avait besoin de produits agricoles, et une économie monétaire se répandit dans les campagnes.

les pères de famille. On disposait collectivement des terres. Celles-ci, exploitées par les différentes familles, étaient redistribuées à intervalles réguliers en fonction de l'évolution des besoins. L'imbrication des lopins faisait partie intégrante de ce système assez proche de celui des anciennes communes villageoises de l'Europe de l'Ouest.

Mais jusqu'aux années 1860, les villages russes furent soumis à une aristocratie féodale exigeant des redevances du mir et des journées de corvée des paysans, ce qui, joint au servage qui attachait le paysan à la glèbe et le soumettait à la juridiction du seigneur, provoqua des haines tenaces et entraîna d'incessantes révoltes locales.

Le servage fut aboli lors de la grande réforme de 1861. Sur le plan économique, il en résulta une exploitation plus efficace de type capitaliste — et c'était sans nul doute l'un des buts de cette réforme. Environ 50 % des terres du pays constituèrent alors des domaines privés aux mains de propriétaires terriens qui les exploitèrent à l'aide d'une main-d'œuvre salariée. Les paysans eurent le droit d'exploiter l'autre moitié moyennant le versement d'une somme de rachat aux propriétaires à titre de compensation pour les anciennes redevances féodales. Grâce à ces rachats puis à la vente de terres, les propriétaires terriens disposèrent de capitaux pour procéder à des améliorations techniques. La production de céréales destinées à la vente doubla entre 1870 et 1914 ; ainsi, dans les années 1890, la moitié des grains prit le chemin de l'exportation.

Mais simultanément, les réformes de 1861 furent délibérément conçues pour que soit préservée la vieille commune rurale. Le mir endossa la responsabilité collective des importantes sommes de rachat. Les terres paysannes continuèrent à être exploitées selon l'ancien système, avec imbrication des lopins et redistribution constante. Et les paysans demeurèrent liés aux villages du fait de leur part dans la dette collective. Pour s'en aller définitivement, il leur fallait racheter leur liberté. Ainsi, la solution apportée par la grande réforme se situait à mi-chemin entre collectivisme et capitalisme.

Sans nul doute, elle était aussi le fruit de calculs politiques. Une dissolution de communautés millénaires aurait risqué d'entraîner la ruine de la société. Le nationalisme culturel joua également son rôle. Après 1840, les slavophiles avaient affirmé que les valeurs du mir — religiosité, communauté étroite, sens de la terre — dressaient un rempart contre les périls de la civilisation occidentale.

Capitalisme, crises et tentatives de réformes

A terme, la commune rurale allait toutefois s'affaiblir. Des paysans entreprenants qui désiraient produire pour la vente affermèrent et achetèrent des terres supplémentaires, soit en commun avec le mir, soit par l'intermédiaire d'« associations paysannes », soit encore à titre privé. Une part notable des terres paysannes — de 5 à 20 % selon les districts — appartenait à des propriétaires privés au début du XXe siècle. Misant sur l'efficacité, les agriculteurs à leur compte firent usage d'engrais, de machines, de grains de semence sélectionnés, ce qui leur permit de s'élever au-

Religiosité russe. Une icône est présentée au peuple. Les villageois rassemblés se répandent en prières et espèrent que les saints intercéderont pour eux. Peinture à l'huile de Konstantine Savitski, 1878.

dessus de la condition paysanne ordinaire. Le père de Léon Trotski, compagnon de Lénine lors de la révolution de 1917, fut l'un de ces gros paysans ou *koulaks* : il disposait d'environ 250 hectares et avait à son service des douzaines d'ouvriers agricoles et de domestiques. Selon un observateur de 1885 (A. N. Enkelhardt), tout paysan voulait devenir koulak : « ... on est fier d'être un brochet qui peut dévorer les autres poissons ».

Mais pour la grande majorité des paysans, la situation ne cessa de se détériorer. L'essor démographique entraîna une pénurie de terres. On a calculé que dans la partie européenne de la Russie, chaque paysan disposait en 1900 de deux fois moins de terres qu'en 1800. Les prix des produits agricoles chutaient tandis que les impôts augmentaient. L'amertume et le désespoir entraînèrent d'incessantes révoltes paysannes selon un modèle récurrent dans l'histoire russe, avec attaques contre le château du propriétaire, activités incendiaires et pillages. Pour les pouvoirs publics, il était préoccupant que la commune rurale mît un frein à la rationalisation de l'agriculture. L'imbrication des lopins faisait obstacle à la mécanisation, la propriété collective et les répartitions incessantes rendaient risqués les prêts bancaires et la main-d'œuvre demeurait liée à la communauté.

Tout ceci explique le changement de cap politique amorcé par les réformes du Premier ministre Piotr A. Stolypine après la révolution de 1905. On abandonna alors la conception slavophile du mir comme fondement du mode de vie russe, et on tint quitte les villages de ce qui leur restait des dettes collectives contractées lors des rachats de 1861. Ainsi, les paysans furent libres de quitter la commune rurale pour chercher un travail salarié. On autorisa la vente et l'achat de terres au sein du mir et entre villages. Bref, les facteurs de production furent rendus mobiles selon les principes du capitalisme. La Russie entendait s'engager sur la voie du développement occidental, y compris dans les campagnes.

Derrière les réformes se profilait aussi le désir de créer une classe moyenne de paysans propriétaires favorable au régime. En 1917, le tiers des paysans s'était affranchi de la commune rurale. Comme le déclara Stolypine, « le gouvernement n'a pas misé sur les pauvres et les ivrognes mais sur les solides propriétaires qui sont à présent appelés à participer au renouvellement du royaume du tsar ».

Cependant, le capitalisme n'était pas une solution pour la grande masse des paysans. La Russie ne connut pas non plus de « réforme agraire » impliquant l'attribution de terres aux ruraux par morcellement de propriétés. En 1917, environ les deux tiers d'entre eux vivaient toujours au sein des communautés villageoises traditionnelles qui manquaient de plus en plus de terres. Près de 50 % étaient analphabètes. Entre autres choses, la révolution de 1917 fut une gigantesque révolte paysanne contre le régime tsariste vacillant.

Le populisme : socialisme paysan en version romantique ?

Au cours de cette période de bouleversements sociaux, la fraction de l'élite cultivée non récupérée par le régime — l'*intelligentsia* — s'efforça de déterminer quelle était la bonne direction pour le développement de la Russie. Le « populisme » (*narodnitsjestvo* en russe) représenta le courant majoritaire. Alexander Herzen (1812-70) en avait été le principal précurseur, N. K. Mikhailovski et V. Vorontsov en furent les leaders les plus en vue lorsqu'il perça après 1870. Les populistes étaient des modernistes, mais ils refusaient la modernisation de type *capitaliste* qui avait engendré en Europe de l'Ouest un individualisme extrême et une lutte des classes. A l'instar des slavophiles, les populistes voyaient dans la commune rurale russe un modèle de société à préserver, et ils prêtaient au paysan autochtone tout d'une pièce des qualités humaines bien supérieures à celles de l'Occidental moderne. Sur ce point, ils pouvaient se référer au jeune Marx qui avait

La commune rurale russe : le *mir*

L'idéalisation de la commune rurale par les slavophiles a revêtu sous la plume de Konstantin Aksakov la formulation poétique que voici :

« Le mir est une communauté de personnes qui ont renoncé à leur égoïsme, à leur individualité, et il exprime leur solidarité sans faille. C'est un acte d'amour, un acte noblement chrétien... Le mir est comme un chœur moral, et, de même que la voix de chaque exécutant ne disparaît pas mais suit la partition d'ensemble et s'entend en harmonie avec les autres voix, ainsi l'individu ne se perd pas dans la communauté mais renonce à ses propres exigences au profit du bien commun... il en résulte une fraternité, une concorde, un triomphe pour l'esprit humain. »

A l'inverse, les adversaires de la commune rurale pouvaient y voir un exemple consternant d'uniformisation, une « société totalitaire en miniature ».

(Source : *The Peasant in Nineteenth Century Russia*, sous la direction de Wayne S. Vucinich, Stanford 1968.)

Le ministre de l'Intérieur Piotr A. Stolypine (1862-1911) fut l'homme fort du gouvernement de 1906 à 1911, date à laquelle il fut victime d'un attentat à l'opéra de Kiev. Il supprima la commune rurale pour susciter l'émergence d'une classe de paysans propriétaires modérés.

Une usine russe en 1900. L'industrie de la Russie prit son essor au cours de cette période grâce à l'aide de capitaux étrangers — notamment français.

A l'origine officier noble, Mikhaïl Bakounine (1814-76) fut un révolutionnaire et anarchiste russe. En tant qu'exilé, il œuvra dans toute l'Europe à la révolution.

Le tsar Alexandre II est assassiné à Saint-Pétersbourg en 1881. La première bombe tua deux soldats, la seconde le souverain et un des terroristes.

soutenu que la division du travail dans le système capitaliste aliénait l'individu. C'est ce tragique dilemme occidental entre développement économique et épanouissement humain que l'on voulait éviter. De nombreux populistes de la première vague s'intéressèrent particulièrement aux socialistes « utopiques » français du début du XIXe siècle et retinrent leur idée d'une économie moderne fondée sur de petites entreprises coopératives.

Ultérieurement, le grand problème des populistes fut d'adapter le marxisme au contexte russe. Ils réfutèrent les thèses de Marx selon lesquelles toutes les sociétés devaient passer par une phase capitaliste. A leurs yeux, le chemin vers le socialisme pouvait se trouver raccourci dans un pays comme la Russie, à la fois peu développée et riche de traditions rurales collectives. « Les avantages de l'arriération » et « le raccourci vers le socialisme » devinrent les thèmes dominants des populistes. Mais leur programme économique était vague et en partie contradictoire. Ainsi, comment développer une grande industrie tout en préservant l'artisanat et les fabriques rurales, et comment mécaniser l'agriculture dans le cadre du mir ?

En matière d'action politique aussi, les populistes adoptèrent des attitudes variées. Dans les années 1870, ce mouvement suscita des groupes révolutionnaires, les premiers terroristes organisés de l'époque moderne (« La volonté du peuple »). Ils fomentèrent une série d'attentats contre le tsar Alexandre II et réussirent à le tuer en 1881. Mais à la fin du XIXe siècle, les populistes se montrèrent réformistes et libéraux. Le « parti social-révolutionnaire », fondé en 1901, assura la propagation des idées populistes et s'imposa comme la plus grande formation politique russe jusqu'à sa dissolution après la révolution de 1917. Il exerça une domination sans partage dans les campagnes.

En 1883, les marxistes russes « orthodoxes » s'organisèrent à l'étranger au sein du « parti social-démocrate », avec Gueorgui V. Plekhanov en première ligne. Ils estimaient qu'ils fallaient laisser se développer le capitalisme jusqu'à ce que le prolétariat industriel soit en mesure d'accomplir la révolution. Les populistes n'étaient à leurs yeux que des rêveurs petits-bourgeois, et eux-mêmes étaient fort peu intéressés par les problèmes ruraux. Lénine reconnut n'avoir guère eu de contact avec la campagne. En 1917, on ne savait toujours pas au juste si les marxistes entendaient miser sur la propriété privée ou sur le collectivisme.

On retrouve dans le monde entier beaucoup des idées du populisme russe là où les sociétés paysannes sont soumises à la pression du capitalisme et d'un Etat centralisé : idéalisation de la vie saine du paysan, scepticisme à l'égard

des villes corrompues par l'argent, désir de préserver une agriculture indépendante et localement autogérée, mise en avant de la *coopération* comme alternative aussi bien au capitalisme qu'au communisme. De telles idées se répandirent également dans les pays nordiques, avant tout peut-être en Norvège, même si le terme de « populisme » ne fut pas employé. En Europe de l'Est, exceptions faites de la Hongrie et de Prusse orientale, les partis populistes paysans conquirent une position forte dans l'entre-deux-guerres. Mais les idées véhiculées purent aussi se combiner avec le nationalisme le plus extrême, le racisme et l'antisémitisme. Le fascisme n'était pas loin. Au sein du tiers monde, on retrouve des éléments clairement populistes dans les déclarations d'indépendance et les courants socialistes — depuis le parti nationaliste chinois dirigé par Sun Yat-sen avant la Première Guerre mondiale jusqu'au « socialisme africain » qui se développa sous la houlette de Kwame Nkrumah après 1950. Et aux Etats-Unis, le terme de « populisme » allait surgir à la fin du XIXe siècle.

Les Noirs opprimés

En 1866, les changements constitutionnels consécutifs à la guerre civile accordèrent aux Noirs des droits civiques complets, y compris celui de voter (14e amendement). Mais les efforts pour concrétiser ces droits au moyen de réformes radicales (« Reconstruction ») furent abandonnés au profit du « compromis » de 1877. L'armée fédérale se retira alors, et les Etats du Sud recouvrèrent leur autonomie. Les dispositions constitutionnelles furent dès lors minées par la politique locale de ségrégation et par des lois électorales rendant particulièrent difficile aux Noirs d'exercer leur droit de vote (conditions de propriété, tests de connaissances).

La plupart des Noirs se rendirent compte que l'égalité demeurait jusqu'à nouvel ordre un objectif irréaliste. Le plus célèbre de leurs dirigeants, Booker T. Washington, déclara en 1895 : *« Dans le bond considérable que nous avons fait de l'esclavage à la liberté, le plus dangereux serait d'oublier que la plupart d'entre nous doivent travailler de leurs mains. Nous devons être conscients que nous ne pourrons progresser que par le respect et l'enthousiasme à l'égard de notre travail ordinaire... Il nous faut commencer par le bas, non par le haut, et nos revendications ne doivent pas excéder nos possibilités. »*

Mais au tournant du siècle, d'autres dirigeants, comme William E. Du Bois, auteur d'un livre sur *L'âme des Noirs* (1903), mirent en garde contre les révoltes qui éclateraient inéluctablement si des améliorations radicales ne se produisaient pas.

(Source : R. N. Current o.a. : *American History ; A Survey,* volume 2, New York 1959.)

Les Etats-Unis — pays de cocagne de l'agriculture

A propos des Etats-Unis, on peut parler de miracle agricole. Certes, sur la côte Atlantique, dans les vieux Etats de la Nouvelle-Angleterre, c'étaient toujours les petits paysans qui dominaient, sur le modèle de l'Europe du

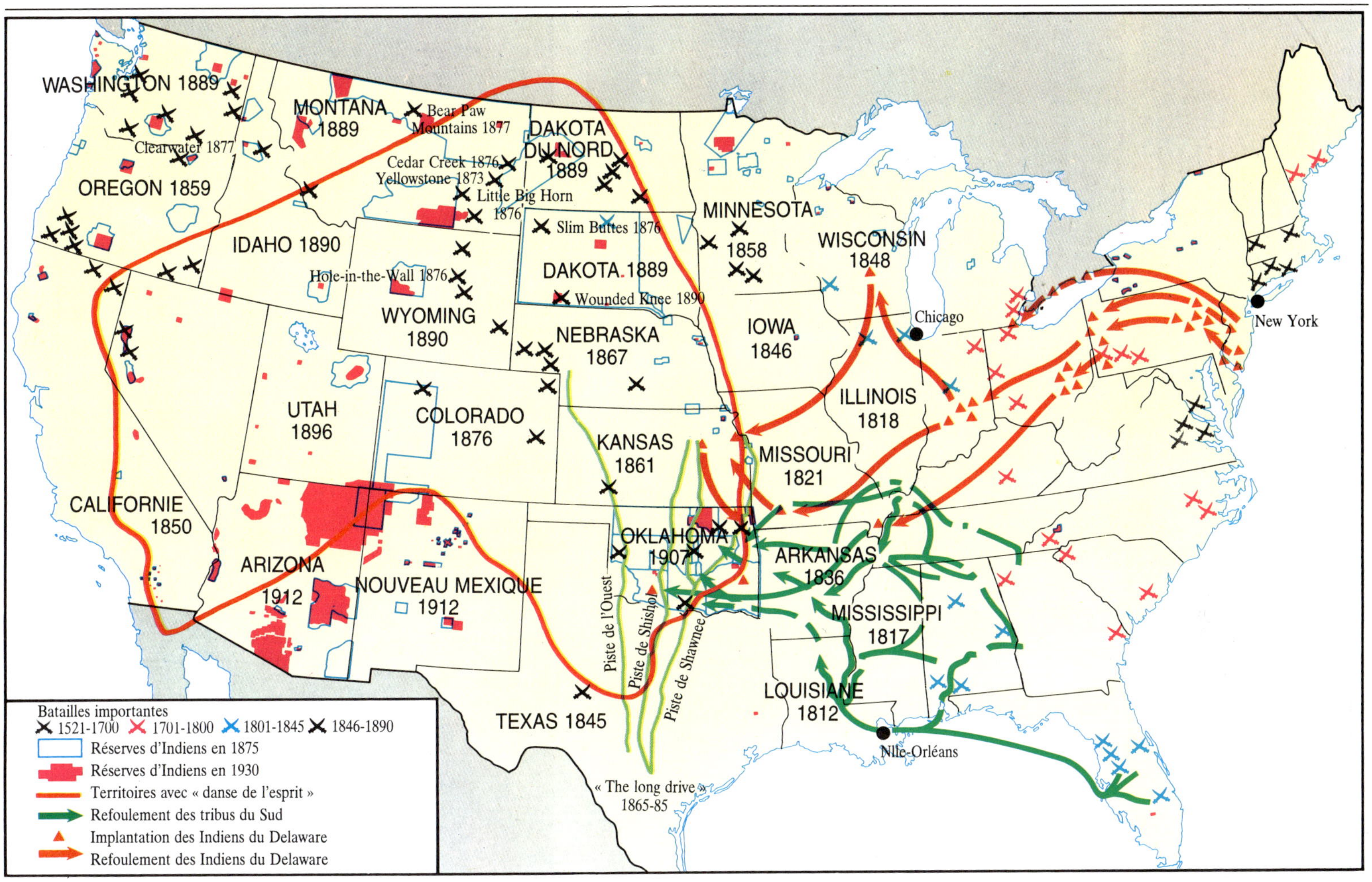

L'« impérialisme intérieur » américain : nouveaux Etats à l'ouest entre 1860 et 1900. Les derniers combats des Indiens sont marqués d'une croix.

Nord. Dans les Etats du sud, après l'abolition de l'esclavage en 1865, les plantations furent exploitées par des fermiers, des métayers et des « share-croppers » aussi bien noirs que blancs. La condition des Noirs empira probablement. Ils constituaient un prolétariat rural misérable de même type que celui de l'Europe du Sud et de l'Est.

Mais dans l'Ouest américain apparut dans la seconde moitié du XIXe siècle une agriculture typiquement capitaliste dont on n'avait encore jamais vu l'équivalent. Les routes furent tracées par les militaires, les « tuniques bleues », qui avaient éliminé la plupart des Indiens et concentré ceux qui restaient dans diverses réserves. Ensuite, les arpenteurs géomètres de l'Etat dressèrent les plans des nouveaux domaines exploitables, et la législation de 1862 (« Homestead Act ») accorda gratuitement aux nouveaux colons jusqu'à 65 hectares de terre. Plus à l'ouest, dans les régions sèches proches des Montagnes Rocheuses, des exploitations dix fois plus grandes furent concédées. Les terres devinrent d'emblée objet de transactions commerciales, si bien que des individus ou des sociétés purent en acquérir pour les revendre avec un fort bénéfice.

Dans le « Middle West » à l'est du Missouri se développa une agriculture diversifiée où le maïs se tailla la plus belle part (« the corn belt »). Pour la première fois dans l'histoire universelle, des céréales furent cultivées à grande échelle pour nourrir des animaux de boucherie, ceci grâce à la fertilité de la « prairie ».

Dans les immenses plaines du nouvel Ouest entre le Missouri et les Rocheuses, la production agricole fut exclusivement consacrée aux céréales, et surtout au blé. Cela mit à rude épreuve les sols vulnérables, et les années de sécheresse marquées par la désagrégation des terres et les tempêtes de sable risquaient d'entraîner la désertification de certaines régions (« the dust bowl »). On y remédia progressivement grâce au « dry farming », un triomphe scientifico-technique — on laissa reposer les terres tous les deux ans et on les exploita de manière à ce qu'elles gardent leur humidité et retrouvent leur vigueur.

La « danse de l'esprit », religion du désespoir chez les Indiens dans les années 1890. Ils prient pour que le buffle revienne, que les Blancs périssent et que les morts de la tribu ressuscitent.

Le chef indien Geronimo en 1905, à l'âge de 76 ans. Coiffé d'un haut-de-forme, il est au volant d'une Locomobil — triste caricature de ce guerrier qui s'était illustré en Arizona 25 ans plus tôt.

L'agriculture américaine, fortement mécanisée, était la plus productive du monde. Les cultivateurs avaient besoin de capitaux, ce qui les rendit tributaires des banquiers et des fournisseurs de machines. Ces « entrepreneurs » très au fait des lois du marché agissaient comme des hommes d'affaires prêts à prendre des risques et à mettre en œuvre les dernières nouveautés scientifiques et techniques pour augmenter leur profit. Cette agriculture constituait la colonne vertébrale de l'économie américaine, elle était nécessaire pour nourrir des populations en accroissement considérable et rendre l'industrialisation possible, et c'est elle qui plus tard allait être le fondement même de la grande puissance du pays.

Le « Far West » — les territoires compris entre le Texas et le Nouveau-Mexique au sud ainsi que les zones de hauts plateaux jouxtant les Montagnes Rocheuses au nord-ouest — constitue un cas à part. L'élevage extentif y connut une courte période de floraison entre 1865 environ et 1885, lorsque des troupeaux du Texas furent acheminés sur 1 500 kilomètres en direction du nord pour être abattus à proximité des nouvelles lignes de chemin de fer transcontinentales. C'était le « long drive » — thème qui allait inspirer d'innombrables films et romans. L'élevage d'animaux originaires du Texas se répandit dans tous les territoires proches des Montagnes Rocheuses. Des particuliers, des compagnies et même des capitalistes étrangers y investirent exactement comme ils l'auraient fait dans une industrie nouvelle. Mais cet élevage incontrôlé conduisit à l'épuisement des pâturages et fit planer la menace d'une catastrophe écologique. Vers 1885, la plupart des terres de pâture avaient été découpées en « ranches » munis de clôtures. Comme en Europe, ce fut le fil barbelé qui permit d'enclore des surfaces aussi gigantesques

Protestations paysannes : les populistes

Entre 1865 et 1895 se développa un mouvement de protestation unique dans l'histoire américaine. Il reçut dans les années 1890 l'appellation de « populisme », sans toutefois entretenir de liens directs avec la variante russe. Le contexte social était totalement différent.

Dans sa phase initiale, le mouvement paysan américain reposa sur des associations évoquant celles qui s'étaient constituées dans les campagnes européennes. Les immenses plaines de l'Ouest étaient faiblement peuplées, d'où probablement un besoin pressant de structures favorisant le rapprochement. Les premiers colons connurent une pesante solitude. Aussi la première association paysanne fondée dans les années 1860 (« National Grange of the Patrons of Husbandry ») visa-t-elle directement à intensifier les contacts sociaux et à vulgariser les connaissances, notamment de type pratique. Mais lors de la crise agricole de 1873, elle prit aussi une coloration politique. Elle se fit l'écho des vieilles récriminations des paysans contre les spéculateurs fonciers, les compagnies de commerce et les sociétés de chemin de fer. Dans certains Etats du « Middle West » (par exemple le Wisconsin) furent introduites des lois qui réglementèrent les tarifs des chemins de fer et les profits des acheteurs privés de céréales. Quelque 400 sociétés coopératives virent également le jour, mais la plupart finirent par faire faillite.

« Originaire de l'Iowa et fier de l'être. » Le conquérant de la prairie, le roi des paysans.

L'activisme paysan fluctua au gré de la conjoncture. Au cours des années 1880 apparut dans les Etats du Sud une série de nouvelles alliances paysannes (« Farmer's Alliances ») qui entretinrent des liens distants avec les associa-

La déesse du progrès est en marche vers l'ouest. C'est à partir des villes situées à l'arrière-plan que se développent les chemins de fer, le télégraphe, les postes. Indiens et buffles fuient à l'approche des pionniers.

tions des Noirs. Ces alliances, actives lors des élections, contribuèrent à augmenter la représentation paysanne aussi bien dans les différents Etats qu'au Congrès à Washington. L'apogée se situa en 1892 lorsque « The People's Party », connu sous le nom de « parti populiste », présenta son propre candidat à la présidence, James Beaver, et obtint quelque 10 % des voix, ce qui lui assura une bonne douzaine de sénateurs et de membres du Congrès. Mais lors de l'élection présidentielle de 1896, les démocrates désignèrent un candidat présentant des traits populistes, William J. Bryan. Les populistes soutinrent alors les démocrates. Mais Bryan, avec ses 6,5 millions de voix, perdit contre le candidat républicain qui en obtint 7,1 millions. Cela marqua la fin du parti populiste.

Batteuse à vapeur en pleine action dans la prairie. Gravure sur bois de 1890. Pendant l'automne, des batteurs spécialisés se déplaçaient vers le nord à mesure que les récoltes mûrissaient.

Lorsqu'il avait été fondé en 1892, ce parti s'était livré à une critique générale du grand capitalisme, mais sans s'appuyer sur la théorie marxiste. De manière générale, les populistes défendaient l'idée, traditionnelle chez les petites gens d'Amérique, que l'exploitation découlait du fait que les capitalistes contrôlaient politiquement le *système monétaire*. Pour un paysan lourdement endetté, rien n'était pire qu'une monnaie forte et des taux d'intérêts élevés. D'où cette revendication que l'or, peu abondant, soit abandonné comme étalon monétaire au profit de l'argent, plus répandu. C'était une manière déguisée de souhaiter une inflation qui aurait adouci le fardeau des dettes.

A gauche : meeting paysan organisé par l'association « Farmer's grange » à Winchester, Illinois. Le mouvement paysan se radicalisera dans la dernière décennie du XIXe siècle.

« Le peuple contre le capital »

Ce qu'il y eut de plus révolutionnaire chez les populistes, c'est la manière dont ils concevaient le pouvoir de l'Etat : « Nous pensons que l'Etat — autrement dit le peuple — doit être renforcé (...) aussi rapidement et autant que la raison et l'expérience le permettent pour mettre fin à l'oppression, aux injustices et à la pauvreté. » En pratique, ils préconisaient que l'Etat prît à son compte les infrastructures et surtout instaurât un système progressif d'imposition. De grandes propriétés foncières aux mains de compagnies privées et de sociétés de chemin de fer seraient partagées entre les paysans. Pour gagner des appuis dans les villes, les populistes exigèrent aussi une réduction du temps de travail en usine et une reconnaissance accrue des syndicats.

Enfin, ils revendiquèrent un pouvoir démocratique accru face aux autorités de Washington : élection directe des sénateurs, droit du peuple à proposer des lois et adoption de la procédure du référendum.

Les slogans populistes — « lutte entre voleurs et volés », « ... entre le capital et le travail » — faisaient clairement appel à la conscience de classe. Et les agitateurs populistes injectaient une bonne dose de moralisme dans leurs campagnes. C'étaient les valeurs et le style de vie du paysan indépendant qu'il fallait défendre contre les forces immorales et menaçantes qui se déchaînaient dans les villes. Les traditions de la prédication religieuse se greffèrent sur la lutte politique. Le nationalisme fut aussi au rendez-vous. On le voit aux attaques dirigées contre les villes de la côte Atlantique, notamment New York, qui abritaient une population hétérogène où dominaient les financiers, dont beaucoup d'origine juive.

Si les populistes échouèrent, ce fut avant tout parce que le système américain fonctionnait bien. Le désir de réformes s'exacerbait en temps de crise mais retombait lorsque la croissance reprenait son cours. Si l'on considère l'ensemble de cette période, les paysans américains tirèrent un profit croissant de leurs produits, à l'inverse de leurs homologues européens. Même dans les années marquées par la chute des prix, les populistes ne s'implantèrent solidement que dans trois zones : les Etats du Sud, les grandes régions céréalières à l'ouest du Missouri et les districts proches des Montagnes Rocheuses où l'on exploitait des mines d'argent. Ils ne s'imposèrent jamais dans le « Middle West » dont l'agriculture diversifiée était moins dépendante des aléas de la conjoncture, ni parmi les ouvriers des villes qu'ils tentèrent vainement de séduire. Ce mouvement souffrit aussi de l'absence d'une organisation ferme.

Les populistes se servaient de la grande ville comme de repoussoir. C'est elle qui abritait les banques, les avocats, les spéculateurs — tous ceux qui saignaient à blanc le « peuple ». Le Woolworth Building à New York.

Il lança cependant des idées et des propositions concrètes — contrôle du grand capital, intervention de l'Etat pour protéger les faibles — qui furent reprises au début du siècle par le « mouvement progressiste » (Robert M. La Follette, Theodore Roosevelt), plus étroitement lié aux classes moyennes. Toutefois, beaucoup de ces idées ne percèrent vraiment que dans les années 1930 avec le programme des démocrates, le New Deal.

Une société en mouvement

Paris en flammes. La garde nationale et des intellectuels radicaux formèrent un contre-gouvernement révolutionnaire après la défaite de 1871 contre l'Allemagne. Celui-ci fut écrasé après de violents combats au cours de la « semaine sanglante » — 21-28 mai. La « Commune de Paris » raviva la peur de la révolution dans toute l'Europe.

La croissance économique postérieure à 1870 ne réduisit manifestement pas les inégalités sociales. L'augmentation du produit national fut avant tout profitable aux classes possédantes, l'aristocratie et la haute bourgeoisie. Aux Etats-Unis et en Angleterre, environ la moitié des biens immobiliers appartenait en 1914 à 1 % seulement de la population. Simultanément, de nouvelles classes moyennes se développèrent. La condition des travailleurs s'améliora, mais la pauvreté demeura étendue. Le mouvement ouvrier prit forme et s'organisa. Pour les observateurs de l'époque, le « problème social » constitua la préoccupation majeure. Comment réduire les antagonismes de classes et mieux intégrer les ouvriers à l'ordre social existant, telle était la grande question.

La détermination des classes sociales n'a cessé de faire l'objet de discussions. Selon Marx, il existait une ligne de partage essentielle entre ceux qui possédaient les moyens de production (les « capitalistes ») et les non-possédants (les « prolétaires »). Mais la profession, le degré d'instruction, les revenus et le prestige tracent également des frontières qui ne recoupent pas exactement celles de la propriété. Dans le cours de cet exposé, nous nous servirons de quatre catégories : aristocratie, haute bourgeoisie, classes moyennes et classe ouvrière. Les problèmes et les nuances seront évoqués au fil des pages.

Par aristocratie, nous désignons schématiquement une catégorie sociale pourvue de titres nobiliaires et de privilèges, et politiquement très influente. Nous songeons en premier lieu aux propriétaires terriens nobles, mais l'armée et l'administration comptaient aussi des aristocrates. Les propriétaires terriens roturiers pouvaient partager les intérêts économiques de l'aristocratie, et dans certains cas, nous serons amenés à parler d'*une* classe de propriétaires terriens.

Il est difficile de se représenter aujourd'hui à quel point l'aristocratie gardait une position forte dans l'Europe d'avant 1914. Dans des pays comme la Grande-Bretagne, la Russie, les territoires allemands à l'est de l'Elbe, la Hongrie et l'Espagne, les nobles possédaient jusqu'à la moitié de toutes les terres. Même en France, 50 000 grands propriétaires représentant 0,5 % de la population rurale disposaient dans les années 1880 d'environ 25 % des terres. Ce n'est donc pas sur les ruines de l'aristocratie que la bourgeoisie construisit sa puissance, mais en parallèle ou en symbiose avec la classe des propriétaires terriens.

La position de ceux-ci se trouva menacée par la chute des prix agricoles après 1870. La baisse des revenus du fermage et un endettement croissant entraînèrent la vente de nombreuses propriétés, notamment en Europe orientale. Ainsi, la noblesse russe vendit presque la moitié de ses terres entre 1860 et 1914. Par ailleurs, dans toute l'Europe, des propriétaires dynamiques avaient su reconvertir leur domaine dans une production spécialisée destinée à la vente. En outre, au gré de l'évolution, certains terrains pouvaient acquérir une énorme plus-value en liaison avec l'extension urbaine ou l'essor industriel. Les propriétaires terriens avaient également la possibilité de tirer parti de la nouvelle croissance économique en investissant des capitaux dans des activités bancaires et industrielles. Des statistiques de 1911 concernant Paris montrent que 60 % des fortunes aristocratiques étaient placées dans des biens meubles — dont quelque 48 % de valeurs boursières. Même si l'aristocratie perdait du terrain par rapport à la bourgeoisie, elle disposait toujours de grandes ressources.

« Réaction nobiliaire » en Europe orientale et centrale

En Prusse, Autriche-Hongrie et Russie, on peut observer au cours de la période 1870-1914 une certaine « réaction nobiliaire » qui constitua une réponse au défi lancé par la société industrielle et la bourgeoisie. Quand les revenus du fermage diminuèrent, il devint d'autant plus nécessaire de défendre les anciens privilèges et de se procurer de nouveaux avantages au sein d'un appareil d'Etat en expansion. En Autriche régnait au sein de la noblesse un mépris généralisé pour l'esprit mercantile et l'influence juive dans le monde des affaires. En revanche, servir l'empereur apparaissait comme une noble vocation. L'aristocratie russe gagna les bonnes grâces du tsar, ce qui se traduisit entre autres par la création d'une banque hypothécaire spécialement destinée aux propriétaires terriens.

Mode de vie aristocratique. Partie de chasse en Pologne, peinte en 1909 par J.-P. Antoninach. Jusqu'à la Première Guerre mondiale, la noblesse garda énormément de prestige et de pouvoir.

Dans la Prusse de Bismarck, les junkers s'imposèrent dans la fonction publique au détriment de la bourgeoisie. Dans les années 1890-1914, ils étaient titulaires de 60 à 70 % des grands emplois au sein des ministères, de la diplomatie et de la défense. Ils dominèrent aussi l'Alliance agricole allemande qui visait à instaurer un Etat agraire où régnerait l'harmonie sociale — à l'opposé de la société industrielle marquée par la lutte des classes — et gagna des partisans dans toute la classe paysanne allemande. Soutenue par l'Etat, l'Alliance agricole se livra à une propagande efficace et recruta même des membres parmi les ouvriers agricoles. Des alliances du même type se remarquèrent aussi en Italie et en Hongrie. Il y avait là les germes d'un ralliement des ruraux au fascisme et au nazisme dans l'entre-deux-guerres.

Le chancelier allemand Otto von Bismarck (1815-98), principal représentant des nobles prussiens, les « junkers ». Avant 1914, ceux-ci disposaient de la plupart des grands emplois de l'Etat.

On a soutenu que le climat de dissolution qui régnait en 1914 avait rendu l'aristocratie plus encline que toute autre classe sociale à miser sur la guerre dans l'espoir qu'un combat national renforcerait et sauverait l'ordre ancien. Si ce jugement a quelque pertinence, il s'est avant tout appliqué à l'Europe centrale et orientale. J. Schumpeter a même pu affirmer que l'instinct guerrier, traditionnel au sein de la noblesse, avait été l'un des moteurs de l'impérialisme occidental à l'égard des autres continents.

L'influence de l'aristocratie ne reposait pas que sur la propriété et les hautes charges, elle était aussi fonction d'un *prestige* séculaire. Cette classe était proche du roi, et une part de l'aura de la monarchie rejaillissait sur elle. Les cérémonies, les uniformes et le style de vie élevaient les aristocrates au-dessus du reste de la population, leurs châteaux dominaient le paysage, ils se déplacaient à cheval

Le Suédois Alfred Nobel (1833-96), représentant de la grande bourgeoisie nordique, inventa la dynamite — utilisée à partir de 1867 — et mit au point en 1888 la « poudre Nobel » qui dégageait peu de fumée. Il possédait des usines dans l'ensemble du monde occidental. Nobel se servit de sa fortune pour fonder les prix qui portent son nom. Introverti de nature, il se laissa rarement photographier.

et — littéralement parlant — regardaient de haut le commun des mortels. La morgue nobiliaire, pour une part attendue et respectée, existait bel et bien.

La haute bourgeoisie — une classe fermée ?

Par « haute bourgeoisie », nous entendons le gratin de la finance, de la banque, du commerce et de l'industrie. En Grande-Bretagne, on parlait de « upper middle class ». En 1914, elle aurait représenté avec l'aristocratie environ 5 % de la population contre 20-25 % pour les classes moyennes, le reste constituant la classe ouvrière. Pour problématique que soit une telle division en catégories, elle ne donne pas moins un ordre de grandeur.

Au XIXe siècle, la haute bourgeoisie fut la classe montante par excellence. Du fait qu'elle contrôlait les moyens modernes de production, elle put diriger l'évolution de manière à en tirer le maximum de profit. Elle était également fondée à affirmer que le système capitaliste offrait une chance à tous les talents : grâce à la libre concurrence, les gens doués pouvaient tirer leur épingle du jeu. Toutefois, les choses changèrent après 1870.

Sans doute était-il toujours possible de réussir en partant de très bas et de s'intégrer à la haute bourgeoisie. Les Américains Carnegie et Ford, les Allemands Bosch, Daimler et Benz en portaient témoignage. Mais simultanément, les changements de structure — production à grande échelle, monopoles, techniques avancées — rendaient plus difficile ce type d'ascension. Les coûts initiaux étaient plus élevés que lors de la première phase de l'industrialisation. Aussi se produisit-il un certain replie-

Le pouvoir des rois de la finance

Les financiers constituaient un groupe très important au sein de la haute bourgeoisie. Comme le disait J. Hobson, la machine capitaliste possédait beaucoup de rouages, mais elle était dirigée par les financiers :

« ... les activités bancaires, les négociations financières, l'escompte des traites, le montage de crédits, la mise en route de nouvelles sociétés — tout cela constituait le centre nerveux du capitalisme. Les hommes de finance étaient très organisés, en liaisons étroites les uns avec les autres ; dans tous les Etats, ils résidaient au cœur des villes d'affaires ; en Europe s'exerçait la domination d'une race déterminée, les juifs, riches d'une expérience séculaire en matière financière — et donc parfaitement en mesure de contrôler la politique des nations. Aucun transfert important de capitaux ne pouvait s'effectuer rapidement sans leur accord et sans leur concours. Qui croirait sérieusement qu'une grande guerre pourrait être déclarée par un Etat européen ou un grand emprunt public lancé si la famille Rotschild s'y opposait ? »

(Source : *Imperialism. A Study*, Londres 1902. Cité dans *The New Imperialism* sous la dir. de H. M. Wright dans la série « Problems in European Civilization », Boston 1961.)

Réunion de la famille chez les Kulp, une dynastie juive bien connue dans les milieux d'affaires de Francfort. Les liens familiaux contribuaient à assurer la fortune et la position de la haute bourgeoisie.

ment de la haute bourgeoisie sur elle-même. Le « self-made man » devint un oiseau rare. Parmi les propriétaires d'usines métallurgiques au tournant du siècle, il n'y avait que 11 % de fils d'ouvriers aux Etats-Unis, 4 % en Angleterre et aucun en Allemagne. Les deux tiers des banquiers autrichiens étaient eux-mêmes issus de familles de banquiers ; 4 % seulement provenaient de la classe paysanne.

Dans les grandes compagnies s'ouvraient certes de nouvelles possibilités de carrière pour des cadres supérieurs — directeurs, juristes et ingénieurs — ayant pour bagage une formation acquise à l'université ou dans les nouvelles grandes écoles techniques. Mais là encore, la haute bourgeoisie avait tendance à occuper ce créneau en envoyant ses fils faire des études supérieures.

Au total, il régnait une stabilité manifeste au sein de la haute bourgeoisie, notamment au sommet. Une explication réside dans le rôle important que jouaient les relations familiales. Le foyer apportait l'éducation, la familiarité avec le monde des affaires, les possibilités de contacts et d'alliances qui constituaient les meilleurs gages de succès. Cet héritage était source de capital. Frères, enfants et parents proches pouvaient obtenir des postes de direction dans les divers services des entreprises. Contacts étroits, information instantanée, crédits et garanties mutuelles, tout cela permettait d'agir vigoureusement. Ainsi se constituèrent des dynasties bourgeoises possédant parfois des ramifications dans plusieurs pays. Les financiers juifs de la famille Rothschild en offrent un excellent exemple, mais aussi les Krupp en Allemagne (acier), les Wallenberg en Suède (activités bancaires). En Hongrie, quelque 50 familles étroitement apparentées par le jeu des mariages contrôlaient l'essentiel des activités industrielles.

La haute bourgeoisie se rapproche de l'aristocratie

La haute bourgeoisie accumula tant de richesses qu'à la fin du siècle, elle se rapprocha beaucoup de l'aristocratie. Cette tendance n'était pas nouvelle, mais elle se manifesta alors avec plus de vigueur que jamais. La bourgeoisie fit d'importants investissements dans la propriété foncière, construisit des châteaux à proximité des industries et, dans les villes, des palais agrémentés de tours, de balcons, de colonnades et de jardins. Les résidences nobles servirent de modèle, et l'on suivit aussi l'exemple de l'aristocratie en pratiquant le mécénat. Les châteaux des Rothschild constituaient de véritables musées. La célèbre galerie Tretiakov vit ainsi le jour à Moscou (1872). Wittgenstein, magnat viennois du fer, apporta son soutien à l'avant-garde picturale et musicale, et son fils Ludwig allait devenir l'un des plus célèbres philosophes du XXe siècle. Mais les plus grands de tous furent les Américains Rockefeller, Ford et Carnegie qui créèrent des fondations.

L'on observa au tournant du siècle une tendance accrue à décerner des titres nobiliaires à la haute bourgeoisie. Il s'agissait là encore d'un mécanisme ancien, mais qui prit une ampleur nouvelle. Parmi les 176 personnes anoblies en Grande-Bretagne entre 1832 et 1885, très peu étaient issues de la haute bourgeoisie (Baring, Guinness, Rothschild), mais au cours de la période 1885-1914, banquiers, gros négociants et propriétaires d'usine constituèrent le tiers des nouveaux aristocrates. En Allemagne, on parlait d'une pure « féodalisation » de la haute bourgeoisie, encouragée par Bismarck pour des raisons politiques. La présence de l'empereur à l'enterrement de Krupp marqua symboliquement l'alliance entre l'ancienne et la nouvelle noblesse. Les mariages entre classes se multiplièrent. On a calculé qu'un tiers des junkers prussiens contractèrent des alliances dans la haute bourgeoisie au cours des deux décennies précédant la Première Guerre mondiale. En Grande-Bretagne et en France également, de jeunes nobles prirent volontiers épouse au sein de la riche bourgeoisie. Il en alla de même de l'autre côté de l'Atlantique.

Cette tendance à la fusion entre la haute bourgeoisie et l'aristocratie était logique puisque pour ces deux catégories, il s'agissait d'assurer le fondement même du pouvoir et du prestige, à savoir la *propriété*. Mais avec le système capitaliste, la propriété allait être « mobilisée » par

L'empereur Guillaume II et Gustav Krupp von Bohlen und Halbach se rendent à la célébration du centenaire de la firme Krupp en 1912. Cette image témoigne du rapprochement entre l'aristocratie et la haute bourgeoisie.

Le salon du Savoy, l'hôtel le plus chic de Londres, vers 1890. Y prendre le thé l'après-midi était une manière de marquer son rang.

le jeu des investissements *productifs*. Il y avait là une différence fondamentale avec l'accumulation de richesses dans les autres civilisations. Les fortunes de plus d'un million de francs laissées en héritage à Paris en 1911 ne se composaient de biens *immeubles* qu'à hauteur de 27 %. Le reste, réparti en emprunts d'Etat, obligations et actions, pouvait être placé à l'étranger, y compris sur des continents lointains. Cela donne une image concrète des nombreux instruments de pouvoir dont disposait la haute bourgeoisie.

Attaché aux chemins de fer norvégiens, cet ingénieur en haut-de-forme est transporté en draisine. Après 1870, les professions intellectuelles jouirent d'un prestige accru.

Les classes moyennes : artisans et petits commerçants en péril

Entre la haute bourgeoisie et les ouvriers se situent les classes moyennes. Il faut employer ce terme au pluriel du fait des disparités qu'on observe et de l'absence d'un sentiment unitaire de classe. C'est parmi ces couches sociales qu'on peut voir le plus clairement comment l'évolution économique et administrative fut fatale à d'anciennes catégories tandis qu'elle en faisait surgir de nouvelles. Les « petits bourgeois » — artisans et commerçants à leur compte — furent menacés par l'industrie moderne. Jadis si considérés, les maîtres artisans entourés de nombreux compagnons et apprentis finirent par perdre pied. Ainsi disparaissait une fière tradition. Il était frustrant de constater que la production artisanale spécialisée et soigneusement façonnée ne pouvait plus résister à la concurrence des marchandises industrielles standardisées, et que le fils ne voulait pas reprendre le métier du père. Indice révélateur, les filles d'artisans eurent de plus en plus tendance à se marier hors de leur milieu. L'abandon de l'artisanat autonome au profit du travail salarié (« prolétarisation ») se généralisa. Cependant, d'autres possibilités s'ouvraient, par exemple pour des mécaniciens à leur compte et des sous-traitants de l'industrie.

La nouvelle classe moyenne. Employées dans un « bureau paysage » à Londres vers 1900. Les entreprises modernes et les administrations en expansion avaient besoin de quantité d'employés subalternes, ce qui ouvrait des possibilités aux femmes.

Un autre groupe menacé fut celui des petits commerçants. Lorsque la conjoncture fléchissait, les ventes baissaient rapidement, ce qui rendait difficile de se maintenir à flot. En outre, la concurrence des entreprises coopératives, des grands magasins et des chaînes de boutiques se fit sentir dès avant 1914 — le problème du petit commerce ne date pas d'aujourd'hui. C'est avec amertume et parfois désespoir que ces gens qui possédaient un bien et entendaient vivre bourgeoisement réagirent aux menaces de faillite. Politiquement, ils purent être attirés par le conservatisme, puis, dans l'entre-deux-guerres, par les formations d'extrême-droite.

Essor des professions libérales

Au sein des classes moyennes, ce sont les représentants des professions libérales — médecins, juristes, ingénieurs, etc. — qui connurent la plus grande prospérité. Ils se constituèrent alors en corps organisés, plus nettement profilés et jouissant d'un standing accru. Les médecins en offrent peut-être le meilleur exemple. Les progrès de la médecine exigeaient d'eux une formation plus poussée et leur donnaient une légitimité accrue. Les initiatives publiques en faveur de l'hygiène et l'augmentation du pouvoir d'achat rendaient leurs services plus recherchés. L'exercice de la profession était réglementé par des lois et les associations médicales en contrôlaient elles-mêmes la qualité. Dès 1858, la Grande-Bretagne était dotée d'un conseil médical qui dressait la liste des praticiens autorisés.

Les associations professionnelles créèrent un esprit de corps et purent donner du poids à des revendications portant sur les revenus et les conditions de travail. Un mouvement analogue s'opéra parmi les juristes qui auparavant avaient compté tant de dilettantes dans leurs rangs. L'évolution des méthodes de gestion et de la législation provoqua un besoin accru de spécialistes à la compétence garantie. Les études de droit furent refondues, et des organisations se développèrent après 1870, par exemple les associations d'avocats qui contrôlèrent la compétence et l'intégrité de leurs membres. Les brebis galeuses purent être radiées, ce qui les privait du droit d'exercer.

Les grandes écoles techniques contribuèrent de manière analogue à créer un statut de l'ingénieur moderne. L'on souligna l'importance des connaissances théoriques et de l'aptitude à la recherche, et le fossé se creusa entre les ingénieurs diplômés et les simples techniciens. Le recrutement social devint plus étroit du fait qu'on exigea le baccalauréat pour l'accès à ces grandes écoles. Tout cela renforça le prestige des ingénieurs.

Fonctionnaires et employés

Au sein des nouvelles classes moyennes, fonctionnaires et employés étaient les plus nombreux. Autrefois, l'administration publique ne comptait que relativement peu de membres, et les fonctionnaires appartenaient à l'élite — en Prusse et en Europe de l'Est, ils étaient très souvent d'extraction noble. Même en Europe de l'Ouest, les hauts fonctionnaires étaient considérés comme appartenant à la haute bourgeoisie plutôt qu'à la classe moyenne.

C'est surtout dans la fonction publique subalterne que de nouvelles possibilités s'ouvrirent. Aux Etats-Unis, le nombre des fonctionnaires de l'Etat quadrupla entre 1880 et 1914. Ils étaient quelque 400 000 en 1914, contre 4 000 en 1830. La Russie possédait des effectifs comparables. Un pays comme la France qui avait depuis longtemps une forte tradition bureaucratique comptait un million de fonctionnaires au tournant du siècle.

Le nombre de postes d'employés augmenta encore plus vite dans le secteur privé. Les banques, les industries et les maisons de commerce avaient besoin de milliers de comptables, de dactylos, de téléphonistes, etc. — indépendamment des cadres supérieurs et directeurs à haut niveau d'instruction. En Grande-Bretagne, le nombre des employés du privé doubla presque entre 1890 (un peu plus de 500 000) et 1914 (presque un million, soit près de 10 % de la population active).

« L'industrie de la sueur » : la production est assurée par une main-d'œuvre mal payée et ne disposant pas d'équipements techniques. Ici, cette ouvrière de Cradley (Angleterre) fabrique des chaînes.

Ces importants groupes allaient encore croître au cours du XXe siècle. Fonctionnaires et employés ne constituaient-ils qu'une nouvelle catégorie de salariés ressortissant elle aussi à la « prolétarisation » engendrée par le capitalisme ? Leurs possibilités de carrière étaient limitées par l'échelle des salaires de la fonction publique ou de l'entreprise, et ils ne pouvaient guère faire fortune. Mais même les plus petits employés se jugeaient de rang supérieur aux ouvriers, y compris lorsque les mieux rémunérés parmi ces derniers gagnaient plus qu'eux. Cela se marquait dans l'habillement, les habitudes de consommation et les relations sociales. Dans les villes, ils s'installèrent dans de nouveaux quartiers propres, recouvrirent les sols de tapis, ornèrent leur jardin d'une pelouse — bien avant que la classe ouvrière manifestât de telles ambitions. Et dans leur travail, fonctionnaires et employés pouvaient côtoyer des représentants de la haute bourgeoisie.

Tout ceci explique que cette catégorie sociale se soit montrée conservatrice en politique. Les idées socialistes n'eurent guère de succès auprès d'elle. En revanche, les organisations professionnelles se développèrent rapidement. Des groupes spécialisés se dotèrent d'un profil déterminé : comptables, enseignants, agronomes, etc. Au tournant du siècle, il existait en Grande-Bretagne environ 50 organisations professionnelles de ce type.

Pour les petits bourgeois à l'ancienne — artisans autonomes et petits commerçants — le salut résidait dans « l'esprit capitaliste » avec les qualités d'audace et l'esprit d'entreprise qu'il impliquait. Parmi les fonctionnaires et employés, d'autres valeurs s'imposèrent — ordre, planification et avant tout *sécurité*. Leurs organisations professionnelles eurent du reste à cœur d'œuvrer en ce sens : système d'avancement essentiellement basé sur l'ancienneté, garanties contre le licenciement, droits à la retraite.

Mouvement syndical et organisation sociale

L'organisation des groupes professionnels en syndicats constitue un trait spécifique de la société occidentale moderne. Ce mouvement s'accéléra particulièrement entre 1870 et 1914. Les organisations purent combiner la défense d'intérêts étroits avec un engagement au service du bien public. Les ingénieurs norvégiens se regroupèrent en 1852 dans l'association polytechnique, puis en 1874 dans l'association des ingénieurs et architectes de Norvège. En harmonie avec les tendances internationales de l'époque, ils s'employèrent à valoriser la profession d'ingénieur et utilisèrent leurs propres organes — « Revue polytechnique » et « Hebdomadaire technique » — pour réclamer la création d'une grande école polytechnique. Dans ce combat, ils invoquèrent le bien de la nation mais soulignèrent également qu'un tel établissement « rehausserait le prestige et la position sociale de tout le corps des ingénieurs ». De telles organisations furent donc enclines à exiger le baccalauréat pour l'accès à ce type de grande école et à plaider pour un enseignement à caractère théorique. Il était important de marquer ses distances à l'égard des établissements techniques moins avancés.

(Source : Tore Hanisch et Even Lange : *NTHs Historie*, Oslo 1985.)

Les ouvriers — une classe disparate

Les historiens se sont toujours intéressés au mouvement ouvrier organisé. Mais au cours de ces dernières décennies, l'on s'est également penché sur les conditions de vie des ouvriers. D'où une attention accrue portée à leur origine, leurs migrations, leur milieu de travail et leur vie quotidienne. L'image qui en résulte se révèle fort disparate, et elle contredit parfois certaines représentations traditionnelles trop simplistes. A bien des égards, la condition ouvrière en Occident avant 1900 évoque celle des populations du tiers monde aujourd'hui.

Une erreur répandue consiste à croire que la nouvelle classe ouvrière était essentiellement composée de travailleurs en usine. La plupart de ceux qui quittaient la campagne pour la ville ne se tournaient pas vers l'industrie mais se louaient comme domestiques ou cherchaient un emploi

Ouvriers d'usine. Changement d'équipe à Neunkirchen en Allemagne.

En bas à droite : femme belge travaillant à la mine, 1904. Cette photo est remarquable mais elle ne reflète pas une situation typique.

Ouvriers de la fonderie Dillinger (Sarre) vers 1900. Notez les attitudes qui transparaissent sur cette image à l'égard du travail... et du photographe. Les ouvriers semblent présenter les armes — la bêche remplaçant le fusil.

dans le commerce. Et une grande partie de ceux qui étaient employés dans la production industrielle ne travaillaient pas en usine. En phase avec le développement industriel, les nouvelles techniques étaient également mises en œuvre dans de petits ateliers par des gens qui assuraient à domicile une part de la production pour le compte d'un commanditaire. Celui-ci fournissait les matières premières, puis s'occupait de l'élaboration et de la vente du produit fini. Il s'agissait là d'un vieux système, mais qui demeura largement dominant dans l'industrie textile (assemblage, couture). La fabrication de serrures, d'armes spéciales, de couteaux et de faux pouvait s'effectuer chez des forgerons ou dans de petits ateliers. En 1870, dans une ville industrielle suédoise comme Eskilstuna, 150 ouvriers seulement travaillaient en usine, tandis que 1 050 étaient occupés à produire à petite échelle. Il en allait de même dans d'importantes villes anglaises comme Sheffield et Birmingham.

Après 1880, du fait des progrès techniques et des tendances à l'exploitation en grand, la production industrielle en vint à dominer dans tous les pays occidentaux. Mais même en Allemagne, et aussi tard qu'en 1907, quelque 30 % des ouvriers demeuraient employés en dehors des usines, la plupart travaillant pour des commanditaires. Ce qu'il importe de souligner, c'est qu'avant 1914, l'industrialisation s'opéra de manière multiforme et que les ouvriers trouvèrent à s'employer de bien des manières souvent en combinaison avec d'autres activités.

Les ouvriers — une classe en effervescence

Ce qui évoque avant tout les conditions actuelles du tiers monde, ce sont les importantes migrations de travailleurs qui se produisirent jusqu'à notre siècle. Elles suggèrent l'image d'une classe ouvrière inquiète, flottante, qui ne se laissa embrigader qu'à contrecœur dans la production capitaliste. L'exode rural ne fut cependant pas un mouvement à sens unique. En Russie, on dénombrait quatre types de migrations à la fin du siècle dernier. Certains se mettaient en route pour ne jamais revenir. D'autres s'établissaient au loin avec leur famille pour ensuite passer leurs vieux jours dans leur village natal. D'autres encore partaient sans les leurs pour un long séjour en ville. Mais beaucoup faisaient la navette ; vivant dans des baraques près de leur lieu de travail, ils allaient retrouver leur famille le dimanche ou en fin de saison. Ceci valait particulièrement pour les secteurs des mines, de la construction et des travaux publics (création de voies ferrées) ainsi que pour les industries saisonnières (meunerie).

Travail des enfants et amour maternel

Faut-il ne voir dans le travail des enfants que pure exploitation ? Des témoignages ouvriers antérieurs à la Première Guerre mondiale révèlent que beaucoup d'enfants furent fiers de travailler parmi les adultes et d'apporter leur écot au budget familial. S'agirait-il d'une idéalisation après coup ? Quoi qu'il en soit, ces jugements positifs ne sauraient s'appliquer qu'à des formes pas trop contraignantes de travail enfantin. Alors que la première loi norvégienne limitant le travail des enfants allait être promulguée en 1892, 144 familles de Røros envoyèrent une lettre au parlement pour justifier la présence des jeunes dans les mines : le travail était facile, il s'effectuait à l'air libre et pourtant sous abri, il apportait un appoint économique appréciable et apprenait aux enfants à bien utiliser leur temps.

L'abolition du travail des enfants fut liée au développement des techniques et à l'action des nouveaux syndicats qui craignaient que l'emploi de tout jeunes travailleurs ne tirent les salaires vers le bas. En outre, la bourgeoisie portait maintenant un autre regard sur la phase initiale de développement de l'être humain. Les femmes avaient désormais le *temps* de donner libre cours à leur instinct maternel, de s'imprégner des idées sur l'importance particulière des premières années et sur la nécessité de protéger l'enfant aussi longtemps que possible contre les réalités brutales de l'existence.

(Source : *Barn av sin tid*, sous la direction de Sølvi Sogner et Bjarne Hodne, Oslo 1984.)

montraient les plus mobiles. A Kristiania, au cours des années précédant la Première Guerre mondiale, les défections dans l'industrie métallurgique étaient deux fois plus nombreuses dans ces catégories que parmi les ouvriers qualifiés. Ce passage d'une entreprise ou d'une branche à l'autre obéissait à diverses raisons. Dans les périodes de bonne conjoncture, il pouvait y avoir l'appât d'un salaire légèrement supérieur. Beaucoup se trouvaient entraînés dans ce tourbillon par l'ivrognerie, la délinquance ou les licenciements. Mais il pouvait également s'agir d'une forme de protestation — la seule possible pour ceux qui n'avaient pas voix au chapitre. Il faut aussi prendre en compte les mentalités paysannes de l'époque précapitaliste : une fois qu'on avait gagné une somme dont on se satisfaisait, il était tentant d'arrêter de travailler. Les périodes de travail continu pouvaient ainsi alterner avec des moments de repos et de fête.

Travail d'enfant typique à Folldalverken (Norvège) en 1912 : faire le tri le long d'une chaîne entre les pierres et le minerai. A la belle saison, ce type de travail n'était pas spécialement insalubre.

Dans les usines aussi, on s'employait souvent pour une durée limitée. En Allemagne orientale, au tournant du siècle, les ouvriers préféraient souvent ne travailler en usine que de 12 à 15 jours par mois. Dans la région de Moscou, les travailleurs avaient tendance à disparaître lorsque l'été arrivait. Même dans les grandes usines Krupp à Essen, on ne comptait guère en 1900 que quelque 60 % d'ouvriers ayant plus d'un an d'ancienneté. Pour beaucoup, ce type de travail n'était donc que temporaire.

Même parmi ceux qui exerçaient pour de bon ce métier, les déplacements étaient nombreux. On a pu parler de « nomadisme ouvrier » — d'une ville industrielle américaine à l'autre, ou de Moscou à Saint-Pétersbourg. Les ouvriers se comportaient exactement comme les compagnons artisans de jadis. A Eskilstuna, au cours des années 1870-1900, on constate que les voyages les plus longs furent le fait des ouvriers *qualifiés*. Rien n'était plus efficace pour la diffusion des nouvelles techniques. C'est ainsi que des ouvriers qualifiés britanniques et allemands avaient contribué à diffuser leur savoir-faire aux Etats-Unis, en Hongrie et en Silésie.

Mais dans certaines régions industrielles, c'étaient les ouvriers non qualifiés, manœuvres ou débardeurs, qui se

Les migrations ouvrières étaient surtout répandues au sein des « nouvelles » nations industrielles de l'Europe : l'Allemagne, la Russie et la Scandinavie. Dans tous les pays occidentaux, une plus grande stabilité tendait à se manifester. Un nombre croissant de migrants coupaient les ponts avec leur terroir d'origine et se procuraient un emploi et un logement permanents.

Les revenus et le style de vie variaient beaucoup parmi les différents groupes d'ouvriers. Peut-être faudrait-il employer le pluriel et parler de « classes ouvrières » — au même titre que de « classes moyennes ». Les ouvriers ayant reçu une formation spécialisée constituaient une élite. Dans l'industrie britannique, ils gagnaient en 1870 30 % de plus que les ouvriers non qualifiés. Grâce à la sécurité de l'emploi et à des conditions satisfaisantes de logement, ils pouvaient avoir un style de vie évoquant celui des anciens artisans indépendants.

Les domestiques étaient étroitement liés à leurs employeurs et marquaient souvent une certaine distance vis-à-vis des ouvriers ordinaires — avant tout à l'égard des plus misérables, ceux qui formaient ce que Marx a appelé le « Lumpenproletariat ».

Ce que ces différents ouvriers avaient en commun, c'est

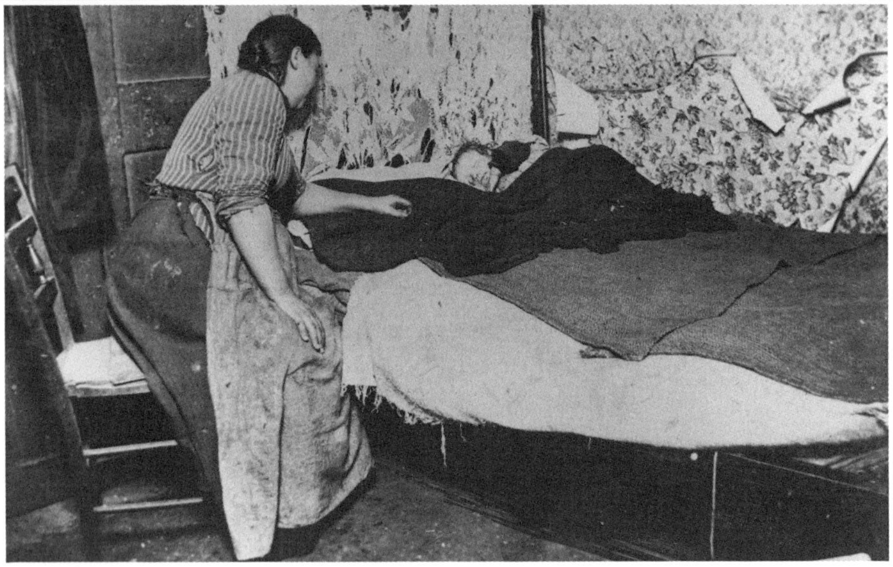

disait Charles Booth à propos de Londres entre 1887 et 1890. Il estimait que 1 300 000 personnes sur les 4,2 millions que comptait la cité ne mangeaient pas à leur faim.

L'expression la plus concrète de cette pauvreté de masse apparaît dans les conditions de logement qui caractérisèrent les villes industrielles en expansion rapide. De vieilles habitations ouvrières se transformèrent aisément en taudis du fait de la surpopulation. Les nouveaux arrivants étaient souvent entassés dans des casernes locatives de mauvaise qualité que des spéculateurs immobiliers avaient fait construire à la périphérie des villes. L'importance de la demande permettait d'augmenter fortement les loyers — ils sextuplèrent à Berlin entre 1880 et 1910. Pour s'en sortir, il fallait s'entasser à plusieurs dans de petites surfaces ou prendre des sous-locataires. En 1890, 23 % des familles ouvrières de Berlin hébergeaient ainsi des étrangers dans leur foyer. Souvent aussi, les logements changeaient d'occupants, du fait pour une part des migrations ouvrières évoquées précédemment, mais aussi parce qu'un nouveau travail nécessitait fréquemment un nouveau logement — avant que tramways, autobus et bicyclettes ne se répandent.

Les conditions déplorables de logement constituaient une menace pour la santé. Les hausses de loyer obligeaient à rogner sur d'autres dépenses, si bien que la nourriture était souvent insuffisante ou inadéquate. Le délabrement physique guettait ceux qui souffraient de pauvreté chronique, les « misérables ». On estimait en 1884 que 40 % des chômeurs londoniens étaient totalement irrécupérables, et qu'il y en avait autant qui présentaient des signes de grave faiblesse. En l'occurrence, il pouvait être difficile de distinguer la cause et l'effet. Dans les classes supérieures, beaucoup estimaient que cette misère était due à une hérédité déplorable. L'attitude vis-à-vis des pauvres pouvait en ce sens ressembler à celle adoptée à l'égard des races « inférieures » sous d'autres

Pauvreté et tendresse : une mère se penche sur son enfant endormi. Dans les quartiers populaires des grandes villes, la pauvreté demeura étendue après 1870.

En bas à droite : quartier ouvrier à Hambourg à la fin du XIXe siècle. Le grand exode vers les villes entraîna crise du logement et spéculation. Les loyers sextuplèrent à Berlin entre 1880 et 1910.

Vie à l'étroit dans un immeuble locatif allemand. Beaucoup de familles nombreuses habitaient comme celle-ci dans une seule pièce.

qu'ils vivaient d'un travail manuel, étaient dépourvus de moyens de production et ne pouvaient tirer de revenus d'une quelconque fortune. Des statistiques lyonnaises du tournant du siècle montrent qu'un chef d'entreprise léguait en moyenne une fortune qui correspondait aux héritages additionnés d'environ 10 000 ouvriers !

Les conditions de vie des ouvriers

Un problème difficile se posa du fait que la société industrielle engendra simultanément la croissance économique et de nouvelles formes de pauvreté. Certes, l'essor des années 1840-1870 avait masqué pour un temps l'étendue du paupérisme. Mais au cours des deux décennies suivantes, marquées par des années difficiles, ce spectre allait resurgir de manière alarmante. « Un océan de misère »,

cieux. La peur des contacts était attisée, non sans raison, par les risques de contagion — tuberculose ou maladies vénériennes notamment. Aussi bien l'hygiène plus stricte observée par la bourgeoisie que la nouvelle stratification des villes en quartiers sociologiquement différents contribuèrent à accroître la conscience de classe à cette époque.

L'effet conjoint des migrations croissantes, de la pauvreté et des conditions misérables de logement eut fatalement des répercussions sur la vie de famille et la morale. L'alcoolisme sévissait à la manière d'un fléau. La vie sexuelle dans les quartiers pauvres était marquée par les relations extraconjugales, et le nombre des enfants illégitimes augmenta, tout comme celui des prostituées. La délinquance était élevée. Certains observateurs parlaient d'« anomie », d'absence de normes dans une société où les vieux liens étaient en pleine décomposition.

Mais le concept d'anomie apparaît trompeur. La plupart des gens, y compris dans les nouvelles villes industrielles, gardaient leur ancrage dans la cellule familiale. Cependant, les familles ouvrières étaient probablement moins structurées et moins closes que celles de la classe bourgeoise. Les voisins apportaient un élément de sécurité, surtout s'ils étaient de même origine géographique ou de même nationalité. De nouveaux liens et de nouvelles normes se créèrent peu à peu par le jeu des affiliations à des communautés ou à des associations. De meilleures écoles et une instruction plus poussée ouvrirent de nouveaux horizons.

Scène de rue à Paris en 1908. Flirt ou prostitution ? La double morale de l'époque admettait qu'un homme comme il faut puisse rechercher des femmes de mauvaise vie.

Les femmes et les œuvres de bienfaisance

Le projet de « reconquérir » les pauvres des grandes villes et de les intégrer à la communauté nationale se manifesta précocement dans les œuvres de charité d'initiative privée, souvent d'inspiration religieuse — dans ce domaine, les méthodistes et les quakers figurèrent en première ligne. Mais des associations plus spécialisées se constituèrent progressivement, qui firent porter leurs efforts sur tel ou tel type de nécessiteux (vieillards, orphelins, femmes déchues, chômeurs), tel ou tel type de handicapés (aveugles, sourds, paralysés), et ce dans un périmètre déterminé. Associations de tempérance, cercles bibliques et sociétés de missions prospérèrent. L'Armée du Salut, fondée en 1878, ne tarda pas à devenir une organisation mondiale sous la conduite énergique de William Booth.

Ces activités privées revêtirent une ampleur considérable. Rien qu'à Londres, il y avait en 1890 quelque 1 000 associations de bienfaisance dont les revenus déclarés s'élevaient à plus de 6 millions de livres. Il n'était pas rare que des familles engagées dans ces œuvres y affectent 10 % de leurs revenus, auquel cas la bienfaisance venait en second dans le budget du foyer après la nourriture. Les dirigeants de ces associations se recrutèrent surtout dans les classes moyennes, mais des représentants de la classe ouvrière se montrèrent également actifs.

Le rôle que les femmes y jouèrent constitue un trait caractéristique. Environ 70 % des revenus provinrent des associations féminines, et les femmes se montrèrent également très présentes dans les associations dirigées par des hommes. Selon une estimation britannique de 1893, 500 000 environ auraient travaillé « de manière permanente et en partie professionnelle » dans le secteur philanthropique. Quelque 20 000 d'entre elles étaient appointées par ces associations. A quoi s'ajoutaient encore à peu près 20 000 infirmières diplômées, 5 000 bonnes sœurs — et probablement plusieurs centaines de milliers de personnes qui prêtaient occasionnellement leur concours. Ces femmes organisaient des ventes de charité, effectuaient des visites à domicile, enseignaient et prêchaient dans les prisons ou les hospices, prenaient contact avec les prostituées au coin des rues et dans les maisons dans l'espoir de les arracher à cette déplorable existence (la Grande-Bretagne comptait environ 7 000 bordels en 1860).

Bien entendu, les femmes qui travaillaient dans les organisations de bienfaisance obéissaient à des motifs variés. La religion en était un. L'exemple de Jésus et la

Travail social bénévole dans les quartiers pauvres de Chicago. Une infirmière de l'« Association pour le bien des enfants » inculque des notions de puériculture. Le travail de bienfaisance accompli par les femmes revêtit une ampleur impressionnante.

L'Armée du Salut

William Booth et son épouse Catherine entreprirent en 1865 d'apporter un message évangélique et une aide sociale aux exclus et aux plus démunis des quartiers misérables de Londres. Ils organisèrent leur mouvement sur le modèle militaire, avec grades et discipline stricte. L'organisation reçut en 1878 le nom de « Salvation Army », et deux ans plus tard, elle déclara la « guerre » à la misère matérielle et spirituelle dans tous les pays. Elle inscrivit sur son drapeau la mention « Sang et Feu » — le sang du Christ, le feu du Saint-Esprit — et son journal s'appela *Le cri de guerre*. Dès le départ, l'égalité des sexes fut totale à tous les niveaux de la hiérarchie. On distingua au sein du mouvement les « officiers » (qui y consacraient tout leur temps) et les « soldats » (disponibles seulement pendant leurs loisirs). Religieusement parlant, l'Armée forma une confession à part, distincte des autres Eglises. Elle prêcha le salut par le sang du Christ, un message simple et puissant que même les plus « misérables » pouvaient s'approprier. Dans les bas-fonds des grandes villes, l'Armée du Salut effectua efficacement et sans la moindre sentimentalité un impressionnant travail social. Elle créa des refuges urbains, des foyers pour alcooliques et prisonniers fraîchement libérés, des asiles pour prostituées, des orphelinats et des hôpitaux. Cette organisation qui affectionne particulièrement les réunions en plein air avec chants, musique et brèves allocutions exerce ses activités dans 70 pays et édite une centaine de périodiques — en France, le journal *En Avant*.

joie de travailler à son salut motivaient de telles activités altruistes. Par ailleurs, les femmes des classes moyennes et de la bourgeoisie avaient l'occasion de rompre avec l'isolement du foyer et de participer au travail social sans pour autant remettre en question la conception victorienne de la féminité authentique. Nombre de ces activités s'effectuèrent en collaboration avec les nouveaux fonctionnaires municipaux chargés après 1870 de la santé, de l'éducation et de l'aide aux indigents, ce qui fut source d'expérience politique pratique. Au tournant du siècle, beaucoup de celles qui menèrent le combat pour le droit de vote des femmes avaient fait leurs premières armes dans les associations de bienfaisance.

Comment introduire de l'ordre dans le chaos des cités industrielles ? Bien des chefs d'entreprise tentèrent de résoudre le problème en créant des ensembles modèles où usine, logements, école, hôpital et commerces étaient conçus comme une totalité harmonieuse. Ici, un exemple français, celui de Guise en 1865.

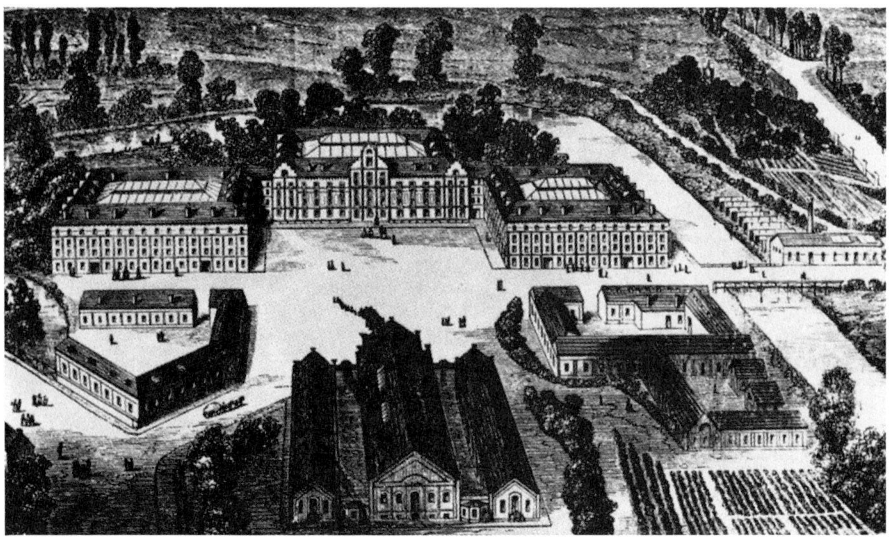

Souvent naissait le désir de compléter le travail effectué au plan national par des activités missionnaires sur d'autres continents. On a pu dire que de telles actions n'avaient pour but que de réparer les dégâts provoqués par le capitalisme. Mais est-ce là toute la vérité ?

Planification du logement et urbanisme

Des chefs d'entreprise prirent également l'initiative d'améliorer les conditions de vie des travailleurs. Les « villages ouvriers » qui furent édifiés à proximité de certaines installations industrielles nouvellement implantées en offrent un exemple intéressant. En 1867 déjà, 30 projets de ce type furent présentés à l'exposition universelle de Paris. En Grande-Bretagne, on parla de « villages modèles ». W. H. Lever (savonneries) et George Cadbury (industrie du chocolat) en créèrent à Birmingham et Liverpool à proximité de leurs usines. Espaces verts, éclairage des rues, écoles, hôpital, centre commercial, tout cela fut conçu comme une totalité harmonieuse. En 1914, l'industriel allemand August Thyssen logeait quelque 1400 familles dans de telles cités, et ce moyennant un loyer inférieur de moitié à ceux couramment pratiqués. Aux Etats-Unis, G. M. Pullman, le fabricant de wagons-lits, construisit un complexe de même type près de Chicago.

William Booth, le fondateur de l'Armée du Salut, lors d'un réunion à East End (Londres). Pasteur méthodiste à l'origine, Booth fut le général de son organisation de 1878 jusqu'à sa mort survenue en 1912 (voir encadré).

Il y avait à cela des raisons humanitaires, mais les industriels savaient aussi que des logements attrayants et un environnement plaisant contribueraient à attacher les ouvriers à l'entreprise — l'instabilité de la main-d'œuvre causait de gros soucis aux chefs d'entreprise. Les villages modèles reposaient également sur l'idée d'une solidarité entre employeurs et employés qui était susceptible de promouvoir l'ordre, la discipline et l'harmonie. Certaines personnes allèrent jusqu'à parler de « féodalisme industriel », le propriétaire d'usine endossant le rôle du seigneur dispensant ses bienfaits. Mais ces mêmes propriétaires d'usine (Thyssen par exemple) purent s'opposer brutalement aux ouvriers lorsque ceux-ci essayèrent de s'organiser en syndicats indépendants.

Au tournant du siècle, l'urbanisme en tant que moyen de résoudre le « problème social » fut l'objet de vives discussions. Le remodelage grandiose du centre de Paris par G. E. Haussmann (entre 1850 et 1870) avait suscité un vif intérêt à l'étranger. Peu avant 1900, le Britannique Ebenezer Howard, philosophe social et urbaniste amateur, avait lancé l'idée de « villes-jardins » où les gens pourraient vivre plus sainement au contact avec la terre dans un bel environnement. Au nord de Londres, le faubourg de Hampstead Garden fut conçu dans cet esprit, et des réalisations analogues apparurent dans d'autres pays. De manière très générale, ce mouvement visait à l'embellissement des grandes villes. Le résultat le plus spectaculaire fut en 1909 le plan d'urbanisme de Chicago : une architecture régulière et grandiose, esthétiquement séduisante, devait contribuer à façonner des citoyens honnêtes.

A côté de ces projets audacieux, des réformes pratiques orchestrées par les autorités locales furent entreprises dans les grandes villes européennes au cours de toute cette période. En Grande-Bretagne, le maire de Birmingham, Joseph Chamberlain, prit des mesures pour améliorer les logements, l'eau, les égouts, l'éclairage public, et il suscita la création entre autres d'établissements de bain et de bibliothèques. Une telle évolution qui s'observa également dans d'autres pays exigeait une extension de l'administration et un accroissement des ressources municipales — ce qui conduisit dans bien des cas à l'instauration d'un impôt communal direct et progressif. Ainsi, beaucoup des idées qui allaient ultérieurement inspirer l'« Etat providence » furent d'abord expérimentées à l'échelon local. Pragmatique, Chamberlain affirma que telle était la « rançon » que devait payer la bourgeoisie pour jouir paisiblement de ses biens.

Dans plusieurs pays, la construction de logements coopératifs subventionnés par l'Etat connut un grand essor à la fin du siècle dernier. L'Allemagne fut un pays pionnier en la matière. Les statistiques tirées d'un échantillon de 12 grandes villes allemandes montrent que de 25 à 40 % des nouveaux logements bénéficièrent de telles subventions entre 1900 et 1914. Dans ce contexte, les associations ouvrières ne se montrèrent guère actives. Il se peut que les ouvriers fraîchement débarqués n'aient guère été tentés par ces appartements destinés à des cellules familiales traditionnelles et conçus selon des normes bourgeoises en matière d'architecture et d'hygiène.

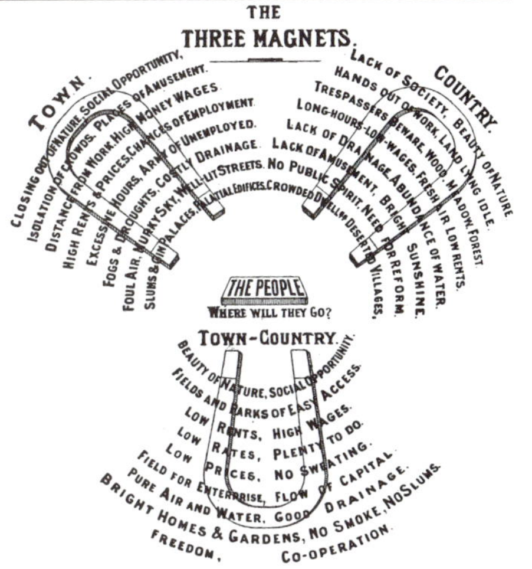

« Les trois aimants ». Diagramme d'Ebenezer Howard sur les avantages des villes-jardins destinées à allier le meilleur de la campagne et le meilleur de la ville.

En haut à gauche : exemple d'urbanisme moderne en 1913, la ville-jardin de Letchworth, près de Norton Common. Cette disposition idéale — ville à l'arrière-plan, parc paysage à droite — était la réalisation concrète du diagramme d'Ebenezer Howard.

Grande-Bretagne, 1911 : des chômeurs font la queue pour toucher des allocations. Certains cachent leur visage au photographe.

La lutte contre l'eau-de-vie

Le travail anti-alcoolique commença à s'organiser au début du XIXe siècle. Il s'appuya dans un premier temps sur le « principe de modération » qui autorisait l'usage de la bière et du vin.

Cette stratégie fut un échec, notamment à cause de l'essor de l'industrie de la bière. C'est pourquoi on adopta aux Etats-Unis le principe d'« abstinence totale » qui se répandit ensuite en Europe. L'idée de base, c'est qu'il était impossible de tracer une frontière nette entre usage modéré et abus. Pour obtenir des résultats, il fallait s'attaquer à l'habitude même de boire. L'« Ordre international des bons templiers » (IOGT) fut fondé à New York en 1851, puis se répandit en Norvège (1877) et en Suède (1879). Il comportait des « loges » pour les hommes, les femmes, les enfants, les villes et même la nation tout entière (« grande loge »). Avec ses quelque 150 000 membres, la grande loge suédoise fut longtemps une des plus importantes du monde. Cérémonies, rites et uniformes conféraient un caractère solennel à la promesse d'abstinence des bons templiers. Ce mouvement attachait une grande importance à la fraternité internationale et au travail pour la paix.

Peu à peu, d'autres organisations de tempérance se constituèrent. En 1910, il y eut en Suède un nombre record de personnes engagées dans ce combat (460 000). La lutte anti-alcoolique, particulièrement importante pour la dignité des travailleurs, s'inscrivit en bonne place au programme du mouvement ouvrier, mais elle revêtit une portée morale plus générale. De nos jours, l'alcoolisme apparaît dans de nombreux pays du tiers monde comme un obstacle sur lequel vient achopper le travail de développement.

Législation du travail et assurances sociales

Après 1870, le pouvoir législatif s'employa dans tous les pays à améliorer la condition des travailleurs, et ce avant que le mouvement ouvrier fût suffisamment organisé pour pouvoir exercer des pressions politiques. Quelles furent alors les forces qui suscitèrent ces réformes ?

Bien entendu, les motifs humanitaires jouèrent leur rôle, au même titre que dans les activités privées de bienfaisance. Après 1870, tous les pays limitèrent la durée du temps de travail pour les femmes et les enfants, avec notamment interdiction du travail de nuit pour les plus jeunes. Mais l'application effective de ces lois demeura problématique tant que l'inspection du travail fut peu développée. Le travail des enfants dans l'industrie américaine atteignit son apogée aussi tard qu'en 1900. A la même époque, on comptait en Russie 10 % d'enfants et 25 % de femmes parmi les ouvriers de l'industrie.

Paiement des premières pensions de retraite en Grande-Bretagne (1909).

« Les derniers jours », peinture d'Angelo Morbelli. Hospice où les vieillards mènent une existence désespérante en attendant la mort.

Des recherches récentes ont montré le lien entre l'évolution des techniques et la suppression du travail des enfants. Des machines compliquées exigeaient plus des ouvriers en même temps qu'elles entraînaient une diminution des besoins de main-d'œuvre. La mécanisation et les rendements accrus permirent de réduire le temps de travail — celui des femmes et des enfants pour commencer — sans que la productivité en souffrît.

L'autre intervention importante de l'Etat concerna la sécurité sur les lieux de travail. Il semble que les nouvelles techniques, l'exploitation à grande échelle et la recherche toujours plus poussée d'efficacité aient augmenté les risques d'accidents. En Allemagne, sept ouvriers sur mille furent grièvement blessés en 1900 contre deux seulement en 1886. Le nombre des accidents du travail diminua après 1900, peut-être aussi parce que les ouvriers eurent plus conscience des risques qu'ils encouraient.

La mise en place d'assurances sociales revêtit une importance capitale. Dans ce domaine, l'Allemagne ouvrit la voie sous le gouvernement conservateur de Bismarck. Entre 1883 et 1889 furent votées des lois sur les assurances maladie et accident ainsi que sur la retraite à 70 ans pour les ouvriers d'usine, le tout financé conjointement par les entreprises, les travailleurs et l'Etat. Bismarck avait pour but avoué d'empêcher une radicalisation de la classe ouvrière, ce qui eût été d'autant plus dangereux que le droit de vote ne cessait de s'élargir. Les idées patriarcales sur la responsabilité des chefs d'entreprise eurent aussi leur influence, comme dans les « cités ouvrières ».

Si la législation britannique sur les assurances se développa plus tard qu'en Allemagne, elle prit en revanche une allure si ample et si radicale au cours des années 1908-1914 qu'elle dessina déjà les contours de l'Etat moderne de bien-être.

Les lois sur les assurances étaient aussi l'expression d'un sentiment accru de communauté nationale ; une nouvelle sécurité s'offrait à la classe ouvrière déracinée qui avait laissé derrière elle les solidarités villageoises. Les assurances créaient de nouveaux liens communautaires.

Une jeune famille ouvrière allemande en 1914. L'amélioration de l'alimentation, de l'hygiène et des conditions de travail se reflète dans les visages et les attitudes.

Milieu de travail et grèves

Les travailleurs de l'industrie constituèrent le noyau du mouvement ouvrier à ses débuts. Dans ce milieu, la concentration de la main-d'œuvre facilita le travail d'organisation. Il ne faudrait pas croire que les ouvriers perçurent l'usine de manière exclusivement négative. Le travail réglé par contrat pouvait être ressenti comme libérateur par ceux qui avaient connu à la campagne une forme de dépendance personnelle diffuse et souvent humiliante. En outre, le travail en usine était moins marqué par le chômage saisonnier que bien d'autres métiers. Des comparaisons révèlent que les conditions de travail et de salaire étaient partout supérieures dans les grandes usines que dans les petites entreprises de type traditionnel. C'est aussi au sein des grandes sociétés industrielles que les mesures de sécurité et les dispositions sur les assurances pouvaient être le plus facilement appliquées et contrôlées.

Cependant, bien des témoignages montrent aussi que le travail en usine fut souvent ressenti comme pénible et frustrant — enfermement, insalubrité, vacarme, pollution, monotonie, exigences accrues d'efficacité, règlements détaillés et sévères concernant aussi bien le travail que les moments de repos, mesures disciplinaires parfois abusives. A quoi s'ajoutaient les conflits salariaux.

Le principal moyen de protestation des ouvriers était la grève. L'individu isolé se trouvait sans défense face à l'employeur qui pouvait aisément se débarrasser des éléments récalcitrants. Mais l'union faisait la force, notamment dans les nouveaux complexes industriels dont les coûteux instruments de production ne pouvaient rester longtemps inemployés. Lors des grèves, les ouvriers, pour une fois, étaient en mesure de montrer leur liberté d'action. Ils échappaient à la routine quotidienne et à ses contraintes. Après 1870, les grèves gagnèrent en nombre, en ampleur et en durée, et elles culminèrent au cours des dix années précédant la Première Guerre mondiale. La question de leurs liens avec les variations de la conjoncture demeure discutée, mais il semble que la volonté de grève ait été la plus faible au creux de la vague économique, lorsqu'il était particulièrement difficile de se passer de salaire et d'emploi.

Sociétés coopératives et syndicats

Les organisations ouvrières les plus anciennes étaient les caisses d'assurances mutuelles, en Grande-Bretagne les « Friendly Societies » qui comptaient 250 000 membres en 1872. Elles répondaient aux mêmes besoins que ceux couverts plus tard par le système public d'assurances.

Une initiative beaucoup plus audacieuse fut à l'origine du mouvement coopératif qui démarra en Grande-Bretagne entre 1820 et 1840 pour compter quelque 300 000 membres en 1872. Dans toute l'Europe, les associations de consommation se développèrent dans les districts ouvriers, souvent comme alternative aux magasins des sociétés où les travailleurs avaient tendance à s'endetter. En cas de grève, ils pouvaient à présent obtenir crédit auprès de leurs propres sociétés coopératives qui ainsi eurent d'emblée partie liée avec le mouvement ouvrier.

« La grève ». Gravure sur bois d'après un tableau de R. Köhler (1886). Les meneurs discutent avec le propriétaire de l'usine sur le perron. Génératrice de conscience politique, la grève fut à l'origine de l'organisation syndicale.

Le système coopératif gagna également des adeptes, et à un stade précoce, parmi les employés et les petites gens de la classe moyenne. On s'avisa qu'il était possible d'étendre ce type d'activités au secteur social et même à celui de la production, et cette extension se réalisa dans une certaine mesure. Certains des pionniers du mouvement comme le Français Charles Gide (1847-1932) voyaient dans le mouvement coopératif le moyen d'opérer pacifiquement le passage à une société où les travailleurs eux-mêmes contrôleraient les moyens de production.

Les syndicats les plus anciens étaient essentiellement basés sur des catégories professionnelles déterminées (craft unions). Selon le modèle britannique, ils devaient se limiter aux problèmes du travail et se tenir à l'écart de la politique. Et les vertus caractéristiques de la société victorienne — s'aider soi-même, être sobre et économe — y étaient à l'honneur.

Mais dans les deux dernières décennies du XIXe siècle, lorsque les antagonismes se durcirent et que l'Europe comme les Etats-Unis connurent des grèves parfois violentes, des syndicats d'un nouveau genre surgirent, qui visaient à rassembler tous les ouvriers d'une entreprise, d'une région ou d'une branche industrielle (« industrial unions »). Le plus souvent, c'étaient les grèves qui susci-

Réunion de grévistes — ouvriers du transport et dockers — à Londres en 1911. La conscience de classe ne cesse de se développer.

Certificat d'affiliation au syndicat britannique des ouvriers du gaz. Le caractère luxueux de ce document témoigne de l'importance qu'estime avoir cette organisation.

Le drapeau, symbole des organisations ouvrières. Textes et motifs étaient choisis avec le plus grand soin. Le combat contre l'alcool fit également partie du mouvement ouvrier.

taient les associations et non l'inverse. Mais de telles associations se révélaient vulnérables. La main-d'œuvre était souvent instable et peu soudée. C'est pourquoi beaucoup d'organisations s'étiolèrent une fois les grèves terminées.

Les syndicats acquirent des assises plus solides lorsqu'ils reçurent le droit légal d'engager des négociations salariales avec les employeurs, ce qui en un sens était devenu nécessaire pour assurer la paix sociale. Mais la solidarité entre les différents groupes de travailleurs n'était pas évidente, et dans tous les pays, la mise sur pied d'une confédération nationale se heurta à des difficultés. En Angleterre, le TUC (Trades Union Congress) vit le jour en 1868, la CGT française fut créée en 1895.

Luttes ouvrières et conscience de classe

Vers 1900 s'amorça une nouvelle phase d'action syndicale plus agressive. Le travail d'organisation se montra particulièrement efficace dans certaines branches clés comme l'acier, la construction navale et l'automobile. Une des raisons en fut que les employeurs eux-mêmes se dotèrent d'une organisation plus efficace après 1880. Ils purent mettre les meneurs de grève sur liste noire, pratiquer l'espionnage à l'intérieur des syndicats, mobiliser la police et le législateur pour empêcher les débrayages. Les antagonismes s'exacerbèrent d'autant plus que le pouvoir d'achat des ouvriers stagna au cours de la décennie qui précéda la Première Guerre mondiale.

Lors des âpres luttes ouvrières du début du siècle qui purent affecter des branches et des régions entières, la tendance « anarcho-syndicaliste » eut le vent en poupe au sein du mouvement syndical. Un exemple américain en est fourni par l' « Industrial Workers of the World », fondé en 1905, qui accueillait aussi dans ses rangs les manœuvres non qualifiés et les Noirs. Son programme s'appuyait sur les idées anarchistes et sur des théories radicales modernes comme celles du Français Georges Sorel. Celui-ci défendait notamment l'usage de la violence dans les conflits du travail. La vision d'avenir des anarcho-syndicalistes était celle d'une métamorphose totale de la société capitaliste par le moyen de la *grève générale* qui conduirait à une nouvelle forme de gouvernement basée sur les syndicats. En Europe également, des groupes inspirés par ces idées exercèrent une influence certaine au cours de la période qui précéda la Première Guerre mondiale. Cependant, les anarcho-syndicalistes, excepté en Espagne,

« Grève », 1879. On a dit de cette œuvre de Theodor Kittelsen qu'elle constituait la première expression artistiquement accomplie d'une sensibilité socialiste. La tradition d'indépendance des paysans norvégiens transparaît dans l'attitude des travailleurs.

ne formèrent que de petites minorités. Le ralliement croissant des ouvriers à des organisations profita avant tout aux syndicats établis.

L'évolution antérieure à 1914 permet de parler d'un *mouvement* ouvrier, même si le pourcentage des travailleurs organisés demeura faible (moins de 30 %, y compris parmi les travailleurs anglais). Les ouvriers formaient encore pour l'essentiel une masse indécise où se rencontraient tout à la fois engagement et indifférence, volonté de se battre et loyauté à l'égard des patrons. Toutefois, une conscience de classe était en train de germer chez beaucoup d'entre eux, ainsi que la conviction qu'une société radicalement différente — socialiste — pourrait se substituer à l'ancienne. La bourgeoisie était fondée à craindre une nouvelle révolution. L'aspect politique du mouvement ouvrier sera abordé ultérieurement.

Les conflits retiennent plus facilement l'attention de l'historien que les formes de collaboration. Mais l'évolution des syndicats peut être interprétée comme le signe d'une intégration croissante de la classe ouvrière à l'ordre social établi. Les organisations syndicales devinrent puissantes et possédèrent leur propre bureaucratie, elles négocièrent les salaires avec le patronat et firent ainsi partie intégrante du capitalisme organisé. Celui-ci y gagna en rationalité. Mais changea-t-il de caractère pour autant ?

Le travail féminin — possibilités nouvelles

La libération des femmes peut être considérée comme l'une des grandes révolutions de notre temps. Dans une perspective historique globale, un tel jugement n'a rien d'exagéré. La première phase du mouvement féministe prit forme entre 1870 et 1914. Comme beaucoup d'autres mouvements réformistes de l'époque, sociaux ou politiques, il résulta conjointement des besoins structurels de la société industrielle en marche et du combat organisé des femmes elles-mêmes.

Au cours du XIXe siècle, l'évolution technique et économique créa de nouveaux besoins de main-d'œuvre féminine. Pour les femmes de la classe ouvrière, ce furent avant tout les secteurs du textile, de l'alimentation et des produits de luxe qui offrirent de nouveaux emplois. Mais beaucoup de professions réservées aux classes moyennes requéraient aussi le travail des femmes. Il fallait par exemple des institutrices pour l'école publique obligatoire et des infirmières pour le secteur hospitalier. L'on recrutait des femmes ayant un certain niveau d'instruction dans les postes et télégraphes ainsi que dans le commerce et les bureaux. Ainsi se posa la question de l'accès des femmes à des études plus poussées. La libéralisation de la législation concernant les activités économiques qui s'opéra au XIXe siècle permit aux femmes célibataires de pratiquer le commerce et l'artisanat aux mêmes conditions que les hommes. De telles réformes entraînèrent logiquement l'égalité des droits d'héritage pour les deux sexes et une autonomie économique accrue pour les femmes mariées. Ces réformes fondamentales en matière juridique, économique et éducative précédèrent le plus souvent les organisations féministes ; il faut donc en chercher la cause dans des besoins sociaux très généraux.

Troubles à Paris en 1893. Des autobus et des voitures ont été renversés et incendiés. A cette époque, le spectre de la révolution planait sur la société.

Les transformations de la situation des femmes sur le marché du travail s'opérèrent en liaison étroite avec l'évolution de leur position au sein de la famille et du foyer. Au stade préindustriel, les familles, y compris urbaines, étaient largement autosuffisantes : vêtements, denrées alimentaires et ustensiles étaient de fabrication maison. Avec l'industrialisation, cette production s'effectua hors du foyer dans des proportions importantes, et une part de la main-d'œuvre féminine trouva à s'employer à l'extérieur. En même temps que le nombre des ouvrières augmenta, celui des domestiques diminua. Dans un tel contexte, il est manifeste que les femmes *célibataires* de la bourgeoisie et des classes moyennes, qui autrement auraient été une charge pour leur famille, purent assurer

Couturières à New York vers 1900. L'industrie du vêtement qui se développa au XIXe siècle était de celles qui offraient des emplois aux femmes.

« Belle et intelligente ». Avocates françaises au Palais de justice en 1913. Mais à cette époque, les femmes diplômées de l'enseignement supérieure n'étaient pas légion.

leur subsistance grâce aux nouveaux emplois creés dans les écoles, les bureaux ou le secteur hospitalier. L'énorme essor du travail social bénévole dans la deuxième moitié du XIXe siècle peut aussi être interprété comme l'expression d'une énergie inemployée et d'un besoin d'action chez des femmes confrontées à une nouvelle situation familiale.

Le nouveau rôle des femmes au foyer

Mais les besoins de la société ne tendaient pas exclusivement à promouvoir la libération des femmes. Dans la deuxième moitié du XIXe siècle, les épouses furent plutôt incitées à endosser un rôle féminin plus étroit et plus spécialisé. Autrefois, même dans les villes, les femmes avaient largement participé à la production et donc contribué aux revenus du ménage. Dans les années 1850, Eilert Sundt constata que dans les districts ouvriers de Kristiania, près de la moitié des femmes mariées exerçaient une activité salariée. En revanche, dans les familles de la bourgeoisie et des classes moyennes, les rôles des deux sexes apparurent de plus en plus distincts. Les femmes se virent essentiellement confier la charge du foyer. L'homme devint le seul à assurer les revenus — avec les devoirs que cela impliquait mais aussi avec les privilèges importants que constituaient les services que lui rendaient les femmes. Il fut donc amené à défendre ses intérêts face aux tendances à l'émancipation des femmes et à l'égalité des sexes.

Ce fut aussi l'époque où une partie des responsabilités qui incombaient au foyer à la fin du XIXe siècle fut prit en charge par la société sous l'action conjuguée du travail social bénévole et de la création d'institutions publiques telles qu'orphelinats, maisons de vieillesse, asiles, hôpitaux municipaux et sanatoriums privés. Des dames de charité et des infirmières communales proposèrent leur aide dans de nombreux foyers.

Mais simultanément, de nouvelles exigences pesèrent sur la femme mariée. En vertu de la nouvelle politique de santé publique de la fin du XIXe siècle, le combat contre les maladies et les épidémies fut mené jusque dans les foyers, avant tout pour faire régresser la mortalité infantile et la tuberculose. Les nouvelles connaissances médicales concernant les bactéries et les techniques prophylactiques incitèrent à des mesures systématiques d'éducation des mères de famille. Les écoles ménagères et les cours de cuisine renforcèrent l'idée que tel était le métier spécifique de l'épouse et contribuèrent à diffuser cet idéal bourgeois dans les familles ouvrières et paysannes.

La responsabilité des mères en matière d'éducation des enfants fut soulignée plus fortement que jamais à cette époque. Journaux, revues et ouvrages didactiques insistèrent sur leur rôle irremplaçable. La psychologie scientifique semblait confirmer que la mère avait une importance particulière pour le développement de la personnalité de l'enfant, surtout au cours des premières années. Au tournant du siècle, les médecins incitèrent les femmes à allaiter leurs enfants plus longtemps.

Bonnes au service des bourgeois

Jusqu'en 1914, le métier féminin de loin le plus répandu dans les villes fut celui de domestique. Pour le meilleur et pour le pire, les jeunes bonnes se trouvèrent immergées dans le milieu bourgeois où régnaient des exigences de propreté, de méticulosité et de discipline. Un manuel norvégien de 1912 formulait les recommandations suivantes pour celle qui voulait se placer comme servante : *« Habituez-vous aux bonnes manières. Frappez avant d'entrer. Prenez une attitude polie et regardez les gens en face ; ne mettez pas les mains sur les hanches. Ne vous mêlez pas à la conversation des maîtres ; n'essayez pas de converser avec les invités... Ne faites pas claquer les portes, parlez doucement, ne chantez pas... Les maîtres ont peut-être besoin de calme pour accomplir leurs tâches, et ils peuvent alors exiger que le travail ménager s'effectue le plus silencieusement possible. »*

(Source : Henrikka Høegh Schmidt : *Veiledningsbok for tjenestepiker og unge husmødre*, Kristiania 1912.)

Bonne en tenue. En 1914, le métier de domestique demeurait le plus courant pour les femmes.

Compte tenu des conditions sociales qui régnaient alors, on pouvait tenir pour *rationnelle* l'idée d'un rôle spécialisé dévolu à la mère de famille. L'amélioration de la santé publique dépendit indubitablement du fait que les femmes, y compris dans les classes inférieures, purent consacrer plus de temps à l'hygiène, au ménage et à l'éducation à domicile. Le concept de « salaire familial » apparut dans les débats de l'époque. Pour celles qui exerçaient des métiers monotones ou pénibles, le fait de pouvoir se consacrer à la maisonnée et aux enfants devait certainement être ressenti comme une libération personnelle. Bref, les perspectives n'étaient pas les mêmes que celles du mouvement féministe moderne.

Ainsi peut-on présenter schématiquement les liens entre l'évolution sociale dans son ensemble et celle de la condition féminine. Il s'agit d'un domaine de recherche récent, et bien des points restent obscurs. Il faudrait aussi prendre en compte les variations parfois très accusées entre pays, religions et groupes sociaux. Toutefois, une telle esquisse donne une idée des grandes tendances économiques et sociales — en partie contradictoires — qui sous-tendirent le mouvement féministe.

Cette statue de 1905 due à Gustav Vigeland représente Aasta Hansteen (1824-1908), combattante du féminisme norvégien. Dans les années 1870, on se moqua de sa croisade contre « la tyrannie du sexe masculin », mais les féministes lui rendirent hommage vingt ans plus tard.

L'aspect politique du mouvement féministe

Le terme de « mouvement féministe » — comme celui de « mouvement ouvrier » — peut donner l'impression fallacieuse qu'il existait un front uni dans le combat pour l'émancipation des femmes. En fait, à la fin du XIXe siècle comme cent ans plus tard, ce mouvement consistait en de nombreux groupes qui se recrutaient dans différentes catégories sociales et reposaient sur des bases idéologiques en partie incompatibles. La plupart des ingrédients du féminisme actuel existaient déjà à l'époque.

Les pionniers du féminisme provenaient généralement des rangs de ces femmes de la bourgeoisie et de la classe moyenne qui avaient eu progressivement accès à l'instruction et à la vie professionnelle. Bon nombre d'entre elles, n'étaient pas mariées. Elles combattaient avant tout pour l'abolition des obstacles juridiques en matière de droit d'usage de biens, d'éducation, de travail, qui empêchaient encore les femmes d'être à parité avec les hommes. En Suède, la Société Fredrika Bremer, fondée en 1884, se proposait précisément de défendre de tels droits. La même année fut lancée au parlement l'idée du droit de vote des femmes, mais la première association destinée à défendre cette cause ne vit le jour qu'en 1902. Les Etats-Unis furent le berceau du féminisme, et les combattantes britanniques et scandinaves des droits de la femme s'inspirèrent largement des idées américaines. Ces pionnières eurent constamment des alliés masculins parmi les libéraux, mais elles se heurtèrent souvent à la critique, aux sarcasmes et aux préjugés de l'opinion publique. Les journaux satiriques firent leurs choux gras de ces vieilles filles hargneuses qui se livraient à l'agitation féministe.

Le travail ménager devient un métier. A l'aube de notre siècle, les écoles et les cours d'instruction ménagère ne donnèrent pas seulement une instruction pratique, ils répandirent aussi les idéaux bourgeois du foyer et de la femme.

Ces militantes avaient pour base idéologique les idées d'égalité forgées par les Lumières et la Révolution française. Le libéralisme en marche créait un climat favorable : la société n'était jamais mieux servie que par des individus libres cultivant leurs propres intérêts. Cela valait aussi des femmes. Figure de proue du libéralisme anglais, le philosophe John Stuart Mill publia en 1869 son livre sur *La Sujétion des femmes* — désigné plus tard comme la bible du mouvement féministe. L'argument essentiel de Mill était que l'égalité des sexes libérerait des énergies jusque-là prisonnières, ce qui serait profitable à toute la société. Beaucoup de groupes protestants, notamment les Eglises libres, nourrissaient des convictions démocratiques susceptibles d'encourager le mouvement des femmes. Enfin, quelques féministes radicales étaient inspirées par le socialisme utopique, particulièrement vigoureux en France (le saint-simonisme), qui plaidait notamment pour « l'amour libre », hors de cette institution sociale qu'était le mariage. Cependant, de telles idées demeuraient très minoritaires, et cette manière de défendre le concubinage semait l'effroi à l'époque. Marx et Engels eux-mêmes défendaient la famille.

L'aspect moral du mouvement féministe

Globalement, on constate que la plupart des militantes étaient engagées dans des tâches religieuses et sociales du

Cuisine rationnelle, avec plan de travail d'un seul tenant, dessinée par Catherine Beecher en 1869. La cuisine est en passe de revêtir sa configuration moderne.

Emancipation féminine et aménagement de la cuisine

Catherine E. Beecher écrivit en 1869 un ouvrage sur *le foyer de la femme américaine* en collaboration avec sa sœur Harriet Beecher Stowe, l'auteur de *La case de l'oncle Tom*. Catherine Beecher estimait que la servante était un vestige de la féodalité et qu'il fallait en finir avec la domesticité dans une société démocratique. Le travail ménager devait être réparti le mieux possible entre les membres de la famille (ce qui serait une bonne chose pour les enfants). Mais l'auteur estimait avant tout qu'il fallait aménager la cuisine de manière plus rationnelle : distances aussi réduites que possible, plan de travail mural au lieu d'une table au milieu de la cuisine, étagères ouvertes remplaçant placards et garde-manger, ustensiles placés astucieusement en fonction de leur usage (voir dessin ci-dessus, tiré de S. Giedion : *Machanization Takes Command*, New York 1948).

Autant d'idées révolutionnaires ! Toutefois, il s'écoula deux générations avant que les architectes ne commencent à tenir compte des besoins des ménagères. Pour sa part, Catherine Beecher prit ses distances à l'égard du féminisme politique. Elle voulait susciter un respect accru pour le « métier de ménagère » et introduire l'« économie domestique » comme matière d'enseignement scolaire et universitaire.

(Source : S. Giedion, *Mechanization Takes Command*, New York 1948.)

genre de celles qui ont été décrites précédemment. De telles activités féminines reposaient sur une base sociale plus large que le combat pour l'égalité des sexes. Elles mobilisaient des épouses, y compris dans la fraction « respectable » de la classe ouvrière, ainsi que des femmes sans instruction. L'aspiration à l'égalité n'en était nullement le fondement idéologique — au contraire, on soulignait la nature et la vocation spécifiques de la femme. Le travail social s'inscrivait tout simplement dans le droit fil des soins traditionnellement prodigués par les mères de famille. Les femmes au foyer constituaient un idéal : elles donnaient l'exemple des plus hautes vertus telles qu'amour maternel, pureté, douceur et esprit de sacrifice.

Par contraste, la société masculine apparaissait comme dure et brutale, dominée par la concurrence et la rapacité. La mission des organisations féminines devenait dès lors de travailler à modeler la société à l'image de la femme. Au lieu de l'idée de liberté chère aux libéraux, c'est celle de contrôle social qui en vint à dominer. Combattre l'alcoolisme, interdire la prostitution, censurer les écrits immoraux furent autant de visées essentielles. Dans ce contexte, on trouve déjà par exemple les arguments invoqués aujourd'hui contre la pornographie. En réaction contre la société masculine, on prônait également l'amitié entre femmes, et les plus militantes d'entre elles avaient tendance à rester célibataires.

Il est difficile de mettre une étiquette sur cet aspect du mouvement des femmes qui fut passablement dominant au cours des deux dernières décennies du XIXe siècle. On a pu parler de « phase morale ». La tendance était conservatrice par rapport aux idées libérales sur la liberté individuelle mais radicale par ses exigences de réformes sociales et d'intervention des pouvoirs publics. En même temps qu'on exalta le rôle de la mère de famille, l'on mit en

exergue sur le plan du travail les métiers « typiquement féminins ».

Le mouvement des femmes fut aussi marqué par l'appartenance de classe. Le féminisme d'inspiration libérale qui en appelait au combat de libération individuel n'eut guère d'impact dans la classe ouvrière. Pour les femmes de ce milieu, la tâche la plus immédiate était d'obtenir des améliorations matérielles à l'aide d'actions collectives. Elles entreprirent à la fin du XIXe siècle de s'organiser en différents syndicats professionnels — à la fois en collaboration et en concurrence avec les hommes. Pour l'ouvrière, la lutte des classes était en règle générale plus importante que le combat féministe. Le contraste avec le féminisme bourgeois se révéla d'intéressante manière lorsqu'il fut question d'une législation spécifique destinée à protéger les ouvrières contre les tâches dangereuses, les longues journées et le travail de nuit. Les plus actives des féministes soutinrent que toute mesure spécifique pourrait se retourner contre celles qui luttaient pour l'égalité des sexes. Il y eut aussi des syndicalistes femmes qui partagèrent ce point de vue : il fallait accepter les mêmes contraintes que les hommes pour pouvoir revendiquer les mêmes droits.

Au tournant du siècle, le mouvement féministe entra dans une nouvelle phase lorsque la question du droit de vote des femmes devint vraiment d'actualité. Cette revendication rassembla pour un temps des organisations féministes socialement et idéologiquement différentes qui firent front commun et contribuèrent à radicaliser le mouvement tout entier.

Ce tableau pittoresque et idyllique datant de « la belle époque » est l'œuvre de Jean Béraud. Il révèle que la mode féminine est en train de s'adapter à un style de vie moderne.

Le « malaise » de la société industrielle

La rationalité technique constituait le fondement de la société industrielle occidentale. Le style de vie bourgeois servait de modèle culturel. Relayée par l'Etat, l'école et les organisations privées, la mentalité bourgeoise s'étendit à d'autres groupes sociaux. Y eut-il un « impérialisme culturel » à l'âge de l'industrialisme ? Au tournant du siècle, beaucoup de sociologues, de philosophes et d'artistes réagirent contre le carcan de la raison et dénoncèrent un appauvrissement affectif. Faut-il aussi voir dans les mouvements de jeunesse, le nationalisme et le racisme des tentatives pour satisfaire entre autres choses des besoins refoulés par la société industrielle ?

Il est extrêmement malaisé de faire la synthèse des idées et des croyances qui marquent une période historique. Seule, une petite élite intellectuelle rend systématiquement compte de ses réflexions, mais même les systèmes de pensée ou d'idéologies présentent des contradictions, des obscurités et des glissements incessants. Quant aux opinions du peuple, elles sont moins conceptualisées, et il n'y pas phlétore de sources écrites qui permettent d'y accéder. C'est dans les milieux intellectuels que les théories se développent le plus rapidement, mais il peut s'écouler une génération ou plus avant que de nouvelles idées aient un impact réel auprès du grand public. Aussi n'est-il pas toujours facile de préciser les rapports entre le mouvement des idées et l'évolution sociale.

Au cours de la période 1870-1914, la vision du monde dominante fut avant tout influencée par les sciences de la nature. Comme nous l'avons vu, les progrès de la physique, de la chimie et de la biologie permirent de nombreuses conquêtes techniques et médicales qui transformèrent les conditions de vie. Cela contribua à conférer un grand prestige à la science. Grâce à l'institution scolaire, aux journaux et aux livres, de plus en plus de gens furent initiés à la conception scientifique du monde basée sur la physique classique de Newton. L'univers était constitué de

« Café Cornelio, Florence », par R. Nobili. Le tournant du siècle marqua la « belle époque » d'une bourgeoisie euphorique.

corps simples et d'atomes assemblés selon des proportions déterminées. En principe, la recherche était à même d'expliquer tous les phénomènes naturels. Ainsi, la raison s'implanta là où autrefois la religion avait apporté des réponses. La « sécularisation » était en marche, qui repoussa de plus en plus la religion dans la sphère privée. Toutefois, il ne s'agissait pas d'un changement subit. Il faut admettre que même en Occident, beaucoup de gens continuaient à croire que la terre était le centre de l'univers et que Dieu intervenait directement dans le cours de la nature.

Croyance au progrès et expositions universelles

L'optimisme du progrès se refléta massivement dans les grandes expositions universelles qui, à partir de celle de Londres en 1851, eurent lieu à intervalles réguliers. Les expositions de Paris en 1889, de Chicago en 1893 puis à nouveau de Paris en 1900 marquèrent le sommet de la modernité triomphante. La tour Eiffel, symbole gigantesque de l'ingéniérie conquérante à l'âge de l'acier, fut érigée à l'occasion de l'Exposition universelle de 1889. Onze ans plus tard, la capitale française présentait le « Palais de l'électricité », véritable temple d'un culte nouveau avec ses cheminées de 90 m de haut et sa décoration de colonnes et d'immenses guirlandes. Cette centrale assurait l'éclairage du centre ville et fournissait leur énergie aux extraordinaires machines de l'exposition : train électrique, escalier mécanique, trottoir roulant, grande roue avec 80 cabines. Il suffisait d'appuyer sur un bouton pour déclencher une force de 40 000 ch. Toute cette époque semblait chargée d'électricité. Il y eut 83 000 exposants venus de 40 pays, 48 millions de personnes visitèrent l'exposition et 130 congrès internationaux portant sur l'économie, les sciences et la culture y furent organisés sous le signe de la collaboration internationale.

L'évolutionnisme et le droit du plus fort

La théorie scientifique qui eut le plus d'influence à cette époque fut l'évolutionnisme. Dans *De l'origine des espèces* paru en 1859 (voir volume 1, pp. 16-18), Charles Darwin soutenait que toutes les espèces végétales et animales peuplant la nature résultaient d'une diversification de plus en plus grande à partir de quelques formes plus simples. En 1871, il appliqua cette théorie au genre humain dans *La descendance de l'homme*. Cela constituait un empiètement sur l'un des mystères centraux de la Bible, à savoir la création. Il s'ensuivit une querelle dont nous ne percevons aujourd'hui qu'un écho affaibli mais qui put entraîner d'implacables persécutions. Aux Etats-Unis, certains partisans de l'évolutionnisme furent révoqués de l'université.

« Pour le centième anniversaire de Darwin ». Caricature parue dans « Simplicissimus » en 1909. Sur terre, les savants adressent des prières au biologiste qui trône au ciel avec ses cousins singes. L'évolutionnisme était-il devenu une nouvelle religion ?

Darwin lui-même s'en tenait à la biologie et n'appliquait pas ses théories à la société humaine. Mais l'idée fondamentale que la « lutte pour la vie » conduisait à une « sélection naturelle » permettant aux plus aptes de survivre se laissait aisément incorporer à une philosophie sociale. Le darwinisme pouvait servir de caution à la règle du libéralisme et du conservatisme selon laquelle la libre concurrence produisait les meilleurs résultats (« the survival of the fittest »). Cette formule fut forgée par le philosophe anglais Herbert Spencer (1820-1903) qui introduisit systématiquement les idées de Darwin dans sa philosophie sociale (darwinisme social).

Mais la philosophie de Spencer était plus nuancée que le darwinisme social en version populaire. Certes, le penseur anglais s'opposait à une protection étendue des faibles par l'*Etat*, ce qui selon lui aurait été contraire aux lois de la nature. Il estimait cependant que l'évolution forgerait peu à peu un être humain plus noble, capable de plus de générosité envers ses semblables. Chez lui, l'idée de concurrence naturelle se combinait avec le principe fondamental que toute la vie sociale fonctionnait comme un organisme. L'« évolution » consistait en une différenciation croissante de la société, celle-ci étant pourvue d'organes de plus en plus spécialisés qui collaboraient efficacement. Elle s'était opérée de la famille à la tribu et à la nation, du petit groupe autosuffisant au grand Etat industriel, de même que le développement des organismes dans la nature s'était effectué du plus simple au plus complexe.

Les idées de Spencer eurent un retentissement considérable à l'époque des monopoles capitalistes et de l'impérialisme. On pouvait écraser les concurrents, opprimer les minorités, glorifier la guerre et justifier les conquêtes coloniales en se retranchant derrière l'ordre de la nature. Mais les ouvrages de Spencer firent aussi grande impression hors d'Europe. Ils proposaient une grandiose explication d'ensemble aux triomphes de l'Occident et suggéraient l'idée que les luttes entre nations pouvaient conduire à l'anéantissement des plus faibles. Cela incita à des réformes dans bien des pays. Ainsi, Spencer fut traduit en chinois dès la fin du XIXe siècle.

Le philosophe anglais Herbert Spencer (1820-1903) transposa à la société les idées de Darwin sur la lutte pour la vie. L'évolutionnisme de Spencer eut un impact considérable dans les dernières décennies du XIXe siècle. Caricature parue dans « Vanity Fair ».

Le positivisme et la littérature réaliste

Au sein des sciences sociales, ce ne fut pas le darwinisme mais le positivisme qui eut le plus d'influence. Au cours des années 1830 et 1840, le Français Auguste Comte avait présenté un programme d'étude scientifique de la société basé sur les faits observables, « positifs ». Son ambition était de dévoiler que la société, tout comme la nature,

Le moine autrichien Gregor Johann Mendel (1822-84) découvrit les lois fondamentales de la génétique en croisant différentes sortes de pois. Les théories de Mendel furent redécouvertes au tournant du siècle, à une époque de recherches intenses sur l'hérédité.

obéissait à des lois strictes. C'est ainsi que les sciences exactes parrainèrent les sciences sociales modernes en voie d'émergence. La sociologie française et allemande connut une riche floraison au tournant du siècle avec de grands chercheurs (Max Weber, E. Durkheim, F. Tönnies) dont la démarche scientifique se développa à partir des prémisses posées par Comte.

L'étude de l'homme connut elle aussi un nouveau départ avec la psychologie scientifique fondée sur l'observation systématique et l'expérimentation. Le Russe Ivan Pavlov (1849-1936) entreprit dans les années 1890 des recherches qui allaient conduire à la théorie des réflexes conditionnés et ouvrir la voie à la psychologie du comportement. La doctrine moderne de l'hérédité vit le jour à cette époque, d'une part sous l'effet des progrès de la biochimie, d'autre part grâce à la redécouverte des recherches effectuées dans les années 1850 et 1860 par le moine autrichien Gregor Johann Mendel (1822-84) sur les lois fondamentales de la génétique.

Caricature allemande représentant des touristes couverts d'étiquettes en provenance des hôtels où ils sont descendus. Le tourisme devint une industrie de masse. Pour beaucoup, l'essentiel était de visiter le plus grand nombre possible de lieux touristiques.

Le positivisme joua également un rôle important dans la recherche historique, notamment pour l'élaboration scientifique d'une méthode de critique des sources. L'Allemand Leopold von Ranke (1795-1886), qui nourrissait l'ambition d'élucider « ce qui s'était vraiment passé », avait été un pionnier en la matière. Dans les années 1890, lord Acton lança la monumentale « Cambridge Modern History » fondée sur le principe qu'un ouvrage historique exhaustif et définitif pourrait voir le jour à partir d'une série de monographies scientifiques.

Dans le domaine littéraire, le positivisme inspira le courant réaliste. En Scandinavie, le critique littéraire danois Georg Brandes en fut l'introducteur dans les années 1870. Il préconisa de soumettre les problèmes à débat et de décrire en profondeur les phénomènes sociaux dans l'espoir de susciter des améliorations. Dans les pays nordiques, les drames sociaux d'Ibsen, notamment, participèrent de ce courant dont le principal représentant fut le Français Emile Zola (1840-1902) qui fit évoluer le réalisme vers ce qu'on a appelé le naturalisme.

Les naturalistes accordèrent la première place au roman. Ce genre littéraire permettait de décrire le réel de manière exacte et fouillée, et, à l'instar d'un traité scientifique, il devait reposer sur une solide documentation. Simultanément, les romanciers naturalistes, révoltés par les carences de la société bourgeoise, dénoncèrent la misère et l'oppression par solidarité avec les faibles. Le naturalisme s'imposa également sur la scène, grâce notamment aux drames du Norvégien Ibsen et du Suédois Strindberg — qui tous deux se penchèrent sur les problèmes de l'hérédité et du milieu.

Mentalité et style de vie bourgeois

Dès l'instant qu'on laisse de côté les sciences et les idées fortement structurées pour se pencher sur les attitudes générales et les opinions, le concept de mentalité se révèle utilisable (voir volume 1, p. 16). Cependant, il apparaît quasi impossible de caractériser en quelques mots la « mentalité occidentale » au tournant du siècle. Les variations étaient grandes d'une région à l'autre, d'une classe à l'autre. Nous nous bornerons pour l'essentiel à la mentalité de la bourgeoisie, mais il faut noter qu'elle était alors dominante et tendait à se répandre dans d'autres couches de la société. De nombreux témoignages en provenance du tiers monde montrent bien que les Européens produisirent une même impression d'ensemble — raison triomphante, discipline, efficacité.

Nous avons précédemment insisté sur le fait que la rationalité était à la source des progrès matériels de l'Occident moderne. Nous avons aussi suggéré le retentis-

La pièce d'Ibsen « Maison de Poupée » (1879) provoqua en son temps des débats tumultueux. Dans cette scène, Nora rompt avec les conventions bourgeoises en dansant la tarentelle. Représentation au théâtre royal de Copenhague à la fin du XIXe siècle avec Betty Hennings dans le rôle principal.

August Strindberg à Berlin, peint par Edvard Munch. Comme Ibsen mais sur un ton plus violent, Strindberg se livra à une critique passionnée de la société. Munch fut un des grands représentants de l'« expressionnisme » en peinture.

sement des rapides progrès techniques postérieurs à 1870 sur le style de vie et les manières de penser. La planification à long terme prit de l'importance, calendriers et horloges rythmèrent la vie. Les ouvriers durent s'adapter à cette nouvelle discipline de l'horaire et les paysans planifier leur travail dans la durée.

Dans la société industrielle dominée par le souci d'une efficacité maximale, la nature devint objet de contrôle, d'intervention et de manipulation. Ingénieurs et chercheurs des temps nouveaux pouvaient littéralement la décomposer puis la remodeler en de nouvelles combinaisons adaptées à la production industrielle. Cette attitude distanciée en vint à imprégner également les activités de loisirs. Paysages et curiosités naturelles furent érigés en objets de consommation recherchés par le tourisme et utilisés pour les congés payés — avant d'être vendus comme des marchandises par les voyagistes.

Le « paysage social » se modifia profondément lui aussi. Les anciennes unités — foyer paysan, commune villageoise — constituaient autant de collectivités fixes dans une région déterminée. La société industrielle fut de plus en marquée par des paysages artificiels : villes, complexes industriels, institutions sociales et administratives. Dans cet environnement, l'unité sociale de base, c'était la cellule familiale composée des parents et des enfants. De telles familles étaient mobiles, adaptables à de nouvelles tâches professionnelles. Alors que dans les foyers paysans, homme, femme et enfant participaient chacun au travail commun, la subsistance de la famille bourgeoise ne fut plus que l'affaire du mari. De ce fait, l'épouse au foyer se vit réduite à mettre en valeur ses qualités féminines de beauté, de tendresse et de dévouement.

Pique-nique sur un air de flûte. Le citadin voue un culte à la nature à cette époque où se développent les loisirs, les congés payés et le tourisme.

A la fin du XIXe siècle, le foyer bourgeois était conçu comme une forteresse abritant la famille. A l'inverse des chaumières paysannes ouvertes avec leur salle commune et leur mobilier simple, maisons et appartements bourgeois étaient pourvus de plusieurs pièces, d'entrées et de couloirs qui assuraient la tranquillité de la vie privée. L'accumulation de meubles et de bibelots permettait à la famille d'afficher son statut social. Plusieurs entrées rendaient possible de trier les visiteurs, et les visites étaient réglées par des rites bien établis. Les pièces d'Ibsen donnent une idée adéquate de ces foyers bourgeois qui à bien des égards ressemblaient à des théâtres.

Une famille bourgeoise. Cette illustration allemande d'environ 1880 évoque des valeurs telles qu'intimité, ordre, sécurité, application...

L'éducation des enfants et « l'impérialisme culturel de l'intérieur »

Dans les foyers bourgeois, l'éducation des enfants, depuis l'apprentissage de la propreté jusqu'à la formation du caractère, tendait à instaurer une stricte discipline. Les sentiments devaient être dominés, et il fallait tenir le corps en bride à l'aide d'habitudes rigoureuses. L'économie et l'assiduité au travail, vertus cardinales chez l'adulte, étaient inculquées dès le plus jeune âge. C'était avant tout la sexualité, le plus bestial et le plus dangereux de tous les instincts, qui devait être contrôlée. Max Weber estimait que plus l'ordre social était sévère, plus la vie sexuelle était refoulée. Freud découvrit qu'un tel refoulement était la cause majeure des sentiments de culpabilité et du développement d'un « sur-moi » incitant le moi à se défendre contre les pulsions. Cette lutte contre la sexualité, par exemple contre l'onanisme, prit parfois des formes qui

L'anniversaire de papa. Photo de famille allemande datant d'environ 1880. Le respect et la soumission qui transparaissent ont valeur d'exemple pour la société tout entière !

Jardin d'enfants à Skövde en Suède (année scolaire 1906-07). On inculque aux jeunes la discipline et les bonnes manières. L'éducation des enfants était le fondement même de la civilisation occidentale.

peuvent sembler grotesques avec le recul. L'onanisme était la pire manifestation du manque de contrôle de soi, il pouvait conduire à la ruine de l'individu comme de la civilisation. Selon le médecin allemand O. Vater, celui qui s'y livrait « gâchait non seulement sa semence mais aussi son cerveau, son système nerveux, sa moelle épinière, sa vue, son entendement et son intelligence, bref toute forme d'énergie vitale ».

L'éducation avait aussi pour mission essentielle d'inculquer l'ordre et la propreté. L'ordre familial était le fondement de l'ordre social. La propreté était hautement prisée dans les foyers bourgeois vers la fin du XIXe siècle. Cela était certes lié aux nouvelles connaissances sur le mode de propagation des maladies, mais ce zèle hygiénique revêtait aussi des formes répressives tendant à discipliner le corps. Tout ce que celui-ci sécrétait, des excréments à la sueur, était méprisable et frappé de tabou — beaucoup plus que dans la vieille société paysanne. Dans les familles cultivées, la plupart des organes situés en dessous de la poitrine n'étaient mentionnés que de manière discrète et indirecte.

Indubitablement, une telle mentalité était profitable aussi bien à l'Etat moderne qu'à l'économie capitaliste. Il existait par exemple des liens directs entre épargne privée, constitution de capitaux et investissements. Forgé essentiellement par la bourgeoisie, ce style de vie, en s'imposant comme norme dans toute la société, assura l'hégémonie culturelle de cette classe et renforça son pouvoir. Les manières aristocratiques, plus libres et plus frivoles, furent répudiés. L'on méprisa les ouvriers : ils sentaient mauvais et prenaient leurs repas à la cuisine, ils avaient une vie sexuelle déréglée et s'abandonnaient aisément à la colère ou à l'abattement. La répugnance physique que cela inspirait alimenta un sentiment de supériorité bien ancré, comparable à celui affiché vis-à-vis des gens de couleur du tiers monde.

Les vertus bourgeoises se propagèrent activement dans d'autres classes sociales par l'intermédiaire de l'école, de l'Eglise, des missions intérieures, des caisses d'épargne, etc. Les associations ouvrières elles-mêmes contribuèrent de bien des manières à discipliner les travailleurs et à les intégrer à la culture bourgeoise. C'est tout cela qu'on peut désigner par « impérialisme culturel de l'intérieur ». Cependant, il ne s'agissait pas que de manipulations. L'hygiène, la santé, la qualité de l'habitat étaient autant de bienfaits qui profitaient à chacun. Rien ne justifie qu'on romantise la crasse, car elle était indissociablement liée à une pauvreté et une arriération qui s'opposaient au développement de l'humanité.

L'ordre — un impératif catégorique

Fondement de toute la production industrielle et de la gestion bureaucratique de la société, l'ordre constituait sans nul doute le premier commandement de l'éducation bourgeoise. C'est d'abord au foyer qu'il devait être inculqué. Un manuel suédois destiné aux mères de famille présentait en 1884 les recommandations suivantes : *« Le premier des devoirs est l'*ordre*. L'ordre, ce n'est pas seulement faire le ménage de manière à ce que rien ne traîne ; même ce qui n'est pas visible doit avoir sa place déterminée et* être à cette place*... Il convient d'avoir un emploi du temps fixe qui ordonne les tâches quotidiennes. Les serviteurs doivent savoir qu'il faut* d'abord *allumer le feu dans toutes les pièces,* puis *balayer* et ensuite *mettre la table du petit déjeuner... En un mot, toutes les tâches doivent s'accomplir dans un ordre déterminé qui ne doit être rompu qu'en cas d'absolue nécessité... et lorsque la mère de famille a trouvé un ordre satisfaisant et s'y tient, cela devient bientôt pour elle et toute la maisonnée une habitude qui facilite le travail, crée une ambiance plaisante et donne de la consistance à la vie quotidienne. »*

(Citation tirée de J. Frykman et O. Löfgren : *Den kultiverade människan*, Lund 1979.)

Affiche publicitaire d'Henri Meunier, 1899. La propreté ne ressortissait pas qu'à l'hygiène personnelle, elle était aussi un symbole de décence, d'ordre et de civilisation.

Du village à la métropole : Tönnies et Simmel

Les observations les plus pénétrantes sur l'évolution sociale à la fin du XIXe siècle proviennent sans doute de la nouvelle génération de sociologues qui s'imposa alors avec de grands noms comme Tönnies, Simmel, Durkheim et Weber. Ils furent les témoins de la dissolution des anciennes structures, de l'émergence d'un ordre social nouveau, et ils élaborèrent des concepts et des théories pour rendre compte de cette mutation. Ces sociologues adoptèrent une perspective globale, et leurs idées gardent leur pertinence dans les débats actuels sur les pays en voie de développement. Face à l'évolution de la société occidentale, ils partagèrent une même inquiétude.

Depuis l'âge des Lumières, un des thèmes majeurs de la philosophie sociale européenne était l'opposition entre d'une part l'existence d'un ordre social traditionnel dont les racines plongeaient dans le Moyen Age et d'autre part l'émergence d'une société organisée rationnellement et fondée sur des individus libres et indépendants. Avec l'industrialisation accélérée et l'urbanisation galopante de la fin du XIXe siècle, cette opposition entre l'ancien et le nouveau prit des allures dramatiques.

Dans les années 1880, l'Allemand Ferdinand Tönnies (1855-1936) décrivit cette évolution comme un passage de la communauté (Gemeinschaft) à la société (Gesellschaft), autrement dit de groupements traditionnels bien circonscrits à une société moderne à grande échelle. Au sein de la famille, de la commune villageoise, des corporations d'artisans ou des paroisses, les gens vivaient en communauté étroite, ils s'investissaient entièrement dans des croyances communes et il n'y avait guère de fossé entre les générations. La place de l'individu était déterminée pour l'essentiel par le *statut* que lui conférait sa naissance.

Choristes du pape à Rome en 1870. L'Eglise offrait un exemple de cette communauté intime dont beaucoup craignaient qu'elle ne se dissolve dans la société moderne. L'Eglise pontificale refusa toujours de se soumettre au modernisme.

Le sociologue et philosophe allemand Ferdinand Tönnies qui sut exprimer de manière frappante le contraste entre la grande société impersonnelle et la communauté intime de jadis. A droite, « La philosophie de l'argent », ouvrage du sociologue allemand Georg Simmel.

Selon Tönnies, l'entreprise moderne représentait une forme d'organisation sociale diamétralement opposée. Les gens s'y rencontraient en tant qu'individus isolés au sein d'une organisation rationnelle. Les relations humaines étaient fondées sur des *contrats* (achats de marchandises, de prestations). Avec l'Etat moderne, toute la société ressemblait de plus en plus à une vaste entreprise réunissant des êtres calculateurs qui agissaient selon leurs propres intérêts et n'étaient plus liés par des valeurs communautaires telles que croyances partagées, contacts étroits et loyauté mutuelle. L'argent devenait la mesure de toutes choses. Quand la communauté se dissolvait, c'est la source même des vertus traditionnelles — amour, dévouement, amitié, dignité, honneur — qui se tarissait.

Aux yeux du sociologue allemand Georg Simmel (1858-1918), la grande ville européenne, la métropole, apparaissait comme le symbole même du monde moderne. Les êtres humains s'entassaient dans un « paysage » artificiel, et leur personnalité se fractionnait en différents rôles — professionnel, syndical, familial. Un flux abondant d'informations stimulait le cerveau tandis que rien ne venait nourrir l'affectivité. L'intelligence calculatrice dominait. L'on prenait aisément des attitudes blasées et arrogantes, par cynisme peut-être, mais aussi pour dissimuler sa timidité, son manque d'assurance ou sa méfiance à l'égard d'autrui.

Toutefois, ni Simmel ni Tönnies n'étaient insensibles aux aspects positifs de la société moderne. N'incarnait-elle pas précisément cette libération à l'égard des liens traditionnels dont les philosophes des Lumières avaient cru qu'elle permettrait le développement de l'humanité ? Tönnies caressait aussi l'espoir qu'une « communauté » nouvelle et plus étendue pourrait se créer dans la nouvelle société grâce aux assurances, à la sécurité du travail et à une politique plus résolument humaniste.

Société industrielle et déshumanisation : Durkheim et Weber

Parmi les études les plus alarmantes sur la société moderne s'inscrivent les études du sociologue français

Plan de trottoir roulant à Chicago — exemple extrême de « paysage artificiel » en milieu urbain.

Rue de New York. Les fils téléphoniques symbolisent les liens qui se nouèrent dans les grandes villes modernes. Tant qu'on n'utilisa que des fils aériens, cet enchevêtrement donna au paysage une allure passablement confuse.

Max Weber (1864-1920), un sociologue allemand qui adopta une perspective globale et exerça une influence profonde.

Emile Durkheim (1858-1917) sur le suicide qu'il interpréta dans les années 1890 comme une maladie *sociale*. Il découvrit que le taux de suicide était le plus élevé parmi les citadins et les ouvriers d'usine, au sein des professions libérales et chez les protestants. Son explication résida en ceci que ces êtres humains, une fois plongés dans la détresse, étaient privés du soutien qu'une communauté sociale plus forte aurait pu leur apporter. La cellule familiale était trop petite pour donner à l'existence individuelle un sens, un contexte et des desseins exaltants, tandis que l'Etat se dressant dans sa majesté impersonnelle était trop grand pour permettre l'épanouissement des contacts humains.

Mais le suicide était aussi dû au fait que les aspirations de l'homme moderne n'étaient plus freinées comme autrefois par la religion et la communauté traditionnelle. Dans une société matérialiste, les gens pouvaient souhaiter tout ce qu'ils voulaient mais cette quête était vaine puisqu'ils voulaient toujours plus. Sans autorité et sans règles, la liberté risquait de se révéler insupportable. Durkheim préconisait un élargissement de la communauté familiale ainsi que la création de nouvelles organisations aptes à promouvoir une « décentralisation professionnelle ». Cette dernière proposition n'est pas sans évoquer les organisations corporatistes d'antan.

Charlie Chaplin dans « Les temps modernes » (1936). Dès avant 1914, le thème de l'être humain confronté à la société industrielle inspira beaucoup de penseurs et d'artistes.

Pour Max Weber (1864-1920), l'évolution sociale s'opérait essentiellement dans le sens de la *rationalisation*, c'est-à-dire de l'application de la raison instrumentale à un nombre croissant de domaines. L'on connaît surtout ses descriptions de la bureaucratie comme forme d'administration rationnelle. Selon lui, le capitalisme tendait de manière analogue à la rationalisation dans le domaine économique. Dans cette perspective, le fait que la propriété fût privée ou non apparaissait d'importance secondaire. Avec des techniques développées et une administration centralisée, le socialisme ne constituerait après tout qu'une nouvelle variante de la société rationnelle. Le problème, c'est que l'emploi systématique d'une raison instrumentale fondée sur les intérêts des individus finirait par ruiner l'humain. « Les autres » ne seraient que des moyens, jamais des fins. L'être humain deviendrait lui-même un rouage au sein de la grande machine. Bref, le robot finirait par vaincre son maître.

Un thème commun à tous ces sociologues fut celui de l'« aliénation ». Pour Marx, celle des ouvriers provenait des formes de propriété régnant dans le capitalisme, et elle disparaîtrait avec l'avènement de la société socialiste. Nos sociologues estimaient que l'aliénation de l'être humain dans la société moderne avait des racines plus profondes. Elle tenait à la perte des valeurs de communauté et au morcellement en rôles spécialisés sous la pression écrasante d'un système industrialo-bureaucratique. L'individu cessait alors de se percevoir comme un tout, il perdait ses racines, son identité et sa capacité d'agir. La société devenait ainsi un espace vide où la culture s'étiolait et où l'Etat étendait son emprise à tous les secteurs d'activité. L'être humain rapetissait : « Des spécialistes sans âme, des adorateurs sans cœur du vécu, et toutes ces têtes vides s'imaginent avoir atteint un niveau de civilisation incomparable ! » (Max Weber).

En vérité, ces grands sociologues problématisaient un certain nombre d'idées centrales issues des Lumières et de leur propre temps. Le progrès économique était-il source de bonheur accru ? La multiplication des institutions éducatives, scientifiques et artistiques aidait-elle au développement de la personnalité ? La démocratie pouvait-elle conduire à la tyrannie ? La raison pouvait-elle devenir sa propre ennemie ? Il est difficile d'attribuer à ces sociologues une perspective de classe bien précise. Représentaient-ils une forme d'autocritique bourgeoise ? N'avaient-ils pas plutôt, en tant qu'intellectuels, des conceptions aristocratiques ? Ce qui est certain, c'est que leur origine sociale ne leur permettait pas de contempler les choses « d'en bas », dans l'optique de la classe ouvrière et des petits paysans. Ainsi, Max Weber s'étonnait que les ruraux de Prusse orientale ayant fait des études puissent préférer l'incertitude d'un emploi salarié fondé sur un

Tolstoï et la vie simple

Le thème de la *simplicité* apparut comme un *leitmotiv* chez les critiques de la société industrielle. Le comte Léon Tolstoï (1828-1910), célèbre écrivain russe, donna à ce message un maximum d'intensité. Après une brillante carrière littéraire et sociale, il en vint à rejeter totalement l'ordre social existant. Il jugea sa fortune personnelle injustifiable et ne vit que fausseté et vanité dans ses succès intellectuels. A ses yeux, la solution consistait à appliquer littéralement la doctrine du Christ telle qu'elle s'exprime notamment dans le Sermon sur la Montagne. Le bonheur exigeait une renonciation à la société industrielle et aux bienfaits fallacieux de la civilisation urbaine qui reposaient sur l'exploitation sociale et l'oppression politique. Il fallait revenir à la vie simple du paysan — pourvoir soi-même à ses vêtements, sa nourriture, son chauffage et son logement tout en servant les autres. Seul le travail manuel était riche de sens. Il fallait que l'art lui-même se fasse simple et accessible à tous. La puissance expressive de Tolstoï et sa volonté de pratiquer réellement sa doctrine firent qu'il exerça dans la vie culturelle européenne une influence considérable, comparable à celle d'un Marx ou d'un Nietzsche. Plus que quiconque peut-être, il contribua à préparer la voie à la révolution russe. En Inde, il fut une source d'inspiration majeure pour Gandhi.

contrat à l'ordre traditionnel et sécurisant qui régnait sur les terres des grands propriétaires nobles.

Tous ces sociologues s'intéressaient vivement à la religion dans laquelle ils voyaient un « besoin éternel » de l'homme. Avec l'affaiblissement du christianisme dans la société moderne disparaissait aussi une force de cohésion et une source d'action en commun. Aucune société ne pouvait subsister sans un fondement religieux au sens le plus large du terme. En Occident, des concepts tels que « propriété privée » et « contrat » avaient été littéralement sacralisés. Weber mettait aussi en lumière les éléments religieux que comportait la politique moderne (le « charisme » s'attachant à la personne des leaders). L'avenir allait en fournir de nombreux exemples.

Révolte contre la société rationnelle : Nietzsche

L'attitude des sociologues à l'égard de la société moderne n'était nullement typique. Au sein de la bourgeoisie et dans de larges couches de la population dominait la croyance au progrès, parfois sous des formes extrêmes qui peuvent s'expliquer par les triomphes de la technique et la puissance des pouvoirs publics. C'est aussi cette foi rationaliste qui frappait les gens d'autres continents confrontés à des Occidentaux.

Mais parmi les élites intellectuelles, la révolte gronda au tournant du siècle contre la société bourgeoise conformiste et inféodée à la raison. L'un des principaux inspirateurs de ce nouveau courant fut le philosophe allemand Friedrich Nietzsche (1844-1900).

La doctrine qu'il élabora au cours de deux décennies fiévreuses — avant de sombrer dans la folie en 1889 — apparaît comme une vaste révolte contre la civilisation moderne. Il soutint que celle-ci réduisait les hommes à l'esclavage, encourageait la médiocrité, engendrait la fausseté et la dissimulation. Il opéra un retour à la tradition dyonisiaque de la Grèce antique et voulut travailler à l'avènement d'individus spontanés, passionnés et créatifs. Influencé par Darwin, il lança l'idée d'un nouveau type humain, le « surhomme », qui tracerait les voies du futur.

L'impression profonde que fit Nietzsche était due pour

En haut à gauche : Léon Tolstoï reçoit la visite de Maxime Gorki. Tolstoï exerça une influence profonde par ses idées mystiques sur la vie simple et dépouillée. Dans sa propriété de Iasnaïa-Poliana située en dehors de Moscou, il essaya de mettre sa doctrine en pratique.

Friedrich Nietzsche (1844-1900) peint par Edvard Munch sur arrière-plan alpestre. Nietzsche fut le grand révolté parmi les penseurs occidentaux. Dans « Ainsi parlait Zarathoustra », son chef-d'œuvre, il a notamment développé ses idées sur le « surhomme ».

Scène tirée de « L'anneau des Niebelungen » (1852-74), la tétralogie de Richard Wagner inspirée par de vieilles légendes héroïques germaniques. Le compositeur fit exploser les formes musicales traditionnelles.

une part à sa manière d'écrire, puissante, poétique, mais également vague et insondable. On pouvait se réclamer de lui pour les révoltes les plus diverses contre l'ordre établi. Dans les pays nordiques, il eut à la fin des années 1890 un remarquable interprète en la personne du critique danois Georg Brandes. Nietzsche marqua profondément Ibsen (l'exigence d'être soi-même), Strindberg (la révolte contre les conventions bourgeoises), et il inspira aussi bien des romanciers naturalistes critiquant la société que des écrivains néo-romantiques aux alentours de 1900.

L'art fait éclater les vieilles conventions

Les réactions contre les formes artistiques traditionnelles plongeaient leurs racines dans le romantisme. Le compositeur allemand Richard Wagner (1813-83) s'insurgea contre le matérialisme de l'époque qui selon lui était contraire à l'« esprit allemand ». Il puisa ses motifs dans le vieux fond germanique de légendes héroïques et créa ses opéras tragiques (Lohengrin, Tannhäuser, L'anneau des Nibelungen, Parsifal) dans lesquels les idéaux allemands et chrétiens se fondirent en une synthèse romantique d'une formidable expressivité. La rupture de Wagner avec la tradition musicale ouvrit la voie à de nouvelles expériences. Gustav Mahler (1860-1911) composa au tournant du siècle des symphonies caractérisées par une grande maîtrise technique et une sensiblité raffinée. Des expérimentateurs comme Claude Debussy (1862-1918) et Igor Stravinski (1882-1971) firent naître de nouvelles sonorités, et Arnold Schönberg (1874-1951), compositeur américain d'origine autrichienne, franchit un pas supplémentaire en créant un univers sonore atonal où les règles de l'harmonie classique cessèrent d'avoir cours. Dans le domaine de la danse, Serge de Diaghilev (1872-1929) et ses ballets russes firent sensation à Paris juste avant la Première Guerre mondiale en introduisant un style coloré et expressif qui rompait totalement avec la tradition classique.

Claude Monet : « Impression, soleil levant » (1872). Le titre de ce tableau donna son nom au courant artistique appelé « impressionnisme » dont Monet fut le principal représentant.

sieurs angles simultanément, et réduits à des formes simples. Picasso estimait que l'expression directe et personnelle était une fin en soi, indépendamment de la réalité extérieure. Le *surréalisme* qui réalisa sa percée après la Première Guerre mondiale s'inspira pour une part des idées psychanalytiques sur la symbolique des rêves. Ces différents courants, chacun avec sa technique propre, provoquèrent un éclatement de la communauté artistique et éloignèrent l'artiste du grand public. C'est alors que fut forgé le concept d'*avant-garde* pour désigner ceux qui se présentaient comme les éclaireurs de l'avenir.

La découverte de l'inconscient : Sigmund Freud

Paradoxalement, l'attaque la plus radicale contre l'idée de souveraineté de la raison fut portée par un psychologue de formation scientifique, l'Autrichien Sigmund Freud (1856-1939). En 1900, il publia son ouvrage fondamental sur *La science des rêves* où apparaissait l'essentiel de la doctrine psychanalytique qui allait connaître une grande fortune.

Oscar Wilde — play-boy littéraire ou dynamiteur du style de vie bourgeois ? L'écrivain fut emprisonné pour homosexualité. Aquarelle de Carlo Pellegrini, 1884.

En haut à gauche : « Les demoiselles d'Avignon » (1907) de Pablo Picasso, une des premières peintures cubistes. Inspiré par des sculptures africaines et des masques océaniens, l'artiste parvint à donner une expressivité violente à ses personnages féminins volontairement déformés.

Dessinée par Antonio Gaudi, commencée en 1884, la cathédrale de la Sainte-Famille à Barcelone apparaît comme un des monuments les plus étonnants d'Europe. L'architecture était en passe de s'affranchir de l'imitation de styles anciens pour se doter de formes authentiquement modernes (art nouveau, fonctionnalisme). Cette cathédrale n'est pas encore achevée.

En littérature, les années 1890 virent s'effacer le réalisme et l'engagement social au profit du sentiment, de la nature, de l'individu solitaire, tandis que le style se faisait suggestif, allusif et formellement raffiné. Les Français Paul Verlaine (1844-96) et Arthur Rimbaud (1854-91) furent les pionniers de ce courant. La décadence — individuelle ou collective — devint à la mode. Un tel thème pouvait paraître piquant aux yeux des bourgeois, et l'on s'arracha un écrivain comme Oscar Wilde (1854-1900) dans les salons londoniens. Simultanément, ses caricatures impitoyables constituaient une menace contre les conventions bourgeoises et les vaines prétentions de la classe moyenne. Aussi bien Oscar Wilde que son collègue français André Gide (1869-1951) furent persécutés à cause de leur homosexualité. N'était-ce pas une preuve que l'existence individuelle authentique entrait toujours en conflit avec les autorités, que toute création authentique était peut-être incompatible avec l'ordre établi ? Les exigences de l'art devaient faire voler en éclats les règles imposées par la société. « Le poète se fait voyant par un long, immense et raisonné dérèglement de tous les sens », déclarait Rimbaud.

En peinture, les grands *impressionnistes* (Monet, Degas, Renoir) rompirent après 1870 avec la tradition picturale soucieuse de restituer fidèlement la réalité. Ces artistes rendirent les objets et la lumière en fonction de la manière dont ils les ressentaient. A l'aube du XXe siècle apparut l'*expressionnisme* qui se révoltait délibérément contre tout assujettissement à la réalité extérieure observable (van Gogh, Gauguin, Munch). Il importait à la place de pénétrer au plus profond de l'être humain, là où règnent l'inconscient et les pulsions irrationnelles. Pour un peintre comme Gauguin, cela se traduisit par un vif intérêt pour les formes de culture de « l'être humain primitif », la sculpture africaine par exemple.

Avec les *cubistes*, Pablo Picasso en tête, fut consommée la rupture définitive avec la tradition réaliste. Les objets furent représentés tel que l'artiste les ressentait, sous plu-

« Le péché honteux »

Freud estimait que la culture, en disciplinant les pulsions, tendait à refouler la sexualité. Cette thèse n'a rien d'étonnant si l'on songe par exemple à la manière dont l'onanisme était décrit à son époque. Voici un extrait du dictionnaire médical du docteur Ruff, ouvrage suédois de 1888 qui connut une large diffusion :

« L'Alpha et l'Omega du traitement d'un tel onaniste est de le soumettre à une discipline sévère. A l'école, le maître doit avoir constamment un œil sur lui, et il faut que cette surveillance s'étende aux périodes de récréation... A la maison, c'est au père et à la mère qu'il convient de prendre le relai. Il ne doit pas dormir seul dans une chambre, et il ne faut pas hésiter à se rendre près de son lit plusieurs fois par nuit pour tirer la couverture, peu importe qu'il soit endormi ou non... Si malgré tout il s'obstine, il faut entraver ses mouvements pendant la nuit avec des bâtons de dimension notable, solidement attachés aux poignets ; il est bon de faire voir cet instrument de punition à ses frères et sœurs, bien entendu sans en préciser la signification et la cause... »

(Citation extraite de J. Frykman et O. Löfgren : *Den kultiverade människan*, Lund 1979.)

Pour résumer à l'extrême, Freud montrait de quelle manière la conscience était dépendante de processus corporels par l'intermédiaire de l'inconscient.

En dialoguant avec des malades mentaux se livrant à des associations libres, Freud fut frappé par la puissance des instincts élémentaires, avant tout l'instinct sexuel au sens le plus large (*libido*). La personnalité (le *moi*) s'efforçait de maîtriser ces pulsions comme un cavalier son cheval. Mais le moi était simultanément soumis à la pression du *sur-moi*, instance morale forgée par l'éducation familiale et les exigences sociales. Les tensions qui en résultaient ne pouvaient se résoudre que par le refoulement ou la *sublimation* des instincts. Ce qui est essentiel ici, c'est que la raison apparaissait dans ce système comme un instrument au service de forces plus profondes : dans le royaume de l'inconscient s'effaçaient les frontières entre le passé et le présent, entre le sujet et l'objet, entre l'imaginaire et le réel. Ce qu'il découvrit sous une forme extrême chez ses patients, Freud l'étendit à toute l'humanité, et il soutint que l'inconscient gouvernait la manière dont l'être humain percevait la réalité.

Cependant, Freud n'avait rien d'un révolutionnaire. Il demeura rationaliste et défendit le style de vie bourgeois. Il fallait une pression culturelle pour dompter les instincts agressifs, et la société ne pouvait se maintenir qu'au prix d'un contrôle de la sexualité. L'être humain pouvait préserver sa santé mentale et s'adapter à la société grâce à la connaissance scientifique et à la psychothérapie.

Cependant, certains disciples de Freud s'engagèrent dans d'autres voies. Le psychiatre suisse Carl Gustav Jung (1875-1961) se rapprocha des courants néo-romantiques et irrationnels du temps. Il soutint que l'inconscient — l'« âme » — avait été originellement forgé par le long passé du peuple ou de la « race » tel qu'il s'exprime notamment dans la tradition religieuse, dans les mythes. La tension entre l'individu et la société pouvait diminuer, et la créativité augmenter, si l'on revenait à une vie plus naturelle, plus communautaire, proche de celle traditionnelle du paysan. Il y avait là des points de contacts avec la future idéologie nazie.

Le médecin autrichien Alfred Adler (1870-1937), qui lui aussi rompit assez vite avec Freud, insista par contre sur l'importance du milieu pour le façonnement de la personnalité — position qu'il combina avec un socialisme actif. Il souligna aussi le rôle de l'agressivité plus important selon lui que celui de la sexualité.

On a dit des idées de Freud qu'elles avaient provoqué en Europe un « choc culturel », comme celles de Nietzsche une génération auparavant. Les effets s'en firent sentir dans la littérature, la pédagogie, les arts, la philosophie, la morale et la médecine au cours du demi-siècle qui suivit. Cette « théorie de la relativité » appliquée à la psychologie fit vaciller la foi occidentale en la raison.

Les études anthropologiques sur les religions, les cultures et les sociétés dites « primitives » œuvrèrent dans le même sens. Elles montrèrent notamment que la conception même de la rationalité variait d'un société à l'autre en fonction de la vision du monde et des valeurs dominantes.

Dans la perspective de certaines cultures non européennes, la doctrine psychanalytique de l'inconscient pouvait apparaître comme une pseudo-découverte, comme l'affirmation d'une évidence. Aussi bien les courants mystiques de l'Orient que les pratiques magiques de l'Afrique reposaient sur la conviction que la réalité était loin de se limiter au monde visible. Mais en Occident, l'onde de choc psychanalytique contribua puissamment à modifier la culture et à infléchir l'histoire de la pensée.

« Freud face à lui-même », dessin de Chas. B. Slackman. La psychanalyse se retranchait-elle dans un monde à part ou constituait-elle une méthode scientifique permettant d'accroître le savoir et de résoudre les problèmes ?

La théorie de la relativité et l'antipositivisme

A l'époque de la psychanalyse, la physique moderne connut aussi une révolution qui allait miner la conception de l'univers universellement admise depuis Newton. Dans les années 1890, les recherches sur le rayonnement révélèrent que ce qui avait été tenu pour l'élément de base

Le physicien allemand Max Planck (1858-1947), père de la théorie des quanta qui révolutionna la représentation de l'univers et jeta les bases de la physique atomiste moderne.

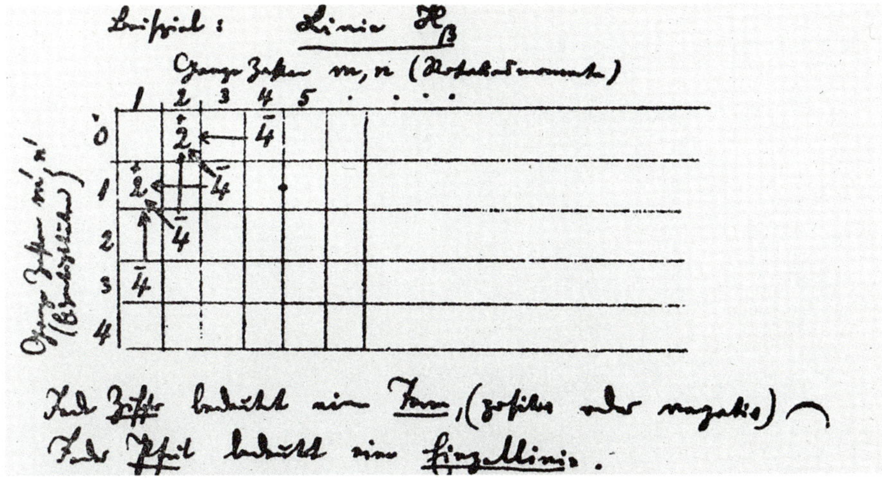

A droite : extrait d'une lettre de Max Planck de 1916 où il expose sa théorie sur le mouvement des électrons.

immuable de l'univers, l'atome, formait lui-même comme un système solaire miniature composé de « particules » susceptibles d'être influencées et modifiées. La frontière s'effaça entre les corps chimiques et les ondes électromagnétiques. En 1900, avec la théorie des quantas de Max Planck, la lumière apparut comme un flux discontinu d'« atomes lumineux ». En 1905, Albert Einstein donna une description mathématique d'ensemble de la nouvelle conception de l'univers dans sa « théorie de la relativité » où même les concepts d'espace et de temps furent rendus dépendants de la position de l'observateur. Il résulta de ces découvertes que l'idée de probabilité remplaça celle de certitude en matière de lois naturelles. Dans la mesure où ces travaux scientifiques furent connus du grand public, au prix souvent de simplifications et de gauchissements, ils contribuèrent indirectement à souligner ce qu'il y avait d'incertain et d'imprévisible dans l'existence.

Mais la révolution scientifique ne fit nullement voler en éclats les conceptions traditionnelles de l'univers qui, bien entendu, demeuraient parfaitement adaptées à la vie pratique. L'avant-garde artistique n'exerça pas non plus d'influence immédiate, ni la psychanalyse en matière éducative. Toutefois, les bourgeois éclairés qui suivaient de près l'évolution eurent le sentiment qu'on attaquait de tous côtés les principes auxquels ils étaient attachés. On a pu parler de « déclin des absolus ». Il est difficile de préciser l'ampleur de ce sentiment d'insécurité, mais son existence ne fait aucun doute, ni le rôle qu'il joua dans les prises de positions politiques.

Dans le champ du savoir historique, le philosophe allemand Wilhelm Dilthey (1833-1911) se livra à une critique serrée du positivisme. Il réfuta l'idée que les sciences de la nature puissent servir de paradigme aux sciences humaines. L'historien étudie des individus pensants et agissants, et il lui faut recourir à la compréhension pour aller au-delà du pur événementiel. Il y a là une différence fondamentale avec les explications des sciences de la nature fondées sur l'idée de déterminisme. Dilthey innova tout autant en mettant en exergue « l'histoire structurelle » : l'historien ne doit pas se borner à l'étude des événements particuliers, il lui faut aussi s'efforcer de ressaisir le contexte global déterminé par les *valeurs* centrales d'une époque donnée. Beaucoup de ces idées ont refait surface dans des débats récents sur la spécificité des sciences humaines, notamment vers 1970 où des couples d'opposés tels que sciences de la culture/sciences de la nature, compréhension/explication, conception holistique/étude de détail furent au cœur des discussions sur le positivisme.

La fameuse formule de l'énergie donnée par Einstein. La distinction de la physique classique entre masse et énergie vient de s'effacer puisque la masse peut se transformer en énergie et vice-versa. Les explosions atomiques allaient confirmer la validité de cette formule.

Les mouvements de jeunesse

A la fin du XIXe siècle, la jeunesse, dotée de ses propres associations et organisations, apparut sur un large front — pour la première fois dans l'histoire européenne. La cause est-elle à chercher dans l'expansion économique de la société industrielle ou dans la forte augmentation du nombre des jeunes au cours d'une phase d'essor démographique ? La scolarité obligatoire peut également être invoquée, qui ouvrit de nouveaux horizons et facilita le travail d'organisation. Quoi qu'il en soit, l'« esprit associatif » du temps s'étendit à un nouveau groupe social.

Certaines personnes engagées dans les problèmes sociaux de l'époque encouragèrent délibérément les activités de jeunesse. Dans de nombreux pays, l'on discuta de la vie triste et monotone des jeunes dans les grandes villes et des impasses auxquelles elle conduisait. Le sport organisé, alors en plein développement, pouvait offrir une solution. Dans la plupart des pays, la gymnastique fit son

Avec sa théorie de la relativité (toutes les observations sont dépendantes de la position de l'observateur), Albert Einstein (1879-1955) fit franchir un pas supplémentaire à la physique quantique. Il élabora une nouvelle conception du monde où les notions d'espace et de temps rompirent avec les représentations traditionnelles.

L'âge héroïque du football, Charterhouse, Angleterre. Ce sport reçut ses règles en 1863. Certains qui trouvaient dommage qu'on ne puisse aussi porter et lancer la balle fondèrent la fédération de rugby en 1871. Exporté aux Etats-Unis, le rugby allait devenir le football américain.

apparition dans les écoles publiques. En 1896, le baron français Pierre de Coubertin organisa à Athènes les premières olympiades modernes sur le modèle antique. En Grande-Bretagne, Baden-Powell fonda en 1908 le mouvement scout dont les activités organisées de plein air constituaient un des objectifs majeurs. En Scandinavie, les mouvements de jeunesse d'inspiration patriotique connurent une floraison remarquable, surtout parmi les jeunes ruraux. L'intérêt que le romantisme avait suscité pour les traditions populaires connut une renaissance qui s'exprima dans les danses folkloriques, les costumes nationaux et l'intérêt porté à la culture paysanne au sens le plus large.

Groupe de Wandervögel (« oiseaux migrateurs ») en 1918. Au tournant du siècle, la vie de plein air joua un rôle clé dans le mouvement allemand de jeunesse en offrant une alternative à la culture urbaine de style bourgeois.

Les jeux Olympiques de Londres en 1908. Il faut aider le marathonien italien Dorando Pietri à franchir la ligne d'arrivée. Il sera disqualifié mais obtiendra un prix de consolation.

En Allemagne aussi, les activités de jeunesse furent en phase avec la réaction contre la société industrielle. Le « mouvement allemand de jeunesse » fut fondé en 1901. A l'origine simple club de loisirs dans un lycée de Berlin, il se développa bientôt pour devenir un vaste mouvement dirigé contre le mode de vie moderne, contre l'autosatisfaction matérialiste de la bourgeoisie, contre la vie urbaine artificielle et l'autoritarisme des générations précédentes. On retrouvera un climat analogue dans les révoltes de jeunes des années 1960 et 1970.

Les groupes de plein air du mouvement allemand de jeunesse (« Wandervögel ») témoignent aussi d'une aspiration à cette communauté intime qui faisait défaut dans les grandes villes. Leurs membres cultivaient la camaraderie et l'idéal masculin de beauté. Leur cohésion était renforcée par des rituels, des uniformes, des chants à la veillée et la soumission volontaire à des chefs pas plus âgés mais dotés de l'autorité requise. Une forme médiévale de salut fut remise en honneur : main droite tendue au cri de « heil ! ».

Avec ses activités de plein air, ce mouvement de jeunesse cherchait à retrouver un mode de vie plus primitif, plus authentiquement allemand, caractérisé par le contact avec la nature et le peuple. On y voyait une recette pour régénérer spirituellement toute la nation allemande en passe de sombrer dans le matérialisme et les antagonismes de classe. Ce mouvement ne compta jamais plus de 60 000 membres, et ceux-ci se recrutèrent essentiellement parmi

Le monument de Hermann fut érigé en 1875 près de Detmold à la mémoire de la victoire remportée par les Germains sur les Romains en l'an neuf de notre ère. Il a 26 mètres de haut et repose sur un socle de 30 mètres. Des centaines de monuments du même type virent le jour en Allemagne à la fin du XIX*e siècle.*

A l'extrême gauche : inauguration du monument de Hermann en 1875. Le nationalisme apparaît ici comme une religion politique.

les jeunes de la classe moyenne. Beaucoup des ingrédients qui viennent d'être mentionnés allaient se retrouver dans le nazisme d'Hitler. Mais la vie de camp et les chants à la veillée furent également adoptés par les organisations de jeunesse du mouvement ouvrier.

Le nationalisme : une religion politique ?

La recherche d'une nouvelle « communauté tribale » trouva son expression la plus courante dans le nationalisme qui, au cours des années qui précédèrent 1914, s'intensifia

Les nationalités en Europe. Les frontières linguistiques et culturelles ne coïncident pas toujours avec celles des Etats.

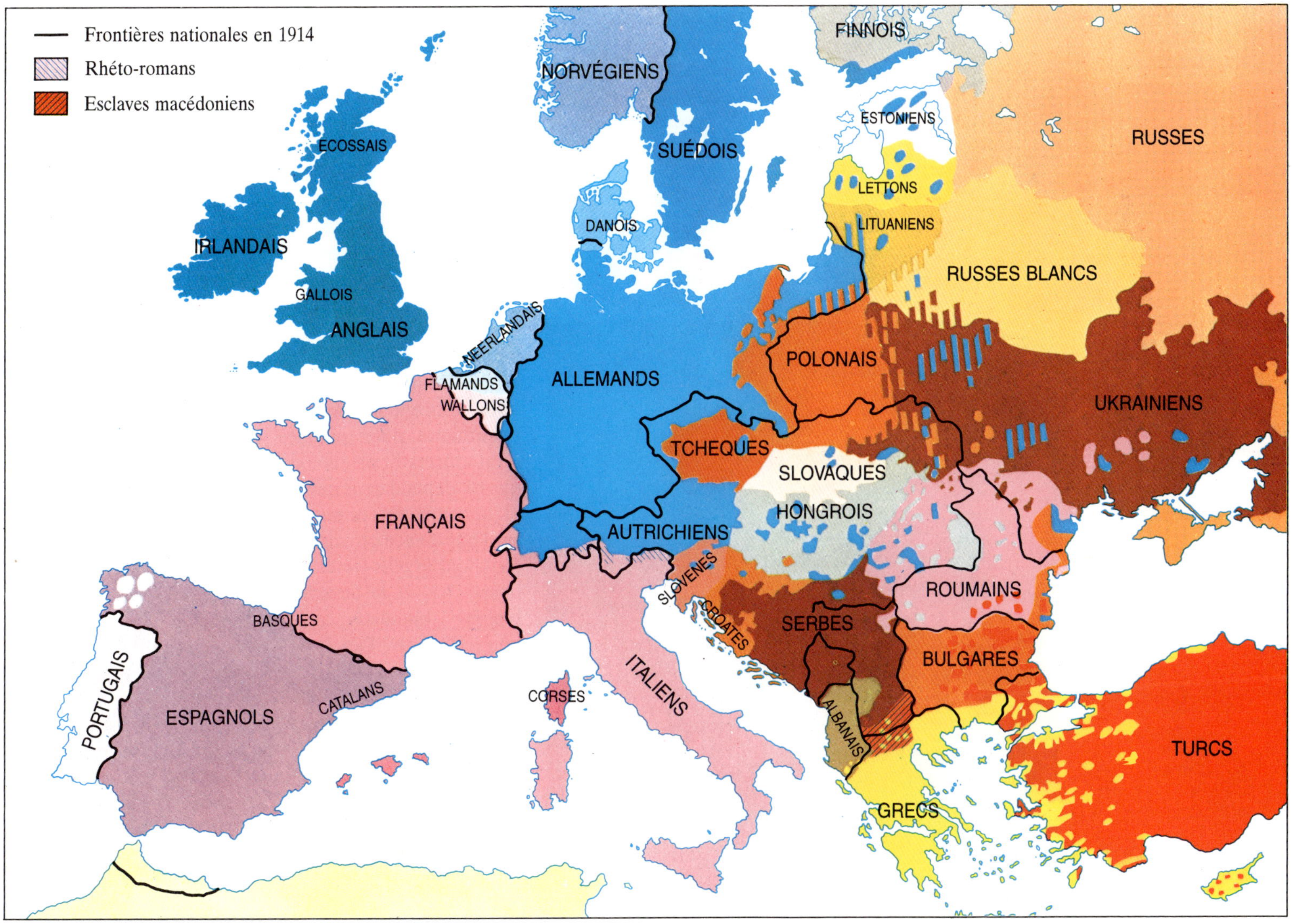

dans tous les pays. Ce phénomène était lié pour une part à l'augmentation de la tension internationale mais également au pouvoir croissant de l'Etat et de la presse populaire — avec ce que cela impliquait de possibilités nouvelles de propagande patriotique. Mais il est clair que le nationalisme tendait aussi à satisfaire des besoins plus profonds, comparables à ceux qui s'exprimaient au sein du mouvement allemand de jeunesse. En faisant appel à la fois au sentiment et à l'ordre, il répondait à une aspiration essentielle. Il exaltait la camaraderie et les symboles de la communauté — drapeaux, chants patriotiques, monuments. Aussi bien les partis conservateurs que les partis libéraux jouèrent sur le nationalisme pour tenter de réduire les antagonismes de classes et de préserver l'ordre social existant. Tels étaient les buts avoués de la politique allemande de rassemblement national.

Houston Chamberlain, philosophe anglo-allemand, gendre de Richard Wagner. Il élabora la doctrine de la prééminence et du rôle historique de la race allemande qui eut une grande influence sur le nazisme.

Le nationalisme de masse qui se répandit après 1880 était d'un autre type que la variante libérale et bourgeoise qui avait précédé. Il revêtit un caractère plus agressif, plus guerrier, plus totalitaire — Charles Maurras le définissait comme un combat exclusivement national visant à la défense absolue de l'unité de la nation et à l'augmentation constante du pouvoir de celle-ci. Pour les intellectuels patriotes, la nation devint une fin en soi, élevée au-dessus de l'individu, de l'humanité et même de la raison. Un tel nationalisme en appelait au peuple tout entier. Mais lorsque l'Etat libéral ne parvenait pas à satisfaire les aspirations et les exigences du plus grand nombre, des démagogues d'extrême-droite pouvaient occuper le terrain. La guerre était exaltée comme la grande épreuve du feu de la nation. Et du nationalisme au racisme, le pas était vite franchi.

Juifs fuyant un pogrom en Russie. Peinture de W. Wachtel vers 1915. La haine des juifs était la forme la plus ancienne et la plus tenace de racisme en Europe.

Cette mystique nationaliste évoque à bien des égards les cultures tribales décrites par les ethnologues. Cela vaut par exemple de l'adoration des ancêtres et du sol natal — « la terre et les morts » (Maurice Barrès), « Blut une Boden ». Ce sens des racines poussait des groupes patriotiques à tenir des réunions dans des sites historiques, à proximité de ruines et d'anciens champs de bataille. L'on érigeait les monuments commémoratifs les plus divers pour revivifier le passé — lointain ou proche. Entre 1900 et 1910, on construisit en Allemagne quelque 500 « tours de Bismarck » à la gloire du père de l'unité allemande. Un style pompeux d'inspiration à la fois classique et romantique visait à donner un maximum d'expressivité à cet héritage sacré.

Le racisme : une idéologie empoisonnée

Comment peut-on expliquer que le racisme ait été aussi répandu dans la pensée occidentale après 1870 ? Idéologiquement, les théories d'Hitler allaient puiser leurs racines dans cette période et entrer en résonance avec des traditions autochtones bien implantées dans la plupart des pays d'Europe. Nous entendons par racisme l'affirmation que les différents peuples possèdent un certain nombre de caractères *innés* et qu'il existe une hiérarchie entre les races. Il s'agit là d'une des idéologies les plus funestes de l'histoire européenne moderne, et l'une des plus difficiles à expliquer.

La diffusion des théories raciales repose pour une part sur leur origine à demi-scientifique. Depuis le XVIIIe siècle, l'anthropologie et la linguistique nourrissaient des ambitions classificatrices. Les philologues étudiaient les liens de parenté entre les langues indo-européennes, et l'hypothèse de la migration des peuples gagna largement droit de cité. Dans le nord-ouest de l'Europe aurait fait irruption une race aryenne qui apportait avec elle les langues germaniques — y compris anglo-saxonnes et scandinaves. De là à penser que les races étaient également porteuses de caractères spécifiques, il n'y avait qu'un pas. De grands philosophes des Lumières comme Montesquieu et Kant avaient déjà émis au XVIIIe siècle l'idée d'un déterminisme *géographique* — le caractère d'un peuple était façonné par les conditions naturelles.

Le concept de race perdit petit à petit son ancrage scientifique pour prendre une coloration idéologique. L'on affirma l'existence de traits communs fondamentaux qui ne dépendaient que *partiellement* d'une origine biologique commune et ne pouvaient que *partiellement* se lire sur l'apparence physique. Les Aryens étaient ceux qui présentaient le *plus grand nombre* de traits aryens, physiques et moraux, et le Scandinave en offrait l'exemple le plus typique : blondeur, force physique, esprit d'entreprise, honnêteté, etc. Dès lors, c'est la notion d'« âme » de la race qui passait au premier plan — notion particulièrement obscure, mais peut-être d'autant plus attrayante.

La séduction des idées racistes résidait pour une part dans le fait qu'elles apportaient des explications simples à des problèmes historiques et sociaux particulièrement complexes. Citons à titre d'exemple le Français Arthur de Gobineau, auteur d'un *Essai sur l'inégalité des races humaines* en quatre volumes (1853-56). Il expliqua la grandeur et la décadence des civilisations à l'aide du schéma racial. Le déclin s'amorçait lorsque les mélanges ethniques fai-

Carte postale de l'hôtel Kölner à Francfort. L'hôtel se vante d'être le seul de la ville à ne pas accepter les juifs. Francfort était un des centres de la finance juive.

saient qu'une race perdait contact avec ses racines. Gobineau était pessimiste quant à l'avenir de la race aryenne et de la civilisation occidentale. Ses idées eurent une influence toute particulière en Allemagne et entrèrent pour une part importante dans la mystique romantique de Richard Wagner.

Le Britannique Houston Chamberlain (1855-1927), gendre du compositeur, s'établit en Allemagne et publia en 1899 un ouvrage à multiples facettes, en partie délirant, « Les fondements du XIXe siècle », qui eut plus tard une influence directe sur le nazisme. Le combat entre les races en constituait un des thèmes essentiels. C'était l'idée darwinienne et évolutionniste du droit du plus fort à survivre qui se trouvait à présent mobilisée au service du racisme. A l'inverse de Gobineau, Chamberlain était optimiste : les Aryens sortiraient vainqueurs du combat planétaire grâce à leurs qualités supérieures, et la civilisation occidentale relèverait le niveau de l'humanité.

Lorsque les empires coloniaux se constituèrent, l'idée d'une supériorité raciale fut à la fois source d'inspiration et moyen de justification. Mais le racisme joua un rôle tout aussi important dans la politique européenne. L'idée de race se répandit dans toutes les classes de la société. Sans doute était-elle à même de renforcer la confiance en soi et d'induire un sentiment de supériorité, y compris chez les petites gens. Ces mécanismes se manifestèrent clairement dans la vague d'antisémitisme qui se développa à la fin du XIXe siècle.

L'antisémitisme : une névrose de la société occidentale ?

L'extermination des juifs pendant la Deuxième Guerre mondiale demeure indissociablement liée à l'histoire occidentale, et jamais plus l'Europe ne pourra se sentir moralement supérieure aux autres civilisations.

L'antisémitisme croissant qui s'observe après 1880 doit d'abord être mis en relation avec la poussée du nationalisme et du racisme évoquée précédemment. Dans certains milieux européens, les juifs en vinrent à figurer le pôle opposé de la race aryenne ou germanique. Pour Houston Chamberlain, l'histoire européenne était dominée par la lutte entre ces deux races. Selon lui, les juifs présentaient toutes les caractéristiques inverses de celles des Aryens/Germains : faibles de constitution, sans racines, cosmopolites, liés au commerce et à l'économie urbaine. Dans la littérature populaire de l'époque, on opposa le juif rusé à l'honnête paysan. De son propre aveu, Hitler aurait pris conscience du problème racial au contact d'un roman de ce type — « Büttnerbauer » (1895) de Wilhelm von Polenz.

L'évolution économique contribua aussi à transformer les juifs en boucs émissaires. Forts de leurs traditions, ils s'imposèrent presque partout en Occident dans le secteur bancaire et financier, et leur succès même les désigna à la vindicte. En guise d'explication simpliste aux problèmes économiques, l'idée d'un complot juif international était facile à accréditer. Le social-démocrate allemand August Bebel voyait dans l'antisémitisme « le socialisme des sots ». Dans les campagnes, il put s'implanter chez les paysans qui se sentaient trompés ou exploités par des négociants et prêteurs juifs. En milieu urbain, ceux-ci se posaient en concurrents redoutables pour la petite bourgeoisie. Même à gauche — Proudhon, Zola et Jaurès en France —, on ne tarda pas à critiquer le rôle des juifs dans l'économie capitaliste. Mais l'antisémitisme ne joua jamais un rôle important au sein du mouvement ouvrier qui avait d'emblée désigné son ennemi et son bouc émissaire : le capitalisme.

Il peut paraître incompréhensible que tant d'intellectuels européens se soient ralliés à l'antisémitisme. L'historien allemand Heinrich von Treitschke (1834-96) forgea le slogan : « Les juifs sont notre malheur ». S'agissait-il de patriotisme dévoyé ? Etait-ce la recherche désespérée d'une formule destinée à intégrer l'homme moderne à une communauté mystique et à surmonter le divorce entre sentiment et intellect ? Globalement, la haine des juifs fut probablement moins répandue au sein de la vieille bourgeoisie libérale, assez sûre d'elle-même pour n'avoir guère besoin d'idées extrémistes et d'ennemis forgés de toutes pièces.

Vénération juive à l'égard de la Torah — les textes de la Loi révélés à Moïse par Dieu sur le Sinaï. Dessin anonyme datant de 1900 environ. Malgré les persécutions, les juifs ne renoncèrent jamais à leurs traditions.

La démocratie à l'âge de la politique de masse

La Commune de Paris. Le 18 mars 1871, les révolutionnaires exécutent les généraux Clément Thomas (à gauche) et Claude Martin Lecomte. L'Europe bourgeoise tout entière ne risquait-elle pas de se trouver le dos au mur si les problèmes politiques n'étaient pas résolus ?

La démocratie moderne se développa en Occident entre 1870 et 1914 avec l'instauration du suffrage universel. Dans une perspective globale, il s'agissait d'une expérience inouïe dont les conditions de succès dépendaient — et dépendent toujours — du comportement des citoyens. La démocratie parlementaire fut en proie aux attaques aussi bien des marxistes que des extrémistes de droite. Sur quels courants d'opinion pouvaient-ils s'appuyer ? Le « malaise » de la société industrielle évoqué précédemment s'étendait-il aussi à la vie politique ?

Ainsi que nous l'avons vu, les pouvoirs publics procédèrent après 1870 à des investissements accrus dans une série de domaines : instauration de l'école obligatoire, élargissement du secteur sanitaire public, développement accéléré des moyens de transport. A quoi s'ajoutèrent les travaux d'urbanisme et la mise en place d'une législation sociale. On peut même relever les premières tentatives d'économie planifiée (Allemagne) et d'économie mixte avec l'apport conjoint de capitaux publics et privés, notamment dans le secteur de l'électricité.

Cet accroissement d'activité fut lié aux *besoins* nés de l'industrialisation et de l'urbanisation mais aussi aux *moyens* nouveaux dont on disposait pour apporter des solutions. Parmi ceux-ci figuraient aussi bien les connaissances scientifiques et techniques que l'augmentation de l'instruction et une élévation du niveau de vie qui entraîna des ressources fiscales accrues.

Le degré de développement des services publics variait d'un pays à l'autre. En Europe orientale et dans certaines parties de l'Europe méridionale, ceux-ci étaient réduits au strict minimum — en gros au domaine sanitaire. Aux Etats-Unis, une bonne partie des infrastructures ressortissait à des intérêts privés, mais le principe de l'école publique était officiellement reconnu.

Le développement du secteur public exigeait des recettes accrues. Avant 1870, la plupart des dépenses de l'Etat — militaires surtout — étaient couvertes par les impôts indirects et les droits de douane. Si ces derniers furent renforcés après 1880, ce fut en partie pour dégager les moyens financiers nécessaires à la résolution des problèmes sociaux. Mais après 1870, de nombreux pays augmentèrent l'imposition directe sur le revenu et la fortune, et ils instaurèrent un taux progressif. En 1890, ce système était en place en Grande-Bretagne, en Allemagne, aux Pays-Bas, en Autriche, en Norvège et en Espagne.

Un impôt sur les successions fut également exigé — en Grande-Bretagne dès 1886 —, ce qui signifiait que l'Etat mettait à profit les décès pour s'approprier des biens privés. Face à ce qui fut ressenti comme une confiscation, la défense s'organisa. En Grande-Bretagne apparut une « Liberty Property Defence League », et la France connut une floraison d'écrits indignés. Les procédures d'évaluation du fisc furent perçues comme une ingérence intolérable dans la sphère privée. Si l'on admettait le principe d'un impôt progressif, une majorité politique pourrait tôt ou tard dépouiller les gens aisés. Et avait-on jamais entendu parler d'un fournisseur qui faisait payer ses marchandises plus cher aux riches qu'aux pauvres — ce que l'Etat était précisément en train de faire avec son impôt progressif ? La plupart des partis européens, de droite comme de gauche, purent néanmoins trouver des compromis sur ce terrain, car l'on s'accordait sur le fait que l'efficacité économique, la paix sociale et la puissance nationale exigeaient un accroissement des activités de l'Etat.

Le problème de la bureaucratie

L'extension du secteur public entraîna une augmentation énorme du nombre des fonctionnaires. L'Allemagne en possédait environ 700 000 en 1900, la France 870 000 en 1908, la Grande-Bretagne 900 000 en 1911. Les sociologues de l'époque, avant tout Max Weber, s'employèrent à décrire et à comprendre ce qui se passait. Weber dressa la liste des traits distinctifs de la bureaucratie moderne :

Le pouvoir de l'Etat ne cesse de croître, et l'on presse le contribuable pour en tirer le maximum. Caricature publiée dans « Punch » en 1894, année où le gouvernement voulut faire passer le taux de l'impôt sur le revenu de 2,5 à 3,25 % (!), notamment pour pouvoir financer les réformes sociales.

L'Etat tout puissant

Les conservateurs ne furent pas les seuls à se montrer effrayés par l'accroissement de la puissance publique, des impôts et de la bureaucratie. L'Américain Benjamin Tucker, un anarchiste radical, brossa en 1888 un tableau apocalyptique de ce que serait une société basée sur ce qu'il appelait le « socialisme d'Etat ». Il s'ensuivrait la fin de l'indépendance et de la responsabilité de l'individu, toute l'humanité devrait s'incliner sur l'autel de ce puissant Etat. Un système de santé publique prendrait en charge la totalité des malades, une autre administration dresserait la liste des aliments, boissons, vêtements et occupations *non autorisés*. Une morale dictée par l'Etat ne se contenterait pas de punir les entorses à la loi, elle interdirait aussi tout ce qui serait jugé inopportun. L'enseignement public refoulerait les écoles, académies et universités privées. Les jardins d'enfants de l'Etat éduqueraient tous les enfants et une politique familiale étatique réglerait le nombre des naissances. Tucker aurait-il jamais pu imaginer que la plupart de ces mesures allaient se réaliser en l'espace de cent ans — et qu'elles seraient généralement perçues comme positives ?

(Jan Romein : *The Watershed of Two Eras. Europe in 1900*, Middletown 1978.)

« *Saint Bureaucratius* », *à cheval sur les règlements, grand amateur de paperasse. Caricature de 1921. L'extension du secteur public suscita l'inquiétude de beaucoup d'observateurs.*

— loyauté formelle envers l'Etat se substituant aux liens personnels de type féodal ;

— domaine de compétence clairement défini pour chaque fonction ;

— affaires traitées par écrit au sein d'un système hiérarchisé ;

— enregistrement et contrôle stricts ;

— décisions impartiales, indépendantes des relations personnelles et de l'argent ;

— compétence formelle attestée par un diplôme exigée pour l'accès à la fonction publique ;

— frontière tranchée entre intérêts privés et service de l'Etat.

Bref, la rationalité scientifique et technique avait fait son entrée dans l'administration. La bureaucratie devait fonctionner sous la forme d'un *appareil* efficace. Aux yeux de l'observateur non occidental, cette technique de gestion telle qu'elle se manifestait dans l'administration coloniale pouvait paraître aussi extraordinaire que tout le déploiement industriel.

Ce mode d'administration bureaucratique dont les origines remontaient à loin dans l'histoire européenne prit une tournure plus radicale après 1870. En Grande-Bretagne comme en France, on commença à accorder plus d'importance aux compétences qu'aux relations personnelles lors du recrutement de fonctionnaires. La conscience professionnelle s'en trouva accrue, et la corruption diminua. On aimerait en savoir plus sur les raisons exactes de cette transformation, ne serait-ce que pour mieux s'attaquer au problème toujours actuel de la corruption dans de nombreux pays du tiers monde.

Mais les observateurs du temps, Max Weber en tête, furent tout aussi conscients des aspects négatifs de la bureaucratie. Ainsi s'amorça un débat qui demeure largement actuel. L'administration publique avait tendance à proliférer d'elle-même et à former un monde à part. Il était naturel que les fonctionnaires en place découvrent sans cesse de nouveaux problèmes ne pouvant être résolus qu'au prix d'une augmentation des crédits et des effectifs. En outre, toute extension de l'appareil administratif ouvrait de nouvelles possibilités de carrière et d'avancement. De la sorte, une organisation ou une institution devenait aisément une fin en soi : l'hôpital servait le patient mais aussi les intérêts du personnel hospitalier. Il en allait de même dans les universités, les syndicats, voire dans les grandes entreprises dont les services administratifs ne cessaient de se développer. Dans ce dernier cas, cette extension était toutefois tenue en bride par la concurrence des prix sur le marché, ce qui n'était pas le cas dans le secteur public.

Beaucoup redoutaient que la bureaucratie n'en vint à

Un bureau anglais en 1900. La paperasserie était énorme et le nombre de fonctionnaires ne cessait d'augmenter.

menacer la démocratie et la liberté individuelle. Le sociologue italo-allemand Robert Michels (1876-1936) estimait qu'elle engendrait chez les fonctionnaires servilité et carriérisme, ainsi qu'une arrogance cassante à l'égard du public qu'ils étaient censés servir. L'Anglais Ramsay Muir prophétisa que la puissante administration de l'Etat en viendrait à reléguer le parlement et le gouvernement au magasin des accessoires puisqu'en pratique les hauts fonctionnaires régleraient eux-mêmes 90 % des affaires publiques. Certains virent dans la bureaucratie un instrument potentiel au service de régimes totalitaires fondés sur un contrôle étroit et multiforme des citoyens. De telles visions pessimistes allaient devenir réalité avec les dictatures fascistes et communistes.

Démocratie : le parlementarisme

La période 1870-1914 a été qualifiée d'« époque libérale ». Les idées de liberté individuelle, de démocratie politique et d'autonomie nationale avaient le vent en poupe dans

tout l'Occident. Dans une perspective globale, cet essor de la démocratie occidentale présente un intérêt particulier. Après la Seconde Guerre mondiale, les Etats indépendants d'Asie et d'Afrique se dotèrent d'institutions inspirées du modèle occidental. Là où il y eut échec, on fut amené à s'interroger sur les conditions requises pour qu'un système démocratique puisse fonctionner. Sur ce point, la période antérieure à 1914 est riche d'enseignements.

Après 1870, au sein des monarchies constitutionnelles européennes comme dans les républiques américaine et française, le pouvoir législatif reposa pour l'essentiel sur des assemblées élues, quoique de manière plus ou moins démocratique. Certains pays avaient adopté le bicaméralisme, avec une chambre haute qui était soit un organe purement aristocratique comme en Grande-Bretagne, soit une assemblée élue au suffrage indirect par les collectivités locales comme en France et aux Etats-Unis. Le suffrage indirect favorisait les intérêts locaux et les notables. Ainsi, les chambres hautes constituaient une sorte de garantie pour les classes fortunées, du fait notamment qu'elles pouvaient freiner les augmentations d'impôts trop brutales.

Dans beaucoup de pays, ce bicaméralisme fut attaqué par des groupes désireux d'instaurer une démocratie directe. L'épisode le plus dramatique se situa en Grande-Bretagne où les libéraux, vainqueurs des élections de 1906, mirent sur pied une législation sociale censée être financée entre autres par la progressivité de l'impôt et les droits de succession. Cette loi fut repoussée par la Chambre des lords, et une crise politique s'ensuivit. En 1910, après deux nouvelles victoires libérales, le Premier ministre Asquith incita le roi George V à nommer autant de nouveaux lords libéraux qu'il le fallait pour « noyauter » la Chambre haute. Devant cette menace, les lords se rendirent, et en 1911 fut adopté un changement constitutionnel qui les privait de tout pouvoir en matière économique. Aux Etats-Unis, les sénateurs furent élus au suffrage direct à partir de 1912. En revanche, la France demeura fidèle au mode d'élection indirect pour le Sénat, en partie parce qu'il favorisait les campagnes au détriment de Paris et autres grandes villes.

L'existence d'un parlement n'implique pas automatiquement le « parlementarisme », c'est-à-dire un régime où le gouvernement émane de l'assemblée nationale et doit toujours pouvoir s'appuyer sur une majorité en son sein.

Le parlement britannique. Dessin paru dans « Truth » en 1907. Le système parlementaire s'étendit à plusieurs autres pays au cours de cette période, et le recrutement des députés s'opéra sur une base électorale plus large.

A gauche : dramatique appel norvégien en 1884 pour la défense du parlement menacé par un coup d'Etat. « Soldats, tireurs — Norvégiens en état de porter les armes : GARDE-A-VOUS ! (...) En cas de coup d'Etat, faites cercle autour du parlement ! Et FEU sur les traîtres à la patrie. »

Le combat pour la démocratisation fut souvent acharné. Ici, meeting social-démocrate à Berlin contre un système électoral tripartite qui avantageait grandement l'aristocratie et la bourgeoisie. Cette photo date de 1910 environ.

Bal à la cour de Vienne en 1900. Quelques-unes des dames sont présentées à l'empereur François-Joseph — un grand moment dans leur vie sociale. La monarchie gardait son aura magique.

Cette règle était rigoureusement suivie en Grande-Bretagne, berceau du parlementarisme, ainsi que dans la république française. Mais beaucoup de constitutions reposaient encore sur la théorie de l'équilibre des pouvoirs selon laquelle l'exécutif (le gouvernement) devait dépendre du pouvoir législatif. Aux Etats-Unis, les conseillers personnels du président élu constituaient le gouvernement. Selon la constitution allemande, le chancelier et ses ministres, nullement responsables devant le parlement, étaient nommés par l'empereur et ne pouvaient être révoqués que par lui. Même chose en Autriche. Dans ces deux pays, le pouvoir impérial constituait une garantie pour les intérêts de classe de l'aristocratie, notamment en matière de nominations aux grands emplois civils et militaires. En Norvège, le veto royal servait à défendre les intérêts de la haute administration et de l'union avec la Suède, ce qui rendit le combat pour le parlementarisme particulièrement âpre jusqu'en 1884.

Démocratie : extension du droit de vote

La réforme la plus fondamentale de l'époque porta sur l'extension du droit de vote. Au XIXe siècle, les assemblées nationales avaient reposé sur une base électorale très mince, essentiellement composée de possédants. C'était donc la bourgeoisie, l'aristocratie et les gros paysans propriétaires qui pouvaient participer au processus politique par le jeu des élections. Les Etats-Unis avec leur tradition démocratique spécifique, le Danemark où le suffrage universel avait été instauré en 1849 et la Norvège dont la constitution de 1814 accordait le droit de vote à tous les propriétaires terriens grands ou petits, constituaient les exceptions. Pour justifier la limitation du droit de vote, on invoquait le fait que celui-ci ne devait être accordé qu'à des citoyens éclairés — ceux dont la prospérité matérielle attestait la réussite.

Bien entendu, les mouvements politiques qui s'appuyaient sur des groupes plus larges eurent comme revendication essentielle l'extension du droit de vote. Les organisations ouvrières se montrèrent particulièrement actives sur ce front à la fin du XIXe siècle. Dans un commentaire sur le chartisme britannique, un mouvement radical des années 1830, Marx avait tôt affirmé que le suffrage universel donnerait automatiquement le pouvoir aux ouvriers et rendrait la révolution superflue.

Après 1870, de nombreux pays procédèrent successivement à un élargissement du droit de vote. En France, la troisième République reposa à partir de 1871 sur le suffrage universel pour les hommes. Le nouveau royaume allemand adopta la même règle pour les élections au *parlement*, mais des procédures moins démocratiques demeurèrent en vigueur au sein des Etats fédérés. Ainsi, en Prusse, le suffrage universel masculin ne fut instauré que lors des dernières semaines de l'empire, peu de temps avant la défaite de 1918. En Grande-Bretagne, la plupart des représentants des classes moyennes et des ouvriers des villes obtinrent le droit de vote à la faveur des réformes de 1867 et 1884. Cette extension entraîna de nouvelles lois — sur le secret du vote en 1872, contre les pots-de-vin politiques en 1883. De telles dispositions s'avérèrent partout nécessaires pour garantir l'indépendance et la liberté civique de chaque électeur.

Le suffrage universel *pour les hommes* fut instauré successivement en Suisse (1874), en Espagne (1890), en Belgique (1893), aux Pays-Bas (1896), en Norvège (1898), en Suède (1909), en Italie (1912) et en Grande-Bretagne (1918). L'Autriche adopta la même mesure en 1907. Mais en Hongrie, les Magyars s'opposèrent jusqu'à la défaite de 1918 à l'attribution de ce droit aux populations slaves du royaume.

Comme la plupart des réformes, l'extension du droit de vote résulta de pressions venant de la base et de manœuvres au sommet. Les gouvernants redoutaient ce saut dans l'inconnu. Des ouvriers qui ne possédaient ni biens ni instruction, et qui formaient ces « classes dangereuses » issues des révolutions de 1848 et de la révolte sanglante de la Commune en 1871, allaient à présent recevoir leur part de pouvoir politique. L'argument en faveur de cette réforme fut qu'elle permettrait de neutraliser les groupes révolutionnaires et d'intégrer la classe ouvrière à l'ordre social existant. Telle fut la raison invoquée par Bismarck pour l'élection au suffrage universel du parlement allemand. Par ailleurs, il y avait lieu d'espérer que la croissance économique et l'augmentation de l'instruction engendreraient un nombre croissant d'électeurs éclairés au sein de la classe ouvrière. Et il serait évidemment possible de gagner des voix ouvrières aux partis bourgeois grâce à l'action militante et à la propagande. L'ère de la politique de masse s'ouvrait.

La monarchie qui ne veut pas mourir

Malgré la démocratisation, la monarchie garda une position forte. A l'exception des Etats-Unis, de la France et de la Suisse, tous les pays occidentaux demeuraient des monarchies en 1914. Il est significatif que des pays nouvellement indépendants comme la Norvège (1905) et l'Albanie (1915) aient fait appel à des souverains. Le nationalisme de l'époque renforçait indubitablement le rôle symbolique de la royauté comme gardienne de fières traditions, de racines immémoriales et de valeurs communautaires. La vie de cour, les mariages princiers et le sacre des souverains célébré en grande pompe suscitaient des sentiments romantiques et patriotiques. Avec le développement des chemins de fer, les visites officielles royales devinrent plus fréquentes. La presse populaire exploita les fastes princiers. Grâce aux techniques modernes de la photographie, les portraits royaux firent leur entrée dans les chaumières les plus reculées. La monarchie sut aussi s'adapter aux changements sociaux. La reine Victoria apparut comme l'incarnation des vertus bourgeoises les plus solides. Le pouvoir personnel des souverains diminua à mesure que les changements constitutionnels introduisirent plus de démocratie.

Droit de vote pour les femmes

Après 1870, la question du vote des femmes fut régulièrement discutée à mesure que ce droit s'étendait à toute la population masculine. Cependant, cette idée demeurait étrangère à la plupart des gens, y compris de sexe féminin. On craignait qu'une telle mesure n'entraîne la dissolution du foyer, et beaucoup voyaient dans « la nature sensible et pour une part irrationnelle des femmes » un danger en politique. En Grande-Bretagne, d'éminentes représentantes du mouvement des femmes, entre autres Beatrice Webb, écrivain et membre de la Fabian Society, une société socialiste, signèrent en 1899 une pétition célèbre *contre* le droit de vote des femmes, arguant que celui-ci ne ferait que nuire à la mission première et aux qualités les plus nobles du beau sexe. Mais l'idée d'une nature spécifiquement féminine servit aussi d'argument *en faveur* du droit de vote. N'offrait-il pas aux femmes leur seule

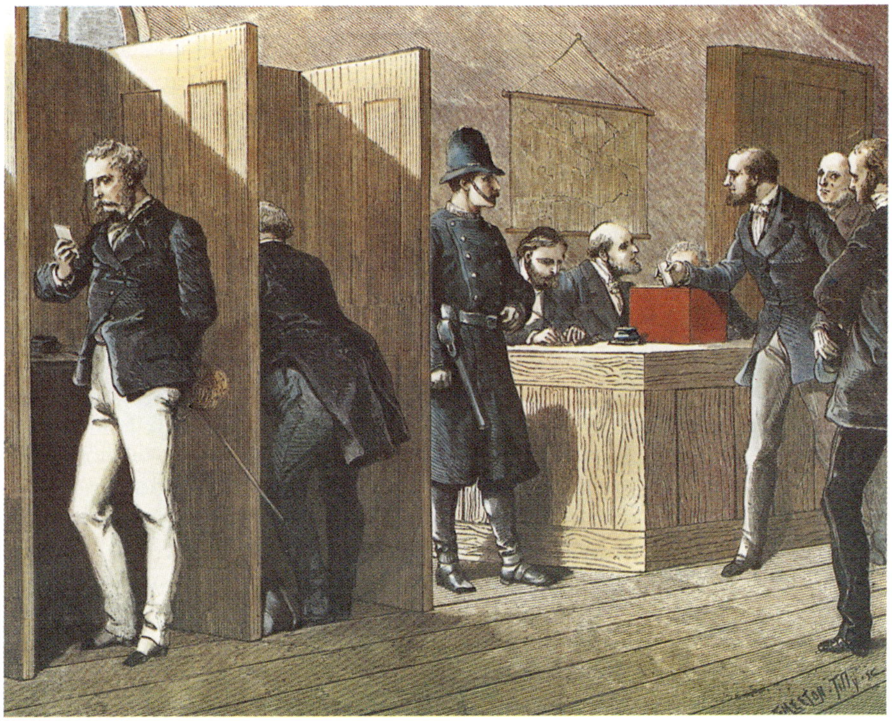

L'élargissement du droit de vote fut une révolution tranquille. La loi électorale britannique de 1867 accorda ce droit à 800 000 ouvriers. C'est en 1872 que le vote à bulletin secret et les isoloirs furent introduits.

« En avant pour le droit de vote des femmes ! ». Cette affiche allemande de 1914 annonçant un congrès féminin fut interdite par la police.

chance de pouvoir concrètement insuffler leurs idéaux à la société ?

Le problème prit une autre tournure après le tournant du siècle, essentiellement pour deux raisons. D'abord, les militantes bourgeoises du féminisme étaient à présent convaincues que le droit de vote constituait un instrument nécessaire pour atteindre les autres objectifs du mouvement. Il est typique que Beatrice Webb ait changé d'avis en 1906. Et la conscience politique avait augmenté parmi les femmes qui se livraient activement au travail social. En second lieu, les organisations féminines ouvrières luttèrent alors sur un large front pour arracher ce droit.

Face à l'opposition massive à laquelle elles se heurtaient, beaucoup de ces militantes adoptèrent une attitude agressive. Ce fut particulièrement le cas des « suffragettes » en Grande-Bretagne. Elles formèrent en 1903 le mouvement appelé « Women's Social and Political Union », et elles passèrent aux « actions directes » en 1912. Elles organisèrent des manifestations, perturbèrent des réunions politiques, firent la grève de la faim en prison, brisèrent des vitrines et firent même exploser des bombes. Dans un pays attaché aux traditions et aux convenances comme la Grande-Bretagne, un tel comportement avait tout pour choquer. Ces actions eurent pour effet que l'on discuta officiellement du problème, mais même le parti libéral hésita à inscrire le droit de vote des femmes à son programme. Ce qui provoqua le revirement de l'opinion à ce sujet fut le rôle des femmes pendant la guerre. Les Anglaises obtinrent le droit de vote en 1928, bien tardivement si l'on compare avec des pays comme la Nouvelle-Zélande (1893), la Finlande (1911), la Norvège (1913), les Etats-Unis (1919), la Suède (1921). Il est vrai que les suffragettes anglaises effrayèrent leurs alliés naturels par leurs méthodes violentes. En Finlande et en Norvège, le combat pour l'indépendance nationale incita sans doute à mobiliser les femmes pour en élargir le front. En revanche, le droit de vote des femmes demeura une question purement académique en France et en Suisse où il n'allait être accordé qu'après la Seconde Guerre mondiale. Ce décalage peut s'expliquer en partie par des facteurs religieux, car le catholicisme joua un rôle plus nettement inhibiteur que le protestantisme libéral.

Rapports de classes et tactique politique marquèrent le combat pour le droit de vote des femmes. L'idée de le limiter aux seules possédantes fut bien sûr un facteur de division entre bourgeoises et ouvrières. Libéraux et socialistes ne voyaient pas d'un bon œil une telle limitation car ils craignaient qu'elle ne serve les intérêts électoraux des conservateurs. Ceux-ci étaient en règle générale hostiles au vote des femmes, mais certains virent dans le conservatisme au féminin un rempart possible contre le socialisme.

Aux Etats-Unis, Henry L. Stimson déclara que la présence de femmes dans la vie politique constituerait un danger pour l'armée et la défense du fait de leurs instincts pacifiques ! Il est vrai que l'une des premières élues au Congrès, Jeanette Rankin, s'opposa à la déclaration de guerre contre l'Allemagne en 1917, et récidiva — seule contre tous — en 1941. Aux Etats-Unis, le « lobby de l'eau-de-vie » s'opposa farouchement aux militantes fémi-

Alors, les hommes virent rouge ! Un policier britannique doit intervenir pour protéger une suffragette en 1906.

nistes. Depuis 1884, la « Women's Christian Temperance Union », très présente dans les écoles et les églises, était à la pointe du combat anti-alcoolique, et elle influença aussi la décision du Congrès de voter en 1917 la prohibition totale.

En 1913, des suffragettes qui font la grève de la faim sont nourries de force. Le combat pour le droit de vote des femmes fut particulièrement violent en Grande-Bretagne.

En fait, l'attribution du droit de vote aux femmes ne provoqua nullement de bouleversements politiques. A la virulence du combat succéda le calme plat. Une fois cette question réglée, le mouvement féministe se fractionna à nouveau et mena une existence végétative jusqu'à la fin des années 1960, époque où il allait resurgir et se renouveler en partie.

La vie politique : organisations et partis

Selon l'idéologie libérale, tout représentant élu demeurait libre et indépendant, son élection résultant avant tout d'un vote de confiance en sa faveur. On attendait de lui qu'il mette son jugement au service du bien public sans se laisser inféoder à des intérêts trop étroits. En campagne électorale et lors du scrutin, la coordination politique était assurée par des cliques ou des fractions qui pouvaient certes s'appeler « partis », mais en un sens beaucoup plus diffus que celui en usage aujourd'hui.

Une fois le parlementarisme instauré et le droit de vote élargi, une question se posa : comment permettre au gouvernement d'avoir les coudées franches et de disposer d'une assise solide au parlement et dans l'opinion ? L'appareil d'Etat ne pouvait être livré aux caprices passagers des électeurs et de leurs députés ! La solution résida dans une organisation en partis plus structurés, aptes à élaborer des programmes à long terme et à présenter des candidats s'engageant sur ces programmes ; ainsi, la masse des électeurs se verrait proposer un nombre limité d'options politiques clairement définies.

Dans tous les secteurs de la société, l'organisation se renforça à la fin du XIXe siècle. L'essor des associations en est l'un des aspects. Ce mouvement s'amorça tôt dans le siècle, et il a été évoqué dans le volume précédent. Mais il s'accéléra puissamment après 1870, en liaison avec le développement des communications, les progrès de l'instruction, l'amélioration du niveau de vie et un intérêt accru pour les questions nationales au-delà des intérêts locaux. En outre, le travail associatif était dépendant de la liberté individuelle et politique. Dans une perspective globale, on mesure à quel point ces citoyens libres et actifs qui s'affilièrent volontairement à des organisations furent importants pour la bonne marche de la démocratie parlementaire. Ces associations furent notamment les avant-courriers des partis modernes. C'est d'abord aux Etats-Unis que ceux-ci s'organisèrent. Après la guerre civile (1861-65), les républicains et les démocrates formèrent deux groupes permanents. Les différences idéologiques apparaissaient diffuses, l'important étant l'enracinement des démocrates dans les Etats du Sud. Par ailleurs, les deux formations reposaient sur la « machine du parti » et, à l'échelon local, sur le « boss » qui la représentait. Trait spécifiquement américain, les politiciens étaient ouvertement gratifiés de récompenses telles que promotions, contrats ou dons en argent plus ou moins discrets. L'idée que la politique était une forme de « business » se répandit largement aux Etats-Unis. Il existe indubitablement des ressemblances, mais jusqu'à un certain point seule-

Démonstration féministe à Londres en 1914 : « Il faut cesser de les nourrir de force ! ». Cette pratique mit beaucoup de femmes en danger de mort ; souvent, elles furent relâchées puis arrêtées à nouveau une fois qu'elles avaient repris des forces.

L'argent en politique

Les dons en argent constituent la preuve la plus tangible de l'influence politique des capitalistes : cadeaux à des politiciens, contributions aux caisses des partis et pots-de-vin aux autorités. Cette dernière pratique était particulièrement répandue aux Etats-Unis. On disait de la compagnie Standard Oil qu'elle pouvait faire ce qu'elle voulait de l'assemblée législative de l'Ohio sauf la raffiner ! Lorsque Commodore Vanderbilt se trouva en concurrence avec Jay Gould et Jim Risk pour le contrôle du chemin de fer de l'Erié, les deux adversaires se rendirent à New York avec des sacs pleins de billets de banque au moment où l'assemblée législative de cet Etat allait procéder au vote décisif. On disait que le prix d'une voix s'élevait à 15 000 dollars. Un député particulièrement important aurait touché 70 000 dollars de Vanderbilt et 100 000 de Gould.

(R. N. Current et autres : *American History. A Survey*, volume II, New York 1959.)

ment, entre d'une part le monopole des partis, de l'autre la position des grandes entreprises dans la vie économique.

En Europe, les libéraux britanniques s'employèrent tôt à construire un grand parti. Joseph Chamberlain fut un précurseur, qui à partir de 1873 contrôla Birmingham à l'aide d'une organisation électorale possédant des ramifications dans tous les quartiers. Des structures analogues furent mises en place dans d'autres grandes villes, et en 1877 fut créée la « National Liberal Federation ». A leur tour, les conservateurs se dotèrent d'un parti national basé sur des associations telles que « Conservative Working Men's Association » et « Primrose League » — fondée en 1881. Ce pionnier que fut Lord Randolph Churchill, le père de Winston, parvint à la conclusion que l'appareil d'un parti était « la seule forme d'organisation politique à même de rassembler, de diriger et de contrôler une grande masse d'électeurs ».

Comparée aux Etats-Unis et à la Grande-Bretagne, la France connut un plus grand nombre de partis, mais moins structurés. A l'Assemblée nationale, des votes de circonstance pouvaient renverser un gouvernement. Cependant, on retrouvait souvent les mêmes personnes de cabinet en cabinet, ce qui assurait un minimum de continuité. Par ailleurs, l'Assemblée nationale comptait des représentants de divers groupes de pression qui défendaient notamment des intérêts locaux, de sorte que les débats furent souvent marqués par des marchandages et des compromis. Cela nuisit à l'efficacité politique — et explique pour une part le mépris affiché dans les milieux d'extrême-droite pour la démocratie parlementaire.

Discours de Joseph Chamberlain au parlement en 1901. Caricature parue dans « Vanity Fair ». Homme politique d'un nouveau genre, Chamberlain se montra soucieux de bien-être social sur la scène intérieure tout en étant impérialiste en politique étrangère.

Congrès national du parti social-démocrate allemand en 1892. Le SPD offre un exemple typique de ces partis fortement structurés qui allaient dorénavant exercer une grande influence politique.

Fonctionnement des partis et politique professionnelle

La variante la plus pure d'organisation moderne d'un parti se rencontra au sein des formations socialistes. Le modèle en fut donné par le parti social-démocrate allemand basé sur le principe du « centralisme démocratique » : les décisions du congrès national avaient valeur de loi, et la direction du parti exigeait une stricte discipline, recourant au besoin à l'exclusion pour sauvegarder l'unité. La cotisation individuelle était l'expression concrète d'un lien personnel avec l'organisation du parti. Le travail qui s'accomplissait au sein de l'appareil sur le plan culturel, sportif et social offrait des possibilités d'investissement personnel et de promotion. Dans l'entre-deux-guerres, les partis communistes et fascistes allaient également adopter ce modèle.

Les sociologues de l'époque se montrèrent attentifs aux transformations qui affectaient la vie politique. Max Weber y constata la même tendance à la « professionnalisation » que dans les autres domaines. Dans une certaine mesure, la politique devint un *métier* qui exigeait une formation et de l'expérience, offrait des possibilités de carrière et pouvait être présenté comme une vocation. Robert Michels parla de la « loi d'airain de l'oligarchie ». Il montra que les grands partis modernes, notamment socialistes, développaient leur propre bureaucratie interne (le secrétariat) avec des salariés à temps complet et des délégués. D'où l'hégémonie de quelques uns qui dominaient les membres plus qu'ils n'en étaient les porte-parole ou les serviteurs. Même les organisations ouvrières s'engagèrent dans cette voie en s'alignant sur les modèles de la société bureaucratique. Michels y voyait l'illustration d'une théorie générale de l'histoire selon laquelle la démocratie se transformerait toujours en oligarchie. De nouveaux mouvements démocratiques surgissaient, mais, sitôt la victoire remportée, les dirigeants s'arrogeaient le pouvoir en s'assurant le contrôle des « leviers de commande ».

Les théories des sociologues s'opposaient diamétralement à la doctrine de Marx selon laquelle le pouvoir était aux mains de ceux qui possédaient les « moyens de production », l'Etat n'étant qu'un instrument au service de la « classe dominante ». Selon Weber, une bonne part du pouvoir dans la société moderne était passée des capitalistes à l'élite administrative. Avec le poids qu'il avait acquis et les objectifs spécifiques qu'il visait, l'appareil bureaucratique s'était dans une certaine mesure rendu indépendant des intérêts économiques de classe. A partir de ces différentes théories, les discussions sur la nature et le rôle de l'Etat allaient se poursuivre tout au long de notre siècle.

Les principaux courants politiques : le conservatisme

Au sein d'une société en pleine transformation, comment les principaux courants idéologiques se développèrent-ils dans la vie politique occidentale ? Le *conservatisme* est le plus difficile à caractériser en termes généraux. En version moderne, il était apparu en réaction contre les idées de raison et de liberté issues des Lumières, et contre l'héritage radical de la Révolution française. Issus des rangs de l'armée, de l'Eglise et de l'aristocratie, les conservateurs français, même après 1870, continuèrent à espérer une restauration de la monarchie et une liquidation de l'héritage révolutionnaire. La frontière entre antiparlementarisme et extrémisme de droite était flottante.

C'est en version russe que le conservatisme se perpétua sous sa forme la plus conséquente. Le dirigeant ecclésiastique K. P. Pobedonostsev en donna la formule. Selon lui, la Russie formait un monde à part au sein duquel la trinité Empire-Eglise-Famille protégeait l'âme du peuple russe contre les idées occidentales de liberté. Pourtant, après la révolution de 1905, le tsar en personne se sentit obligé

L'empire du tsar fut la forteresse du conservatisme. Le couronnement de Nicolas II en 1896 offre un exemple de l'alliance entre l'Eglise, l'armée et la bureaucratie.

d'instaurer un parlement, la *douma*, qui donna une certaine influence politique à la bourgeoisie libérale. Mais cette assemblée reposait sur un nombre extrêmement restreint d'électeurs, le tsar pouvait la dissoudre et opposer son veto à ses propositions de loi. Pobedonostsev fut révoqué après la révolution de 1905, mais ses idées continuèrent d'influencer les dirigeants jusqu'à la chute du régime en 1917. Un tel conservatisme refusait de regarder en face les réalités du monde moderne.

Dans des pays occidentaux comme la Grande-Bretagne et l'Allemagne, les conservateurs essayèrent en revanche de s'adapter aux problèmes de la société industrielle pour

Le 22 janvier 1905 a lieu le « dimanche sanglant » à Saint-Pétersbourg. Près du Palais d'Hiver, la foule révoltée suit le prêtre Gapon (qui brandit la double croix). On allait s'apercevoir qu'il était un espion à la solde de la police, et il fut assassiné l'année suivante par des terroristes. En attendant la grande révolution de 1917, ces événements de 1905 eurent un grand retentissement international.

élargir leur base électorale. Ceux d'entre eux qui ressentaient une responsabilité paternelle à l'égard des ouvriers apportèrent leur soutien à une législation sociale moderne. En Grande-Bretagne, les *tories* avaient été en première ligne pour légiférer en matière de sécurité du travail. Après 1870, sous l'impulsion de Disraeli et de Randolph Churchill, les conservateurs s'organisèrent en parti de masse implanté avant tout dans la classe moyenne mais également tourné vers la classe ouvrière. Toutefois, l'aristocratie détenait toujours un tiers des postes gouvernementaux dans les années 1905-1914.

Après 1883, le parti conservateur allemand fut essentiellement l'organe de la puissante Fédération agraire. Les junkers prussiens jouaient un rôle majeur au sein de cette organisation. Dans les villes, la Fédération agraire cherchait des points d'appui au sein des associations traditionnelles d'artisans. Tant en Allemagne que sur le reste du continent, les partis conservateurs défendaient la monarchie et l'Etat autoritaire. Ils craignaient le parlementarisme et le suffrage universel, susceptibles à leurs yeux d'engendrer une dictature démagogique. Partisans d'un pouvoir fort, ils soutenaient le nationalisme et l'impérialisme avec l'espoir de faire échec au socialisme. Les conservateurs avaient une prédilection particulière pour les théories de Darwin sur la lutte pour la vie et s'en servaient à l'occasion pour faire l'apologie de la guerre.

Benjamin Disraeli, Premier ministre britannique en 1868 et de 1874 à 1880. Ce conservateur doué d'une excellente faculté d'adaptation se montra attentif aux problèmes sociaux et gagna des sympathies même parmi les ouvriers. D'origine juive, Disraeli s'illustra aussi comme romancier, chantre de l'impérialisme et brillant orateur. La reine le tenait en haute estime.

Ce que les penseurs conservateurs avaient en commun, c'était la conviction que des agencements sociaux rationnels ne sauraient transformer l'être humain, mauvais par nature, et qu'il fallait des institutions fortes comme l'Eglise et la monarchie pour le tenir en respect. Sur ce point, le contraste avec le libéralisme était frappant.

William Gladstone, le plus grand politicien libéral de l'époque (voir encadré).

Gladstone et l'Irlande

William Gladstone (1809-98) fut le « Grand Old Man » du libéralisme anglais. Il participa à l'élaboration de la politique de libre commerce dans les années 1840 et à la grande réforme du droit de vote en 1867. Gladstone fut Premier ministre à trois reprises — 1868-74, 1879-86 et 1892-94. Il dénonça l'oppression française en Italie et les cruautés turques en Bulgarie, et, en 1868, il dut s'attaquer à la question irlandaise, vieil héritage impérialiste de l'histoire politique anglaise. La discrimination religieuse à l'égard des catholiques diminua, la situation des fermiers et des métayers par rapport aux propriétaires terriens anglais ou irlandais protestants s'améliora progressivement. Mais la proposition d'autonomie interne pour l'Irlande (Home Rule) fit éclater le parti libéral en 1886 avant d'être stoppée par la Chambre des lords en 1892. Simultanément, le nationalisme irlandais commença à recourir à la terreur comme arme politique. Ainsi s'amorça une douloureuse décolonisation qui se poursuit toujours. L'engagement libéral de Gladstone fut interprété tout à la fois comme présomptueux et comme moralement courageux. Mais personne ne saurait lui retirer qu'il contribua à rehausser la morale politique en faisant passer les principes avant le pouvoir personnel.

Le libéralisme en crise

Le libéralisme, énergiquement formulé par un écrivain comme John Stuart Mill et un politicien comme William Gladstone, fut l'idéologie dominante du XIXe siècle. Il a été présenté en détail dans le volume 11, et nous pouvons nous contenter ici d'en rappeler la thèse fondamentale : l'homme est un être raisonnable, et la liberté individuelle la clé du succès. De la torture à l'endoctrinement, toute ce qui opprime l'individu doit disparaître. L'éducation et les connaissances constituent les clés de l'émancipation. En matière religieuse, chacun doit pouvoir choisir librement, et il faut réduire au strict minimum le pouvoir politique de l'Eglise. Sur le plan politique, les constitutions doivent garantir un système de gouvernement parlementaire où chaque député peut décider de ce qui est juste indépendamment du pouvoir suprême et hors des pressions des partis et des organisations. En ce qui concerne l'économie, il faut permettre à l'individu de développer librement ses activités sans réglementations inutiles ni barrières douanières entravant le libre commerce entre les nations. Lorsque l'individu défend rationnellement ses propres intérêts, il œuvre aussi au bien de la société.

Il est manifeste que ces idéaux furent sérieusement mis à mal par l'évolution décrite dans les précédents chapitres. La doctrine de l'individu autonome et rationnel se trouvait contredite par le courant scientifique et culturel qui dévoilait la part des forces inconscientes et irrationnelles dans l'existence humaine. La tendance à un plus haut degré d'organisation dans les domaines économique et politique allait à l'encontre des positions libérales classiques sur le libre capitalisme et l'indépendance des politiciens. Le protectionnisme et l'impérialisme menaçaient les idées de libre commerce et de paix entre les nations. Les relations avec la classe ouvrière devinrent problématiques, et il en résulta que le libéralisme se fractionna en tant que mouvement politique.

L'un des courants (Scandinavie, Grande-Bretagne) essaya de répondre aux revendications ouvrières et d'apporter des correctifs au libre capitalisme, à l'aide notamment de mesures sociales financées par une augmentation des impôts. Le « libéralisme social » fut l'expression d'un tel compromis idéologique et politique. En Grande-Bretagne, les libéraux conclurent en plusieurs occasions des alliances électorales avec des organisations ouvrières (alliances « Lib-Lab »). Il y avait toutefois des limites à ce que des libéraux bourgeois pouvaient tolérer en matière d'impôts et d'attaques contre la propriété, et cela poussa les ouvriers vers le socialisme. Quand le parti travailliste britannique fut fondé en 1900, il gagna tout de suite des partisans parmi les libéraux de gauche. De tels transferts s'opérèrent également dans des pays dotés de puissants partis libéraux comme la Hollande, la Belgique et les pays scandinaves.

L'impérialisme divisa les libéraux. En Grande-Bretagne, Chamberlain rompit avec le parti libéral et fit alliance avec les conservateurs (« Conservative and Unionist Party ») lorsque en 1886, Gladstone voulut accorder l'autonomie à l'Irlande. En Allemagne, on compta des bourgeois libéraux parmi ceux qui soutinrent les nombreuses associations nationalistes, militaires et coloniales qui surgirent au tournant du siècle — la classe moyenne avait un faible pour la grande politique expansionniste. Cependant, dans tous les pays, les critiques les plus vives contre l'impérialisme provinrent des libéraux. Avoir avoir connu une brève phase impérialiste dans les années 1890, le parti libéral britannique adopta une position opposée à l'issue de la guerre des Boers en Afrique du Sud. Au cours de toute cette période, les libéraux allemands, italiens et français furent scindés en différents partis.

En Europe de l'Est, les partis libéraux eurent le vent en poupe. Tant en Hongrie qu'en Roumanie, ils accédèrent au pouvoir gouvernemental. En Russie, les « démocrates constitutionnels » libéraux constituèrent après 1905 la principale force politique, et ils prirent une part active aux réformes accomplies à la fin du régime tsariste.

Aux Etats-Unis où il n'y avait ni aristocratie ni parti ouvrier organisé, le libéralisme domina la politique jusqu'à la Première Guerre mondiale. Aussi bien les démo-

Karl Marx (1818-83), dessin d'Erik Thorsen. Il a beaucoup influencé la tradition socialiste mais l'écheveau de ses idées n'a pas toujours été facile à démêler, ce qui explique que le marxisme ait constamment alimenté des controverses politiques.

crates que les républicains restaient attachés aux idées libérales classiques sur le libre capitalisme. Les tentatives pour freiner la formation de trusts furent avant tout motivées par le souci de protéger les petites entreprises. Mais le « Mouvement progressiste » qui se développa après 1900 sous la houlette de Robert La Follette, gouverneur du Wisconsin, présenta plus d'affinités avec le libéralisme social européen. Dans son propre Etat, La Follette fit adopter des lois sur l'indemnisation des accidents du travail et la progressivité des droits de succession. Il s'agissait en l'occurrence de protéger le citoyen moyen contre la rapacité des capitalistes. Les mesures prises en 1904 par le président Theodore Roosevelt pour exercer un contrôle souple sur les grandes entreprises, assurer un minimum d'organisation sanitaire et créer des réserves naturelles à l'échelon national sont peut-être plus difficile à caractériser. Il paraît probable que le président se soucia avant tout des petits entrepreneurs. En revanche, il fit preuve en politique étrangère d'un impérialisme agressif.

Socialisme, marxisme et réformisme

C'est avant 1914 que le socialisme européen connut sa période la plus euphorique. Le « problème social » était au centre des intérêts politiques, et l'idée de solutions collectives gagnait du terrain. Quant aux grandes concentrations au sein de la vie économique, elles semblaient confirmer les analyses de Marx et rendaient nécessaire une meilleure coordination.

Après la mort de Marx survenue en 1883, son collaborateur Friedrich Engels publia les tomes II et III du « Capital ». Simultanément, il systématisa et popularisa le marxisme dans une multitude d'écrits. Ainsi prit forme la doctrine marxiste avec ses thèses classiques : l'économie capitaliste se dirigeait vers une crise inéluctable, le fossé entre capitalistes et prolétaires allait encore se creuser et la lutte des classes devait fatalement aboutir à une révolution. Les marxistes soutenaient que leurs thèses reposaient sur une analyse *scientifique*, mais en fait, elles traduisaient tout autant une *foi* dans le salut par la révolution. Beaucoup de questions que Marx lui-même avait laissées en suspens se figeaient à présent en réponses dogmatiques. Simultanément, le marxisme gardait une dimension utopique avec sa vision de ce que serait la société communiste après la révolution — une société idéale où les antagonismes auraient disparu et où l'être humain pourrait librement s'épanouir. On songe au rêve chrétien de paradis sur terre qui inspira les révoltes paysannes en Europe du Sud et se retrouve dans les mouvements de protestation populaires du tiers monde. De la sorte, le marxisme comblait aussi des besoins affectifs chez les intellectuels comme chez les opprimés.

Mais ce ne fut pas la doctrine révolutionnaire de Marx et Engels qui en vint à dominer les mouvements ouvriers occidentaux après 1870. Syndicats et partis se consacrèrent surtout à un travail de réformes pratiques dans le cadre de la société existante. Une raison majeure en fut l'extension du droit de vote qui ouvrait une voie pacifique à la conquête du pouvoir via le parlement et le gouvernement. La législation sociale et la croissance économique prouvaient aussi que les conditions de vie pouvaient s'améliorer au sein du système capitaliste existant. En Europe occidentale, toute cette évolution contribua à élargir le fossé entre la théorie marxiste et la pratique socialiste. La carte dressée jadis ne correspondait plus au terrain. Il apparaissait nécessaire de réviser le marxisme.

Le politicien allemand E. Bernstein (1850-1932) apporta des bases théoriques au courant ouvrier désireux de « réviser » le marxisme. Le révisionnisme qui préconisait un travail pacifique de réforme imprégna la plupart des programmes des partis socio-démocrates après 1920.

Le principal révisionniste fut l'Allemand Eduard Bernstein (1850-1932) qui publia en 1899 un ouvrage sur « les conditions du socialisme et les tâches de la social-démocratie ». Il y critiqua les thèses centrales du marxisme sur le caractère inéluctable de la crise et de la révolution. Bernstein voulait expurger le marxisme de ses éléments utopiques et irrationnels. Le rêve d'un paradis sur terre n'était que mirage. « Le but ultime du socialisme (...) ne signifie rien, le mouvement signifie tout. » Le terme de « révisionnisme » impliquait qu'on ne rejetait pas le marxisme en totalité, mais ce qu'on en gardait n'apparaissait pas toujours très clairement. Quoi qu'il en soit, un observateur comme Georges Sorel voyait dans la démarche de Bernstein « un retour à l'esprit du marxisme ».

Bernstein croyait que l'idéal de justice du socialisme constituait une force morale conquérante, et il s'appuyait ici sur des philosophes allemands comme Emmanuel Kant

« Le quatrième état » (les ouvriers) par Pelizza da Volpedo. En Italie, ce tableau devint le symbole des conflits sociaux et de la marche en avant, politique et syndicale, de la classe ouvrière.

(1724-1804). Les idées libérales de liberté individuelle et de démocratie furent alors incorporées aux programmes des partis socialistes. En Grande-Bretagne, des intellectuels de la « Fabian Society » soutinrent que certaines vertus bourgeoises comme l'assiduité au travail, l'esprit d'économie et le sens du devoir devraient être préservées dans une société socialiste. Les traditions des Eglises libres se maintinrent vivantes au sein du parti travailliste britannique. Au cours des meetings qu'il organisait, on lisait la bible et on chantait des psaumes, au grand étonnement de nombreux observateurs étrangers.

Le « révisionnisme » idéologique et le « réformisme » pratique rallièrent aux partis ouvriers les suffrages de fonctionnaires et de petits paysans. Dans certains cas, ils rendirent possible une collaboration avec les partis bourgeois. L'année 1899 marqua un tournant important avec l'entrée du socialiste français Alexandre Millerand dans une coalition gouvernementale de défense de la république après l'affaire Dreyfus. En 1899 toujours, la « Deuxième Internationale socialiste » se constitua sur des bases purement marxistes, mais dès l'année suivante, le Congrès de Paris traça les voies d'une évolution réformiste. Karl Kautsky, le principal adversaire allemand d'Eduard Bernstein, préconisa une ligne souple qui condamnait en principe le « socialisme ministériel » mais l'acceptait en pratique pour des raisons tactiques.

Cette concentration sur les réformes pratiques eut pour effet d'affaiblir le socialisme en tant que mouvement international. Lorsque la guerre éclata en 1914, la fraternité des mouvements ouvriers de tous les pays s'effondra sous la pression du nationalisme. Les différents partis socialistes ne furent pas les derniers à approuver les dépenses de guerre.

Même l'impérialisme gagna des partisans dans les rangs socialistes. Jean Jaurès repoussa l'idée que l'administration coloniale française, « inspirée par des idéaux de liberté et de justice », puisse jamais se montrer oppressive. En Grande-Bretagne, les écrivains G. B. Shaw et H. G. Wells, membres de la « Fabian Society », virent dans la guerre contre les Boers en Afrique du Sud une croisade pour défendre les « intérêts de la civilisation ». Les époux Beatrice et Sidney Webb soutinrent que d'un point de vue scientifique et donc socialiste, il était plus rationnel de gouverner le monde à l'aide de grandes unités plutôt que

Une femme et un cliché hors du commun : Beatrice Webb — écrivain, féministe et socialiste réformiste (membre de la « Fabian Society ») — phographiée en couleurs (autochrome) par son ami George Bernard Shaw.

de petites. Et le pouvoir colonial n'était qu'une tutelle provisoire. Toutefois, les parlementaires socialistes furent parmi les plus actifs pour s'élever contre les injustices et les abus de pouvoir dans les colonies.

Les théories de Lénine sur la révolution et le rôle du parti

La ligne révolutionnaire du marxisme fut reprise et développée par Lénine. Son apport fut si essentiel que l'idéologie officielle dans les pays communistes en vint à s'appeler « marxisme-léninisme ». En adaptant cette doctrine à la Russie, un pays industriellement arriéré où les paysans constituaient une immense majorité, il la rendit attrayante et utilisable dans tous les pays sous-développés.

En version simplifiée, le marxisme affirme que toutes les sociétés traversent les mêmes stades et qu'elles doivent passer du féodalisme au socialisme via le capitalisme. Les pionniers du marxisme russe, Plekhanov en tête, avaient adopté cette thèse dès les années 1880. Au sein du parti ouvrier social-démocrate fondé en 1898 par des marxistes russes en exil, le groupe des « mencheviks » demeurait convaincu que la révolution prolétarienne devait être préparée par une longue phase intermédiaire de type capitaliste au cours de laquelle le développement de l'industrie pourrait forger une classe ouvrière mûre pour l'action. Il ne fallait pas compter sur les paysans comme troupes d'appoint.

Opposés à cette conception, Lénine et la fraction « bolchevique » mirent au point une autre stratégie révolutionnaire. Au début de la future révolution russe, les marxistes devraient d'abord collaborer avec la bourgeoisie pour renverser le régime tsariste. Puis il importerait de transformer sans délai la révolution bourgeoise en révolution socialiste, ce qui serait possible si les ouvriers s'alliaient avec les paysans et si les puissantes classes ouvrières d'Europe occidentale créaient un mouvement révolutionnaire *international* sur lequel le prolétariat russe pourrait s'appuyer. Et l'analyse de Lénine se confirma. Pour l'essentiel, la révolution russe de 1917 s'effectua conformément aux plans des bolcheviks, à ceci près que l'aide internationale ne fut pas au rendez-vous.

Lénine apporta au marxisme une autre contribution importante en élaborant une doctrine du *parti* qu'il présenta pour la première fois en 1902 dans l'opuscule « Que faire ? » Marx ne s'était guère expliqué sur ce point, mais il partait de l'idée qu'une conscience révolutionnaire émergerait progressivement au sein de la classe ouvrière et que celle-ci livrerait son combat politique quand les conditions sociales le permettraient. Telle était aussi la position des mencheviks. Lénine estimait en revanche que cette conscience révolutionnaire ne pourrait se forger que sous l'action d'une élite intellectuelle ayant systématiquement recours à l'agitation et à la propagande. Cette idée d'un rôle particulier dévolu aux intellectuels s'accordait avec la tradition populiste russe du XIXe siècle.

Mais sous le régime autoritaire du tsar, le travail du parti ne pouvait s'effectuer au grand jour. Il fallut mettre

Le Kremlin en été 1921. Lénine s'adresse avec fougue à ses sympathisants lors du troisième congrès de l'Internationale communiste. Sa théorie de l'impérialisme donna une portée globale au marxisme.

Un révolutionnaire russe

Sergueï G. Netchaïev (1847-82) fonda à la fin des années 1860 une organisation secrète, « Vengeance du peuple », et il donna aux idées révolutionnaires russes une tournure passionnée : *« Le révolutionnaire s'abandonne tout entier à sa destinée. Il n'a pas d'intérêts personnels, pas de sentiments, pas de loyautés, pas de biens, même pas un nom. Tout en lui tend à un seul but, une seule pensée, une seule passion : la révolution. C'est parce qu'il est sévère envers lui-même qu'il peut également l'être envers les autres. Tous les sentiments tendres liés à la famille, l'amitié, l'amour et la gratitude, et même ceux liés à l'honneur, doivent être refoulés par une unique et froide passion pour la cause de la révolution. »*

[Le seul but est] *« la libération totale du peuple, plus précisément du peuple des travailleurs. Mais comme cela n'est possible que par une révolution populaire dévastatrice, il faut consacrer toutes ses forces à* aggraver *les problèmes qui finiront par faire perdre patience au peuple et provoqueront une révolte généralisée... »*

Une telle profession de foi joua peut-être un plus grand rôle dans la révolution russe que la doctrine marxiste. Elle est aussi très révélatrice des motifs qui guident les terroristes politiques de tous les temps.

en place une organisation souterraine se livrant à des actions illégales. D'où la nécessité de construire le parti sur le modèle militaire avec des groupes locaux soumis à l'autorité d'un puissant « comité central ». Avec le socialisme « scientifique » comme base, le parti ainsi constitué devait être à même d'accélérer le processus historique et de s'en assurer le contrôle. Chez les communistes, les méthodes rationnelles de gestion, la bureaucratie et le développement technique furent érigés à la dignité de religion — religion dont les dirigeants du parti formaient le clergé. En ce sens, Max Weber avait raison de ne voir dans le marxisme qu'une variante extrême de l'idéologie liée à la société industrielle.

La dictature du prolétariat et la théorie léniniste de l'impérialisme

Rien dans le marxisme-léninisme ne faisait obstacle aux attaques contre la liberté individuelle. Au contraire, celles-ci apparaissaient nécessaires dans la théorie de la « dictature du prolétariat ». Puisqu'on combattait pour la vérité absolue, tout égard pour l'individu devait s'effacer devant les intérêts du « peuple » tels que le Parti les avaient définis. L'un des marxistes qui vit très clairement le danger d'une telle position fut Rosa Luxemburg. Elle mit en garde contre l'autoritarisme de l'élite révolutionnaire, redoutant une « dictature *sur* le prolétariat ». Léon Trotski, le propre compagnon d'armes de Lénine, prophétisa dès 1904 l'évolution qui allait caractériser la Russie après 1917 : « L'appareil du parti prend la place du parti, le comité central prend celle de l'appareil, et le dictateur finit par prendre celle du comité central. »

Dans une perspective globale, l'apport le plus fondamental de Lénine au marxisme fut sa théorie de l'impérialisme telle qu'il la formula en 1916 dans un essai de vulgarisation, « L'impérialisme, stade suprême du capitalisme. » Il se donnait pour but d'expliquer le déclenchement de la guerre en 1914 et plus particulièrement le fait que les partis socialistes avaient trahi l'internationalisme

Lénine et les masses populaires, tableau d'Isaac Brodski (1919). Dictature du prolétariat, dictature du parti — en attendant la dictature personnelle.

Rosa Luxemburg (1870-1919), révolutionnaire allemande d'origine polonaise, fut l'une des grandes personnalités du mouvement communiste. Elle s'insurgea contre tout étouffement de la libre discussion sans laquelle le parti et l'Etat seraient devenus trop puissants. Elle fut brutalement assassinée à Berlin en 1919 lors de l'insurrection du groupe Spartakus.

« Prolétaires de tous les pays, unissez-vous ! » Fondée en 1864, la première Internationale socialiste tint son congrès à Bâle en 1869. L'Internationale se trouva affaiblie par la lutte entre Marx et l'anarchiste russe Bakounine, et, en 1871, l'échec de la Commune de Paris lui porta un dur coup. Elle fut suivie de la deuxième Internationale (1889), puis de la troisième, dominée par Moscou (1919).

en soutenant la politique de guerre de leur propre pays. Il affirma que la guerre mondiale était de nature *impérialiste*, qu'elle résultait de la concurrence que se livraient les grandes entreprises et la haute finance pour s'assurer la maîtrise des marchés d'outre-mer.

L'exploitation coloniale expliquait aussi la trahison des partis socialistes. Les bénéfices des pillages impérialistes donnaient aux capitalistes les moyens de corrompre la frange supérieure de la classe ouvrière à l'aide d'augmentations de salaire qui lui faisaient accepter les conditions sociales existantes. Lénine forgea à ce propos le terme d'« aristocratie ouvrière ». Il réserva ses attaques les plus haineuses aux syndicalistes et aux politiciens du mouvement ouvrier qui misaient sur des réformes. Ils étaient des « traitres de classe », des valets du capitalisme.

La théorie léniniste de l'impérialisme permettait de donner au marxisme une portée universelle. Au-dessus des classes, les *nations* pouvaient dans cette perspective être considérées comme les éléments fondamentaux de l'évolution historique. Lénine employa lui-même les termes de « nations capitalistes » et de « nations prolétaires ». Après 1917, cette idée allait resurgir avec force lorsque le parti communiste russe, isolé, dut chercher des alliés hors d'Occident parmi les adversaires du colonialisme. De la sorte, Lénine contribua également à faire du marxisme un puissant instrument de protestation dans le tiers monde.

L'anarcho-syndicalisme : Sorel et la violence

Aux côtés du réformisme et du léninisme, l'*anarcho-syndicalisme* (voir p. 92), inspiré à la fois du marxisme et des anarchistes russes (Bakounine), constitua au sein du socialisme un troisième courant animé par la conviction que les syndicats, à l'aide de grèves spontanées débouchant finalement sur la « grève générale », pourraient provoquer une révolution sociale. Dans cette optique, l'organisation en parti était de moindre importance, voire franchement inutile. L'anarcho-syndicalisme conquit une position particulièrement forte en Italie et en Espagne où le mouvement ouvrier était politiquement faible. La France connut aussi quelques syndicats de ce genre. A l'aube du XXe siècle, l'un des théoriciens les plus intéressants du mouvement, Georges Sorel (1847-1922), publia ses « Réflexions sur la violence » (1906-08). Il s'imposa de manière originale comme le prophète des courants occidentaux se réclamant de la violence.

Sorel prit ses distances à l'égard de la philosophie étroitement rationaliste et utilitariste qui régnait dans les milieux bourgeois et qui, selon lui, était source d'aliénation individuelle et d'impuissance politique. Quant au réformisme, il risquait d'entraîner la classe ouvrière dans cet univers de mesquinerie et d'égoïsme.

Dans ces conditions, les grèves ouvrières spontanées pouvaient constituer une solution aux problèmes tant psychologiques que politiques de la société industrielle moderne. La grève libérait des forces créatrices chez l'individu. Elle était génératrice de solidarité, de conscience de soi et d'abnégation — autant de qualités étouffées dans la société bourgeoise rationnellement agencée. Ingénieur de son état, Sorel estimait que la grève générale insufflerait aux ouvriers des « qualités guerrières » qui entraîneraient aussi une efficacité économique accrue. Dans la société future, l'ordre étatique reposerait directement sur les groupes assurant la production.

Parmi les idées de Sorel, celles sur l'importance des mythes et de la violence en politique connurent une fortune considérable. Ce qu'il fallait pour inciter les ouvriers au combat, ce n'était pas des doctrines théoriques mais de grandes visions mobilisatrices — le mythe de la « grève générale » en offrait un exemple. Cet appel à la mobilisation des forces affectives en politique faisait écho aux idées développées par Gustave Le Bon dans « La psychologie des foules » (1895), et il allait retentir avec une puissance dévastatrice au sein du fascisme et du nazisme. Sorel associait avant tout la violence à des qualités de courage, de fermeté et d'audace, mais il n'excluait pas le recours à des moyens brutaux, par exemple en cas de grève. En réponse à des actions policières, une telle violence était susceptible de renforcer la conscience de classe et de faire contrepoids à la lâcheté individuelle.

Plus tard, les idées de Sorel, en partie isolées de leur contexte, furent mal interprétées, mais il n'empêche qu'elles contribuèrent à promouvoir la glorification de la violence qui allait caractériser les mouvements politiques extrémistes de droite comme de gauche (« Les damnés de la terre », le livre de Franz Fanon inspiré dans les années 1950 par la guerre d'Algérie, trahit encore l'influence de telles idées). Les fluctuations politiques de Sorel lui-même montrent sur quel terrain glissant on risquait de se retrouver une fois répudiées les idées libérales et la foi en la raison. Il fut d'abord socialiste révolutionnaire, mais son mépris pour la démocratie parlementaire le conduisit, peu de temps avant la Première Guerre mondiale, à flirter avec les milieux d'extrême-droite de l'Action française. Plus tard, la dictature des bolcheviks russes allait le remplir d'admiration.

L'extrême-droite et la violence

La démocratie parlementaire fut également attaquée par la droite. Au demeurant, les courants antiparlementaires étaient aussi anciens que le parlementarisme lui-même. Les critiques portaient sur la manipulation des électeurs, les marchandages entre politiciens de métier, les interminables débats lors des sessions parlementaires et le manque d'efficacité des gouvernements. Au lieu de rassembler la nation, les partis engendraient des divisions artificielles. Aujourd'hui encore, la démocratie parlementaire doit s'accommoder de telles objections.

L'antiparlementarisme se montra particulièrement vigoureux en Italie et en Espagne, pays peu developpés où l'analphabétisme était répandu et où régnaient de forts antagonismes entre classes et entre régions. Il y avait une limite à ce qu'une démocratie pouvait supporter en matière de conflits internes (comme aujourd'hui dans les pays en voie de développement), et les défaites militaires de l'Espagne contre les Etats-Unis (1898) et de l'Italie contre l'Ethiopie (1896) n'arrangèrent rien.

Extrémisme de droite et « Orages d'acier »

A l'instar des révolutionnaires de gauche, les extrémistes de droite ne croyaient pas que la société puisse se fonder sur des compromis raisonnables. Le pouvoir et le droit du plus fort devinrent des fins en soi dans un monde dépourvu de valeurs bien définies, et ces tendances se trouvèrent renforcées par la Première Guerre mondiale. Dans son ouvrage « Orages d'acier » (1919), l'écrivain Ernst Jünger a décrit comment ce conflit fit disparaître le vernis de la civilisation bourgeoise et engendra un nouveau type humain agissant en conformité avec ses instincts primitifs *« Une toute nouvelle race, forte et volontaire... aguerrie au combat, dure envers elle-même comme envers les autres. »*

Un caporal autrichien du nom d'Adolphe Hitler vit aussi dans la guerre l'amorce d'un monde nouveau dominé par la camaraderie, les valeurs de communauté et la fraternité des armes. Mais les racines du nazisme et du fascisme remontaient à une période beaucoup plus ancienne que la Première Guerre mondiale.

(G. Mosse : *The Culture of Western Europe*, Chicago 1961.)

Masses populaires en mouvement. Les socialistes et leurs partisans manifestent et se battent dans les rues de Londres en 1887. En Europe occidentale, la révolution se trouva toutefois désamorcée par les réformes politiques et sociales.

Ces circonstances expliquent pour une part l'émergence d'une extrême-droite qui, dans l'entre-deux-guerres, allait déboucher sur le fascisme et le nazisme. Un antécédent idéologique est à chercher dans les doctrines élitistes qui se forgèrent dès avant la Première Guerre mondiale. Un éminent représentant de cette tendance fut l'Italien Vilfredo Pareto (1848-1923) qui publia en 1916 son principal ouvrage, « Traité de sociologie générale ». Il se faisait de la nature humaine une conception rappelant celle de Freud : l'être humain était mû par des impulsions irrationnelles, la part raisonnable de son comportement n'étant en définitive que travestissement, rationalisation après coup. De ce fait, aucune société humaine ne pouvait se gouverner à l'aide de la raison ni s'en remettre à un ordre démocratique. Il lui fallait une élite de dirigeants doués de volonté de puissance et capables de manipuler l'opinion publique. Fasciné par la violence et la cruauté qui régnaient dans la nature, Pareto estimait que les mêmes lois, celles du plus fort, devaient s'étendre à la société. Encore un témoignage de l'influence du darwinisme !

Une victime de l'antisémitisme en voie de réhabilitation : le capitaine Dreyfus qui comparaît à nouveau devant un conseil de guerre (Rennes,1899) est cette fois acquitté. Il s'était avéré que la première condamnation prononcée contre lui en 1894 reposait sur des « preuves » fabriquées de toutes pièces. Mais il fallut attendre 1904 pour que Dreyfus soit pleinement réhabilité et réintégré dans l'armée.

En l'absence d'autres valeurs clairement affirmées, le pouvoir et les techniques du pouvoir tendirent à devenir des fins en soi pour de tels théoriciens. Seule l'*action*, violente s'il le fallait, pouvait donner un sens à un monde qui en était dépourvu. Une pure philosophie de l'action permettait aussi d'échapper aux pénibles atermoiements qui s'inscrivaient dans la logique de la société libérale et fournissaient des arguments aux adversaires du système parlementaire. La violence collective visait peut-être aussi à satisfaire un besoin puissant de « communauté ». Y avait-il là une incitation sociopsychologique au conflit sur le point d'éclater et au fascisme de l'entre-deux-guerres ? Pareto allait devenir sénateur de Mussolini en 1923.

L'affaire Dreyfus entraîna de violents affrontements entre la « gauche » et la « droite », et elle suscita l'attention du monde entier. L'avocat de Dreyfus, Fernand Labori, fut assassiné en pleine rue par des extrémistes de droite en 1899.

Qu'elles se situent à droite ou à gauche, les tendances qui viennent d'être évoquées occupent une place étrange et inquiétante dans l'histoire européenne. Proprement négatrices de la civilisation, les idéologies de la violence germèrent à une époque où l'Occident établissait au nom de la civilisation sa domination coloniale sur d'autres parties du monde. Ces courants politiques eurent-ils un caractère occasionnel — comme l'hégémonie nazie sur presque toute l'Europe — ou furent-ils étroitement liés à la société industrielle et bourgeoise ?

L'antisémitisme en politique

Ce sont avant tout les mouvements d'extrême-droite qui exploitèrent politiquement le racisme et l'antisémitisme. En France, des banquiers juifs furent impliqués dans quelques-uns des plus grands scandales politiques et financiers des années 1880 et 1890 (faillite de l' « Union Générale » en 1882, scandale de Panama en 1891). Cela apporta de l'eau au moulin d'un mouvement antisémite bien organisé. Des juifs français avaient accédé à de hautes fonctions dans l'administration, et on put les accuser de représenter un danger pour la sécurité nationale. Toutefois, en 1894, la condamnation pour trahison du capitaine Dreyfus sur la base de fausses accusations émanant des milieux antisémites provoqua une puissante vague d'opinion en faveur de la révision du procès. Le combat qui s'ensuivit secoua la France et eut des retentissements dans toute l'Europe. Les adversaires de Dreyfus recueillirent quelque 15 000 dons privés en argent assortis de lettres dont le contenu évoque la haine nazie à l'égard des juifs. Il ne manquait que les chambres à gaz. Fondée en 1898, l'Action française, une organisation d'extrême-droite, se maintint jusqu'à la Seconde Guerre mondiale au cours de laquelle elle se rallia au gouvernement collaborateur de Vichy. Le fait essentiel demeure toutefois que les protestations aboutirent à un résultat. Le jugement contre Dreyfus fut cassé, et l'antisémitisme ne s'en releva pas. La démocratie française avait manifesté sa puissance et l'opinion européenne s'était montrée en alerte — ce qui n'allait pas toujours être le cas ultérieurement.

A Vienne, le fondateur du sionisme, Theodor Herzl, a signé ce diplôme qui récompense en 1902 un donateur ayant contribué au fonds national juif. Cette collecte d'argent constituait un préalable à toute initiative en Palestine.

La situation était différente en Allemagne où les idées racistes et antisémites faisaient florès dans la plupart des groupes nationalistes. Mais même les partis démocrates chrétiens, fortement soutenus par la petite bourgeoisie, jouaient sur l'antisémitisme. En Autriche, l'immigration massive de juifs en provenance d'Europe orientale provoqua une vague d'antisémitisme non seulement parmi les petits bourgeois mais aussi au sein de la classe ouvrière. En Autriche-Hongrie, les juifs représentaient 4,5 % de la population, contre à peu près 1 % en Allemagne.

Theodor Herzl, peint par W. Wachtel en 1914. Il devint le symbole de l'Etat moderne d'Israël. Herzl réunit en 1897 le premier congrès sioniste qui décida de créer un Etat juif en Palestine.

A la fin du XIXe siècle, la moitié des quelque 10 millions de juifs répartis dans le monde vivait en Europe de l'Est, avant tout en Russie. En règle générale, ils étaient dépourvus de droits civiques et devaient résider dans certains quartiers. Les pogroms, ces coups de main brutaux contre les ghettos juifs avec pillage et mauvais traitements, avaient certes une longue histoire, mais ils s'intensifièrent après 1880. On prétend qu'il arrivait à la police russe d'encourager de telles persécutions pour faire diversion au mécontentement suscité par le régime tsariste. (Lors des pogroms de Kichinjov en 1903, 45 juifs furent tués et 450 blessés, 1 300 maisons et boutiques furent détruites.) C'est aussi en Russie que se manifestèrent les formes les plus vulgaires et les plus extrêmes de littérature antisémite. L'idée de l'extermination des juifs comme solution finale fut lancée pour la première fois en 1905 par une société extrémiste et nationaliste russe.

Si l'antisémitisme se renforça, il ne devint toutefois dominant dans aucun pays européen avant la Première Guerre mondiale. Des dirigeants juifs, alarmés par les tendances de l'époque, ne commencèrent pas moins à chercher des solutions de repli. En tant que journaliste, Theodor Herzl (1860-1904) avait suivi avec effroi l'affaire Dreyfus. Il publia en 1896 un opuscule, « L'Etat juif », puis organisa un congrès sioniste dans le but de créer une telle patrie indépendante en Palestine — où 50 000 juifs étaient établis dès 1900. Au cours de la Première Guerre mondiale, Chaim Weizmann, dirigeant du mouvement sioniste, obtint de Balfour, le ministre britannique des Affaires étrangères, la promesse que serait créé en Palestine un « foyer national » pour les juifs. En contrepartie, les Britanniques attendaient de ceux-ci une participation active à l'effort de guerre, notamment contre la Turquie. Les liens incontestables qui unissaient racisme et impérialisme ont été évoqués précédemment. Dans ces conditions, il apparaît paradoxal que les dirigeants sionistes aient misé sur l'impérialisme franco-britannique au Moyen-Orient pour recréer Israël. C'est sous l'égide du colonialisme que fut fondé le nouvel Etat juif.

Un des premiers groupes de sentinelles juives en Galilée (1906). Ces populations s'installèrent en Palestine comme colons et conquérants.

Impérialisme et politique internationale

Vue d'Europe, la situation internationale au cours de la période 1870-1914 est essentiellement dominée par les tensions entre grandes puissances et les menaces croissantes de guerre. D'un point de vue non occidental, l'époque apparaît surtout marquée par l'impérialisme sous toutes ses formes. Dans une perspective globale, ces deux thèmes se conjuguent, et l'on voit comment un nouveau système international se développe. Dans ce chapitre, nous allons considérer l'impérialisme « d'en haut » et voir comment se dessina une nouvelle carte du monde. Dans les chapitres suivants, nous l'examinerons « d'en bas » en soulignant ses effets sur l'évolution sociale de diverses régions du tiers monde.

La bataille de Tamanieb en Afrique (1884). C'est au cours de la période 1870-1914 que l'Europe se montra la plus conquérante. La supériorité de son armement (fusils modernes) et de son organisation (tireurs placés en carré) fit la décision lors des grands affrontements.

Supériorité en armement

En matière de conquêtes coloniales, la supériorité des armes occidentales fut d'importance décisive. Au début des années 1870, les Européens commencèrent à utiliser des fusils à chargement latéral, et plus tard à magasin. Par comparaison avec les anciennes armes se chargeant pas la bouche qui avaient été exportées vers l'Asie et l'Afrique, cela permit de tirer dix fois plus vite et à une distance six fois supérieure. Puis apparut dans les années 1880 le fusil-mitrailleur, un monstre qui faucha les hordes d'« indigènes » se ruant à l'attaque. La conquête coloniale coûta aussi moins cher, et elle put s'effectuer pour l'essentiel avec le concours de soldats locaux entraînés à la discipline militaire par des officiers européens.

Ce n'est qu'avec l'aide militaire en provenance des pays de l'Est que les forces de résistance et de libération d'Afrique et d'Asie purent bénéficier après guerre d'un armement égal à celui des autorités coloniales. Si la conquête des colonies s'était effectuée à peu de frais, il en coûta fort cher d'essayer de les garder. C'est là une des raisons de la décolonisation.

Au sens étroit, le terme d'« impérialisme » désigne l'établissement d'une domination politique et militaire directe sur des peuples étrangers. Ce phénomène s'est produit sur tous les continents et à toutes les époques : des Etats forts ont étendu leur souveraineté sur des régions voisines et créé ainsi de plus grands « royaumes ». A partir environ du début du XVIe siècle, l'impérialisme européen eut pour caractéristique de s'étendre outre-mer. Seule, l'expansion russe — vers l'est, à travers les immenses territoires s'étendant jusqu'à l'océan Pacifique — demeura purement continentale.

Au milieu du XIXe siècle, il pouvait sembler que la vague de conquêtes occidentales au-delà des mers s'était arrêtée. Certes, l'on disposait toujours de possessions côtières en Afrique et en Asie, mais pas de grandes colonies. Celles d'Amérique du Nord et du Sud avaient acquis depuis longtemps leur indépendance. Et les terres de colonisation « blanche » — le Canada, l'Australie, la Nouvelle-Zélande — s'étaient vu reconnaître une autonomie accrue.

Après 1870, l'évolution prit en revanche une tournure dramatique. La compétition coloniale fit qu'en peu de temps, toute l'Afrique — sauf le Liberia et l'Ethiopie — et la plus grande partie de l'Asie du Sud-Est passèrent sous domination coloniale directe. Aussi les contemporains parlèrent-ils déjà de « néo-impérialisme ». Entre 1870 et 1900, 66 millions de personnes furent incorporées à l'empire britannique — et 26 millions à la France, 13 à l'Allemagne, 8,5 à la Belgique, 6,5 à la Russie. Depuis, l'on a vivement discuté des raisons de cette singulière « embardée » de l'évolution historique.

Le terme d'« impérialisme » peut également revêtir une acception plus large incluant l'utilisation de divers moyens de coercition hors de toute colonisation directe, par exemple pressions diplomatiques et actions militaires ponctuelles pour imposer une collaboration. D'aucuns ont parlé à ce sujet d'impérialisme « informel ». Cet élargissement du concept permet de dégager plus clairement une continuité dans l'évolution du XIXe siècle : au gré des circonstances, les Européens mirent en œuvre les moyens politiques et militaires appropriés pour promouvoir leurs intérêts. Une question subsiste néanmoins : pourquoi ce recours massif à la colonisation directe après 1870 ?

Les causes de l'« impérialisme » pouvaient varier en fonction du pays colonisateur et du territoire colonisé. Cela apparaîtra clairement lorsque nous entrerons dans le détail. Beaucoup d'historiens estiment qu'on ne peut guère faire plus que de dresser l'inventaire de ces causes multiples qui formèrent diverses constellations plus ou moins stables. D'autres cherchent un lien entre ces causes dans le but de trouver une explication systématique. La théorie de Lénine selon laquelle l'impérialisme découlait nécessairement du capitalisme occidental en offre le meilleur exemple.

Dans l'exposé qui suit, les causes de l'impérialisme feront l'objet d'un systématisation analogue à celle adoptée pour l'étude de la société occidentale, l'accent étant

En haut à gauche : le fusil-mitrailleur, instrument miracle de l'impérialisme. Le prince de Galles — le futur Edouard VII — fait feu sous l'œil de l'inventeur américain, sir Hiram Maxim. Le fusil-mitrailleur vit le jour dans les années 1880.

L'aigle allemand à la recherche de proies en Afrique. Dessin paru dans « Punch » en 1890. Les colonies renforçaient le prestige des grandes puissances, et l'Allemagne entendait bien se faire une place au soleil, au propre comme au figuré.

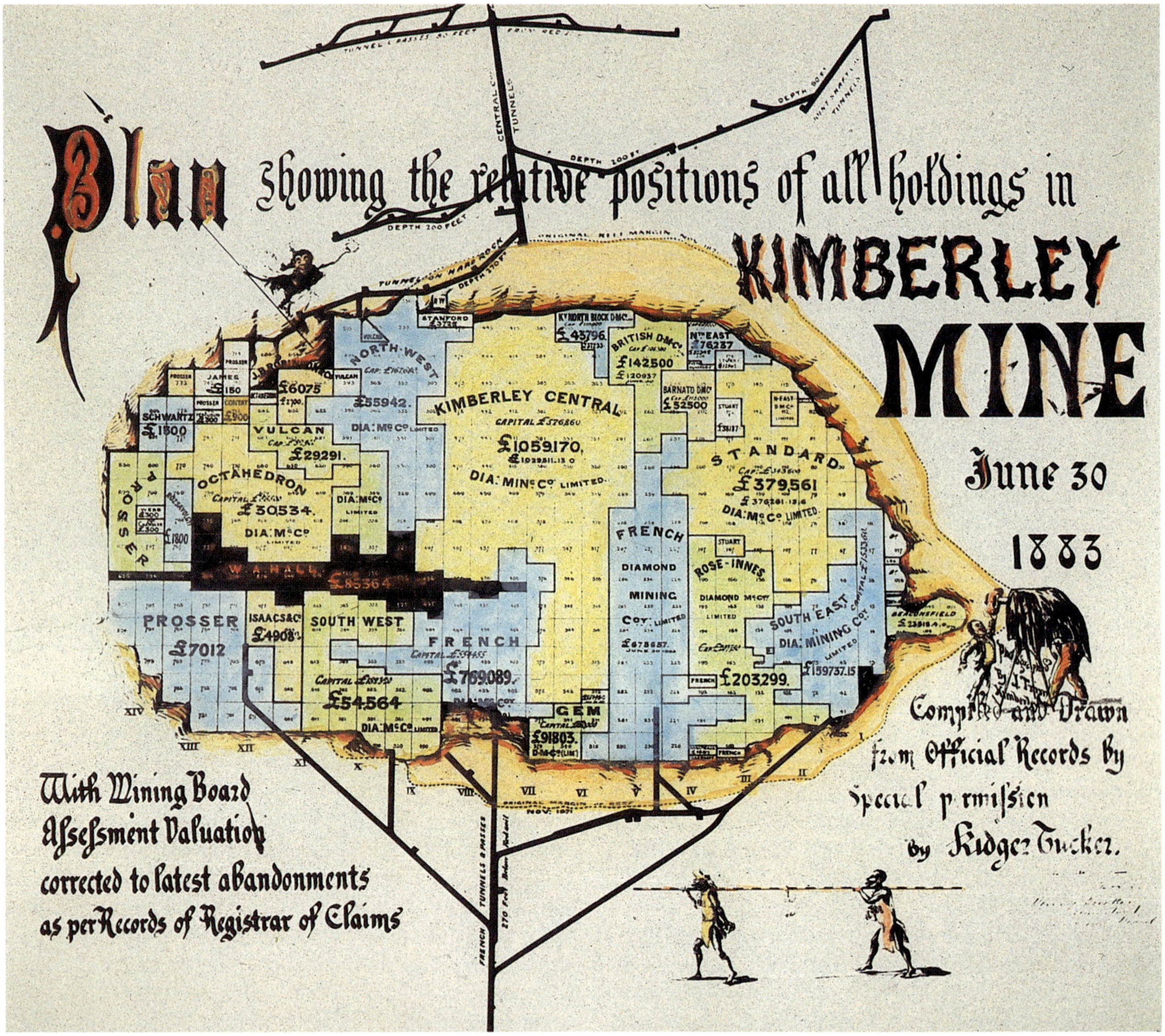

Répartition des actions dans la mine de diamants « Big Hole » à Kimberley (1883). Des investissements de cette importance appelaient un contrôle européen.

« Big Hole », la mine de diamants de Kimberley, Afrique du Sud, présente le plus grand cratère évidé au monde — 463 mètres de large et 1 097 mètres de profondeur. Elle fut exploitée jusqu'en 1914. Cette mine de diamants contribua à l'instauration de l'impérialisme britannique en Afrique du Sud.

mis sur la démographie, la technique, l'économie, la culture et la politique. Il ne s'agit pas de procéder à une étude théorique poussée, mais de préciser le contexte dans lequel s'inscrivent les réalités concrètes de la politique internationale de l'époque.

Forces économiques

Dans une perspective globale, c'est l'extension du marché mondial qui constitue le trait le plus essentiel. Nous en avons déjà examiné les *conditions* démographiques et techniques : accroissement de population, émigration, progrès de la médecine rendant le séjour des Blancs moins périlleux sous les tropiques, marine à vapeur et chemins de fer, télégraphe, techniques modernes d'administration dans les colonies.

L'*incitation* économique résidait dans le besoin de matières premières et de débouchés pour les produits industriels. Nous avons vu que le commerce mondial tripla pratiquement entre 1870 et 1914. Toutefois, l'impérialisme n'en fut pas le résultat direct et inéluctable. Les trois quarts des échanges commerciaux s'opéraient entre pays occidentaux, Etats-Unis compris. En ce qui concerne le quart restant, les dominions blancs et les pays indépendants d'Amérique du Sud se taillaient la part du lion. Les échanges avec le Japon étaient en augmentation rapide.

Les chiffres relatifs aux *exportations de capitaux* des pays occidentaux entre 1870 et 1914 laissent apparaître la même tendance : environ 19 % vers l'Amérique du Sud, 16 % vers l'Asie (Inde avant tout) et l'Australie, 9 % vers l'Afrique (essentiellement Afrique du Sud, Algérie et Egypte) et 5 % vers les régions du Pacifique.

Si l'on excepte l'Inde, déjà colonisée, et essentielle à l'économie britannique, ce furent donc des régions d'importance économique secondaire qui furent soumises à des conquêtes coloniales après 1870. Mais ces nouvelles colonies pouvaient offrir *à terme* des possibilités pour les investisseurs et les négociants, même si pour l'heure elles n'étaient pas rentables. On ne pouvait savoir, et, lorsque la course aux colonies fut déclenchée, il fallut empêcher d'autres nations de s'emparer de trop de territoires, ce qui leur aurait permis de fermer la porte aux concurrents. L'argument d'une « colonisation préventive » fut souvent employé. En ce qui concerne certains territoires — d'Afrique centrale par exemple — il est cependant manifeste qu'on en surestima le potentiel économique pour s'assurer une conquête obéissant à d'*autres* motifs.

Même si l'importance économique globale des colonies d'Afrique et d'Asie était modeste, celles-ci pouvaient revêtir une importance capitale pour les entreprises européennes établies sur place ainsi que pour les ports et régions d'Europe directement concernés. Les chambres de commerce de Hambourg, de Manchester et de Liverpool pouvaient exercer de fortes pressions sur les gouvernements. Nous avons vu que les pouvoirs publics occidentaux étaient de plus en plus liés à la vie économique par le jeu des règlements, des subventions à l'exportation et des protections douanières. L'impérialisme peut être vu comme le prolongement de cette évolution : même à l'autre bout du monde, les entreprises européennes réclamaient l'aide de l'Etat quand leurs intérêts étaient menacés. Des financiers européens exigeaient son intervention lorsque des prêts n'étaient pas remboursés. C'était là un point essentiel dans les théories de Lénine et du Britannique John Hobson sur l'impérialisme. Celui-ci servait les classes dominantes, et le peuple payait la facture. L'exportation de capitaux était possible — et nécessaire — parce que les ouvriers occidentaux, sous-payés, manquaient de pouvoir d'achat.

De l'impérialisme « informel » à l'impérialisme « formel »

Récemment, beaucoup de chercheurs se sont penchés sur ce qu'on appelle les « mécanismes locaux de l'impérialisme ». Pour développer leur commerce et leur production, les Européens avaient besoin de partenaires locaux. Bien entendu, les émigrés venus d'Europe s'y prêtèrent admirablement, et les régions où dominaient les colons blancs ne posèrent aucun problème. A l'aide de capitaux européens, ils produisaient des matières premières et

Le lion britannique s'assure la possession de la clé de l'Inde : Disraeli achète au khédive égyptien Ismaïl les actions du canal de Suez qu'il détenait. Dessin paru dans « Punch » en 1876.

importaient eux-mêmes des produits industriels occidentaux — hors de toute administration coloniale.

En revanche, les autorités autochtones de la plupart des pays africains et asiatiques ne laissaient pas entrer librement les hommes d'affaires européens. La première phase de l'impérialisme consista donc à imposer le libre commerce. Dans une concurrence ouverte, les Européens pouvaient escompter que leurs produits industriels s'imposeraient du fait de leur bas prix et de leur qualité élevée. Mais ils exigeaient aussi de pouvoir exercer leurs activités sous la protection de lois « civilisées » garantissant liberté individuelle, propriété privée et respect des engagements contractuels. De ce fait, les accords de libre commerce arrachés par les Occidentaux étaient en général assortis de clauses d'« exterritorialité » — les Européens en place ne ressortissaient pas à la juridiction locale et possédaient leurs propres tribunaux. Avec de tels accords, l'Empire ottoman, la Chine, le Japon, ainsi qu'une série de petits royaumes d'Afrique occidentale et d'Extrême-Orient, s'étaient ouverts au capitalisme avant 1870.

Mais cela risquait de miner le pouvoir des autorités locales. Le patriotisme et la xénophobie pouvaient engendrer des révoltes dirigées aussi bien contre les gouverne-

Des pressions extérieures à la colonisation directe. La France assure sa domination sur le Maroc à la conférence d'Algésiras de 1906. En échange, la Grande-Bretagne eut les mains libres en Egypte, tandis que l'Allemagne était évincée.

Le vaisseau de guerre « Schleswig-Holstein » en cours de construction (1911). Le réarmement de la flotte allemande révélait les ambitions d'une grande puissance et lançait un défi à la Grande-Bretagne.

ments autochtones que contre les Européens — ainsi en Egypte (1882), en Iran (1905) et dans plusieurs pays africains. Les colonisateurs n'avaient alors le choix que d'évacuer ces territoires ou de les conquérir. Selon un schéma historique classique, l'ingérence appelait toujours plus d'ingérence. Telle fut la caractéristique de la deuxième phase de l'impérialisme.

Par ailleurs, beaucoup de territoires africains, et même asiatiques, ne possédaient pas de gouvernement local apte à assurer l'ordre nécessaire aux activités économiques. Le problème se posait de manière aiguë lorsqu'on envisageait de grands investissements. La colonisation directe apparaissait alors comme la seule solution. Ainsi, l'impérialisme prépara la voie au capitalisme. Les techniques européennes exigeaient un appareil étatique moderne, et là où il faisait défaut, les Européens l'apportèrent avec eux.

Discipline à l'européenne — depuis le martinet à la maison et les coups de canne à l'école jusqu'à la bastonnade infligée au club des officiers à ceux qui ne filent pas droit. Peut-on parler d'un type de « personnalité impérialiste » ?

L'« impérialisme social »

La montée de la tension internationale et l'agressivité impérialiste étaient aussi en rapport avec les intérêts de classe et les nouveaux antagonismes sociaux qui s'observaient dans les pays industrialisés. L'Allemagne en offre l'exemple le plus clair. Les junkers prussiens luttaient pour préserver leur position dominante, en collaboration de plus en plus étroite avec la grande bourgeoisie industrielle. Ils exigèrent des protections douanières contre la concurrence des producteurs russes de céréales, ce qui fut néfaste aux relations avec la Russie. Leur crainte que la politique libérale ne contamine l'Allemagne empêcha tout rapprochement avec la Grande-Bretagne. La bourgeoisie industrielle souhaitait une extension rapide de la marine de guerre, songeant à la fois aux bénéfices qu'elle retirerait de la construction navale et à la puissance que conférerait une telle flotte face à la concurrence mondiale. En compagnie d'intellectuels nationalistes, ces industriels constituèrent un puissant groupe de pression politique (« Flottenverein »). Le défi était lancé, qui contribua largement à augmenter la tension internationale.

Une politique étrangère agressive pouvait aussi servir à renforcer le sentiment national, donc à remédier aux tensions sociales et spécialement à désamorcer la menace que constituait la nouvelle classe ouvrière. Des ennemis extérieurs avaient le don de susciter l'unité nationale. En Allemagne, cet « impérialisme social » servit explicitement de programme politique (voir p. 112). En Grande-Bretagne, Joseph Chamberlain voyait dans l'impérialisme une solution au « problème social ». Il estimait que les revenus directs des colonies et les droits de douane à l'importation (payés par les concurrents étrangers) permettraient de financer les assurances sociales — sans pressurer d'impôts les gens aisés. Tant en Grande-Bretagne qu'en Allemagne, on invoqua aussi l'argument que de nouveaux marchés outre-mer pourraient stabiliser l'économie et donc faire obstacle aux crises conjoncturelles constantes qui entraînaient un fort chômage. Cet argument trouva un écho favorable jusque dans la classe ouvrière.

Les progrès de la lecture, la presse populaire, le développement urbain étaient autant d'atouts dont disposait l'impérialisme social pour créer une opinion de masse. Les conquêtes coloniales, qui étaient à l'époque symbole de prestige, en appelaient à la fierté nationale. La presse à sensation dramatisait volontiers ce qui se passait en terre exotique et faisait ses choux gras des affrontements entre grandes puissances. Lors de la crise de Cuba qui, en 1898, mit aux prises les Etats-Unis et l'Espagne, William R. Hearst, magnat de la presse américaine, écrivit à son envoyé spécial : « Restez sur place. Préparez les nouvelles pour moi, et moi, je préparerai la guerre. »

Evoquant ses souvenirs en 1905, le ministre britannique des Affaires étrangères, Edward Grey, écrivit ceci : « Dans les années 1890, n'importe quel gouvernement n'aurait eu qu'à lever le petit doigt pour déclencher la guerre. Les gens auraient crié aux armes. Ils ressentaient un besoin d'exaltation, le sang leur montait à la tête. Une telle exaltation est retombée à présent, et cette génération qui a perdu pas mal de sang (guerre des Boers) est redevenue raisonnable et normale. » Est-il possible que le malaise de la société industrielle évoqué précédemment ait joué son rôle dans l'impérialisme ? Les conquêtes coloniales et les tensions internationales réveillèrent l'« instinct tribal » et comblèrent un besoin d'action susceptible d'adoucir les frustrations individuelles et collectives. En ce sens, l'impérialisme en appelait aux même instincts que le fascisme ultérieurement.

Le médecin écossais, missionnaire et explorateur David Livingstone est à l'agonie lors de son dernier voyage en Afrique centrale en 1873. Son cœur fut enterré en Afrique tandis qu'on transporta son corps embaumé jusqu'à la côte pour l'inhumer ensuite à l'abbaye de Westminster à Londres. Le destin de Livingstone joua un grand rôle pour l'idéalisme et le zèle missionnaire en Europe.

Racisme et motifs humanitaires

Des plus nobles aux plus vulgaires, les justifications idéologiques de l'impérialisme se déployaient sur une vaste échelle. Les théories raciales revêtirent une importance particulière. Ceux qui discriminaient et humiliaient les

Le général Kitchener et l'écrivain Rudyard Kipling : l'épée et la plume au service de l'empire. Rudyard Kipling (1865-1936) naquit en Inde. Il évoqua la rencontre entre l'Orient et l'Occident, et exhorta les jeunes gens à endosser « le fardeau de l'homme blanc » : l'éducation des peuples de couleur.

juifs se comportaient de la même manière à l'égard des peuples des autres continents. Si l'on était vraiment convaincu que l'arriération technique était due à une infériorité biologique, il était logique d'accorder à la race supérieure un droit de conquête et de tutelle. Après la Première Guerre mondiale seulement, les connaissances biologiques et anthropologiques commencèrent à battre en brèche de telles représentations, du moins parmi la fraction éclairée de la population, car elles subsistèrent largement dans l'opinion. Les idées du darwinisme social s'imposèrent en matière de relations internationales : la force témoignait d'une vitalité supérieure, les petits Etats étaient voués à l'anéantissement alors que les grandes puissances coloniales étaient porteuses d'avenir.

Peut-être y avait-il aussi adéquation entre l'impérialisme et l'éducation bourgeoise de l'époque, basée sur la discipline et le refoulement de l'affectivité. Le service colonial exigeait confiance en soi, indépendance, aptitude à supporter les revers et la solitude parmi des peuples étrangers, volonté de domination — souvent travestie en « volonté de servir ». Le poème de Kipling sur « le fardeau de l'homme blanc » — sa responsabilité éducative parmi les peuples de couleur — en offre l'illustration.

Mais il ne faudrait pas sous-estimer les motifs *humanitaires* de l'impérialisme. L'on était convaincu que la civilisation européenne reposait sur des valeurs de portée universelle : conception du monde fondée sur la science, mode de vie et ordre social rationnels, liberté individuelle, droits personnels (dont celui à la propriété privée), tribunaux indépendants, démocratie politique. En Afrique notamment, de tels motifs jouèrent un rôle important. Les puissances coloniales abolirent les châtiments inhumains

La traite arabe des esclaves en Afrique orientale. Les milieux humanitaires européens exhortaient les autorités coloniales à mettre fin à ce commerce.

Détail de la carte du Zambèze dressée avec grand soin par Livingstone. Celui-ci fut avant tout un explorateur. Les missions exigeaient un travail de longue haleine dont ses successeurs se chargèrent.

et interdirent le commerce des esclaves. N'était-ce pas dans l'intérêt supérieur des Africains ?

Il est important de noter un puissant engagement contre l'esclavage et la traite des Noirs dans l'opinion européenne du XIXe siècle, notamment en Angleterre. A partir de la fin du XVIIIe siècle, la campagne pour l'abolition de l'esclavage avait constitué le premier grand mouvement d'opinion dans l'histoire de l'Europe. Au XIXe siècle, les récits de voyages dans des régions non européennes étaient des best-sellers qui témoignaient de la persistance de l'esclavage et de la traite — dont les Arabes notamment se rendaient coupables en Afrique. Aussi bien pour les partisans du libre commerce que pour les humanistes, c'était là une horreur qu'il fallait combattre à tout prix. L'administration coloniale apparaissait comme un moyen d'extirper le mal à la racine.

Bien-être et développement

Dans tous les territoires coloniaux, les Européens reçurent le soutien notable d'une bonne partie des populations autochtones. A l'aune de nos critères actuels, le nombre des civils et militaires européens était étonnamment réduit. Le contrôle exercé par les Occidentaux ne peut s'expliquer uniquement en termes de coercition. Les Etats colonisateurs n'avaient du reste pas les moyens de baser leur domination sur une oppression permanente. Dans la plupart des cas, une intégration notable s'accomplit sous la houlette de l'administration coloniale. Une des causes probables en est que l'idée occidentale des droits de l'homme avait une portée universelle et que beaucoup d'indigènes estimaient jouir de plus de sécurité et de justice sous mandat européen.

Après la Première Guerre mondiale, la justification officielle de la colonisation fut de veiller sur le bien-être et la bonne gestion de ces territoires lointains jusqu'à ce qu'ils puissent assurer leur propre autonomie. Ainsi s'exprima la Société des Nations lorsqu'elle plaça sous mandats britannique et français les anciennes colonies allemandes. A partir de la fin des années 1920, des fonds spéciaux furent affectés pour le « développement » des colonies. Cette ligne humanitaire de l'impérialisme se retrouve aujourd'hui dans l'aide occidentale au tiers monde.

C'est aussi dans les cercles humanitaires que l'on opposa les plus vives résistances aux abus coloniaux. Au tournant du siècle, la politique de pillage du roi Léopold au Congo suscita en Europe une campagne de réprobation, notamment en Grande-Bretagne (E. Morley, R. Casement). Le résultat fut que la Belgique instaura en 1908 une administration coloniale régulière pour mettre fin à une exploitation sans frein. A partir des années 1890, il y eut en Grande-Bretagne une société de défense des droits des indigènes (« Aborigines Rights Protection Society »). Au cours de la Première Guerre mondiale, celle-ci contribua à empêcher les hommes d'affaires britanniques d'exploiter les colonies de manière plus poussée. Le gouvernement britannique s'opposa également à l'autonomie des Européens au Kenya et affirma le caractère *africain* de ce pays.

Les militants socialistes se montrèrent particulièrement actifs à surveiller l'administration coloniale mais ne mirent que rarement en question le système en tant que tel. La tutelle politique était considérée comme nécessaire pour créer des Etats modernes et vigoureux en Afrique et en Extrême-Orient. Ce point de vue n'a rien de surprenant lorsqu'on constate que les élites intellectuelles autochtones le partageaient pour l'essentiel.

Missions chrétiennes

Les missions chrétiennes étaient étroitement apparentées au mouvement humanitaire. La vocation missionnaire du christianisme se trouva actualisée d'une manière nouvelle avec l'essor du commerce et des communications au XIXe siècle. Sous cet angle, l'extension des missions contitua l'équivalent spirituel de celle du marché économique mondial. Ce type d'activités trouva un écho favorable dans la classe moyenne, parmi les paysans et même chez des gens plus modestes qui purent ainsi être personnellement associés à la grande aventure de l'expansion européenne.

Les missionnaires ne se contentèrent pas d'évangéliser. Par leurs activités pratiques, ils furent profondément engagés dans un travail « civilisateur ». Mais ils étaient enclins à voir dans le *péché* la cause principale du sous-développement. La prospérité matérielle était aussi affaire de conversion et d'amélioration morale. En exigeant ainsi de l'individu une telle transformation, les missionnaires exercèrent une influence plus profonde que les autres Blancs dans les sociétés non européennes.

Souvent, le front religieux précéda les fronts économique et militaire. Même si les missionnaires firent preuve de capacité d'adaptation, ils entrèrent souvent en conflit avec les autorités locales, tant en Afrique qu'en Chine. Là où le droit de prêcher était limité et le christianisme persécuté, il apparaissait aussi naturel au missionnaire qu'à l'homme d'affaires de solliciter la protection de son gouvernement. L'exigence de « liberté religieuse » répondait comme en écho à celle de « liberté commerciale ». Les missionnaires devaient assurer la sécurité de leur vie et de leurs biens au même titre qu'entrepreneurs ou commerçants. En Afrique, David Livingstone acquit la conviction que la traite des Noirs disparaîtrait au profit d'un commerce normal si le christianisme s'implantait. Mais il fallait que les communications se développent, et cela présupposait une administration coloniale.

De leur côté, les hommes d'affaires étaient conscients que les missions pouvaient servir leur cause, notamment en provoquant une demande de marchandises européennes au sein des communautés. Les missionnaires furent aussi des pionniers en matière d'agriculture et d'artisanat. Et les vertus chrétiennes qu'ils inculquaient — honnêteté, zèle au travail, acceptation de son sort et obéissance — étaient celles requises pour promouvoir une économie moderne. Mais simultanément, l'on était très préoccupé dans les milieux chrétiens par bien des aspects de l'évolution occidentale au XIXe siècle : matérialisme insatiable, libre pensée, radicalisme politique, arrogance scientifique. Dans les colonies, de nombreux missionnaires réagirent contre les hommes d'affaires européens et prirent le parti des populations indigènes.

Les sociétés géographiques jouèrent un rôle important comme groupes de pression impérialistes. En l'occurrence, les motifs scientifiques, humanitaires, religieux et économiques se mêlèrent inextricablement. L'essentiel des fonds provenait des milieux d'affaires. Des explorateurs comme le Français Pierre Savorgnan de Brazza et Henry Stanley, un Américain au service des Britanniques, jouèrent un rôle important en Afrique dans la course aux colonies.

Impérialisme nordique ?

Les pays nordiques connurent eux aussi le désir d'expansion propre à l'époque. Les mêmes motifs présidèrent aux expéditions arctiques (Nansen, Amundsen, Nordenskiöld, Andrée) qu'à celles entreprises en Asie et en Afrique : goût de la recherche, curiosité géographique, soif de gloire personnelle, nationalisme, et, dans une certaine mesure, ambition coloniale. Avant 1914, la Norvège revendiqua sa souveraineté sur le Spitzberg lors de plusieurs conférences internationales avant d'obtenir satisfaction en 1918 à celle de Versailles (le traité du Spitzberg date de 1920). Par la même occasion, Fritz Wedel Jarlsberg, le négociateur norvégien, rompit une lance pour que son pays obtienne, outre la région côtière de Mourmansk, quelque colonie en Afrique orientale, mais le gouvernement de Kristiania s'y opposa.

Au tournant du siècle, d'éminents hommes d'affaires suédois, en liaison avec le syndicat des exportateurs et les missions, militèrent en faveur d'une pénétration en Chine. Les arguments employés ressortissaient pour une part à l'« impérialisme social » : les marchés non européens contribueraient à promouvoir la production suédoise et à mettre une sourdine aux antagonismes de classe sur la scène intérieure.

(F. Wedel Jarlsberg : *Reisen gjennem livet*, Oslo 1932.)

Impérialisme en l'absence d'indigènes. Roald Amundsen en 1909, prêt à s'élancer jusqu'au pôle Sud qu'il atteignit le 14 décembre 1911.

Le missionnaire britannique Mackay enseignant dans son école de l'Ouganda en 1890. Le plus souvent, les missionnaires soutenaient la colonisation dont ils espéraient qu'elle mettrait fin à des coutumes barbares et permettrait un libre développement des activités religieuses.

Tension entre grandes puissances européennes

Nous avons décrit comment l'impérialisme se développa en Occident à partir de facteurs économiques, sociaux et idéologiques. Cela explique la *tendance* à des interventions politiques et à des conquêtes coloniales dans le tiers monde. Mais cela n'explique pas la *soudaineté* avec laquelle ce processus se déclencha dans les années 1880, ni le caractère parfois hystérique que revêtit la compétition coloniale. Pour rendre compte de ces aspects, il faut examiner les tensions politiques et militaires entre grandes puissances européennes et préciser de quelle manière l'impérialisme s'inscrivit dans la politique internationale.

L'équilibre des forces en Europe avait été fortement ébranlé par l'unification de l'Allemagne et la victoire alle-

Une nouvelle époque dans l'histoire européenne : à Versailles, après la défaite de la France en 1871, le roi Guillaume Ier de Prusse est proclamé empereur d'une Allemagne unie. Y avait-il place en Europe pour une Allemagne unie ?

mande sur la France en 1870. Côté français, la perte de l'Alsace-Lorraine était une plaie ouverte, et la nouvelle Allemagne avait à redouter une guerre de revanche. La stratégie de Bismarck pour parer à cette menace consista à mener une politique étrangère modérée et à garantir la paix en Europe en faisant office d'« honnête courtier ». Il prit l'initiative des conférences internationales de Berlin sur les problèmes des Balkans (1878) et sur le partage de l'Afrique (1884-85).

Le système d'alliances de Bismarck avant 1890. Isolement de la France et recherche d'un équilibre en Europe.

Par ailleurs, Bismarck s'efforça d'empêcher que les rivaux de l'Allemagne ne s'unissent pour mettre au point un système d'alliances. Les relations avec l'Autriche-Hongrie étaient les plus importantes, mais un risque de guerre couvait dans les Balkans où des peuples slaves, guidés par la Serbie, revendiquaient leur indépendance. Directement ou indirectement, la Russie soutenait ces exigences. Mais Bismarck réalisa le tour de force de s'entendre avec la Russie, d'abord à l'aide de « l'alliance des Trois-Empereurs » (1881), puis grâce au traité secret de réassurance avec la Russie. Les deux pays promettaient de rester en paix en cas de guerre contre une tierce puissance — le conflit qui menaçait alors était un éventuel affrontement dans les Balkans entre la Russie et l'Autriche-Hongrie. Les antagonismes entre la Grande-Bretagne et la Russie à l'est, entre la Grande-Bretagne et la France en Afrique, semblaient suffisants pour garantir que les *Britanniques* ne contractent pas d'alliances anti-allemandes avec ces deux puissances rivales.

Ainsi donc, la politique internationale à l'époque de Bismarck se concentra sur les affaires européennes, la rivalité sur d'autres continents n'étant que d'importance secondaire. Lors d'un débat sur l'Afrique, le chancelier allemand eut ce mot révélateur : « Ici il y a la France, là la Russie — c'est cela ma carte d'Afrique. »

Le prélude à la Première Guerre mondiale

La situation se modifia après 1890. Les questions de politique mondiale passèrent au premier plan et pesèrent de plus en plus sur l'équilibre européen. Les nationalistes allemands préconisèrent une politique coloniale plus active : l'Etat allemand devait devenir une puissance mondiale et se procurer « une place au soleil ». Guillaume II, le nouvel empereur à partir de 1888, partagea ce point de vue. La mise à l'écart de Bismarck en 1890 annonça une politique étrangère plus agressive. L'accord avec la Russie ne fut pas renouvelé, et dès lors, la voie fut ouverte pour l'alliance franco-russe de 1892.

La politique étrangère agressive de l'Allemagne, avec notamment la constitution accélérée d'une puissante marine de guerre après 1900, prit simultanément l'allure d'un défi lancé à la Grande-Bretagne. Cependant, l'Allemagne gardait l'espoir de s'entendre avec les Britanniques en s'imaginant que cette puissance maritime, internationalement isolée après l'impopulaire guerre des Boers en Afrique du Sud (1899-1902), serait prête à faire des concessions. L'Allemagne exigea une promesse de neutralité britannique en cas de guerre sur le continent.

Mais la Grande-Bretagne rompit son isolement diplomatique d'une autre manière. A l'est, les Britanniques conclurent en 1902 un accord avec le Japon. A la même époque, ils s'expliquaient avec les Français en Afrique. Les deux pays conclurent en 1904 une alliance informelle, l'« entente cordiale ». Ainsi, l'encerclement que l'Allemagne avait redouté par-dessus tout se réalisa. Les Allemands ne poursuivirent pas moins leur politique étrangère agressive, mais sans buts ni priorités clairement définis. Dans certains milieux, on parlait du besoin de l'Allemagne d'un « espace économique » plus étendu en Europe cen-

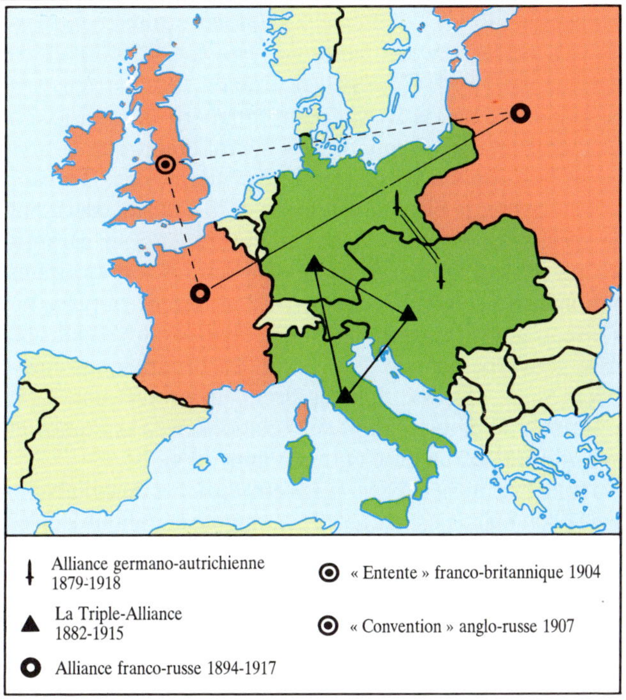

trale. De tels plans étaient-ils suffisamment avancés et officiels pour constituer à terme un « casus belli » ? Cette question demeure l'objet de vives discussions parmi les historiens.

En matière de politique militaire, cette nouvelle situation renforça les liens entre l'Allemagne et son seul allié notable, l'Autriche-Hongrie (même si, depuis 1882, l'Italie figurait aux côtés de ces deux puissances au sein de la Triple-Alliance). Mais l'Autriche-Hongrie vivait sur une poudrière dans les Balkans, et il aurait suffi d'une étincelle pour que la Russie — et partant son alliée la France — se trouve entraînée dans une grande guerre. C'est aussi ce qui se produisit avec l'attentat de Sarajevo du 28 juin 1914 au cours duquel François-Ferdinand, l'héritier autrichien du trône, fut assassiné par un nationaliste serbe.

Nous allons voir à présent comment les tensions en Europe contribuèrent à la compétition coloniale dans le reste du monde.

Les « mécanismes locaux » de l'impérialisme

Jetons un coup d'œil rapide sur cette compétition impérialiste de par le monde entre 1870 et 1914. En mettant l'accent sur la politique de conquête des grandes puissances, nous continuons donc à contempler les événements d'« en haut ». Il serait cependant erroné de se représenter cette conquête sous forme d'une formidable machine broyant toute résistance locale sur son passage. En vérité, la colonisation s'effectua partout par un jeu de relations complexes avec les autorités autochtones. Les Européens s'efforçaient en règle générale d'établir une forme de partenariat avec les royaumes africains et asiatiques, sans recourir à des conquêtes directes. Même s'ils échouaient et qu'un régime colonial direct fût mis en place, ils pouvaient presque toujours trouver des alliés parmi les « indigènes ». Souvent, les royaumes africains et asiatiques résultaient eux-mêmes de conquêtes, et des groupes opprimés pouvaient soutenir les Européens dans l'espoir d'en tirer profit. Quant aux petits royaumes menacés par des ennemis puissants, ils étaient volontiers tentés de rechercher un appui occidental. Ainsi, la domination britannique en Côte-de-l'Or (Ghana) se fonda sur une alliance avec les petits royaumes côtiers dirigée contre le royaume Achanti au nord. Plus tard, les forces armées de ces unités côtières participèrent activement à la conquête des régions intérieures. Cela explique qu'il ait souvent été possible d'annexer des territoires avec des effectifs militaires incroyablement réduits.

De fortes résistances armées pesèrent lourd sur l'issue de la compétition coloniale. L'Ethiopie refoula l'Italie en 1896 et préserva son indépendance. En Rhodésie du Sud (Zimbabwe), la grande révolte de 1896 fit que les Britanniques accordèrent de meilleures conditions aux Matabélés pour prévenir le retour de tels troubles. Mais dans leur lutte contre les puissants royaumes musulmans des régions du Niger et du Tchad, les Français mobilisèrent des forces si importantes que les dynasties en place disparurent. Que la résistance fût payante ou non dépendait de nombreux facteurs complexes.

Mouvement pacifiste et course aux armements

Le mouvement organisé en faveur de la paix prit de l'ampleur entre 1870 et 1890. Cela s'explique d'une part par le renforcement de la coopération économique et culturelle, de l'autre par l'évolution de l'armement qui poussa bien des esprits à penser qu'une guerre moderne ne ferait que des perdants. Le premier congrès de la paix se tint à La Haye en 1889. Entre 1903 et 1912 furent conclus plus de cent accords prévoyant une procédure d'arbitrage en cas de conflits entre nations. Alfred Nobel, le magnat de l'industrie suédoise, créa son prix de la paix en 1901.

Mais simultanément, la course aux armements s'accéléra de plus belle. Le budget militaire des six plus grands pays européens passa de 1,24 milliard de dollars en 1899 à près de 2 milliards en 1913. Les profits des grandes entreprises d'armement étaient directement fonction des tensions entre Etats, et il arriva qu'on diffusât sciemment des faux bruits sur le potentiel militaire de telle ou telle nation. La responsabilité de l'industrie de l'armement comme « fauteur de guerre » demeure toutefois discutée. La Première Guerre mondiale fut une défaite pour le mouvement pacifiste, mais la paix qui suivit permit la création de la Société des Nations qui, elle, marquait une victoire pour les idéaux pacifistes. Etait-ce la paix ou la guerre qui était « La grande illusion » (titre d'un livre de Norman Angell paru en 1910) ? La question demeurait ouverte.

Guillaume II, empereur de 1888 à 1918, fut un symbole de la nouvelle Allemagne sûre d'elle. Guillaume II défendit ardemment l'impérialisme allemand. Ici, une caricature qui s'en prend à sa vanité personnelle.

En haut à gauche : le système des alliances européennes en 1914. Le cauchemar de Bismarck — amitié entre la France, la Grande-Bretagne et la Russie — était devenu réalité, pour une part à cause de la politique allemande, provocatrice et irréaliste.

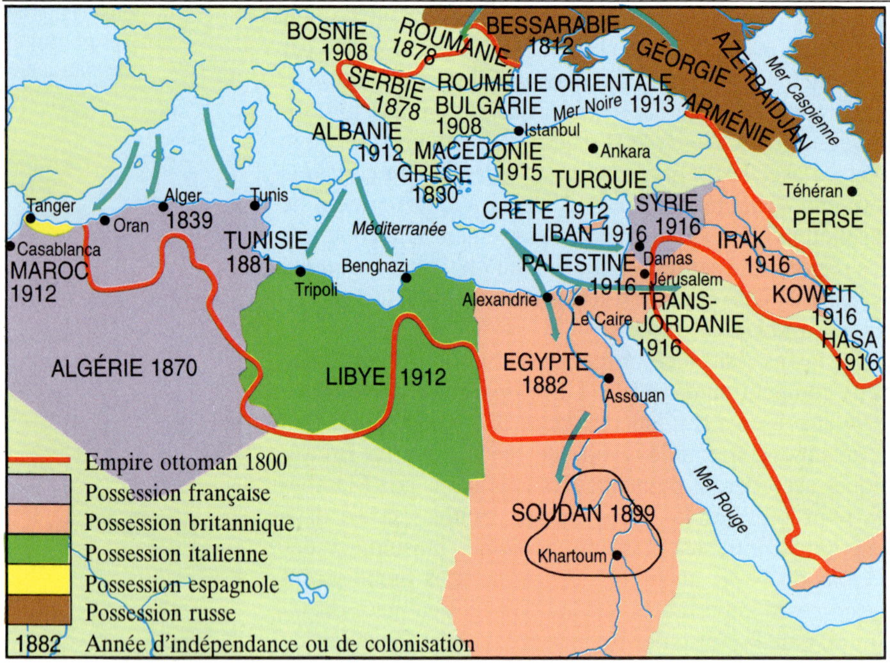

Un impérialisme en remplace un autre : l'Empire ottoman se trouve dépecé par les conquêtes européennes.

Dans ces « mécanismes locaux » de l'impérialisme, l'Européen sur place (« the man on the spot ») joua un rôle clé. Même lorsque les gouvernements d'Europe se montraient réservés, explorateurs, hommes d'affaires et missionnaires pouvaient préparer le terrain à des conquêtes qui, pour les officiers, signifiaient souvent gloire et avancement — ils leur arriva de provoquer crises et guerres en attisant les conflits avec les potentats locaux.

Dans les chapitres suivants, nous verrons région par région des exemples de ces interactions multiples.

Lord Lugard, un des grands protagonistes des conquêtes britanniques en Afrique. Il dirigea des expéditions en Afrique orientale avant de devenir gouverneur du nord du Nigeria. Il mit au point un système de gestion reposant sur les chefs africains locaux (« gouvernement indirect »).

Conquêtes coloniales en Afrique du Nord et au Moyen-Orient

Le Moyen-Orient était la plus proche des régions non européennes. La souveraineté des Turcs s'étendait toujours d'ouest en est du Maroc à l'Iran, du nord au sud des Balkans au Sahara. Mais l'Empire ottoman avait longtemps été en butte à des pressions. Entre 1780 et 1880, la Russie lui avait livré six guerres victorieuses dans les Balkans et avait même menacé Constantinople en 1878. Le but était de délivrer les peuples slaves du joug turc et d'avoir accès aux océans en contrôlant le Bosphore.

Mais d'autres pays européens avaient également de puissants intérêts dans la sphère d'influence ottomane. Entre 1830 et 1870, la France avait conquis l'Algérie. En 1870, d'importants capitaux occidentaux étaient placés en Egypte et à Constantinople. Après cette date, des défaillances dans les remboursements entraînèrent des interventions européennes directes. Cette « administration de la dette » impliqua notamment le contrôle des recettes douanières et de la planification budgétaire.

Avec l'ouverture du canal de Suez en 1869, la Méditerranée prit une importance nouvelle comme route principale des Indes. Les Britanniques ne pouvaient donc laisser aux Russes le contrôle de Constantinople. Cette rivalité contribua ainsi à maintenir en vie la Turquie, « l'homme malade de l'Europe », même si l'Empire ottoman enregistra des pertes sur ses flancs — dans les Balkans et en Afrique du Nord. En 1878, la France reçut le feu vert de la conférence de Berlin pour conquérir la Tunisie. La Grande-Bretagne s'empara de Chypre, tandis que la Serbie et la Roumanie devinrent indépendantes des Turcs.

En Egypte, la Grande-Bretagne et la France exigeaient de concert un contrôle financier plus strict pour garantir les intérêts européens. Mais lorsque des officiers égyptiens nationalistes se révoltèrent en 1882 et mirent en place un nouveau gouvernement, la France était paralysée par une crise gouvernementale. De ce fait, les Britanniques envahirent seuls l'Egypte dont ils firent un protectorat. Cela entraîna une détérioration des relations avec la France et une rivalité accrue en d'autres points du globe.

Au début du siècle, les Turcs entreprirent de collaborer avec l'Allemagne en matière économique et militaire, et les Allemands se virent concéder en 1902 la construction d'une ligne de chemin de fer entre Berlin et Bagdad. Lorsque la Turquie connut une crise intérieure en 1908, la Bulgarie se déclara indépendante, et l'Autriche annexa la Bosnie. En 1911-12, l'Italie arracha la Lybie aux Turcs. Au cours de deux guerres des Balkans (1912-13), la Turquie perdit ce qu'il lui restait de territoires balkaniques au profit de la Bulgarie, de la Serbie, de la Grèce ainsi que de l'Albanie, indépendante en 1912. La participation de la Turquie à la guerre mondiale aux côtés de l'Allemagne lui coûta ses territoires arabes qui passèrent sous mandats français et britannique. L'Empire ottoman n'était plus qu'un souvenir, et les Turcs avaient été refoulés dans leur terre d'origine en Asie Mineure — la Turquie actuelle.

« L'homme malade de l'Europe » (la Turquie) est menacé par la mort (la Russie) tandis que les médecins (la France et la Grande-Bretagne) discutent des remèdes. Les puissances occidentales voulaient empêcher la Russie de contrôler Constantinople et les débouchés sur la Méditerranée.

La course à l'Afrique

C'est en Afrique que la compétition coloniale impérialiste fut la plus dramatique. Hormis l'Algérie et l'Afrique du Sud, seuls quelques districts côtiers disséminés ressortissaient à l'administration coloniale européenne dans les années 1870. Mais en 1914, l'Europe dominait tout le continent, l'Ethiopie et le Liberia exceptés. Jamais l'histoire universelle n'avait connu une telle vague de conquêtes. Les rivalités politiques européennes avaient plus contribué à accélérer le mouvement que les seuls intérêts économiques en Afrique. Pour une part, cette colonisation s'explique par un bras de fer diplomatique.

Les Britanniques furent les premiers à progresser du nord vers le sud. Ils avaient de puissants intérêts économiques et stratégiques en Afrique du Sud où d'importants gisements de diamant et d'or avaient été découverts dans les années 1870 et 1880. Mais deux républiques indépendantes boers, l'Etat libre d'Orange et le Transvaal, faisaient obstacle à une coordination économique rationnelle. Elles empêchaient aussi la poursuite de l'expansion britannique vers les prometteuses régions minières de Rhodésie. Ces républiques furent finalement écrasées à l'issue de la « guerre des Boers » (1899-1902). Toute l'Afrique du Sud fut réunie en un Etat confédéré qui reçut le statut de dominion au sein de l'empire britannique. Après une forte résistance des Matabélés, La Rhodésie (Zambie et Zimbabwe) et le Nyassaland (Malawi) tombèrent sous la coupe de la Grande-Bretagne en 1890-91.

Dans la vallée du Nil, les Britanniques héritèrent de l'administration coloniale égyptienne sur le Soudan. Mais là encore, la conquête exigea du temps du fait de la résistance du nouveau royaume islamique créé par le prophète Mohammed Ahmed après 1881. Malgré tout, des politiciens britanniques commencèrent à évoquer la possibilité d'un empire colonial d'un seul tenant « du Cap au Caire ».

Dans cette compétition coloniale, la France partait de ses bases au nord et à l'ouest. A partir du Sénégal, vieille possession côtière, l'on s'employa à constituer une zone coloniale traversant tout le continent du sud du Sahara jusqu'à la côte orientale. Mais cette progression se heurta à la résistance des grands royaumes islamiques près du Niger et autour du lac Tchad (Ahmadou, Samori, Rabeh). Les Français atteignirent les premiers la vallée du Nil à Fachoda en 1898, quelques semaines avant les forces anglaises venant du nord. Les incidents de Fachoda provoquèrent une menace de guerre, mais les Britanniques, supérieurs, obligèrent les Français à baisser pavillon.

Dans la région du Congo et sur les côtes occidentales de l'Afrique, les hommes d'affaires européens se contentèrent longtemps d'une reconnaissance mutuelle de leurs sphères d'intérêt. La situation changea avec l'irruption de deux nouveaux venus. Le roi Léopold de Belgique était un politicien irréaliste dont la volonté de puissance allait bien au-delà des ressources de son pays. En 1879, il prit la tête de l'« Association internationale africaine » qui, au nom de la civilisation et du libre commerce, créa « l'Etat indépendant du Congo ».

Quatre ans plus tard, Bismarck plaça ses pions sur l'échiquier africain en annexant le Tanganyika, l'Afrique du Sud-Ouest, le Cameroun et le Togo. Britanniques et Français exercèrent alors une pression accrue sur leurs gouvernements, et, une fois quelques principes posés en 1884-85 par la conférence de Berlin, la course aux territoires de l'intérieur prit sérieusement son essor.

Les Britanniques se servirent à nouveau. A partir de leurs bases situées sur la côte occidentale, ils étendirent leurs conquêtes aux régions intérieures des actuels Ghana et Nigeria, malgré la résistance acharnée des royaumes Achanti et Foulani. Après 1890, la conquête du Kenya et de l'Ouganda assura aux Britanniques le contrôle des sources du Nil et leur permit de faire contrepoids à l'influence allemande sur la côte orientale de l'Afrique. Les Portugais reçurent le soutien des Anglais pour faire échec aux projets d'expansion allemands au sud. Mais en

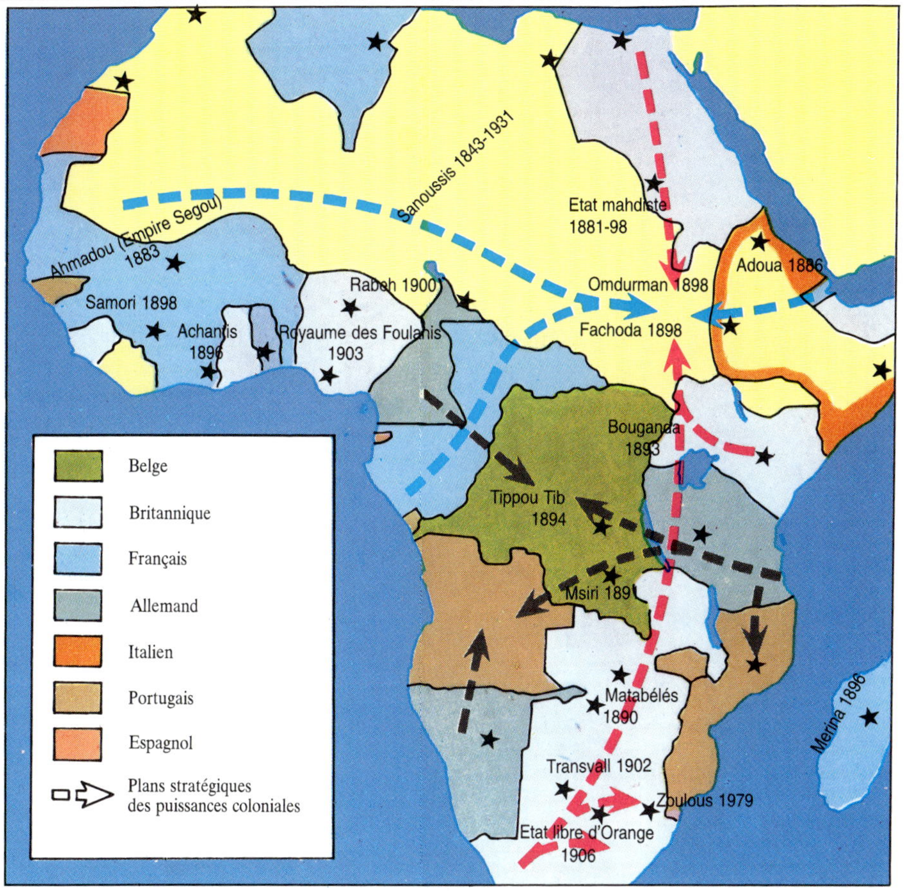

La course à l'Afrique. D'un point de vue économique, il s'agissait du moins intéressant des continents. La rivalité coloniale des grandes puissances les poussa à racler les fonds de casserole. Les étoiles noires signalent les îlots de résistance africaine.

La conférence de Berlin sur le partage de l'Afrique (1884-85) créa l'Etat indépendant du Congo et décida des règles à suivre dans la course aux colonies. Bismarck connut là l'apogée de sa carrière d'homme d'Etat international.

Avancées européennes en Asie. L'Asie du Sud-Est et les îles du Pacifique furent conquises, mais la Chine se borna à subir un « impérialisme informel ».

1914, les Allemands songeaient toujours à acquérir par les armes un empire colonial en Afrique centrale. Toutefois, la défaite de l'Allemagne fit que ses quatre colonies passèrent sous mandats britannique et français, formellement sous le contrôle de la Société des Nations.

Parmi les Etats africains, seule l'Ethiopie parvint à s'affirmer face aux grandes puissances. Elle profita du fait que les pays européens se tenaient mutuellement en échec dans cette région. L'Ethiopie participa elle-même à la compétition coloniale en Afrique et réussit à plus que doubler ses possessions au sud et à l'ouest. Une armée italienne essaya bien d'envahir le pays en 1896, mais elle fut battue à Adoua.

L'impérialisme en Asie — la puissance russe dans le Pacifique

En Asie, les grandes puissances se préoccupèrent particulièrement de la zone d'influence chinoise qui s'étendait traditionnellement jusqu'à la Mandchourie au nord et à l'Indochine au sud. L'Inde était depuis longtemps une colonie britannique. La France occupa l'Annam (le futur Viêt-nam) et jeta ainsi les bases de son empire colonial en Indochine — qui allait également s'étendre au Laos et au Cambodge. En réaction à cette offensive française, et pour assurer leurs arrières en Inde, les Britanniques conquirent la Birmanie en 1885. Par la même occasion, au nord de leur base de Singapour, ils renforcèrent leur contrôle sur la presqu'ile de Malacca — il allait en résulter une colonie fondée sur une série de principautés autonomes, la future Malaisie. Ils assurèrent encore leur souveraineté sur le nord de Bornéo et le sud de la Nouvelle-Guinée, pour des raisons de stratégie maritime. Dans les Indes néerlandaises, les régions de l'intérieur furent placées sous gouvernement européen. Toutes les puissances coloniales firent main basse sur les îles du Pacifique. L'Allemagne s'attribua un archipel au nord-est de la Nouvelle-Guinée, mais celui-ci passa sous mandat de la Société des Nations après la défaite allemande de 1918.

Mais c'était la Chine — y compris la Mandchourie et la Corée, ses royaumes vassaux au nord — qui excitait les plus grandes convoitises. Dans des régions aussi peuplées, les possibilités commerciales paraissaient sans limite. Au demeurant, la Grande-Bretagne et la France n'avaient pas lésiné sur les moyens pour imposer aux Chinois des accords de libre commerce dans les années 1840 et 1850. Après 1870, ces offensives reprirent de plus belle. La France arracha des « concessions » — autrement dit des droits en matière de commerce, d'activités missionnaires et de juridiction — à l'extrême sud de la Chine (Canton ou Guangzhou). La Grande-Bretagne obtint des concessions du même type dans le bassin du Yangzi-Jiang, cette région centrale qui abritait plus de la moitié de la population chinoise. L'Allemagne participa à la compétition et se procura en 1898 une petite concession tout au nord (baie de Jinzhou). La Chine pouvait sembler promise à un partage analogue à celui qu'avait connu l'Afrique.

Mais en Asie du Sud-Est, la situation internationale était toute différente. Alors qu'en Afrique, les pays euro-

Les Toungouses sabotent le chemin de fer transsibérien en 1904. Le vice-chancelier russe Gortiakov expliqua en 1864 de quelle manière les problèmes frontaliers rendaient nécessaires d'incessantes nouvelles conquêtes : « Ou bien on laisse les frontières exposées à des attaques constantes qui rendent impossible tout progrès, toute sécurité et tout développement culturel, ou bien il faut pénétrer de plus en plus profondément au cœur des régions primitives. »

péens avaient pu régler leurs comptes entre eux, le spectre de la Russie se dressait en Extrême-Orient. Entre 1870 et 1900, à partir du Turkestan, les Russes s'étaient répandus vers le sud jusqu'aux confins de la Perse et de l'Afghanistan. Cela provoqua une contre-offensive britannique qui se traduisit par la construction d'un réseau télégraphique, des emprunts publics et des concessions pétrolières. En 1907, la Russie et l'Angleterre se mirent d'accord pour une reconnaissance mutuelle de leurs « sphères d'influence » en Perse. Dans les années 1870, ces deux puissances s'étaient entendues de manière analogue sur la préservation de l'indépendance de l'Afghanistan, Etat tampon entre les Indes britanniques et la Russie. Sur les côtes du Pacifique, au nord de la zone chinoise, se dressait le colosse russe avec son empire s'étendant sur deux continents. Mais en matière de colonisation, la Russie, aussi à l'aise en Asie qu'à Moscou, se comportait en puissance orientale. Dès 1892, une déclaration de Sergueï Witte révéla clairement les visées impérialistes russes en Asie : le chemin de fer transsibérien allait révolutionner le commerce mondial et supplanter le canal de Suez comme voie d'accès à la Chine. La Russie pourrait dès lors inonder le marché chinois de produits industriels, assurer son contrôle politique sur la Chine du Nord et conquérir une position dominante en Extrême-Orient. En 1860, les Russes avaient poussé plus avant vers le sud-est le long du fleuve Amour et fondé Vladivostok, base navale dans le Pacifique. Lorsque dans les années 1890 le Transsibérien atteignit le Pacifique en traversant directement la Mandchourie, ce pays devint en fait un protectorat russe. En même temps, la Russie s'assura le droit d'exploiter la péninsule du Liaodong avec la base navale de Port Arthur.

Le Japon devient une grande puissance

En Extrême-Orient, les puissances occidentales et la Russie furent confrontées à deux nouveaux acteurs non européens : le Japon et les Etats-Unis. Le plus surprenant fut l'irruption du Japon dans la grande politique internationale. Dans les années 1850 et 1860, ce pays s'était vu lui aussi imposer des accords destinés à ouvrir certains ports au commerce occidental, à abaisser les barrières douanières et à assurer aux étrangers un droit d'exterritorialité. Mais à partir de 1868, sous l'action des réformes entreprises à l'« ère du Meiji », le Japon renforça si vite son potentiel sur le modèle occidental qu'il put participer à la compétition impérialiste dès les années 1890. Les parties septentrionales du royaume chinois, notamment la Corée, lui offraient les possibilités d'expansion les plus proches. La Chine et le Japon s'étaient longtemps disputé la maîtrise de ces territoires. En 1894, prenant prétexte de troubles en Corée, le Japon déclara la guerre à la Chine. A leur tour, les Japonais prirent leur part du gateau chinois, en l'occurrence la Corée et Formose. Ils convoitaient aussi la Mandchourie, mais là, ils se heurtèrent à la Russie, et la tension augmenta entre les deux pays. Cela conduisit le Japon à signer un pacte d'amitié avec la Grande-Bretagne, vieille rivale de la Russie, puis, en 1905, à attaquer cette dernière en Mandchourie.

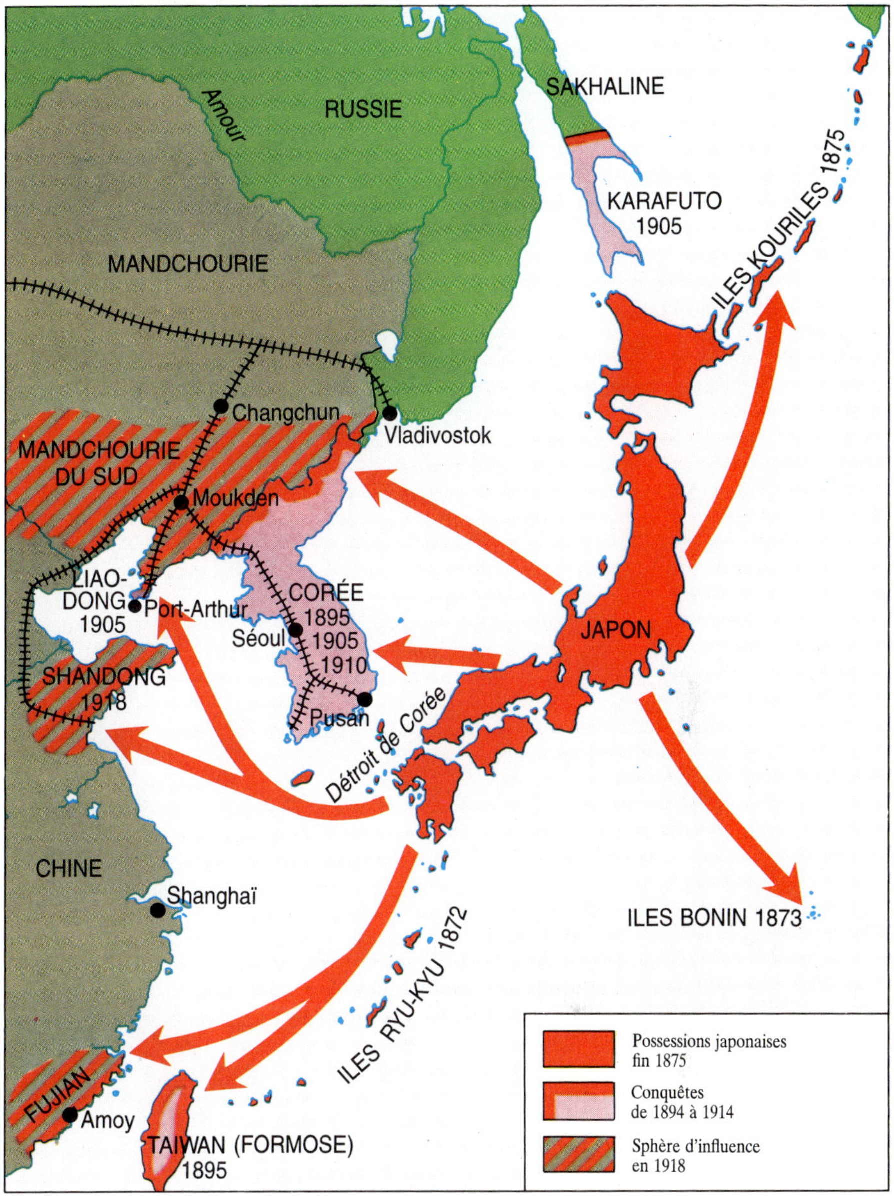

L'extraordinaire évolution du Japon qui devint une grande puissance impérialiste après avoir été menacé de conquête.

La guerre russo-japonaise marqua un tournant historique. La bataille de Moukden fut la plus gigantesque jamais livrée avec plus de 600 000 soldats impliqués et tout l'arsenal que pouvait fournir l'industrie de pointe. La victoire revint aux Japonais qui, en plus, anéantirent la marine de guerre russe dans le détroit de Corée. La Russie dut céder ses possessions chinoises, renonçant à toute prétention sur la Mandchourie et sur la péninsule de Liaodong ainsi que sur la partie sud de l'île Sakhaline. La Corée devint un protectorat japonais. Puis, lorsque les puissances occidentales se trouvèrent engagées dans la Première Guerre mondiale, les Japonais réalisèrent de nouvelles avancées. Ils annexèrent les îles du Pacifique colonisées par les Allemands et présentèrent à la Chine leurs « Vingt et Une Demandes » destinées à obtenir dans ce pays des droits commerciaux et politiques plus étendus.

L'issue de la guerre russo-japonaise entraîna des répercussions internationales considérables. Désormais, les Russes se concentrèrent à nouveau sur l'Europe et soutinrent plus activement les nationalistes slaves dans les

L'art japonais refléta pas à pas l'ascension du pays vers la grande puissance. Cet imposant dessin en couleur qui évoque la guerre contre la Chine (1894-95) montre comment les Japonais attaquent à gauche avec une artillerie moderne et des soldats rompus à la discipline.

Balkans, ce qui détériora leurs relations avec l'Autriche-Hongrie. En Russie, la défaite subie contre les Japonais déchencha la révolution de 1905 qui hâta la mort du régime tsariste. Pour l'opinion européenne, ce fut un choc de constater qu'un pays non occidental avait pu surpasser ses maîtres en matière d'armement moderne et infliger une défaite cuisante à une grande puissance. Hors d'Occident, le mythe de l'invincibilité européenne se trouva remis en question.

L'impérialisme américain

Les Etats-Unis, qui au tournant du siècle avaient globalement adopté une attitude impérialiste, furent les principaux adversaires du Japon. En principe, l'Etat américain, né de l'indépendance arrachée aux colonisateurs britanniques dans les années 1770, était anti-impérialiste. Cependant, l'histoire du pays n'était rien d'autre qu'une suite de conquêtes. Les territoires indiens vers l'ouest avaient été pris par la force, et les populations autochtones avaient été en partie éliminées. Les Etats du Sud — du Texas à la Californie — avaient été conquis par les armes au détriment du Mexique qui de ce fait avait perdu environ la moitié de son territoire. La violence jouait un rôle important dans le style de vie américain, avec le revolver comme symbole de virilité et d'énergie. Déjà du temps des pères de la constitution, les conquêtes territoriales étaient considérées comme essentielles pour la croissance économique et la paix sociale. Ce qui donna à l'impérialisme d'outre-Atlantique sa coloration idéologique particulière, c'est qu'il fut associé au « rêve américain » : les Etats-Unis allaient donner à l'humanité un nouveau départ grâce au libre capitalisme et à la démocratie authentique. Dès le milieu du XIXe siècle, John O'Sullivan évoquait cette mission historique.

En 1823, avec la doctrine de Monroe, les Etats-Unis avaient revendiqué le droit de protéger l'ensemble du double continent américain des ingérences européennes. Après 1870, ils s'ingérèrent eux-mêmes dans les affaires de l'Amérique latine. Ainsi, le président Rutherford B. Hayes (1877-81) affirma face au Mexique que les citoyens de « pays avancés » exerçant leurs activités dans des « régions primitives » devraient jouir de la même sécurité que chez eux, au prix s'il le fallait d'une intervention de leur gouvernement. C'était là la variante américaine du principe d'exterritorialité.

Dans les années 1890, les Etats-Unis connurent une vague de néo-impérialisme que renforcèrent la mauvaise conjoncture et le besoin de nouveaux marchés. Le canal de Panama, alors en projet, était manifestement appelé à jouer un rôle majeur dans le système américain de communications maritimes. C'est pourquoi les Etats-Unis firent de Panama un protectorat en 1895, avant de se tourner vers les vestiges de l'empire espagnol. Il y eut confluence entre les intérêts économico-stratégiques du pays et une opinion publique hostile au « despotisme colonial » ibérique. Les Etats-Unis provoquèrent une guerre contre l'Espagne en 1898. Cela leur permit d'annexer Porto-Rico, de transformer Cuba en protectorat et d'instaurer une administration coloniale aux Philippines.

A partir de cette date, les Américains mirent sur pied un « empire informel » dans la mer des Caraïbes et en Amérique centrale en se servant tantôt de politiciens locaux corrompus (« impérialisme du dollar »), tantôt d'interventions militaires (« the big stick »). Quelque vingt expéditions militaires nord-américaines eurent lieu entre 1898 et 1915. En 1889, 1901 et 1907, les conférences dites « panaméricaines » eurent pour but de coordonner les activités économiques et politiques du Nouveau Monde sous la direction de Washington. Le principe du président Monroe, « l'Amérique aux Américains », était en passe de devenir « l'Amérique aux Etats-Unis ».

La puissance américaine dans le Pacifique

La conquête des Philippines ne fut pas une conséquence fortuite de l'affrontement avec les Espagnols. Les Etats-Unis entendaient défendre leurs intérêts dans le Pacifique, et ceux-ci augmentèrent à mesure que la côte ouest prit une importance croissante — et que la Chine comme le Japon devinrent des marchés tentants. C'étaient des navires de guerre américains qui en 1853-54 avaient ouvert les ports japonais au commerce occidental. Pour les forces navales américaines — l'arme la plus puissante du pays —, l'océan Pacifique constituait la principale zone d'action. Tombées sous influence américaine à partir de 1875, les îles Hawaii furent annexées en 1898.

A la fin du siècle dernier, les Etats-Unis ne pouvaient laisser le Japon et les puissances européennes se partager la Chine. En 1899, ils intervinrent pour exiger une « politique de la porte ouverte » — en clair : pas de conquêtes coloniales en Chine, et des conditions commerciales identiques pour tous les pays étrangers. Ainsi, les Etats-Unis entraient définitivement dans la grande politique mondiale, et c'est sur la scène *asiatique* qu'ils franchirent ce pas. Cela mit un terme au partage de la Chine.

Au cours de la période suivante, les Américains visèrent avant tout à stopper l'expansion japonaise dans le Pacifique. Le président Roosevelt qui servit de négociateur lors de la guerre russo-japonaise de 1905 se dressa contre les ambitions japonaises. Mais le Japon ne renonça pas pour autant à ses rêves de grandeur, ce qui allait conduire au grand affrontement entre les deux puissances du Pacifique lors de la Seconde Guerre mondiale.

Bataille navale lors de la guerre russo-japonaise. Ce dessin japonais de facture traditionnelle sait rendre la violence de manière esthétiquement séduisante.

C'est donc dans cette région que se manifesta pour la première fois une situation mondiale nouvelle, caractéristique du XXe siècle. Theodore Roosevelt résuma l'évolution ainsi : « L'époque de la Méditerranée prit fin avec la découverte de l'Amérique, et celle de l'Atlantique est actuellement à son apogée, mais elle aura bientôt épuisé ses ressources. L'époque du Pacifique, prédestinée à être la plus grande de toutes, se profile à l'horizon. » Dans ce contexte, les Etats-Unis et la Russie apparaissaient comme les acteurs principaux aux côtés du Japon, puissance asiatique montante. Les Etats d'Europe occidentale étaient déjà condamnées aux seconds rôles.

Cette évolution ouvre aussi des perspectives sur la période de guerre que connut l'Europe de 1914 à 1945. On peut interpréter ces conflits comme le résultat des tentatives allemandes pour construire un empire européen quand il en était temps encore — avant que la domination américaine ne devienne trop écrasante. Hitler exprima semblable idée en 1928. Mais il était trop tard. En Europe

En 1905, la sensationnelle victoire du Japon sur la Russie marqua un tournant dans l'histoire moderne. Ici, une image symbolique : des prisonniers russes enchaînés à un poteau sont gardés par des soldats japonais.

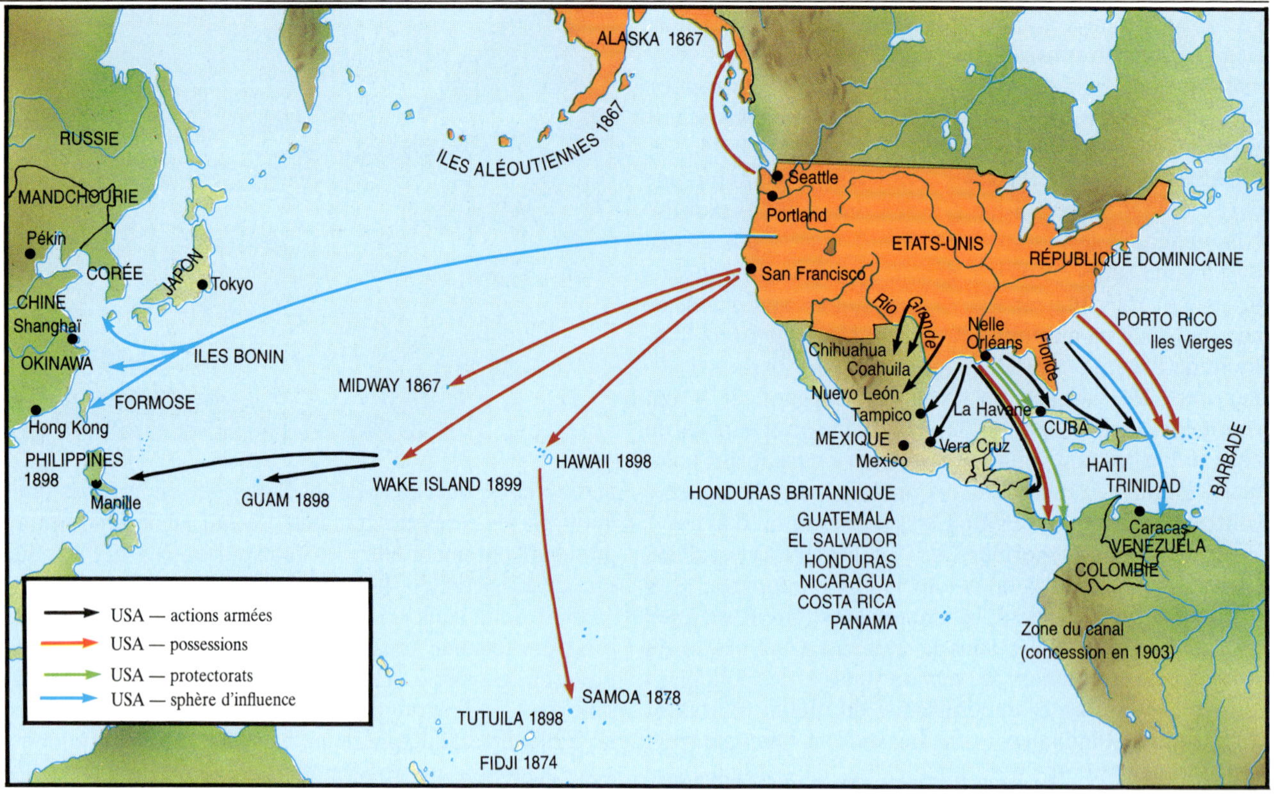

L'impérialisme américain dans la mer des Caraïbes et l'océan Pacifique. Une superpuissance est en train d'émerger.

également, les Etats-Unis montrèrent leur puissance en intervenant aux côtés des troupes franco-britanniques au cours de la Première Guerre mondiale. La vision eurocentrique du monde était déjà une illusion.

Cette nouvelle situation internationale eut pour conséquence intéressante une modification des statuts des dominions britanniques. L'Australie et la Nouvelle-Zélande se rendirent bientôt compte qu'elles ne pouvaient compter sur la protection des forces navales britanniques en cas de conflits avec leurs voisins asiatiques plus au nord. Les navires anglais ne pouvaient défendre à la fois l'Atlantique, l'océan Indien et la région du Pacifique. Aussi commença-t-on à envisager de se placer sous la protection des Américains — à terme, il allait en résulter l'alliance de sécurité conclue en 1951 entre l'Australie, la Nouvelle-Zélande et les Etats-Unis (ANZUS). Comme le déclara un Canadien, « tous les chemins du Commonwealth britannique conduisent à Washington ».

Un morceau du vase de porcelaine chinois. Illustration italienne représentant l'intrusion des grandes puissances en Chine. Les Etats-Unis intervinrent énergiquement pour empêcher que les puissances européennes ne se partagent la Chine entre elles.

L'évolution démographique globale

En même temps qu'un nouvel équilibre des forces s'instaura en politique internationale, les Européens furent de plus en plus préoccupés par un autre équilibre, démographique cette fois. L'évolution des populations dans le monde était en train de se modifier au détriment de l'Ancien Continent. Dans les pays occidentaux, la croissance la plus rapide s'observait aux deux « extrémités » — aux Etats-Unis et en Russie. Au tournant du siècle, la Russie européenne comptait 116 millions d'habitants, et il y avait 92 millions d'Américains en 1910 — contre 64 millions d'Allemands, environ 40 millions de Britanniques et autant de Français. Et en Russie comme aux Etats-Unis, le centre de gravité du peuplement commençait à se décaler vers les côtes du Pacifique. Simultanément, l'essor démographique des peuples non occidentaux s'accrut après 1900. Les Blancs représentaient à peu près le tiers de la population mondiale, mais ils se mirent à redouter que les peuples de couleur, notamment asiatiques, n'en viennent à dominer totalement. L'on forgea le terme de « péril jaune ». Comme de juste, cette inquiétude se manifesta particulièrement en Australie et en Nouvelle-Zélande.

Dans une première phase, l'expansion européenne après 1870 entraîna une augmentation de la mortalité dans beaucoup de territoires non européens. L'une des causes en fut que les colonisateurs apportaient avec eux de nouvelles maladies contagieuses. Dans les régions du Pacifique, ces « maladies des Blancs » conjuguées à l'alcoolisme préparèrent le terrain à l'implantation des colons. Les populations autochtones d'Australie et de Nouvelle-Zélande étaient menacées d'extinction dès avant 1870. Entre 1860 et 1914, la moitié des gens moururent dans les îles Fidji, et environ les deux tiers à Hawaii.

Ces pertes humaines au cours de la première phase coloniale s'expliquent également par les migrations de population exigées par les grands travaux et le service militaire. Ces gens furent soumis à des contagions contre lesquelles ils n'étaient pas immunisés. En Inde, la construction des chemins de fer fit que la malaria et le choléra, jusqu'alors limités au delta du Gange, se propagèrent dans tout le pays. La tuberculose frappa les nouvelles villes industrielles. En Afrique, une mortalité de 145 pour mille — trois fois supérieure à la moyenne — frappa les ouvriers ayant quitté les plateaux du Kenya pour s'installer dans les régions côtières où sévissait la malaria. Au cours de la Première Guerre mondiale, lors des affrontements entre Britanniques et Allemands au Tanganyika, quelque 40 000 Africains de l'armée anglaise moururent, la plupart de maladie. Pendant et après la guerre, l'épidémie connue en Europe sous le nom de « grippe espagnole » s'étendit également aux colonies. Certains Africains en vinrent à soupçonner les colonisateurs de recourir délibérément à la guerre bactériologique !

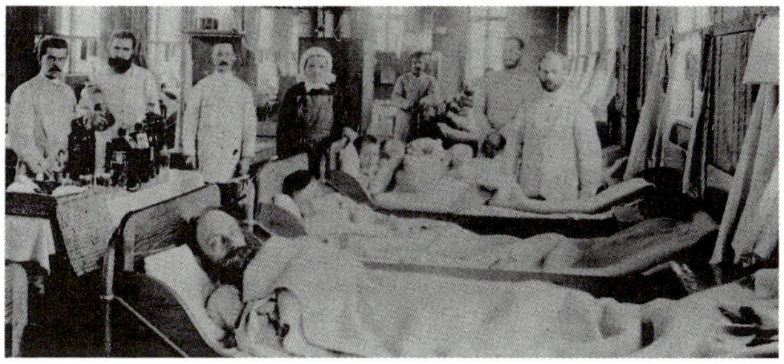

A gauche : baraquement de quarantaine à Hambourg lors de l'épidémie de choléra de 1892. Les progrès de la médecine mirent fin aux grandes épidémies en Europe, et les connaissances acquises furent également exportées vers d'autres continents. Ce fut l'une des causes du formidable essor démographique du tiers monde au XXe siècle.

Rouge et noir

La mort dirige la partie : « Faites vos jeux, Messieurs ! » Dessin satirique allemand de 1904 qui souligne l'aspect macabre de la compétition impérialiste.

Le « péril jaune »

Mais les effets démographiques négatifs de l'expansion européenne se limitèrent à la première phase de conquête. A l'aube de notre siècle s'amorça l'accroisse-

La Norvège et les grandes puissances en 1905

Le nationalisme constituait une menace contre certains empires — dans les Balkans, en Pologne, en Suède-Norvège. Lorsque l'union suédo-norvégienne fut rompue en 1905, les deux parties en appelèrent à l'opinion mondiale pour se ménager des soutiens. De part et d'autre, on mobilisa tout ce que l'on comptait de célébrités internationales. Le Norvégien Fridtjof Nansen écrivit un grand article dans le « Times », ce qui lui attira dans le même journal, le 12 avril 1905, la réplique de l'explorateur suédois Sven Hedin. Celui-ci voulut placer le problème de l'union dans une perspective globale :

« ... si l'union devait être dissoute, cela transformerait la Scandinavie en une Corée européenne, exposée aux spéculations politiques des grandes puissances. Tromsø ou quelque autre port de l'Atlantique jouerait le rôle de Port-Arthur. L'Angleterre exigerait des compensations et occuperait Bergen, comme Wei-ha-wei en Chine, et l'Allemagne également, qui s'emparerait de Kristiansand — l'équivalent de Kiao-tschou. La politique aventureuse que mène actuellement la Norvège ne peut qu'être très préjudiciable au maintien de la paix et du calme dans le nord de l'Europe. » Cet article suscita la colère en Norvège, mais, à la lumière de la politique des grandes puissances en 1940, il est peut-être moins démagogique qu'il n'y paraît.

(Yngvar Nielsen, *Norge i 1905*, Kristiania 1906.)

Impérialisme botanique

L'ère de l'impérialisme fut aussi celle de la conquête des plantes. Après 1860, les botanistes londoniens de Kew Gardens firent passer clandestinement en Asie le *cinchona* — dont l'écorce donne la quinine — à partir de l'Amérique du Sud qui perdit ainsi une source de revenus à l'exportation. L'exemple le plus connu de ce type de contrebande concerne le gommier qui, en 1876, passa du Brésil à l'Extrême-Orient en transitant par Kew Gardens. Il s'ensuivit que dans le marché mondial du caoutchouc naturel, la part brésilienne chuta de 95 % à 5 %. Le chanvre de Sisal fut transplanté des Antilles au Tanganyika qui se dressa bientôt en concurrent redoutable du Mexique. Les nouvelles méthodes de sélection des plantes permirent la création de gigantesques sociétés européennes dans les régions tropicales. Cette dissémination des plantes fut rendue possible par l'invention d'un emballage efficace pour le transport (« the Wardian Case ») et la mise en place d'une chaîne de jardins botaniques. L'économie agricole mondiale se trouva complètement bouleversée par cet impérialisme botanique — si toutefois l'on peut appliquer ce terme à un processus qui contribua à une répartition des ressources végétales dans le monde.

(*Development Dialogue*, 1-2, 1983.)

ment explosif de population qui depuis n'a cessé de caractériser le monde non européen. En bref, cela s'explique par une double circonstance : les Européens commencèrent à exporter leur faible mortalité tandis que simultanément, les peuples autochtones conservèrent leur forte natalité. Le système sanitaire occidental donna rapidement des résultats. Les gens comme les troupeaux furent vaccinés contre la peste, et les conditions hygiéniques s'améliorèrent sur les chantiers, dans les mines et dans les plantations. Des chercheurs européens découvrirent les agents pathogènes de la malaria et de la maladie du sommeil — le moustique anophèle et la mouche tsé-tsé. Les premières mesures préventives purent ainsi être prises :

Conquête française et « pacification » de l'Indochine. « Pirates » exécutés en 1877 à Vinh Long par des soldats indigènes sous commandement français. Le régime colonial était fondamentalement un régime d'occupation.

drainage des marécages et essartage à proximité des principaux centres d'habitation. Dans les agglomérations, un minimum d'hygiène publique fut assuré, par exemple grâce à des systèmes d'évacuation des eaux usées. L'adduction d'eau eut un effet immédiat sur la santé publique dans les villes coloniales comme en Europe.

La croissance économique générale permit aussi un meilleur approvisionnement. La construction de chemins de fer et une administration plus efficace facilita l'arrivée de secours d'urgence, ce qui permit de juguler en partie famines et disettes. Dans certaines régions, la modernisation de l'agriculture augmenta les ressources vivrières. A Java comme en Birmanie, le rendement du riz tripla entre 1860 et 1914. En Afrique, l'administration coloniale mit fin au trafic d'esclaves et aux guerres intestines qui avaient causé tant de ravages.

La part relative des Européens au sein de la population mondiale augmenta pourtant quelque peu jusqu'en 1930, date à laquelle elle commença à baisser. Mais dès avant 1914, cette modification de l'équilibre démographique se dessinait clairement, et elle apparaissait d'autant plus inquiétante que les Asiatiques étaient déjà en nombre considérable. En 1900, l'Asie comptait 58 % de la population mondiale alors que les Européens (y compris la population blanche d'Amérique et d'Australie) n'en représentaient que 30 % . Le pourcentage de l'Afrique s'établissait à un peu plus de 7 %, celui de l'Amérique latine à 4 % environ. Les mises en garde contre le « péril jaune » se firent plus pressantes après la victoire japonaise sur les Russes en 1905, et ce thème allait être complaisamment orchestré au cours des décennies suivantes. Et si tous les peuples de couleur devenaient militairement aussi puissants que le Japon ? Se dirigeait-on vers le naufrage de l'Occident ?

Cet émoi suscité par l'équilibre démographique n'était pas que pure hystérie. Du point de vue australien ou néo-zélandais, la menace paraissait tout à fait imminente. C'était un fait que certaines parties de l'Inde et de la Chine étaient surpeuplées. Dès avant 1870, ces pays avaient connu une forte émigration, et les conquêtes coloniales européennes en Asie du Sud-Est offraient de nouvelles possibilités. Les Indiens se rendirent en foule en Birmanie et en Malaisie, les Chinois en Indochine, à Singapour et sur la côte ouest des Etats-Unis. Cela conduisit l'Australie, la Nouvelle-Zélande et les Etats-Unis à adopter au début du siècle des lois sur l'immigration qui en pratique faisaient obstacle à l'arrivée de non européens. Ces lois s'avérèrent efficaces. Sans de telles limitations, la côte ouest des Etats-Unis eût peut-être compté à brève échéance une majorité d'Asiatiques.

L'impérialisme : « développement » ou « sous-développement » ?

Le terme d'« impérialisme » avait des connotations positives à l'époque. Il apparaissait comme un moyen de répandre la « civilisation » de par le monde. Dans l'Antiquité, l'Empire romain n'avait-il pas eu des effets bénéfiques sur l'Europe non civilisée au nord des Alpes ?

De nos jours en revanche, le concept d'impérialisme a

Ce dessin français de 1887 représente des soldats de l'empire britannique. Le régime colonial offrait de riches possibilités à ceux qui y collaboraient : soldats, employés de bureau, commerçants, paysans. L'impérialisme fut à la fois source de développement et de sous-développement.

une charge négative. Cela est lié à la décolonisation de l'après-guerre, époque où l'indépendance nationale fut reconnue comme un droit universel, et où l'on se montra également plus réceptif à l'idée que l'impérialisme ne pouvait que conduire à l'exploitation et au sous-développement du tiers monde. C'était en gros une réactualisation de la théorie de l'impérialisme formulée par Lénine en 1916.

Ce qui est intéressant, c'est que Lénine adopta à partir de 1916 une position qui s'écartait du marxisme originel. Marx voyait dans le capitalisme une force progressiste à un certain stade de l'évolution historique en ce sens qu'il développait les forces productives, dissolvait la société féodale, libérait les individus et créait les conditions d'une forme de société qui pourrait à terme passer sous le contrôle des ouvriers. En conformité avec ces vues, Lénine salua avec satisfaction l'arrivée du capitalisme en Russie, notamment sous forme de capitaux étrangers au service de l'industrialisation. Mais une telle conception devait aussi influencer l'attitude prise à l'égard de l'impérialisme qui préparait la voie au capitalisme dans le monde non occidental. Il y avait du reste un fond d'optimisme dans les articles que Marx avait consacrés à l'administration britannique aux Indes : elle avait brisé le « féodalisme », créé des chemins de fer et des industries, et donc formé une classe ouvrière qui porterait un coup fatal au colonialisme et au capitalisme. La pensée dialectique s'appliquait ici à l'évolution coloniale.

Diverses raisons poussèrent Lénine à changer d'opinion à dater de 1916. L'une réside dans sa déception que la classe ouvrière ait acquiescé à la guerre mondiale. Il y avait par ailleurs les besoins de propagande de l'Etat soviétique. Le conflit avec l'Ouest exigeait une condamnation sans appel du capitalisme comme de l'impérialisme. Et en stigmatisant le colonialisme, les Russes pouvaient gagner des alliés parmi ceux qui le combattaient, notamment en Asie.

Le concept d'impérialisme va toutefois passer au second plan dans les chapitres qui vont maintenant être consacrés à l'évolution des différentes parties du monde.

Enchaînés dans leur propre pays. Ces hommes ont été faits prisonniers après la révolte des Hereros en Afrique du Sud-Ouest (1904). L'oppression dans cette partie du continent africain fut l'une des pages les plus noires de l'histoire de l'impérialisme.

L'Amérique latine dans le sillage de l'Europe ?

Dans les débats actuels sur le tiers monde, les concepts de sous-développement et de développement assisté occupent une place importante. Leur contenu doit beaucoup à l'étude de l'Amérique latine au moment où elle s'intégra au commerce mondial dans la deuxième moitié du XIX*e siècle. Une telle étude met en lumière des problèmes qu'on allait retrouver dans bon nombre de pays indépendants d'Asie et d'Afrique après la Seconde Guerre mondiale. Et sur le plan culturel se pose la question des rapports entre l'héritage latino-américain et la civilisation occidentale.*

« Tango », lithographie en couleur de L. Swingl, 1910 environ. Européen et non européen, passionné mais contrôlé, solitude et contact tout à la fois. Plus tard, le cinéaste argentin José Ferreyra a interprété le tango comme l'expression d'une manière de vivre et d'un tempérament (« Le tango de la mort », 1917).

L'Amérique du Sud illustre la difficulté à tracer une frontière précise entre l'Occident et le « tiers monde ». Les Etats d'Amérique latine avaient été créés par des Européens et présentaient des traits communs avec l'Europe méridionale. Aussi serait-il fallacieux de compter l'Amérique latine parmi les « territoires non européens ».

Une comparaison avec l'Amérique du Nord vient tout de suite à l'esprit. Les deux sous-continents avaient été soumis à la colonisation européenne, et tous deux avaient arraché leur indépendance par les armes, les Etats-Unis en 1776 et la plupart des pays sud-américains entre l'époque des guerres napoléoniennes et 1830. Mais une telle comparaison laisse aussi apparaître des différences essentielles. Une fois libérées, les colonies d'Amérique du Sud, loin de former une union, étaient demeurées divisées, avec parfois de forts antagonismes. Cela était dû notamment aux conditions géographiques qui dans leur diversité contrastée ne pouvaient être comparées à celles des Etats-Unis — le Mexique et l'isthme de l'Amérique centrale au nord, la chaîne des Andes à l'ouest, le bassin difficilement pénétrable de l'Amazone au centre, les régions de plaines de l'Uruguay et de l'Argentine ainsi que le Chili au sud. A l'intérieur de cet énorme continent (le Brésil est quinze fois plus grand que la France), les communications demeuraient embryonnaires en 1870.

Le trait le plus spécifique de l'Amérique du Sud résidait peut-être dans l'hétérogénéité des populations. Avant 1870, l'habitat était avant tout concentré dans des petites poches le long des côtes, à l'exception des communautés indiennes établies au Mexique et dans les républiques des Andes (Pérou, Bolivie, Equateur). A l'inverse de ce qui s'observait en Amérique du Nord, les Blancs — les *Créoles* — ne furent dominants dans aucun pays avant 1870. Les Indiens formaient une majorité dans un tiers des pays d'Amérique latine, et une minorité substantielle dans la plupart des autres. Il existait toutefois de grandes différences parmi les groupes d'Indiens. On a distingué 73 familles linguistiques, et, à l'intérieur de chacune, les différentes langues pouvaient être aussi éloignées les unes des autres que l'anglais et le français.

C'est le Brésil qui comptait le plus de descendants d'esclaves africains en nombre, mais en proportion, ceux-ci était surtout dominants dans les îles Caraïbes.

Toute classification des populations demeurait toutefois problématique du fait des brassages qui s'étaient opérés pendant des siècles. Les « créoles » étaient censés descendre des colonisateurs espagnols et portugais, mais beaucoup avaient du sang indien dans les veines. Les métis (Blanc/Indien) et les mulâtres (Blanc/Africain) constituaient une majorité dans la plupart des pays. Ce mélange racial très poussé différenciait l'Amérique du Sud d'autres régions de colonisation blanche comme l'Afrique du Sud, l'Australie, la Nouvelle-Zélande — et les Etats-Unis.

Propriétaires terriens et « hommes forts »

Au milieu du XIXe siècle, la vie économique en Amérique latine demeurait marquée par les structures mises en place par la colonisation espagnole et portugaise. Les grandes propriétés de l'époque coloniale, les *haciendas* (*fezandas* au Brésil, *estancias* dans les régions d'élevage de l'Argentine), se taillaient la part du lion dans l'économie de tous les pays. Elles présentaient d'innombrables variations en matière d'étendue, de méthodes d'exploitation et de degré d'intégration au marché. Il y avait au Mexique des exemples de propriétés dépassant les 400 000 hectares. A Bahia au Brésil, le domaine de Diaz d'Avila, fondé à la fin du XVIIe siècle, était plus grand que beaucoup d'Etats européens. Les propriétaires pouvaient exploiter leurs plantations avec des ouvriers agricoles et des esclaves, ou encore affermer des terres moyennant diverses redevances. La grande propriété formait souvent un monde en soi où l'on produisait l'essentiel de ce dont on avait besoin tout en étant rattaché au marché mondial par la livraison de « produits coloniaux » traditionnels tels que café, sucre, bois tropicaux et colorants naturels.

La période antérieure à 1870 avait été politiquement troublée. Les constitutions adoptées au moment de l'indépendance avaient introduit la démocratie parlementaire, mais celle-ci fonctionnait rarement. Nous rencontrons ici pour la première fois le problème des conditions requises pour qu'un système démocratique puisse fonctionner dans le tiers monde. Le sentiment national était faible, et les villes de quelque importance voulaient être aussi autonomes que possible. De forts antagonismes s'observaient sur le plan social, et il n'y avait pas de classe moyenne forte. L'immense majorité des ruraux était constituée d'analphabètes misérables qui ne connaissaient guère les institutions politiques. Aussi apparaissait-il impensable d'instaurer le suffrage universel. La loyauté politique, liée aux relations en tous genres, demeurait affaire personnelle. Plus l'Etat était faible, plus l'anarchie était grande.

Dans de telles conditions, la démocratie parlementaire était vouée à l'échec. En revanche, il y eut place pour des hommes forts, des *caudillos* aptes à rassembler des partisans et à s'emparer du pouvoir par la force. La nécessité de « faire le ménage » pouvait leur fournir un motif patriotique, mais les avantages du pouvoir offraient aussi

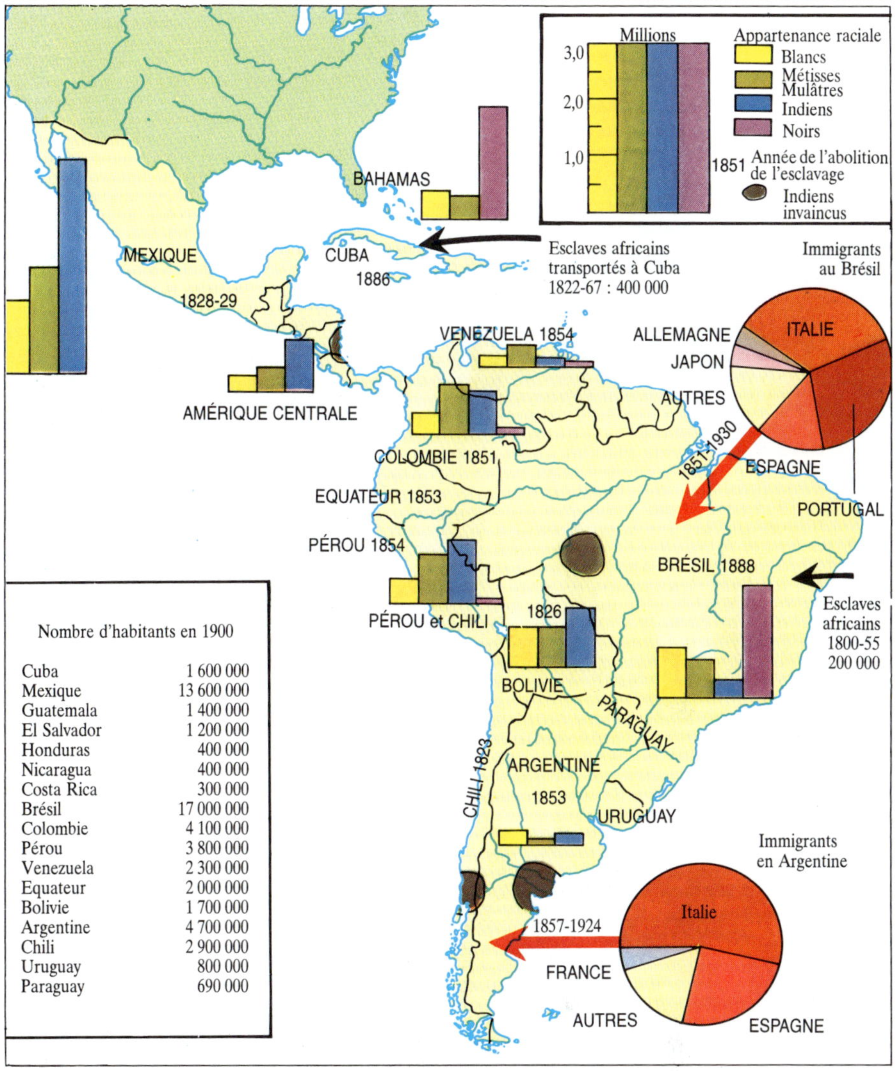

Nombre d'habitants en 1900

Cuba	1 600 000
Mexique	13 600 000
Guatemala	1 400 000
El Salvador	1 200 000
Honduras	400 000
Nicaragua	400 000
Costa Rica	300 000
Brésil	17 000 000
Colombie	4 100 000
Pérou	3 800 000
Venezuela	2 300 000
Equateur	2 000 000
Bolivie	1 700 000
Argentine	4 700 000
Chili	2 900 000
Uruguay	800 000
Paraguay	690 000

Amérique latine, pays et population. Les colonnes indiquent la composition de la population en 1825, les cercles l'immigration au Brésil et en Argentine. L'émigration nette en provenance d'Europe s'éleva à environ sept millions de personnes entre 1840 et 1914. Au cours de la même période, la population globale passa de quelque 20 millions à environ 80.

Le mélange des races — Indiens, Blancs, Noirs — caractérise l'Amérique du Sud. Cette photo artistique essaie de donner une idée de cette diversité.

Le continent des propriétaires terriens. Les grands domaines agricoles et forestiers pouvaient revêtir des proportions gigantesques. Dans bien des cas, l'habitation principale avait des allures princières, et les activités économiques étaient souvent diversifiées (voir encadré).

une incitation puissante. Certains s'imposèrent comme hommes d'Etat et accédèrent à la présidence.

Les constitutions laissaient généralement du champ à des présidents forts qui pouvaient gouverner à l'aide de lois d'exception mettant hors circuit les parlements. Mais un *caudillo* considérait avant tout l'Etat comme son domaine *personnel*, et il le dirigeait en plaçant les siens aux postes clés et en recourant à l'argent et à la violence comme moyens politiques.

La grande propriété — un monde en soi

« Le maître du domaine était un chef patriarcal qui exerçait une autorité absolue sur les siens ainsi que sur ses serviteurs, esclaves, métayers, tenanciers, paysans et voisins. La dimension de la propriété, l'éloignement des centres administratifs et le soutien des autorités ne faisaient que renforcer sa puissance. En outre, le vicaire et le curé du lieu qui gravitaient autour de lui comme des satellites mettaient l'autorité de l'Eglise au service de son pouvoir... La vaste et imposante demeure principale, parfois confortable, était entourée d'étables, d'écuries, de remises, de granges, d'ateliers, de magasins à grains, de cabanes et de chapelles. Les logis des esclaves étaient situés tout près de là dans la plaine, tandis que les paysans indiens vivaient dans de petits villages sur les plateaux entourant la propriété. Celle-ci englobait des champs exploités soit pour la vente (sucre et café par exemple) soit pour la subsistance des gens du domaine, des prairies destinées au bétail et des forêts pour le combustible. Pourtant, seule une fraction du domaine était cultivée. Dans une large mesure, une telle propriété constituait un monde auto-suffisant qui comptait menuisiers, forgerons, boulangers, tailleurs, chandeliers et toute une armée d'autres travailleurs qualifiés ou non. »

(Source : E. Bradford Burns : *Latin America*, New Jersey, 1977.)

Les manières autocratiques du maître. Ce dessin italien montre comment sont traités de pauvres émigrants dans un domaine brésilien.

Un régime présidentiel fort pouvait se stabiliser s'il s'appuyait sur les classes supérieures — propriétaires terriens et haute bourgeoisie. Le pouvoir était souvent détenu par un petit nombre de familles issues de ces catégories. Ainsi, les pays d'Amérique latine connurent non la démocratie mais diverses formes d'oligarchie, ce qui explique que les changements de régime s'opérèrent souvent à l'occasion de révoltes ou de coups d'Etat. Les militaires en vinrent à jouer un rôle clé dans la politique : on compta plusieurs ex-généraux parmi les présidents.

Cette situation évoque celle de beaucoup de pays africains et asiatiques qui acquirent l'indépendance après la Seconde Guerre mondiale. On peut se demander si cela fut une évolution malheureuse qui aurait pu être évitée ou si les régimes autoritaires, compte tenu des conditions structurelles des pays d'Amérique latine, s'imposèrent comme une « nécessité historique ». La démocratie parlementaire n'est peut-être pas une panacée.

Irruption sur le marché mondial

Du XIXe siècle à 1914, l'Amérique du Sud s'intégra sérieusement à l'économie mondiale. On peut estimer que son commerce extérieur sextupla entre 1850 et 1880. Les échanges avec la Grande-Bretagne triplèrent de 1900 à 1913. A cette époque, les Britanniques avaient placé en

Amérique du Sud environ 20 % de leurs investissements étrangers — deux fois plus qu'en Inde.

Une condition essentielle pour le développement économique était que la population s'accroisse. L'immigration, en provenance avant tout d'Europe du Sud, connut une forte augmentation. Même si beaucoup d'immigrants regagnèrent leur pays d'origine (environ 50 % en Amérique latine contre 30 % en Amérique du Nord), cette vague apporta jusqu'en 1914 six à sept millions de personnes (contre 26 millions aux Etats-Unis au cours de la même période). Cet apport profita surtout aux grands pays et aux régions côtières de l'Atlantique. L'Argentine, le Brésil et l'Uruguay accueillirent plus de 90 % des immigrés jusqu'en 1914. A cette date, ceux-ci formaient le tiers de la population de l'Argentine. Rio de Janeiro comptait un million d'habitants en 1900, Buenos Aires environ 1,3 million. Au total, la population sud-américaine était passée de 20 à 80 millions entre 1840 et 1914 — une augmentation qui ne tenait donc que peu à l'immigration.

L'essor démographique ainsi que le développement des communications permirent d'entreprendre sérieusement la conquête géographique de ce vaste continent. Comme aux Etats-Unis, la construction de chemins de fer joua un rôle clé. Elle fut confiée pour l'essentiel à des compagnies étrangères attirées par des concessions leur permettant d'exploiter ces lignes à des conditions avantageuses.

En 1914, l'Amérique latine comptait 85 000 kilomètres de voies ferrées. C'était certes modeste par comparaison avec les Etats-Unis — 420 000 kilomètres sur une surface trois fois moins grande. Alors que le réseau américain était richement ramifié, les lignes sud-américaines étaient généralement tracées entre les régions de production et les ports d'embarquement. La carte des chemins de fer montre combien l'économie de cette partie du monde était dorénavant tournée vers l'extérieur. On retrouve le même schéma dans toutes les régions du tiers monde.

Ce furent avant tout les nouveaux besoins européens en denrées alimentaires qui stimulèrent le commerce extérieur de l'Amérique du Sud — comme de la Nouvelle-Zélande, de l'Australie et des Etats-Unis. Au tournant du siècle, la navigation à vapeur rendit les liaisons maritimes plus sûres et plus aisées. Les exportations d'une marchandise traditionnelle comme le café augmentèrent en flèche, notamment dans la région de Sao Paulo, au sud-est du Brésil. A l'aide des capitaux nationaux ou étrangers, les propriétaires terriens locaux mirent en exploitation des territoires de plus en plus vastes. En 1910, plus de 80 % du café mondial provenait d'Amérique du Sud. Le Brésil du nord-est augmenta ses exportations de sucre de canne. Grâce à d'importants investissements américains, Cuba décupla sa production de sucre entre 1850 et 1914.

Dans la partie sud du continent, de vastes régions de l'intérieur furent mises en exploitation pour produire de la viande et des céréales destinées à l'exportation. Les lignes ferroviaires et le fil de fer barbelé créèrent les conditions requises pour un élevage moderne en Uruguay et en Argentine, avec des bovins dans les plaines fertiles et des ovins dans les régions périphériques plus arides. Vers 1900, le cheptel de ces deux pays était pratiquement à parité avec celui de l'Australie (90-100 millions de bêtes).

« La grande ligne du Pacifique » au Mexique. A présent, des régions reculées de l'intérieur pouvaient être directement reliées au marché mondial.

L'Argentine, qui en 1885 exporta plus de grains que de viande, était aussi un grand pays céréalier. Ce furent avant tout les immigrants italiens qui gagnèrent à la culture de nouvelles terres dans les plaines d'Argentine et dans les régions méridionales de l'Uruguay et du Brésil.

La demande de caoutchouc suscita de nouvelles activités et implantations dans les forêts tropicales du bassin de l'Amazone. A la fin du siècle, sous l'action d'intermédiaires locaux pas toujours trés scrupuleux, cela tourna à la fièvre. Et cette ruée vers le caoutchouc s'observa également en Equateur, au Pérou et en Bolivie.

Dans certains pays, les produits miniers représentaient l'essentiel des exportations — ainsi, le salpêtre pour le Chili, le cuivre pour le Chili et la Colombie, l'étain pour le Pérou et la Bolivie. Entre 1890 et 1914, ces exportations augmentèrent considérablement. La modernisation des techniques d'exploitation minière exigeait un important

Extraction de caoutchouc brut au Venezuela. Le suc du gommier est séché dans une balle au-dessus d'un chaudron brûlant. La fièvre du caoutchouc s'empara du bassin de l'Amazone au tournant du siècle. Les tribus d'Indiens qui constituaient un obstacle furent brutalement traitées.

apport de capitaux et de savoir-faire étrangers, si bien qu'à terme, une bonne partie de ce secteur allait tomber aux mains de sociétés étrangères. La même chose se produisit avec l'extraction pétrolière au Mexique qui atteignait en 1914 trois millions de tonnes par an.

Ce fut d'abord le secteur agro-alimentaire qui s'industrialisa : abattoirs, usines frigorifiques, laiteries et moulins dans les régions agricoles du Sud, raffineries de sucre au Brésil et à Cuba, conserveries dans les régions fruitières de l'Amérique centrale. Mais dans les grandes régions urbaines apparut aussi une industrie de biens de consommation destinée à alimenter le marché intérieur : textile, cuir, ciment, papier. Le Brésil comptait plus de 13 000 ateliers et usines en 1920, et l'Argentine près de 50 000 en 1914. Pourtant, par comparaison avec la Russie et l'Amérique du Nord, l'industrialisation demeurait insignifiante. Il manquait avant tout une industrie lourde et une production d'énergie qui auraient pu servir de base à une croissance industrielle autochtone.

Gauchos — équivalents sud-américains des cow-boys. Ici en action avec leurs troupeaux dans la pampa uruguayienne.

L'Argentine et le marché mondial

« La plupart des chemins de fer furent construits à l'aide de capitaux, de techniciens et de matériel britanniques, et le charbon britannique servit de combustible. En 1890, le pays comptait environ 10 000 kilomètres de voies ferrées, en 1900 près de 2 000 et en 1912 plus de 3 000. Au tournant du siècle, les pampas étaient conquises, organisées et, en pratique, reliées à l'économie britannique. Les éleveurs argentins importaient d'Angleterre des bêtes de race dont la viande était du goût des consommateurs britanniques. Pour pouvoir contrôler les troupeaux et leur alimentation, les propriétaires entourèrent leurs terres de fil de fer barbelé fabriqué en Angleterre. Les chemins de fer dont les propriétaires étaient anglais acheminaient les produits des pampas jusqu'au port de Buenos Aires qui avait été aménagé à cet effet grâce à des capitaux et des experts britanniques. En 1875, 75 navires frigorifiques faisaient régulièrement la navette entre Buenos Aires et la Grande-Bretagne ; au tournant du siècle, ils étaient 278. »

(Source : George Pendle : *A History of Latin America*, Londres 1963.)

Propriétaires terriens capitalistes et haute bourgeoisie moderne

Il est difficile de décrire globalement l'évolution sociale en Amérique du Sud. A certains égards, les différents pays présentaient de grandes disparités. Essayons néanmoins de présenter schématiquement les principaux acteurs de la vie économique.

Abattoir en Argentine. L'industrie alimentaire se développa à la fin du XIXe siècle. Les capitaux et les techniques furent souvent importés de l'étranger.

L'aristocratie des propriétaires terriens préserva sa position dominante en saisissant les possibilités que lui offrait le marché mondial. A cette époque, les grandes propriétés eurent tendance à s'étendre, à la fois parce que l'Etat mit des terres « non exploitées » à la disposition des propriétaires terriens et que ceux-ci purent lui en racheter d'autres — confisquées aux églises ou aux communautés indiennes, les *communidades* (*ejidos* au Mexique). Les statistiques argentines de 1914 montrent la position dominante des propriétaires terriens : à eux tous, 100 000 paysans propriétaires disposaient à peine d'un million d'hectares, tandis que 2 000 grands propriétaires en contrôlaient 54 millions. Ceux-ci affermaient environ la moitié de leurs terres par des contrats à court terme et faisaient exploiter le reste par des ouvriers salariés. Au total, il y avait plus d'un million de métayers, petits fermiers et ouvriers agricoles en Argentine.

C'est plus en pressurant la main-d'œuvre qu'en introduisant de nouvelles techniques que les propriétaires terriens augmentèrent les rendements. Les bénéfices ne profitèrent guère à l'agriculture. Les maîtres des domaines dépensèrent beaucoup d'argent pour gagner de l'influence politique et mener grand train. Souvent, ils vivaient eux-mêmes dans la capitale, voire même à Paris, tandis que des régisseurs s'occupaient de l'exploitation.

Les propriétaires terriens investirent également des capitaux dans l'industrie alimentaire, alors qu'inversement, des hommes d'affaires urbains misèrent sur des propriétés rurales. Dans certains pays, des sociétés étrangères purent acquérir, avec ou sans partenaires locaux, des biens agricoles considérables du type sociétés d'élevage en Argentine ou compagnies sucrières à Cuba et fruitières en Amérique centrale. Une telle agriculture, basée sur de gros investissements techniques et une main-d'œuvre réduite au prolétariat, était purement capitaliste.

Après 1870, le développement économique ouvrit de nouvelles possibilités à la haute bourgeoisie locale issue de l'époque coloniale et parfois étroitement liée avec l'aristocratie des grands propriétaires. Cette classe sociale continua à dominer les exportations, mais certains de ses membres développèrent aussi des activités locales dans l'alimentaire et dans les mines de petite ou moyenne importance. Néanmoins, la haute bourgeoisie ne représentait qu'une fraction étonnamment réduite si l'on songe à l'ampleur de la croissance économique. La raison principale tient au fait que les hommes d'affaires étrangers jouirent d'une position dominante en Amérique du Sud après 1870.

Le rôle des étrangers — un « développement assisté »

Les chemins de fer et l'industrie minière moderne exigeaient un afflux massif de capitaux étrangers, tout comme en Russie ou aux Etats-Unis. Ce qui fut particulier à l'Amérique du Sud, c'est que la direction des opérations et même l'exploitation permanente furent concédées dans de larges proportions à des sociétés étrangères. La plupart des pays sud-américains formaient dans leurs universités et grandes écoles des ingénieurs de niveau européen. Mais ils entraient généralement dans l'administration et se laissaient souvent tenter par la politique qui était un moyen de faire fortune. L'industrie moderne avait besoin de dirigeants expérimentés, aptes à rassembler les capitaux et le

Le « Teatro Amazonas » à Manaus en 1896 — un opéra au cœur des forêts tropicales du Brésil. Les Européens pénétrèrent toujours plus avant, apportant avec eux les raffinements de la culture.

Récolte de canne à sucre à Cuba. Photo en couleurs de 1904. Les charges sont pesées avant d'être acheminées à l'usine pour traitement. Le sucre était une importante denrée d'exportation pour les pays d'Amérique latine. Des compagnies sucrières américaines achetèrent de vastes plantations à Cuba.

Les étrangers contrôlent le développement de l'Amérique du Sud. Ici, inauguration du pont de Verrugas sur la ligne centrale du Pérou. On hisse le drapeau américain en l'honneur de ceux qui ont construit cette voie ferrée, et le drapeau britannique en l'honneur de ceux qui en sont propriétaires.

L'Amérique latine et le marché mondial. Les exportations se multiplièrent entre 1880 et 1914.

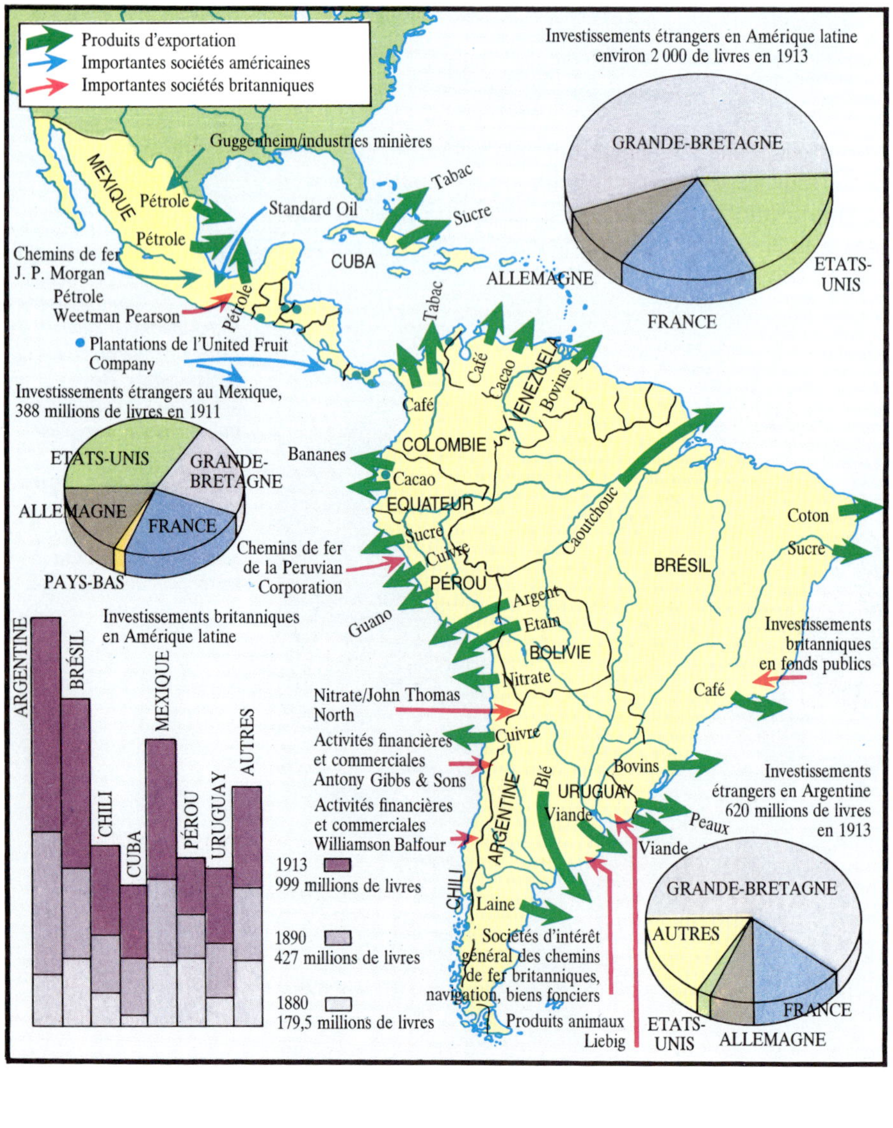

savoir-faire nécessaires. La haute bourgeoisie locale hésitait souvent à investir dans l'industrie, préférant miser sur la terre ou la spéculation foncière, voire sur des placements financiers aux Etats-Unis et en Europe. Les gouvernements se gardaient d'imposer trop durement les propriétaires terriens et les grands bourgeois, ce qui eût été préjudiciable aux investissements comme par exemple en Russie.

Le résultat, c'est que les compagnies étrangères non seulement dominèrent les chemins de fer et les mines mais encore prirent souvent le contrôle de l'électricité, du téléphone et des tramways. Les étrangers furent dans une large mesure les promoteurs des nouvelles entreprises industrielles. Ce qui caractérisa l'immigration en Amérique du Sud, c'est que les nouveaux venus conservèrent souvent leur nationalité d'origine durant une génération — voire deux dans certains cas. Comme nous l'avons vu, environ la moitié d'entre eux regagna l'Europe. Ces étrangers avaient tendance à engager leurs compatriotes, et ils firent largement venir des ouvriers spécialisés du continent européen. D'où des données statistiques étonnantes : en 1914, 846 sociétés industrielles chiliennes sur 1 683 étaient étrangères, et le secteur argentin de l'industrie et de l'artisanat comptait 145 000 étrangers pour 52 000 autochtones.

Le total des investissements étrangers en Amérique du Sud s'élevait à 8 500 millions de dollars en 1914 — un tiers en Argentine, un quart au Brésil et autant au Mexique. Jusqu'alors, la Grande-Bretagne avait été la principale source de capitaux, mais les Etats-Unis prirent une place de plus en plus importante. Les Américains investirent tout particulièrement dans les compagnies pétrolières du Mexique et du Venezuela.

Ces activités étrangères massives ont fait naître le concept de « développement assisté ». Les pays d'Amérique latine voguaient dans le sillage de l'Europe. Leurs exportations limitées pour l'essentiel à des produits agricoles et des métaux étaient vulnérables car soumises aux fluctuations du marché mondial. En investissant directement dans les entreprises, les étrangers transféraient une grande partie des bénéfices en Europe. De tels problèmes caractérisent non seulement l'Amérique latine mais le tiers monde tout entier.

Abstraction faite de l'impérialisme américain en Amérique centrale et dans les Caraïbes, il n'y eut guère d'exemples d'Etats européens s'ingérant directement dans la politique sud-américaine, à l'inverse de ce qui s'observa dans d'autres régions du tiers monde à l'époque impérialiste. Sur place, des hommes d'affaires anglais purent à l'occasion solliciter de la mère patrie des interventions diplomatiques ou militaires lorsqu'ils se sentirent menacés, mais le gouvernement britannique rejeta ces exigences de manière assez conséquente, par crainte peut-être de mettre le doigt dans l'engrenage compliqué des politiques locales, ou encore par souci de ne pas défier les Etats-Unis.

Mais le point essentiel, c'est que les étrangers sur place obtinrent généralement ce qu'ils voulaient sans que le recours à la force fût nécessaire. L'impérialisme était inutile pour rattacher l'Amérique du Sud au marché mondial, et les étrangers pouvaient exercer leurs activités sans entraves. Les autorités locales adoptèrent d'elles-mêmes une politique de croissance fondée sur un maximum d'apports étrangers, et les pouvoirs publics étaient assez forts pour pouvoir garantir le respect de la loi et le maintien de l'ordre. Mais en Amérique du Sud — et cela s'écarte du modèle japonais (et occidental) — les gouvernements ne s'employèrent ni à protéger les activités locales, ni à stimuler l'industrie à l'aide de mesures étatiques. Les politiciens au pouvoir étaient-ils délibérément à la solde des étrangers, ou estimaient-ils qu'il n'y avait pas d'autre solution, compte tenu de la situation intérieure ?

L'évolution politique : démocratie ou dictature ?

La vie politique eut tendance à se stabiliser après 1870. C'était là une condition requise pour le développement économique et exigée par les investisseurs étrangers. Dans certains pays, cette stabilisation s'opéra dans le cadre de régimes constitutionnels. Ainsi en Argentine où, après 1870, cessèrent les incessantes révoltes provinciales fomentées par des *caudillos* locaux. L'assemblée nationale argentine était marquée par la rivalité entre un parti libéral et un parti conservateur, mais tous deux avaient à leur tête un petit groupe de dirigeants issus de la haute bourgeoisie et de l'aristocratie des propriétaires terriens. En ce sens, il s'agissait toujours d'oligarchie. Le droit de vote demeurait limité, et les élections pouvaient être manipulées du fait qu'elles n'étaient pas secrètes.

C'est au Chili que l'assemblée nationale avait la position la plus forte. Le parlementarisme s'était instauré en pratique à partir de 1891, après une révolte contre un président dictatorial. Au Brésil, un putsch militaire mit fin au régime impérial en 1889. L'année précédente, la traite des Noirs avait été abolie. Des officiers occupaient de hautes fonctions politiques mais gouvernaient dans le cadre d'une constitution fédérale qui permettait aux principaux groupes sociaux d'être représentés par une assemblée nationale. Bref, les grands pays d'Amérique latine se situaient clairement dans la ligne constitutionnelle et parlementaire de l'Occident. Avant le tournant du siècle, la Colombie, le Costa Rica et l'Uruguay se dotèrent eux aussi de régimes démocratiques — ou partiellement démocratiques.

Le « Pacific », en provenance de Stockholm, traverse le canal de Panama en 1915. La construction fut commencée en 1881 par une société française dirigée par Ferdinand de Lesseps. Mais c'est une compagnie américaine qui acheva l'ouvrage en 1914. Elle obtint la concession de la zone du canal pour une « durée illimitée ».

Dans d'autres pays, la stabilisation politique fut assurée par des « dictatures éclairées ». Les *caudillos* qui en prirent la tête se déclarèrent souvent favorables aux idées constitutionnelles occidentales, mais ils modifièrent les lois fondamentales en fonction de leurs besoins. Les méthodes brutales pour museler l'opposition restaient de mise. Et les dictateurs éclairés s'appuyaient eux aussi sur les classes dominantes et les investisseurs. Le soutien de capitalistes et financiers étrangers fournissait au *caudillo* les moyens de récompenser ses partisans et d'acheter bon nombre de ses ennemis.

Révolution au Brésil en 1889. L'empire est aboli, la république est proclamée le 15 novembre à Rio de Janeiro, sur la place située à l'extérieur du quartier général de l'armée. A cette époque, la démocratie parlementaire s'implanta dans des pays comme le Chili, l'Argentine, la Colombie et l'Uruguay.

Un bon exemple de « dictature éclairée » nous est offert par le Mexique sous la présidence de Porfirio Díaz. Par un coup d'Etat, celui-ci prit le pouvoir en 1876 et le garda jusqu'en 1910. Il jouissait de la confiance de l'armée, et les généraux furent largement récompensés par de hautes charges, y compris dans la politique. Les propriétaires terriens eurent des possibilités accrues

La dictature éclairée : Porfirio Díaz, président du Mexique de 1876 à 1910. Il misa sur le développement économique en faisant appel à des capitaux étrangers, mais l'oppression politique conduisit à la révolution de 1911.

d'étendre leurs domaines et de tenir leurs paysans en respect. Les hommes d'affaires étrangers qui appréciaient l'ordre régnant investirent à des conditions avantageuses dans les chemins de fer, les mines et l'agriculture. On appela le président « le père des étrangers et le parâtre des Mexicains ». Des sociétés britanniques et américaines obtinrent des concessions pétrolières de grande envergure. En 1910, le Mexique était l'une des plus grandes nations pétrolières du monde. Díaz rassembla autour de lui un groupe de jeunes technocrates ambitieux (*cientificos*), tous acquis aux idées modernes sur les techniques rationnelles de gestion au service de la croissance économique. On trouve des exemples analogues de dictatures éclairées au Venezuela avec Antonio Guzman Blanco (1870-88) et au Guatemala avec Justo Barrios (1871-85).

Régimes militaires et luttes intestines

Mais un certain nombre de pays se caractérisèrent comme auparavant par une succession ininterrompue de luttes intestines, de révolutions et de dictatures brutales. Ce fut le cas du Paraguay, de la Bolivie, de l'Equateur, du Pérou, des pays d'Amérique centrale et de Haïti. Les rivalités entre *caudillos* dégénéraient aisément en « une danse infernale entre l'anarchie et la tyrannie la plus barbare ».

Les militaires gardaient une position forte dans la politique sud-américaine. En 1870, le combat pour l'indépendance ne remontait jamais qu'à deux générations, et un grand prestige s'attachait aux généraux. Les conflits entre Etats nécessitaient une forte défense. L'Argentine et le Brésil étaient rivaux dans la région du Rio de la Plata, notamment après la guerre contre le Paraguay qui s'acheva en 1870. Les deux pays mirent sur pied une armée de métier moderne (l'académie militaire argentine fut créée en 1870) et rassemblèrent des forces navales.

Au cours de cette période, les principaux événements guerriers se situèrent en 1879, date à laquelle d'importants gisements de nitrates furent découverts dans les régions frontalières du Chili, du Pérou et de la Bolivie. Les frontières étaient imprécises, et le Chili profita de sa flotte pour étendre son territoire au nord. Le Pérou perdit ses régions les plus méridionales et la Bolivie ses côtes sur le Pacifique — ce qui la priva désormais de toute facade maritime. En 1881, l'Argentine saisit l'occasion d'étendre sa souveraineté sur une bonne partie de la Patagonie, à l'extrémité sud du continent, sur laquelle le Chili avait aussi des prétentions. Dès lors, il régna un certain équilibre entre l'Argentine, le Brésil et le Chili — les trois grandes puissances qu'on appelle parfois « Etats ABC ».

Un nouvel Etat apparut en 1898 dans la famille sud-américaine lorsque Cuba, avec l'aide de troupes nord-américaines, se rendit indépendant de l'Espagne. Mais les Cubains, en signant un accord autorisant les Etats-Unis à intervenir si leurs intérêts étaient menacés, tombèrent sous la coupe de l'impérialisme américain.

La liquidation du dernier vestige de l'empire colonial ibérique eut des effets sur l'évolution culturelle. Les relations avec les « cultures mères » de l'Espagne et du Portugal purent se normaliser. Contacts étroits et influences mutuelles allaient dorénavant caractériser les relations entre intellectuels ibériques et latino-américains.

Caudillo et président moderne

Comme le Mexique avec Díaz, le Venezuela eut en Juan Vicente Gomez un homme d'Etat qui réunissait en sa personne le style d'un caudillo et la stature d'un président moderne. Gomez qui était métis n'avait pratiquement pas été scolarisé. Il avait commencé comme berger avant de devenir un riche propriétaire terrien. Il s'empara du pouvoir présidentiel en 1908. Sa dictature se révéla nettement plus brutale que celle de Díaz au Mexique, mais il fit preuve de beaucoup d'habileté dans le domaine des affaires. Il assura l'ordre dans le pays, utilisa les revenus pétroliers pour rembourser ponctuellement la dette extérieure, si bien qu'il gagna la confiance et le soutien des hommes d'affaires étrangers. En 1918, le Venezuela était devenu le deuxième producteur de pétrole du monde, et le principal exportateur.

Un biographe a décrit ainsi la personnalité de Gomez : *« Son énergie latente évoquait celle des félins, ou encore celle des serpents ou des bovidés. Des paupières lourdes, comme ensommeillées, le visage et le corps immobiles, et brusquement une action éclair suivie d'un retour à l'immobilité... Les Indiens disent qu'il perce à jour ses interlocuteurs, qu'il est un* brujo, *un sorcier. On prétend qu'il se souvient de tout, de chaque être humain, de chaque animal... qu'il méprise profondément les prêtres et l'Eglise, la religion... Il attirait à lui des hommes qui le craignaient et le suivaient, et il savait tirer le meilleur parti de chacun d'eux. »*

(Source : George Pendle : *A History of Latin America*, Londres, 1963.)

Le positivisme — « développement » ou « sous-développement » ?

Une plate-forme idéologique commune pour tous les régimes sud-américains fut le « positivisme » tel que l'avait élaboré le philosophe français Auguste Comte dans les années 1830 et 1840 (voir p. 99). Nulle part ailleurs cette doctrine philosophique et sociale ne fut érigée en idéologie politique à un tel degré. Cela peut s'expliquer par l'orientation française exclusive des intellectuels dans les milieux dirigeants. Une autre cause tient peut-être au fait que les politiciens sud-américains, une fois l'indépendance acquise au début du XIXe siècle, tournèrent le dos à l'héritage hispano-portugais qui se trouva associé au colonialisme, au « féodalisme » et à l'arriération. D'où le besoin puissant d'une philosophie sociale moderne. L'idéologie dominante en Occident, le libéralisme, n'exerçait qu'un attrait limité en Amérique latine qui ne possédait ni bourgeoisie puissante, ni tradition parlementaire. En revanche, les recettes du positivisme semblaient fort bien convenir à la réalité sud-américaine.

Selon le positivisme en version vulgaire, la croissance matérielle était le but clairement défini du progrès authentique, et le moyen essentiel pour y parvenir résidait dans une politique rationnelle, « scientifique ». « Ordre et progrès », tel était le mot d'ordre. Compte tenu de la supériorité matérielle de l'Europe, il ne restait logiquement aux pays moins développés qu'à marcher sur ses pas. D'où un renforcement du prestige de la technique, de l'économie, de l'architecture et du style de vie européens. L'on attacha une importance considérable à l'instruction, clé de la croissance économique et moyen de « civiliser » les populations primitives.

Révolte militaire au Venezuela en 1901. En Amérique du Sud, l'armée intervenait constamment dans les affaires politiques. On s'interroge depuis longtemps sur les raisons pour lesquelles la démocratie a tant de mal à fonctionner sur ce continent.

La doctrine positiviste selon laquelle l'*Etat* était le principal instrument de la croissance trouva un écho particulièrement favorable en Amérique latine. La bourgeoisie capitaliste locale ne jouissait pas d'une position aussi forte que son homologue européenne, les populations étaient ethniquement divisées et pour une bonne part non éduquées. Et l'on pouvait se demander si les attitudes culturelles sud-américaines — qu'il s'agisse de traditions collectives indiennes, de restes de mentalités d'esclaves ou de comportements aristocratiques hérités de l'époque coloniale — étaient tellement compatibles avec l'esprit d'entreprise exigé par l'économie moderne. L'Etat pouvait remédier à tout cela grâce à une politique volontariste de développement.

Le positivisme s'imposa particulièrement au sein de

La « Plaza Victoria » à Buenos Aires. Les grandes villes d'Amérique du Sud trahissaient l'ambition de créer une civilisation à l'européenne, gérée par une « administration scientifique » et placée sous le signe de l'« ordre » et du « progrès ».

Elections à Buenos Aires, Argentine. De nouveaux groupes appartenant à la classe moyenne devinrent politiquement plus actifs après le tournant du siècle, notamment dans des pays comme le Chili, l'Argentine et l'Uruguay. Ils protestèrent contre la dictature, l'hégémonie des propriétaires terriens et la domination économique des étrangers.

l'armée, championne de la discipline et de l'efficacité, et les académies militaires en furent des foyers actifs.

L'idée du rôle dominant de l'Etat dans l'économie allait fortement s'imposer dans tous les pays en voie de développement, souvent en liaison avec quelque forme de socialisme après la Seconde Guerre mondiale. Ce qui, bien entendu, correspondait aux intérêts de l'élite dirigeante dans de tels pays.

Le positivisme entraîna une dépréciation des cultures non européennes en Amérique latine — indiennes aussi bien qu'africaines. En outre, les attitudes à l'égard des peuples de couleur furent fortement influencées à cette époque par le darwinisme social et les théories raciales européennes (J. A. Gobineau, Gustave Le Bon, H. Chamberlain). On interpréta le caractère primitif de la civilisation matérielle indienne comme la conséquence d'une infériorité biologique. Le mélange des races fut considéré comme source de décadence — l'on pensait en effet que dans les unions mixtes, c'étaient les pires dispositions des deux partenaires qui se transmettaient. A l'inverse, l'immigration européenne fut jugée positive, ce qui explique en partie que l'on ait si délibérément misé sur les capitaux et le savoir-faire étrangers.

La politique du pistolet. Une réunion au sein de l'« Unión Cívica », un club argentin, entraîna un conflit avec la police. Des groupes d'anarchistes radicaux, souvent dirigés par des émigrants venus d'Europe méridionale, gagnèrent des partisans dans de nombreux syndicats.

Exigences de réformes — les classes moyennes et les ouvriers

A l'aube de notre siècle se dessina dans une série de pays sud-américains une réaction contre les groupes traditionnellement au pouvoir et les méthodes oligarchiques, non démocratiques, de gouvernement. Ce furent avant tout les nouvelles classes moyennes — avocats, médecins, enseignants, cadres militaires, fonctionnaires en tous genres, petits entrepreneurs — qui firent monter la pression. L'institution éducative se développa sur tout le continent après 1870. En Argentine, le pourcentage des gens sachant lire et écrire passa de 22 à 65 % entre 1870 et 1914. Cependant, les analphabètes demeuraient en majorité dans la plupart des Etats — de 40 à 80 % de la population selon les cas. Bien entendu, le taux de scolarisation était surtout élevé dans les villes qui constituaient également les bastions des classes moyennes.

Celles-ci étaient en règle générale dominées par les Blancs, mais dans des pays comme le Mexique, les républiques andines et le Brésil, la part relative des métis et des mulâtres tendit à augmenter. Les classes moyennes présentaient encore moins d'homogénéité qu'en Europe occidentale. Elles avaient tendance à admirer les hautes classes et à essayer de s'y intégrer. Les principaux réformateurs ne montrèrent que peu d'intérêt pour les paysans et les conditions de vie rurales.

Les exigences de réforme provinrent aussi d'une réaction contre la domination étrangère dans la vie économique, notamment celle des Américains. L'« impérialisme yankee » avec toutes ses ingérences militaires en Amérique centrale et dans la mer des Caraïbes lançait un défi à tout bon patriote. Cependant, quelle que fût l'importance des idées libérales et nationales, il est clair que le mouvement réformiste était également ancré dans les intérêts propres à la classe moyenne. Celle-ci aspirait à plus d'influence au sein de l'Etat et à un rôle accru dans une économie dominée par les propriétaires terriens, les grands bourgeois et les étrangers.

Ces tendances réformistes se manifestèrent le plus précocement en Argentine où l'*Unión Cívica Radical* fut créée en 1892. Vingt ans plus tard fut instauré le suffrage universel masculin, ce qui ouvrit la voie de la présidence au candidat des radicaux, Hipólito Irigoyen. Au Chili, l'« alliance libérale » qui regroupait des représentants de la classe moyenne et des ouvriers obtint la majorité parlementaire en 1918 et put placer Arturo Alessandri à la présidence deux ans plus tard.

C'est en Uruguay que le mouvement réformisme réalisa l'œuvre la plus importante. Ce pays possédait le meilleur système scolaire d'Amérique du Sud, et les classes moyennes étaient bien fournies. Les différences sociales apparaissaient moins accusées que dans la plupart des autres pays, et l'Uruguay était plus petit et plus maniable que ses voisins. Le grand réformateur fut José Batlle, président de 1903 à 1907 et de 1911 à 1915, qui mena une politique économique volontariste. Il entreprit de rembourser la dette extérieure, protégea l'industrie nationale en élevant des barrières douanières et nationalisa des compagnies étrangères dans les secteurs de l'électricité, du téléphone, des chemins de fer et des assurances. Des réformes législatives libérales et humaines furent accomplies — ainsi, les femmes eurent droit au divorce, la peine de mort et les corridas furent supprimées. Les militaires perdirent leur influence politique. L'Etat et l'Eglise furent séparés. D'importantes lois sociales garantirent le droit syndical, un salaire minimum, la journée de huit heures ; fonctionnaires et ouvriers bénéficièrent d'assurances sociales. C'était le profil d'un « Etat providence » qui se dessinait, de manière étonnamment précoce si l'on compare avec l'évolution européenne. Mais les rapports de force économiques ne furent pas sérieusement remis en cause ; ainsi, Batlle ne s'attaqua pas au système de la propriété foncière.

Les relations entre les groupes réformistes et la classe ouvrière étaient ambiguës, tout comme en Europe. Les programmes de mesures sociales étaient destinés pour une part à récompenser les ouvriers de leur soutien électoral. Les salariés demeuraient peu nombreux en 1914. La plupart étaient employés dans de petites entreprises. Les travailleurs des chemins de fer, des mines et des ports constituaient l'exception. Ils étaient aussi les plus radicaux et disposaient d'une arme puissante, la grève, qui pouvait paralyser une bonne part des activités exportatrices. Au sein de ces importants syndicats, les immigrés venus d'Europe du Sud jouèrent un rôle important. Ils furent les porte-parole du courant anarcho-syndicaliste et en propagèrent avec succès les visions sur la grève générale, la révolution et la société future sans Etat. En Argentine, une confédération anarcho-syndicaliste fut créée en 1897. Dans les mines de nitrate du Chili, des syndicats du même type apparurent en 1897. L'Argentine connut en 1900 ses premières organisations *socialistes* d'orientation réformiste.

De grands conflits éclatèrent en Argentine en 1910, puis au Brésil et au Chili à la fin de la Première Guerre mondiale. L'inflation avait détérioré les conditions de vie, et une vague de grèves déferla sur les grandes villes. Elles furent réprimées de manière souvent brutale (notamment par le bannissement des meneurs) aussi bien par les régimes de droite que par les gouvernements réformistes de l'Argentine et du Chili. Au cours de ces crises ponctuées de grèves et de manifestations violentes, les classes moyennes, effrayées, se détournèrent des ouvriers.

Le nationalisme culturel

Issu du combat pour l'indépendance du début du XIXe siècle, le sentiment national se renforça dans les pays d'Amérique du Sud à l'approche de 1900. Sans doute y a-t-il ici un lien avec le développement de l'éducation et des communications, le pouvoir croissant de l'Etat et l'augmentation de la classe moyenne. Mais à la fin du XIXe siècle apparaissent à côté du nationalisme politique les premiers germes d'un nationalisme *culturel* sud-américain affirmant la valeur des traditions autochtones face à la civilisation occidentale. L'on songe ici aux slavophiles et populistes russes. Et des réactions semblables se manifestèrent à l'époque dans toutes les régions non européennes qui se trouvèrent rattachées au marché mondial et subirent de ce fait l'influence accrue des Européens. Faut-il y voir une manière de compenser psychologiquement et culturellement une infériorité politique et économique ? Ou sommes-nous en présence d'une recherche authentique d'alternatives à la civilisation industrielle occidentale ?

Au tournant du siècle, le positivisme gardait sa position dominante parmi les intellectuels sud-américains ; les autres courants demeuraient souterrains. Le nationalisme culturel naissant s'inscrivit avant tout en réaction contre la manière qu'avaient les classes dirigeantes de structurer le monde à l'aide de couples d'opposés tels que civilisation/barbarie, ville/campagne, élite/masses populaires, Blancs/gens de couleur. Le livre publié en 1845 par le futur président argentin Domingo Faustino Sarmiento offre un exemple classique de cette manière de voir. Dans cet ouvrage intitulé « Civilisation ou barbarie », les cultures populaires autochtones sont présentées comme primitives et arriérées : « Le XIXe siècle et le XIIe siècle vivent côte à côte dans notre pays, l'un dans les villes, l'autre dans les campagnes. »

Eleveurs dans le Mato Grosso au Brésil. Blancs, Indiens et Noirs forgèrent ensemble une culture populaire originale, bien différente de celle des villes côtières européanisées. Représentaient-ils la civilisation brésilienne authentique ?

A partir du milieu du XIXe, l'écrivain argentin Juan Bautista Alberdi avait cependant mis en question le concept de « progrès ». Protestant contre le dénigrement des campagnes par Sarmiento, il soutint que l'authentique culture argentine était celle des grandes plaines de l'intérieur, et que le *gaucho* juché sur sa monture la représentait parfaitement. Dans un ouvrage savant de 1889, l'historien brésilien Capistrano de Abreu affirma que les colons de l'intérieur des terres représentaient le vrai Brésil, les régions côtières plus peuplées n'étant que le prolongement de l'Europe. Le parallèle avec les idées que F. J. Turner développa à la même époque sur l'histoire de l'Amérique du Nord est frappant.

Qu'est-ce que la « civilisation » ?

Dès le milieu du XIXe siècle, l'écrivain argentin Juan Bautista Alberdi critiqua le concept de « progrès » et s'insurgea contre l'admiration aveugle à l'égard des modèles européens :

« La civilisation n'est ni le gaz, ni la vapeur, ni l'électricité, n'en déplaise à ceux qui se laissent influencer par les apparences... Si une partie de l'Argentine mérite d'être appelée civilisée, il s'agit alors de ces contrées verdoyantes, bien arrosées, plates et saines où vont et viennent des millions de bêtes... Le cheval est un autre symbole de civilisation, aussi important que le fleuve, le canal, le chemin de fer... Mais le cheval demeure une machine inutilisable sans l'habile machiniste qu'est le cavalier ; en d'autres termes, le gaucho représente donc la civilisation argentine... Seuls, des auteurs ne sachant pas ce qu'est la civilisation peuvent qualifier de barbares nos territoires et nos paysans. »

Alberdi ne fut pas le seul à s'élever contre l'idolâtrie du progrès et de la rationalité occidentale. Le positivisme ne s'imposa pas moins, et massivement, en Amérique du Sud.

(Citation tirée de E. Bradford Burns et Th. E. Skidmore : *Elites, Masses and Modernization in Latin America 1850-1930*, Londres 1979.)

En 1902, Euclides da Cunha, écrivain et philosophe brésilien, exprima de manière saisissante la tension qui régnait entre l'héritage européen et la culture autochtone dans « Les Sertões ». Lui aussi présenta les colons de l'intérieur comme « le cœur de notre nation, le fondement de notre race », mais tira néanmoins la conclusion qu'il fallait répandre la « civilisation » dans l'arrière-pays, essentiellement à l'aide d'un système scolaire moderne. Mais un nationaliste plus affirmé comme l'écrivain Ronald de Carvalho soutint pour sa part que l'élite des régions côtières brésiliennes devait se détourner de l'Europe et s'orienter délibérément vers son propre pays : « Oublions les marbres de l'Acropole et les flèches des cathédrales gothiques. Nous sommes les fils des forêts et des montagnes. Cessons de penser à l'Europe, pensons à l'Amérique. »

Exploitation littéraire du thème des Indiens. Au moment de la Première Guerre mondiale apparurent aussi les premiers films évoquant leur histoire. Après la révolution mexicaine, la « renaissance indienne » devint un programme artistique.

A mesure qu'au début de notre siècle la réaction se fit plus vive contre le positivisme et l'influence européenne, l'intérêt pour les traditions populaires en matière de danse, de littérature, d'art, de musique augmenta corrélativement. On découvrit la poésie populaire, et le roman devint un puissant instrument pour mettre en œuvre des thèmes historiques. Dans le même dessein, on eut précocement recours au film .

Le « négrisme » et la « renaissance indienne »

Même si le racisme demeura dominant, le nationalisme culturel suscita de nouvelles attitudes en matière ethnique. Dorénavant, l'hétérogénéité des populations put être perçue comme une source de richesse culturelle. Pionnier des études anthropologiques consacrées aux cultures nègres du Brésil, Raimundo Niña Rodrigues travailla à Bahia de 1890 à 1905. Quelques années plus tard, le premier historien noir du Brésil, Manuel Raimundo Querino, ouvrit des perspectives toutes nouvelles sur l'histoire de son pays. Le titre de son principal ouvrage est significatif : « L'apport du colon noir à la civilisation brésilienne » (1918). De telles idées demeuraient toutefois minoritaires. A Cuba, Fernando Ortiz commença à publier ses études sur les Noirs en 1906, et l'école cubaine du « négrisme » se développa après la Première Guerre mondiale. Elle préfigurait le mouvement de la « négritude » qu'allaient illustrer dans l'entre-deux-guerres les intellectuels noirs.

La « renaissance indienne », fortement stimulée par la révolution mexicaine de 1910, revêtit une plus grande ampleur. Mais concrètement, cette reviviscence d'une culture indienne originelle demeura problématique. Des siècles d'influence espagnole en matière religieuse et linguistique ainsi que l'insertion dans une économie moderne avaient métamorphosé la plupart des sociétés indiennes. Le mouvement « Aprista » qui après la Première Guerre mondiale se propagea à partir du Pérou ne travailla pas moins à revitaliser l'héritage indien. Dans le domaine artistique, on revint à la grande tradition indienne d'avant la colonisation, et les résultats les plus spectaculaires en furent peut-être les peintures murales mexicaines des années 1920.

Par un de ses aspects, le nationalisme culturel sud-américain évoque la réaction européenne au « malaise de la société industrielle ». Il s'agit de l'aspiration à une communauté plus étroite. Beaucoup d'écrivains sud-américains idéalisèrent la communauté villageoise caractérisée par d'étroites relations interpersonnelles et un ordre patriarcal au sein duquel les normes étaient fixées par le prêtre, l'instituteur et les anciens. Dans les années 1890, le Guatémaltèque Manuel Cabral écrivit dans son roman « Maria » : « La sérénité, la paix du foyer, des mœurs pures et décentes et une forte morale collective sont mille fois préférables aux découvertes et aux innovations de la science moderne. »

Sous cet angle, la tradition du *caudillo* pouvait elle aussi recevoir une interprétation positive. L'homme fort, le révolté, défendait localement les valeurs de la communauté villageoise. Selon Juan Alberdi, il incarnait la volonté des masses, il était le porte-parole direct et le bras armé du peuple, il représentait la démocratie. Dans cette perspective, on pouvait soutenir que la démocratie parlementaire était un corps étranger en Amérique du Sud et qu'il fallait supprimer les partis politiques pour instaurer à la place un régime personnel basé sur le ralliement direct du peuple. A notre siècle, de telles idées allaient resurgir dans les « dictatures populistes » d'Amérique latine (par exemple celle de Perón en Argentine). La parenté avec le fascisme et le nazisme était manifeste. Ce n'est pas le fait du hasard si l'auteur d'une des plus célèbres biographies de caudillo, l'Argentin Manuel Galvez, se rallia au fascisme à un stade précoce.

Mariage dans une famille noire aisée. A Cuba et au Brésil, l'esclavage se poursuivit jusqu'aux années 1886-88. Mais à l'aube de notre siècle, les Noirs contribuèrent eux aussi à mettre en lumière l'histoire de l'Amérique latine.

L'exploitation des Indiens

L'Amérique du Sud n'amorça pas son évolution moderne en libérant les paysans asservis, comme cela avait été le cas en Prusse ou en Russie. Rares étaient les pays qui comptaient une proportion notable de ruraux propriétaires de leurs terres. On constate que même dans l'entre-deux-guerres, les partis populistes s'appuyèrent essentiellement sur les classes urbaines.

Des études concernant une série de pays d'Amérique du Sud révèlent que les conditions de vie des ruraux se détériorèrent entre 1870 et 1914, malgré l'augmentation du produit national et du commerce extérieur. Dans les régions andines, en Amérique centrale et au Mexique, les grandes exploitations, comme nous l'avons vu, se développèrent, au détriment notamment des vieilles collectivités indiennes. Plus de la moitié de celles-ci auraient disparu avant 1900. La production destinée à l'exportation poussa également les propriétaires terriens à soumettre leur main-d'œuvre à une pression accrue. Les métayers eurent moins de temps pour cultiver leur propre terre. Les journaliers ou *péons* s'endettèrent souvent auprès du propriétaire qui put ainsi en disposer comme de serfs. L'Etat se montra aussi plus agressif en matière d'impôts et exigea des ruraux qu'ils contribuent au développement par leur travail. Ces tendances s'observèrent sur tout le continent. A quoi s'ajoutèrent

Des paysans indiens labourent un champ de maïs près du lac Titicaca en Bolivie. Les conditions de vie des paysans indiens se dégradèrent probablement au cours de la période 1870-1914.

l'accroissement démographique et l'augmentation du prix de la vie.

Les petites tribus indiennes des régions basses, par exemple au cœur du bassin de l'Amazonie, furent les plus mal loties. Les agents des compagnies caoutchoutières considéraient les Indiens comme des êtres primitifs qu'on pouvait obliger à travailler par la terreur. L'ethnographe suédois Erland Nordenskiöld qui visita la région du Beni en 1914 a relaté comment des gens par ailleurs raisonnables justifiaient l'extermination des Indiens Chama : « Nous avons acheté à l'Etat bolivien de vastes territoires. Là, des sauvages entravent notre travail. Nous ne tirons aucun profit de notre achat, aussi devons-nous chasser, tuer ou emprisonner les Indiens. » Mais au début du siècle, ce mécanisme fut freiné, d'une part sous la pression de l'opinion européenne, d'autre part grâce à l'introduction de mesures de protection des Indiens au Brésil. La raison principale fut toutefois que le caoutchouc était alors produit à moindre frais en Asie du Sud-Est où un coolie pouvait extraire 400 kilos de crêpe de caoutchouc par jour contre 150 seulement dans les territoires amazoniens.

Révoltes paysannes et protestations religieuses

Les protestations contre l'exploitation s'exprimèrent de bien des manières. Il faut ici prendre en compte le fait que les Etats étaient faibles et qu'il régnait pour une part des conditions anarchiques dans les régions intérieures, notamment au Brésil. Là où les autorités publiques faisaient défaut, c'était le clan qui protégeait l'individu. Les familles pouvaient contracter diverses alliances et se rallier à des chefs qui promettaient protection et récompenses. Les *caudillos* assuraient ainsi leur pouvoir.

Avec un tel système, et dans des régions peu peuplées et mal contrôlées, le banditisme était florissant. Un chef de brigands n'était en fait qu'un caudillo d'un genre spécial. Pour beaucoup, le vol et le pillage offraient des possibilités tentantes. Les bandes pouvaient aussi apporter camaraderie, communauté, et elles constituaient un ancrage pour les individus sans feu ni lieu. Mais, comme dans l'Europe méridionale du XIXe siècle, le banditisme exprimait aussi dans une certaine mesure une protestation sociale. Les bandits étaient souvent issus de groupes défavorisés, oppressés, marginalisés. Tant dans le nord-est du Brésil qu'au Pérou et au Mexique, il y eut des bandes de brigands de ce type. On a pu constater dans plusieurs régions du Mexique une corrélation entre une tradition précoce de banditisme et les révoltes paysannes qui allaient ensuite éclater régulièrement. Le « bandit d'honneur », ennemi des riches et défenseur des pauvres, devint un héros littéraire.

Une autre forme de protestation, répandue dans la plupart des territoires non européens, prit la forme prophétique du messianisme religieux. On en observa beaucoup d'exemples parmi les Noirs du Brésil à la fin du XIXe siècle. Le point de départ était toujours le même : des personnalités religieuses hors du commun se sentaient appelées à endosser le rôle du nouveau Messie apte à apporter la

Un prophète au Brésil

Au nord-est du Brésil apparut dans les années 1890 un mystique religieux, Antonio Maciel, surnommé *O Conselheiro* (le conseiller). Il fonda à Cañudos une communauté basée sur la vision biblique du règne millénaire (Apocalypse de saint Jean) dont nous avons noté la présence sur tous les continents.

Ce mouvement protestait clairement contre l'Etat moderne et la société monétarisée. Le système métrique introduit dans la jeune république apparaissait comme une invention du diable, et la fiscalité accrue à laquelle on refusait de se plier était l'objet du même opprobre. Cañudos vit affluer à lui des opprimés, des exclus, parfois même des criminels (y compris des bandes de brigands) qui se laissèrent convertir à la nouvelle fraternité qu'il prêchait.

La communauté en vint probablement à englober 30 000 membres. Les autorités qui craignaient une insurrection envoyèrent l'armée et firent lentement massacrer la communauté de Cañudos (1896-97).

L'écrivain da Cunha accompagna la dernière expédition militaire, et c'est à partir de cette expérience traumatisante qu'il écrivit son célèbre livre *Os sertões*.

Le Péruvien Mario Vargas Llosa s'est inspiré des mêmes événements dramatiques dans un grand roman intitulé *La guerra del fin del mundo* (« La guerre de la fin du monde », 1981).

Femme indienne nettoyant des épis de maïs.

guérison par la foi et la consolation par le cérémonial religieux. En un sens, ces mouvements révèlent une quête d'ancrage social et moral, indépendamment du contexte économique. Le prophète constituait le centre d'une communauté close de « frères » et de « sœurs » qui faisait surgir ordre et sécurité au sein d'une existence chaotique. Dans quelques cas furent fondées des « villes saintes » — sociétés alternatives qui misèrent sur la pureté morale mais aussi sur le progrès matériel.

Bien entendu, beaucoup de ces mouvements peuvent être interprétés comme des protestations contre le joug de l'économie capitaliste et de l'Etat moderne. L'oppression et un sentiment de désespérance faisaient naître le rêve d'un millenium paradisiaque, conformément à ce qui est dit dans la Bible (Révélation de saint Jean). Dans quelques cas, la « civilisation blanche » fut dénoncée comme la source de tous les maux. Dans le monde idéal de demain, il n'y aurait pas place pour les Blancs.

Pour les autorités, le plus grand danger vint des importantes révoltes paysannes qui se déclenchèrent à intervalles réguliers, en réaction directe à l'exploitation économique et à l'oppression politique. En 1874-75, lors de la révolte de Quebra-Quilo dans le nord-est du Brésil, les paysans prirent d'assaut des administrations, brûlèrent des registres cadastraux et se débarrassèrent du nouveau système décimal de poids et mesures destiné à déterminer les redevances à payer aux propriétaires et à l'Etat. Des révoltes locales se produisirent parmi les esclaves noirs du Brésil avant l'abolition définitive de l'esclavage en 1888.

Les révoltes les plus importantes furent le fait de tribus indiennes opprimées dans des Etats tels que l'Equateur, le Pérou et le Mexique. En Equateur, une vingtaine de révoltes de ce type éclatèrent au XIXe siècle, la plus grande dans la province de Chimborazo pour protester contre les exigences fiscales et les empiètements sur les terres collectives des Indiens. A Ancash au Pérou, les révoltés s'emparèrent en 1885 du chef-lieu de la province, Huarás, et d'une série d'autres villes ; il fallut l'intervention de forces armées pour écraser l'insurrection. Les intellectuels qui défendirent la cause des révoltés péruviens connurent un sort cruel : l'un d'eux fut exécuté (Juan Bustamente), un autre fut banni (Clorinda Matto de Turner).

La plus grande insurrection fut celle du peuple Maya dans la presqu'île mexicaine du Yucatán. Elle commença dès le milieu du XIXe siècle et se poursuivit jusqu'au début du nôtre. La encore, les empiètements des propriétaires blancs et des métis sur les terres collectives des Indiens mirent le feu aux poudres. Les Mayas parvinrent un temps à créer leur propre Etat indépendant dans le Yucatán. L'évolution religieuse de ce peuple ne manque pas d'intérêt. Le christianisme s'allia aux croyances et traditions indiennes, et cette religion mixte servit de base spirituelle à la révolte politique. On rencontre des phénomènes analogues dans les mouvements prophétiques africains à l'époque de la colonisation. Consciemment ou non, c'est une alternative indienne à la civilisation européenne que les Mayas élaborèrent. Mais l'appauvrissement des terres et les maladies affaiblirent l'Etat maya, et il s'effondra au début du XXe siècle sous la pression des autorités mexicaines à l'époque du président Díaz. Toutefois, l'esprit de révolte s'empara à nouveau des Indiens du Mexique lors de la grande révolution de 1910.

Mélange de religions chez les Indiens chipaya en Bolivie. Croix en paille surmontant des sanctuaires où l'on offre à manger et à boire à la Terre mère.

La révolution mexicaine

La révolution mexicaine de 1910 revêt une importance particulière dans l'histoire de l'Amérique latine. A l'arrière-plan, il y eut les tensions sociales qui augmentèrent sous la présidence de Porfirio Díaz. La cause déclenchante en fut que les classes moyennes tentèrent de protester contre le fait que le président, une fois de plus, avait été déclaré « réélu » en l'absence d'élection véritable. En milieu urbain, la classe moyenne comptait un nombre croissant de métis, mais sous le régime de Díaz, ceux-ci avaient peu de chances d'exercer une influence politique et de s'élever socialement. Un intellectuel libéral, Francisco Madero, propriétaire terrien du nord du pays, lança en 1910 une campagne contre Díaz avec le slogan : « Droit de vote réel, pas de réélection ». Outre le soutien des classes moyennes des villes, l'action de Madero reçut également celui de quelques grands bourgeois et propriétaires terriens. Ceux-ci se sentaient évincés par les compagnies

La révolution mexicaine. Le président nouvellement élu, Francisco Madero, fait son entrée à Mexico le 7 juillet 1911. Mais la révolution ne tarda pas à dévorer ses propres enfants. Madero fut tué lors d'un coup d'Etat militaire en 1913.

« Une révolution n'est pas une invitation à prendre le thé. » Au Mexique, des révolutionnaires sont fusillés. Ces deux photos ont été prises immédiatement avant et après la salve du peloton d'exécution

étrangères qui dominaient les chemins de fer, les mines et l'industrie. Des groupes d'ouvriers se joignirent aussi au mouvement. Leur pouvoir d'achat était probablement en train de s'effriter ; d'importantes actions de grèves s'étaient produites dans les mines et l'industrie textile dès 1906-07. La campagne de Madero et les troubles urbains poussèrent Díaz à quitter le pouvoir en mai 1911 ; il se réfugia à Paris.

Ce qui fut décisif pour la poursuite de la révolution, c'est que les grandes masses paysannes se mirent progressivement en mouvement. A cette époque, 95 % des ruraux étaient dépourvu de terre, et plus de 90 % des villages indiens avaient été spoliés de leurs biens collectifs. Quelque 200 familles de propriétaires terriens possédaient le quart des terres, tandis que des sociétés étrangères en contrôlaient autant. En février 1911, le dirigeant indien Emiliano Zapata rassembla au centre du pays une armée paysanne de plusieurs milliers d'hommes qui marcha sur la capitale au cri de « terre et liberté ». Au nord du pays, des paysans révoltés attaquèrent des manoirs locaux sous la conduite d'un ex-chef de brigands, Pancho Villa.

Scène de combat au cours de la révolution mexicaine. Les troupes du général Díaz utilisent des wagons comme retranchement. La révolution marqua le début d'une guerre civile qui se poursuivit jusqu'au début des années 1920.

En novembre 1911, Zapata formula un manifeste qui donna à la révolution une nouvelle orientation : les terres prises aux villages devraient être immédiatement restituées, et le tiers de chaque grande propriété serait l'objet d'une expropriation moyennant compensation pour être partagé entre les paysans. La révolte grondait à présent aux portes de Mexico, et le nouveau président, le général Huerta, utilisa brutalement l'armée pour restaurer le calme. Au cours de quelques années chaotiques, le pays fut en proie à la guerre civile. Des villes furent détruites, des villages incendiés, et 250 000 personnes périrent.

Les Etats-Unis intervinrent dans la révolution mexicaine avec des objectifs variés, et il en résulta des conséquences imprévues. En 1910 et 1911, l'ambassadeur Henry Lane Wilson fit tout ce qu'il pouvait pour miner les activités de Madero et soutenir les militaires. Mais le nouveau président démocrate Woodrow Wilson s'insurgea contre les méthodes brutales de Huerta et accorda son soutien aux révolutionnaires. Lorsque les régions pétrolières du golfe du Mexique furent menacées, des navires de guerre américains occupèrent néanmoins Vera Cruz en 1914. Ainsi, les Américains entrèrent également en conflit avec les patriotes révolutionnaires dénonçant cette atteinte à la souveraineté du Mexique. Ce conflit se régla finalement grâce à la médiation des « Etats ABC ».

Graduellement, un « mouvement constitutionnel » gagna un nombre croissant d'adeptes. Mais comme il lui fallait s'assurer le soutien des paysans, la révolution vira plus nettement à gauche, même si cela se fit au début sans grande justification idéologique. Une assemblée nationale fut formée en 1917, et la nouvelle constitution apparut comme le manifeste politique de la révolution mexicaine. Cette assemblée allait être dominée par l'aile radicale qui avait à sa tête le futur président Obregón (1920-24).

La constitution mexicaine de 1917 avait ceci de particulier qu'elle contenait un programme concret de réformes sociales et économiques très étendues. Elle se tournait avant tout contre les piliers du régime antérieur : gros propriétaires terriens, prêtres et capitalistes étrangers.

L'école fut laïcisée, les églises devinrent propriétés de l'Etat et les prêtres se virent interdire de faire de la politique. Le sol et le sous-sol furent formellement déclarés propriétés de l'Etat. Cette « nationalisation » permit par la suite de limiter les droits économiques des étrangers. Une importante législation sociale se dessina : salaire minimum, réduction du temps de travail, assurance contre les accidents du travail, reconnaissance du droit syndical et du droit de grève. L'aristocratie fut en principe abolie puisque la constitution interdisait les grandes propriétés. Les terres seraient attribuées en priorité aux collectivités villageoises, selon le vieux modèle indien, mais au sein de ces communautés, il y avait aussi place pour le droit à l'exploitation privée.

La réforme agraire ne s'effectua que graduellement : environ 12 millions d'hectares furent redistribués jusqu'à 1934, 18 millions entre 1934 et 1940 et à peu près autant entre 1945 et 1965. La décision de maintenir la communauté villageoise reflétait en partie un choix idéologique faisant songer aux projets des populistes russes pour le *mir*. Mais les effets économiques de la réforme agraire furent souvent décevants. Les paysans manquaient de grains de semence, de capitaux et de connaissances. Les chefs des comités locaux chargés de contrôler l'exploitation des terres collectives pouvaient se comporter comme des tyrans de village qui oppressaient les paysans. Malgré tout émerga une nouvelle classe paysanne qui fut le fer de lance d'un renouvellement national. Des méthodes d'exploitations coopératives qui purent se développer grâce à des prêts de l'Etat entraînèrent une efficacité accrue dans les années 1930.

Au cours de la révolution mexicaine, l'Indien Emiliano Zapata (1883-1919) dirigea un groupe de guérilleros recrutés parmi les ouvriers agricoles. Au cri de « terre et liberté », il poursuivit son action avant d'être assassiné en 1919. Ici, Zapata (avec ses jumelles) en compagnie de quelques partisans près de Cuernavaca (1913).

Pour les dirigeants, la réforme agraire était une manière de renforcer l'appareil d'Etat. Le Mexique adopta en 1929 le système du parti unique. Celui-ci reçut en 1946 le nom de « parti révolutionnaire institutionnel ». A ce stade, une nouvelle élite politique privilégiée était solidement établie. La révolution mexicaine était-elle morte ? Des observateurs critiques comme l'écrivain Carlos Fuentes ont soulevé la question. Mais la constitution de 1917 demeura un modèle pour les mouvements révolutionnaires de tous les pays d'Amérique latine.

« Les victimes de la révolution ». Peinture de D. Alfaro Siqueiros exposée au palais Chapultepec à Mexico. Cette œuvre traduit la brutalité de la répression mais laisse aussi transparaître l'espoir. La répartition des terres entre les paysans allait métamorphoser le Mexique en l'espace d'une génération.

Le Moyen-Orient et l'Afrique du Nord

Le Moyen-Orient apparaît comme la région non européenne où les tentatives de « modernisation intérieure » inspirées de l'Occident se manifestèrent le plus précocement. Il en résulta une série de problèmes qui allaient se poser plus tard dans tous les pays d'Asie et d'Afrique. Le transfert de techniques occidentales n'exigeait-il pas d'importantes transformations sociales ? Etait-il possible de faire appel au capital et au savoir-faire européens sans tomber dans la dépendance politique ? Au Moyen-Orient, on découvre aussi toute la gamme des réactions face à l'Occident qui ont caractérisé le tiers monde : autocritique culturelle, réformes politiques, nationalisme des classes moyennes, révoltes populaires spontanées à coloration religieuse.

Le monde islamique (avec l'Indonésie en encadré), qui connut une période de crise avant 1914. Il englobe aujourd'hui quelque 500 millions de personnes. En 1905 fut fondée la « Ligue Musulmane ».

Le terme de « Moyen-Orient » n'est apparu que récemment. Au XIXe siècle, on parlait de « Proche-Orient » pour désigner les régions placées sous l'autorité des Turcs entre la Méditerranée orientale et l'Inde (Balkans, Asie Mineure, Levant, et même bien souvent Egypte). C'est en 1902 que A. T. Mahan, stratège naval américain, lança le concept de « Moyen-Orient » pour désigner les régions situées autour du golfe Persique (Arabie, Iran, Afghanistan). Ce terme gagna rapidement droit de cité. Il en vint à englober également l'ancien « Proche-Orient » et même, dans certains cas, l'Afrique du Nord.

En ce qui concerne les rapports de force dans le monde moderne, il est intéressant de noter que ces vieux pays de culture se virent ainsi dotés d'une appellation fondée sur une perspective *européenne*, et qu'ils allaient eux-mêmes en faire usage.

Quels sont donc les traits communs qui font du Moyen-Orient une région spécifique ? Géographiquement, plaines sèches et déserts apparaissent dominants. Les conditions ne sont favorables à l'agriculture que le long des côtes méditerranéennes, dans les vallées fluviales d'Irak et de Syrie ainsi que dans certaines parties des hauts plateaux d'Asie Mineure et de Perse. Sur le plan culturel, le dénominateur commun réside dans la langue arabe (excepté en Turquie et en Perse) et dans la religion islamique.

En 1870, le contrôle politique du Moyen-Orient était assuré pour l'essentiel par le shah de Perse, à l'est, et par le calife de Constantinople, chef religieux de tous les musulmans, à l'ouest. En 1805, l'Egypte avait obtenu son autonomie interne. Elle avait à sa tête un vice-roi (khédive) placé sous l'autorité du sultan de Constantinople.

Echec du développement intérieur : l'Egypte et la Turquie avant 1870

Un coup d'œil rétrospectif s'impose si l'on veut comprendre les événements postérieurs à 1870. La menace militaire européenne qui se manifesta en 1798 avec la campagne d'Egypte de Napoléon poussa les dirigeants égyptiens et turcs à mettre sur pied un programme de développement dans la première moitié du XIXe siècle. En 1870, cette phase initiale appartenait déjà au passé, et elle avait mis en lumière bon nombre de problèmes classiques que connaissent aujourd'hui les pays du tiers monde.

Il s'avéra impossible de transférer telles quelles les techniques européennes dans ces vieilles civilisations. Une armée moderne ne pouvait être mise sur pied sans d'importantes réformes sociales, et il fallait former les officiers et les techniciens. En outre, le besoin d'une refonte de l'administration se faisait sentir, notamment pour rendre la fiscalité plus efficace. Pour acheter des armes et payer des experts étrangers, il fallait des devises, et le seul moyen de s'en procurer était d'augmenter les exportations. Des monopoles d'Etat — par exemple celui régissant les exportations égyptiennes de coton — permirent d'accroître la production et de canaliser les devises.

Aussi bien en Turquie qu'en Egypte, les autorités avaient mis en place dans les années 1830 et 1840 des usines qui fonctionnaient avec des machines et des techniciens européens tout en étant protégées de la concurrence occidentale par des barrières douanières. Il s'agissait d'usines produisant des textiles, du papier, du verre, de la poudre, etc. Les Turcs qui disposaient de minerai de fer et de charbon construisirent même dans les années 1840 des fourneaux de fonderie et un atelier de construction de machines dans le « parc de l'industrie » situé à l'ouest de Constantinople. En Egypte, on estimait à 60 000-70 000 le nombre des ouvriers employés en l'an 1840 dans de telles industries. Mais après 1850, on se détourna pratiquement de l'industrie. Pourquoi ?

Les *faiblesses internes* offrent apparemment une explication suffisante. Les dirigeants turcs et égyptiens qui ignoraient tout de la technique commirent des erreurs en matière de planification. Ils ne parvinrent pas à mettre en place des structures qui, sur le modèle bureaucratique européen, auraient pu vitaliser le développement et l'industrialisation. Les élites diplômées ne possédaient ni la conscience professionnelle ni le patriotisme souhaitables. La corruption demeurait de règle. Les experts européens déploraient le manque de sérieux en des termes qu'on retrouve aujourd'hui dans les rapports en provenance du tiers monde : efficacité réduite, absentéisme très poussé, instabilité de la main-d'œuvre, manque de fiabilité.

L'évolution en Turquie et en Egypte montra aussi de quelle manière les tentatives de réformes engendraient automatiquement de nouvelles tensions sociales. Les vieux

A gauche : système d'irrigation en Egypte. Des bœufs tirent une roue portant des jarres (en bas à droite) dont le contenu est ensuite déversé dans un canal. A gauche, un artisan au travail.

La vallée du Nil à vol d'oiseau. Carte britannique d'environ 1884. L'Egypte fut le premier pays non européen qui essaya de procéder à une « modernisation intérieure » au XIXe siècle.

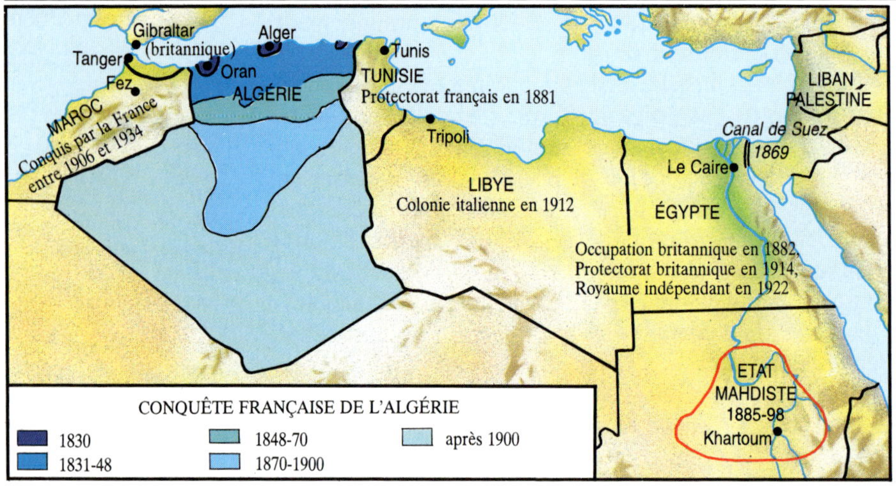

Le Moyen-Orient à la fin du XIXe siècle. Conquête européenne et résistances locales.

propriétaires terriens s'opposèrent souvent aux nouveaux fonctionnaires de l'Etat. Les chefs religieux, les *oulémas*, qui étaient investis d'une grande autorité juridique et politique, se montrèrent en règle générale hostiles aux réformes. Le peuple non plus ne voyait guère d'avantages à une évolution qui ne conduisait qu'à une fiscalité alourdie, un surcroît de tâches imposées et une pression accrue pour augmenter le volume des exportations.

Mais les *pressions extérieures* doivent également être prises en compte pour expliquer l'échec de ce développement intérieur. Pour des raisons stratégiques, les puissances européennes ne voulaient pas d'Etats forts et modernes au Moyen-Orient — surtout pas en Egypte. En outre, les monopoles d'Etat et les barrières douanières entraient directement en conflit avec les intérêts commerciaux occidentaux. En 1838, les puissances européennes arrachèrent au sultan de Constantinople un accord qui valait également pour l'Egypte. Les monopoles d'Etat de l'Empire ottoman furent interdits, et les droits de douane à l'importation limités à 8 %. Cela rendit plus difficile la constitution d'une industrie locale qui aurait pu être concurrentielle face à l'Europe. Plus tard, les Européens obtinrent du sultan de Constantinople une réduction de l'armée égyptienne qui passa de 130 000 hommes à 18 000. Le marché le plus important pour l'industrie égyptienne du textile et des équipements s'en trouva réduit d'autant.

De tels accords de libre commerce arrachés à l'aide de pressions politiques et militaires allaient constituer la méthode classique des Européens pour ouvrir de nouveaux marchés par-delà les mers. L'accroissement des débouchés pour les produits industriels favorisait les producteurs occidentaux qui pouvaient en outre assurer leur approvisionnement en matières premières grâce à des intermédiaires locaux qui en stimulaient la production en échange de produits européens de consommation. Le désir de se procurer de tels produits poussa les paysans à se recycler dans la production commerciale pour s'assurer les liquidités nécessaires. En outre, les propriétaires terriens locaux eurent souvent intérêt à stimuler une telle évolution. Tout ceci explique que dans les années 1870, les principaux pays du Moyen-Orient se soient trouvés dans une impasse, celle de n'être que des fournisseurs de matières premières.

A droite : école de garçons anglo-syrienne au Liban en 1876. La scolarisation sur le modèle européen engendra au cours du XIXe siècle une nouvelle classe moyenne dans les pays du Moyen-Orient.

Dette publique et tutelle européenne

Nous avons vu précédemment que la dette étrangère avait été une des causes majeures de la domination européenne sur le Moyen-Orient au cours des années 1870 et 1880. Nous devons ici revenir aux conditions intérieures. C'étaient les dirigeants locaux qui sollicitaient des prêts. Lorsque les recettes fiscales se montrèrent insuffisantes et que les monopoles d'Etat furent abolis vers 1840, il fallut emprunter pour financer la poursuite du développement. Le goût du luxe et des grands projets prestigieux augmenta aussi, ce dont porte témoignage, par exemple, l'évolution de la ville du Caire. Les intermédiaires qui négociaient les prêts d'Etat avaient eux-mêmes intérêt à ce que les transactions portent sur de grosses sommes. Il s'ensuivit une politique d'emprunt inconsidérée. La dette extérieure de l'Egypte passa de sept millions de livres en 1860 à plus de cent millions en 1876. En 1875, le khédive Ismaïl fut obligé de vendre à l'Etat britannique ses actions du canal de Suez, mais il n'en tira qu'un répit provisoire. A Constantinople, le remboursement des prêts et intérêts correspondait en cette même année 1875 à plus de la moitié des dépenses publiques. Le bey de Tunis était pris dans un filet analogue. L'Egypte et la Turquie furent décla-

Convoi d'esclaves au Soudan en 1884. Les ravages de la traite des Noirs au sud du Soudan augmentèrent à l'époque du régime colonial égyptien, et tout spécialement dans l'Etat mahdiste indépendant entre 1885 et 1898. Ce fut peut-être le chapitre le plus atroce de l'histoire de la traite des esclaves.

L'Egypte dans l'étau européen

« En 1880, la dette extérieure avait hypothéqué toute l'Egypte. Au plus bas de l'échelle, il y avait le paysan égyptien avec son lopin et au-dessus de lui, le notable local, souvent assisté d'un commerçant grec, qui vendait quelques rares produits européens ; parmi ceux-ci, l'eau-de-vie qu'on consommait de plus en plus. Plus haut encore, on trouvait le propriétaire terrien et le gros négociant. A l'échelon supérieur, dans les grandes villes, il y avait les filiales locales de Barclays, du Crédit foncier, du Crédit lyonnais et autres banques, avec tout ce qu'elles représentaient. Au sommet, le pouvoir financier était réparti entre les prêteurs européens et le budget de l'Etat qu'ils contrôlaient... tout aboutissait à la banque via le coton... Sur le plan international, cet édifice était relié au réseau mondial des détenteurs d'actions et d'obligations, aux financiers de haut vol, aux Rothschild de Vienne, Paris et Londres... »

En 1882, l'Égypte devenait protectorat britannique.

(D'après Jacques Berque que cite L. S. Stavrianos dans *Global Rift, The Third Wold Comes of Age*, New York 1981.)

Procès devant la « cour mixte » d'Egypte (1896). Les problèmes financiers que connut l'Egypte après 1870 rappellent ceux des pays du tiers monde aujourd'hui. La Caisse internationale de la dette publique dirigea les finances, et, lorsque des intérêts étrangers furent en jeu, des juges européens intervinrent dans la procédure judiciaire.

rées en faillite, et il leur fallut accepter une « administration européenne de la dette ». La caisse franco-britannique de la dette publique prit en 1878 le contrôle des finances de ces Etats. Un conseil d'administration international géra l'exploitation des chemins de fer, du télégraphe et du port d'Alexandrie. En Turquie, l'administration européenne de la dette en vint à constituer un état-major de plusieurs milliers de personnes. En 1878, un représentant français et un britannique siégèrent au sein même du gouvernement égyptien avec pour mission de restaurer l'équilibre financier. A la suite d'une action militaire, l'Egypte devint en 1882 protectorat britannique. La France avait occupé la Tunisie l'année précédente.

Nous avons pu voir que beaucoup de pays d'Amérique latine étaient eux aussi cruellement endettés à la fin du XIXe siècle. Mais la différence résidait dans le fait que les gouvernements sud-américains se montrèrent compétents en matière financière, et assez efficaces pour procéder aux remboursements nécessaires. Les Etats européens n'eurent pas à intervenir pour rentrer dans leurs fonds.

Sur le plan financier, les Européens firent du bon travail en Egypte. Lord Cromer parvint en un temps record à remettre l'économie sur pied grâce à une saine politique budgétaire et des réformes efficaces des structures administratives. Mais les autorités occidentales n'avaient aucune raison de vouloir favoriser un développement interne plus poussé. Ainsi, dans les années 1890, lord Cromer s'opposa à ce que l'Etat soutienne deux usines de cotonnades. Consentir de telles faveurs à l'industrie égyptienne eût été contraire au principe du libre commerce, et les fabricants britanniques de coton s'y seraient immédiatement opposés. Ces usines commencèrent néanmoins à fonctionner, mais elles ne tardèrent pas à faire faillite.

Il peut paraître surprenant qu'il n'y ait eu en Egypte aucun groupe pour exiger une industrialisation du pays à cette époque. Etaient-ils tous endoctrinés par la doctrine du libre commerce, ou simplement pessimistes quant aux possibilités autochtones ? Les hommes d'affaires égyptiens, qui préféraient investir en toute sécurité dans la propriété agricole, manquaient-ils de cet esprit d'entreprise qui avait été le moteur de la croissance industrielle en Europe ?

L'histoire des dettes turques et égyptiennes au cours du XIXe siècle présente l'intérêt d'évoquer les problèmes actuels du tiers monde. Etait-il alors impossible de se

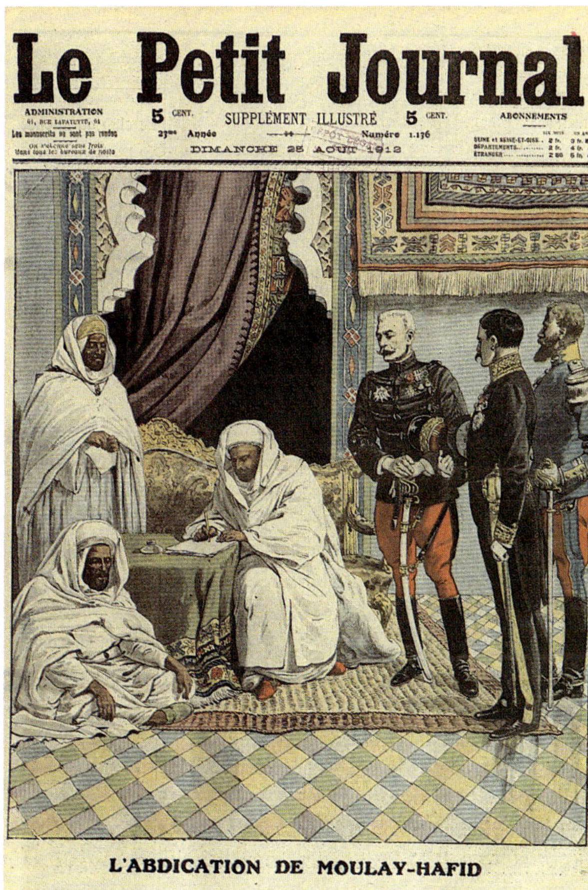

Le Petit Journal

ADMINISTRATION — 61, RUE LAFAYETTE, 61 — 5 CENT. — SUPPLÉMENT ILLUSTRÉ — 5 CENT. — ABONNEMENTS

23me Année — Numéro 1.136

DIMANCHE 25 AOUT 1912

L'ABDICATION DE MOULAY-HAFID

Le sultan marocain Moulay Hafiz abdique en 1912 en présence du représentant de la France. La colonisation du Maroc résulta conjointement de l'endettement du pays et de l'impérialisme européen.

moderniser sans s'endetter et donc s'exposer à des ingérences politiques ?

La Tunisie suivit le même chemin que l'Egypte et devint protectorat français en 1881. Au Maroc, un autre type d'évolution parut longtemps possible. Le sultan Moulay Hassan (1873-94) misa d'abord sur de prudentes réformes administratives et militaires qui n'exigèrent pas d'emprunts à l'étranger. Mais ce qui permit une modernisation lente mais purement autochtone, c'est peut-être que le Maroc fut moins soumis à la pression européenne que les pays du Moyen-Orient. Toutefois, cette pression augmenta à l'aube du XXe siècle, et un nouveau sultan misa sur une modernisation plus rapide de l'armée. Cela eut pour effet de déclencher un mécanisme bien connu : emprunts plus importants à l'étranger, interventions françaises pour assurer les remboursements et pour finir, division du Maroc en deux zones coloniales, l'une française et l'autre espagnole, en 1912.

Exploitation moderne du pétrole et du gaz. La prospection pétrolière s'amorça au Moyen-Orient à la fin du XIXe siècle, mais l'exportation vers l'Europe demeurait relativement faible en 1913 (250 000 tonnes).

Du coton en provenance de la vallée du Nil arrive au port d'Alexandrie (1916). L'Egypte est reliée au marché mondial.

Marché mondial et agriculture commerciale

Le rattachement du Moyen-Orient au marché mondial ressort des statistiques du commerce extérieur. En 1914, il était en Egypte de 50 à 60 fois plus élevé que celui de 1800 — de 15 à 20 fois en Turquie, de 20 en Irak. Les exportations consistaient essentiellement en produits agricoles.

En comparaison avec d'autres régions non européennes, l'Afrique du Nord et le Moyen-Orient ne disposaient que de peu de produits miniers. Les riches gisements de phosphate du Maghreb constituaient l'exception. En 1916, ils représentaient 36 % de la production mondiale. Le pétrole, si important aujourd'hui, ne suscitait encore qu'un intérêt limité. Cependant, la construction par les Européens de chemins de fer en Irak à partir des années 1880 fut liée à la recherche de gisements pétroliers en Mésopotamie. En Perse, The Anglo-Iranian Oil Company fut créée en 1909, et la première raffinerie commença à fonctionner en 1913 avec une production annuelle de 50 000 tonnes. Au total, le Moyen-Orient livrait alors 250 000 tonnes de pétrole par an aux Occidentaux.

Ce rattachement au marché mondial entraîna de profondes modifications dans les méthodes de production et les modes de vie à la campagne. L'agriculture destinée à l'exportation put au début être source de bien-être accru. Ainsi en Egypte avec la culture du coton dans les années 1860 et 1870, époque où les prix étaient très favorables aux agriculteurs. Des paysans ordinaires eurent les moyens d'acheter des bijoux et des esclaves, de célébrer des noces coûteuses et d'utiliser plus de froment que de maïs pour se nourrir. Pas moins de 40 % des terres de la basse Egypte servaient en 1870 à la culture du coton. Toutefois, même si l'irrigation moderne permettait d'améliorer les rendements, le pays devint plus dépendant que jadis de l'importation de grains. A l'approche de la Première Guerre mondiale, on put également constater que l'exploitation intensive avait entraîné un appauvrissement

Tisserand arabe à Oman. Les groupes d'artisans formaient souvent des confréries religieuses. Ici, cet homme fait une pause pour étudier le Coran. Au Moyen-Orient comme en Europe, certains artisans durent cesser leurs activités tandis que d'autres survécurent à la concurrence des produits industriels.

des terres et des maladies affectant de nombreuses espèces végétales.

Des tendances analogues se remarquèrent en Turquie et au Liban où une grande partie des terres était liée respectivement à la culture du tabac et à la production de la soie. Partout, la production de vivres pour les villes en plein essor revêtit une importance croissante.

Economie monétaire et capitalisme

L'économie monétaire apporta des revenus supplémentaires mais rendit aussi les paysans plus vulnérables. Les variations de prix sur le marché mondial posèrent problème. En outre, l'on dépendait de l'acheteur et du prêteur qui se confondaient souvent en une même personne.

Récolte du coton en Anatolie. Avec le sud des Etats-Unis, le Moyen-Orient fut le principal fournisseur de coton pour l'industrie textile européenne.

A gauche : femmes turques préparant les feuilles de tabac qui vont être mises à sécher. Le tabac constituait un important article d'exportation pour l'Anatolie et d'autres régions du Moyen-Orient.

L'acheteur consentait des prêts au paysan, généralement à taux usuraire et avec comme garantie la récolte de l'année à venir. Le poids de la fiscalité ne cessait d'augmenter, et, les mauvaises années, on risquait la saisie ou la prison pour dettes. En Turquie, on estime qu'environ 40 000 personnes, des paysans pour la plupart, furent emprisonnées pour dettes dans les années 1870 !

Par ailleurs, une part croissante des terres collectives des communes rurales devint propriété privée. En Egypte comme en Europe, il le fallait pour une exploitation capitaliste efficace, et c'était aussi une condition pour pouvoir obtenir des hypothèques. L'Etat légiféra de manière à promouvoir cette privatisation progressive des terres. Mais, en Turquie comme en Egypte, ce furent surtout de gros paysans et des propriétaires entreprenants qui en profitèrent. La bourgeoisie des villes investit elle aussi dans l'agriculture gérée selon des méthodes capitalistes. En revanche, les petits paysans n'avaient pas les moyens d'accéder à la propriété privée, et, du fait de l'essor démographique, beaucoup durent se faire métayers ou ouvriers agricoles. En 1913, 60 % des terres de la Turquie étaient aux mains de 5 % de familles paysannes. En Egypte, dans les années 1890, quelque 12 000 propriétaires et commerçants possédaient 43 % des terres, tandis qu'on comptait 1 400 000 tout petits paysans et autant d'ouvriers agricoles non possédants.

C'est dans les propriétés gérées par des Européens au Maghreb que l'exploitation agricole revêtait son caractère le plus typiquement capitaliste. Les méthodes scientifiques les plus modernes étaient mises au service d'une production spécialisée (tabac, vin, fruits). En Algérie, les colons avaient profité des conquêtes militaires et des expéditions punitives postérieures à 1830 pour s'approprier la majeure partie des meilleures terres. Conjointement avec l'augmentation de population, cela contribua à aggraver la pauvreté dans les campagnes. Il s'ensuivit donc une « prolétarisation » généralisée des paysans. Il se firent ouvriers agricoles ou émigrèrent vers les villes, ou encore vers la France comme travailleurs ambulants.

Mais la tendance était la même en Irak qui n'était pas sous administration coloniale. Là, politiciens et propriétaires s'appropriaient d'anciennes terres villageoises et contraignaient les nomades à se sédentariser et à travailler dans les champs. Entre 1870 et 1931, la part des nomades au sein de la population globale tomba de 35 à 7 %.

En Amérique du Sud également, nous avons constaté que l'intégration au marché mondial avait poussé les propriétaires à s'approprier, avec l'aide de l'Etat, les terres communales des Indiens. S'agissait-il d'une tendance universelle ?

En 1882, le paysan égyptien utilisait toujours des techniques qui avaient été en usage pendant des milliers d'années. L'augmentation de production au XIXe siècle fut un progrès à double tranchant : propriétaires terriens et spéculateurs controlèrent de plus en plus de terres, et la surpopulation devint menaçante.

Des lépreux demandent la charité au Maroc en 1905. La loi leur imposait un costume spécial avec masque et, afin d'éviter les contacts physiques, l'usage d'une écuelle en bois pour recueillir les aumones. La vieille société n'avait rien d'idyllique.

Globalement, l'agriculture destinée à la vente demeura toutefois limitée au Moyen-Orient. Et même dans des régions où l'économie monétaire était développée, comme dans la vallée du Nil, la commune rurale traditionnelle gardait une position forte. Les relations familiales et la solidarité villageoise faisaient obstacle au capitalisme privé. De la sorte, les paysans pouvaient se protéger des dangers de l'économie monétaire et préserver leur mode de vie traditionnel. Même au plus fort des crises engendrées par les fluctuations de la conjoncture internationale, la communauté villageoise était à même de se régénérer et de survivre.

Villes, évolution sociale et étrangers

Dans les villes du Moyen-Orient, le nouveau groupe qui émergea avec le plus de netteté au cours du XIXe siècle fut celui des diplômés. Les réformes administratives et militaires, comme en Egypte ou en Turquie, exigeaient un minimum d'écoles de type occidental, en premier lieu des académies militaires. Les officiers furent appelés à jouer un rôle clé, au Moyen-Orient comme en Amérique du Sud — et de nos jours dans les pays du tiers monde. Mais les représentants des professions libérales — journalistes, médecins, avocats — dont beaucoup avaient été formés en Europe se montrèrent eux aussi politiquement actifs.

Dans tout le Moyen-Orient apparut également au cours du XIXe siècle une classe moyenne qui prit en charge le commerce en forte expansion. Il s'agissait d'une part de marchands musulmans locaux étendant leurs activités, de l'autre de minorités non islamiques qui renforcèrent leur position à cette époque — juifs, Grecs et Arméniens, Coptes d'Egypte, sans oublier l'importante communauté chrétienne du Liban. Grâce à leurs connaissances linguistiques et à l'étendue de leurs relations d'affaires, ces groupes étaient bien armés pour s'affirmer aux côtés des firmes européennes ou, comme ce fut souvent le cas, pour collaborer avec elles. Sur la scène intérieure, ils travaillaient comme revendeurs et détaillants, tantôt de concert, tantôt en concurrence avec les marchands islamiques.

Abstraction faite de l'Algérie, les commerçants *européens* étaient en minorité dans la plupart des pays. Comme nous l'avons vu, les Européens, grâce aux anciennes « capitulations » de l'Empire ottoman et aux nouveaux

Le tourisme devient pourvoyeur de ressources économiques. Marchands devant la terrasse de l'hôtel Shepherd's au Caire en 1908.

accords de libre commerce, avaient pu bénéficier de dispositions spéciales comme de posséder leurs propres tribunaux et d'être exemptés d'impôts. Parmi les autres groupes minoritaires, beaucoup cherchaient à bénéficier de la protection de leurs consulats, au besoin en acquérant la nationalité d'un pays occidental. De la sorte, les colonies d'affaires « européennes » pouvaient prendre des proportions imposantes. En 1907, on comptait en Egypte 147 000 « Européens » dont 63 000 Grecs, 33 000 Italiens

Chrétiens de Constantinople revenant de l'église (1879). Dans l'Empire ottoman, les différentes confessions étaient traitées avec tolérance tant qu'elles ne provoquaient pas de problèmes politiques. A la fin du XIXe siècle, les marchands étrangers occupaient une position dominante dans les grandes villes du Moyen-Orient.

et 20 000 Britanniques. Il y avait en Algérie environ 750 000 Européens. Les groupes qui connurent le déclin furent en premier lieu les vieilles familles dirigeantes turques qui perdirent pied à l'époque coloniale. Le recul affecta également les notables locaux qui ne surent pas s'adapter à l'économie capitaliste et les experts en théologie islamique, les oulémas. Quantitativement, le groupe le plus touché fut celui des artisans traditionnels des villes. Comme en Europe, ils eurent à souffrir de la concurrence de produits industriels de meilleure qualité et de moindre prix. Ils connurent aussi des problèmes d'approvisionnement en matières premières, soie ou coton par exemple, lorsque les firmes exportatrices faisaient monter les cours. Les artisans du textile furent particulièrement touchés. On estime qu'à Bagdad, le nombre des tisserands serait passé d'environ 3 500 en 1870 à 120 seulement en 1904. Mais certaines formes d'artisanat parvinrent à tirer leur épingle du jeu, grâce notamment au fait que les rentrées d'argent chez les paysans créaient de nouveaux marchés dans l'arrière-pays. Au Maroc par exemple, l'importation de coton brut l'emporta sur celle de tissus fabriqués au cours des dernières décennies du XIXe siècle.

Ce qui faisait défaut dans ces sociétés, c'était une haute bourgeoisie industrielle et financière. C'est elle qui en Europe accumulait les capitaux et dirigeait l'évolution — ou, pour mieux dire, qui contrôlait la majeure partie de l'économie moderne grâce à son réseau de sociétés, d'agents et de banques.

« Modernisation » de l'Islam ?

Les contacts accrus avec l'Occident ne se limitaient pas à l'économie et à la technique. Les nouveaux groupes sociaux redistribuaient autour d'eux les idées occidentales qu'ils avaient acquises par leur formation, leurs séjours à l'étranger ou leurs contacts avec des experts et hommes d'affaires européens. De telles idées constituaient un défi pour la conception du monde et le mode de vie islamiques. Nous avons vu à propos de la Russie et de l'Amérique latine comment, à la fin du XIXe siècle, ce rapprochement avec l'Occident avait conduit à un « nationalisme culturel » qui avait permis aux écrivains et philosophes de méditer sur les relations entre leur propre culture et la civilisation occidentale moderne. Au Moyen-Orient qui, jusqu'au XIXe siècle, n'avait guère été soumis à des influences européennes, cette question revêtit un aspect dramatique pour des raisons religieuses, ce qui n'avait été le cas ni de la Russie ni de l'Amérique latine. Dans la réaction islamique à l'Occident, nous découvrons sous une forme concentrée le type de conflit culturel qui, sous différentes formes, allait s'observer dans toutes les régions non européennes. En simplifiant à l'extrême, on peut dire qu'il n'y avait que deux solutions : s'adapter ou résister.

Ce conflit se cristallisa sous sa forme la plus âpre autour de la rationalité scientifique. Dès 1830, l'Egyptien At-Tahtawi (1801-73) avait écrit ces lignes inspirées par une visite à Paris : « Les jeunes Orientaux qui se rendent dans les écoles occidentales pour y apprendre la science européenne y apprennent simultanément la méthode rationnelle, la procédure expérimentale, le sens de la réalité concrète et l'impossibilité de croire aux traditions religieuses... » Le Français Ernest Renan, philosophe de la religion, affirmait en 1883 que l'islam et la science étaient incompatibles, et il ajoutait que tous ceux qui s'étaient rendus en Orient et en Afrique avaient été frappés par les barrières intellectuelles que la foi imposait aux croyants,

Nouvelles découvertes : ouverture d'un tombeau à Dahchour en Egypte. Recherche scientifique ou impérialisme culturel ?

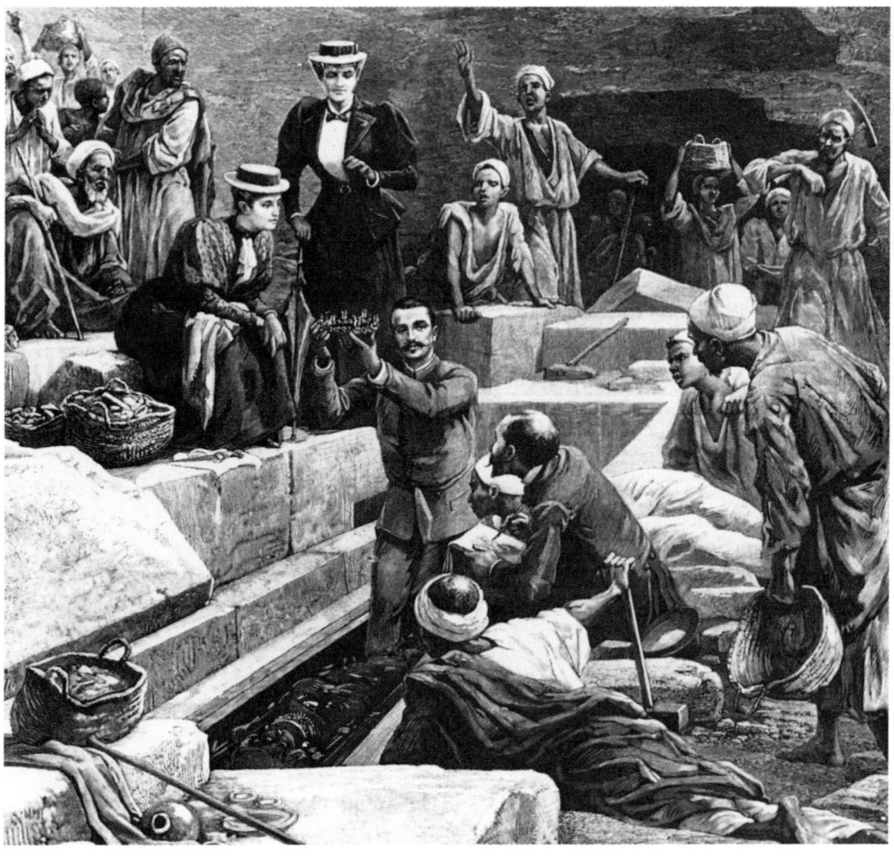

Ecole arabe à Djedda. Tant dans les écoles coraniques que dans celles conçues sur le modèle européen, la question de la « modernisation de l'islam » fut à l'ordre du jour.

La science toute puissance

En Egypte, la philosophie du capitalisme et les idées de réforme ne vinrent pas seulement de l'extérieur. Dès le milieu du XVIIIe siècle, le pays comptait des intellectuels islamiques actifs qui contribuèrent à préparer la voie à un capitalisme autochtone avant que ne surgisse le premier entrepreneur européen.

Mais les sciences modernes firent leur apparition avec les Occidentaux, et ce fut comme une révélation. Le plus connu des penseurs réformistes d'alors, Djemal al-Afghani (1839-97), écrivit en 1882 : *« Les Européens se sont maintenant emparés de toutes les parties du monde. Les Britanniques ont atteint l'Afghanistan, les Français ont pris la Tunisie. Mais en vérité... cette conquête n'est pas venue des Français ou des Britanniques. C'est la science qui montre partout sa grandeur et sa puissance. L'ignorance n'a plus qu'à se courber humblement devant la science et reconnaître son infériorité... Mais ce maître véritable qu'est la science change de capitale. Parfois, elle est passée d'est en ouest, dans d'autres cas d'ouest en est. »*

(Citation extraite de *Studies in the Theory of Imperialism*, sous la dir. de R. Owen et B. Sutcliffe, Londres 1972.)

les fermant à la science et les rendant incapables de s'ouvrir à de nouvelles idées.

Après 1870, des penseurs islamiques relevèrent le défi de concilier science occidentale et islam. Le pionnier du « modernisme islamique » fut l'Indien musulman Seyid Ahmed Khan (1817-98). Admirateur de l'Angleterre, il voyait dans l'étude de la langue anglaise et des sciences modernes la clé d'un renouvellement islamique.

Au Moyen-Orient, le premier à relever le gant fut Djemal Eddin al-Afghani (1839-97). Défenseur enthousiaste de l'idée « panislamiste », il appela de ses vœux un monarque qui pût rassembler sous son sceptre l'ensemble du monde islamique. Sous ce rapport, les Européens pouvaient servir de modèle, eux qui faisaient preuve de cohésion et d'énergie, alors que le monde islamique était caractérisé par la dispersion et la passivité. A l'instar de Seyid Ahmed Khan, al-Afghani estimait que c'était grâce à la science que les Européens avaient pu conquérir le monde. Mais selon lui, le « véritable islam » ne s'opposait nullement à la raison. Il suffisait simplement de cantonner la religion à son véritable domaine, celui des vérités révélées, et de laisser la raison guider la vie pratique. L'Islam avait donc besoin d'une « réforme » du genre de celle que le christianisme avait connue au XVIe siècle. Il fallait un nouveau Luther pour faire de la religion une affaire personnelle et limiter l'importance du clergé. Inspiré de l'histoire européenne, le message était clair : « sécularisation »

Image puissante de ferveur religieuse : musulmans persans qui accomplissent un pèlerinage à la ville sainte de Mechhed. L'islam intervenait dans la vie des foules de manière plus directe que le christianisme en Europe.

et « rationalité » étaient les conditions nécessaires d'une évolution moderne.

Les disciples et successeurs d'al-Afghani, comme les Egyptiens Mohammad Abdouh (1849-1905) et Qasim Amin (1865-1908), développèrent ces idées et les firent passer en partie dans la pratique politique. Abdouh qui fut un temps *mufti* en Egypte, autrement dit autorité suprême en matière de droit canonique musulman, affirma que la seule manière de concilier développement moderne et religion traditionnelle consistait à remodeler la loi islamique, la *charia*, en fonction d'un ordre social rationnel. En complément aux écoles religieuses, il travailla à promouvoir un système scolaire national et unitaire, susceptible d'insuffler au peuple de nouvelles attitudes mentales et de nouveaux savoirs. Qasim Amin alla jusqu'à affirmer que la rationalité exigeait que l'on accorde plus de libertés aux femmes, comme en Europe. On ne pouvait assigner de limite précise entre science et morale occidentales, et le monde islamique devait se préparer à se transformer dans tous les domaines. Amin souligna aussi la supériorité morale des Européens qui expliquait à ses yeux leur domination économique et politique.

Si l'on compare avec beaucoup d'explications européennes de la croissance occidentale, on est frappé de l'importance que ces penseurs islamiques ont accordé aux *idées* et aux *attitudes* pour rendre compte de la supériorité de l'Occident. Les philosophes orientaux invoquèrent eux aussi les théories de Darwin et de Spencer : dans l'affrontement des civilisations, le monde islamique était en passe de sombrer à cause de ses faiblesses internes, à savoir l'ignorance et un manque de force morale.

On trouve de superbes exemplaires du Coran dans la plupart des mosquées et dans beaucoup de foyers privés. Mais quelles étaient les réformes modernes qui s'accordaient avec l'esprit du Coran ? Sur ce point, les avis divergeaient.

Réformes politiques en Egypte et en Turquie

Al-Afghani et Mohammed Abdouh ne manifestèrent guère d'intérêt pour la liberté politique. Abdouh se montra même critique à l'égard des nationalistes égyptiens, persuadé qu'il était que le pays n'était pas mûr pour l'autonomie. Mais les idées occidentales de liberté gagnèrent d'autres penseurs influencés par des théoriciens classiques du libéralisme comme François Guizot (traduit en arabe en 1877), John Stuart Mill et Herbert Spencer. Un jeune diplomate turc décrivit l'impression qu'avait fait sur lui la statue de la liberté placée à l'entrée de l'exposition universelle de Paris en 1878 : « Ah, honorable visiteur, quand tu contemples cette fascinante exposition consacrée aux progrès humains, n'oublie pas qu'ils sont tous *les fruits de la liberté*... Sans liberté, point de sécurité, sans sécurité, point d'esprit d'entreprise, sans esprit d'entreprise, point de bien-être et sans bien-être, point de bonheur... »

Mise au pas politique dans l'Empire ottoman. Le bureau de censure de la presse examine de près les télégrammes en provenance de l'étranger avant d'en autoriser la diffusion.

Cette idée se retrouve chez l'Egyptien Lutfi as-Sayyid (1872-1963) : c'est l'indépendance intellectuelle qui est à la source des progrès des Européens et de leur confiance en eux, c'est l'idéal de liberté qui a imprégné leur éducation et développé leur esprit d'initiative. Par comparaison, la mentalité égyptienne apparaît entachée de fausseté, d'indifférence irresponsable, de méfiance mutuelle, de servilité et de flatterie à l'égard des puissants. Mais la liberté individuelle ne pouvait être promue qu'à l'aide de systèmes politiques libéraux caractérisés notamment par des tribunaux indépendants et des lois garantissant la sécurité des personnes et des biens. Tout cela ressemble à une apologie du libéralisme classique à une époque où celui-ci, sous la pression aussi bien du socialisme que de l'extrémisme de droite, entrait en Europe dans une phase critique.

Il était certes logique que les aspirations réformistes de l'islam débouchent sur des exigences de liberté *politique* avec régime constitutionnel, presse et partis sur le modèle occidental. Cela correspondait aussi aux intérêts de la

La morale européenne : l'arme secrète ?

Les penseurs islamiques réformateurs trouvèrent non seulement dans la science mais aussi dans la morale une explication à la puissance européenne. Qasim Amin (1865-1908) crut en trouver la clé dans un mélange d'esprit de sacrifice et de solidarité qui expliquait *« pourquoi l'Allemand abandonne femme et enfants pour aider les Boers en Afrique du Sud, pourquoi le savant se détourne des jouissances matérielles pour résoudre les problèmes et déterminer les causes, pourquoi l'homme d'Etat renonce au repos pour promouvoir au mieux les intérêts de son pays, pourquoi l'explorateur reste des mois et des années loin de chez lui pour découvrir par exemple les sources du Nil, pourquoi le missionnaire est prêt à affronter les dangers et les fatigues parmi des peuples sauvages, et pourquoi le riche verse des milliers de livres à des associations dont le travail social est profitable à la nation et à toute l'humanité ».*

(Cité d'après Albert Hourani : *Arabic Thought in the Liberal Age, 1798-1939*, Londres 1962.)

Caricature du despote turc Abdul-Hamid II (1877-1919) qui arrive à cheval avec son sabre ensanglanté. Il allait être renversé en 1909 par la révolte des « Jeunes-Turcs ».

nouvelle classe moyenne, et notamment de la fraction instruite. En Turquie apparut dans les années 1870 un groupe puissant, celui des « Jeunes-Turcs », qui élabora un programme de réformes politiques. A la même époque, l'Egypte connut des revendications semblables de la part aussi bien de la classe moyenne que des propriétaires terriens qui luttaient pour obtenir plus d'influence politique. Cependant, ces idées de liberté et de pluralisme politique étaient totalement étrangères à la tradition islamique. Celle-ci ne reconnaissait qu'un seul Dieu, qu'un seul maître (réunissant en sa personne le pouvoir religieux et politique) et qu'un seul juge, choisi parmi les docteurs de la loi islamique. L'idée d'une assemblée nationale élue qui aurait limité le pouvoir du souverain s'opposait totalement à ces principes.

Malgré tout, aussi bien le khédive d'Egypte que le sultan de Turquie introduisirent dans les années 1870 des constitutions écrites garantissant la mise en place d'assemblées consultatives. Comment expliquer cela ? Il y eut sans doute une pression européenne indirecte : symbole de civilisation, une constitution était à même de renforcer le prestige international d'un Etat. Mais la cause essentielle fut probablement que des assemblées nationales élues permettaient de canaliser l'opposition politique de divers groupes et partant de renforcer l'unité nationale. C'est ce qu'on avait observé en Europe, et c'est ainsi que raisonnaient les Japonais à l'époque. Il y avait toutefois un équilibre délicat à instaurer. Jusqu'à quel point le souverain pouvait-il renoncer à ses pouvoirs sans perdre le contrôle politique du pays ? En Turquie, l'expérience tourna à la confusion, et le sultan Abdul-Hamid II réintroduisit dès 1877 le despotisme autocratique.

Alexandrie en 1882. A la suite de troubles, une escadre britannique bombarda la ville, ce qui provoqua le massacre de centaines d'Européens. Des troupes britanniques débarquèrent et, après une brève campagne, l'Egypte fut conquise.

Le nationalisme en Egypte

Au Moyen-Orient, les groupes favorables aux réformes, notamment les jeunes officiers patriotes, subirent également l'influence du *nationalisme* européen. Un Etat moderne ne pouvait être fort sans cohésion nationale. Mais la notion même de nationalisme était fort problématique au Moyen-Orient. Dans les territoires arabes et turcs, c'était le lien religieux, la communauté universelle des croyants, que l'on mettait en exergue. D'étroites relations entre les régions avaient entraîné presque partout d'importants mélanges de populations. Dès lors, quel contenu pouvait-on assigner au concept de nation ?

Arabi Pacha qui dirigea en 1881 la révolte des officiers nationalistes contre les étrangers en Egypte et contre la classe dirigeante de langue turque.

C'est l'Egypte qui présentait la plus grande homogénéité. Le *parti national* égyptien fut créé en 1879. Il se basait notamment sur la fierté d'un glorieux héritage historique et la volonté de moderniser la civilisation islamique (al-Afghani était alors actif en Egypte). A l'arrière-plan couvait aussi un sourd mécontentement contre l'élite turque qui dominait l'armée, l'aristocratie et la cour depuis que Méhémet Ali avait fondé une nouvelle dynastie au début du XIXe siècle. Cependant, le nationalisme marquait avant tout une réaction contre l'influence européenne. En 1879, le khédive Ismaïl avait essayé de purger le gouvernement des deux représentants étrangers — français et britannique. Mais cela lui avait valu d'être déposé par son suzerain, le sultan de Constantinople, à la suite de pressions occidentales. Privé de toute autorité, le successeur d'Ismaïl, Tewfik, fut réduit à n'être qu'un symbole. Cela fut ressenti par les officiers et intellectuels patriotes comme une humiliation insupportable.

La situation devint explosive en 1881 lorsque les prêteurs étrangers, par l'intermédaire de la Caisse de la dette publique, décidèrent que 2 500 officiers seraient révoqués par souci d'économie. Cette mesure frappa essentiellement des officiers *égyptiens*, non ceux qui appartenaient à l'élite de langue turque. Sous la conduite du jeune colonel Arabi Pacha, l'armée passa à l'action et réussit à arracher une réforme qui privait les représentants étrangers de tout pouvoir. L'année suivante, Arabi Pacha fut nommé ministre de la Guerre et défendit énergiquement les intérêts des officiers. Des groupes de fanatiques islamiques exploitèrent alors les craintes d'invasion et attisèrent la xénophobie. En septembre 1882 éclatèrent à Alexandrie des troubles qui coûtèrent la vie à 50 Européens. Cela servit de prétexte à la conquête britannique et à l'établissement d'un régime colonial indirect — le khédive gardant son trône. Dorénavant, tous les partis égyptiens allaient lutter en priorité pour une totale indépendance nationale.

Le système constitutionnel avec une assemblée nationale élue demeura en vigueur à l'époque de la souveraineté britannique. Cela peut paraître surprenant. Toutefois, il était plus facile à une autorité coloniale européenne qu'à un potentat islamique de type traditionnel d'accorder certaines libertés politiques. Certes, l'assemblée égyptienne reposait sur une base électorale extrêmement mince et son influence réelle était fort limitée, mais le travail des partis était autorisé, et il régnait une grande liberté d'expression. L'Egypte sous mandat britannique devint du reste une terre d'asile pour de nombreux intellectuels venus des quatre coins de l'islam.

En 1923, l'Egypte se vit accorder à nouveau l'autonomie interne, les Britanniques gardant le contrôle du canal de Suez et la haute main sur la politique étrangère et militaire du pays. Une certaine décolonisation s'amorçait — à une époque où la domination coloniale ne faisait que commencer dans certaines contrées d'Afrique.

Révolution turque en 1908

Au cours de la période despotique qui s'étendit de 1877 à 1908, les Jeunes-Turcs menèrent une existence clandestine ou s'exilèrent. A l'étranger, et notamment à Paris, ils lancèrent des brûlots contre les autorités de leur pays, à la manière des socialistes russes. La réforme constitutionnelle russe consécutive à la défaite contre le Japon en 1905 constitua un puissant encouragement pour l'opposition turque. Au sein des établissements modernes d'enseignement de Constantinople, on commenca à former clandestinement des groupes révolutionnaires. Leurs idées gagnèrent l'armée et, lorsque des troupes se soulevèrent en Macédoine en 1908, Abdul-Hamid II fut renversé, et la constitution de 1876 rétablie.

Mais le nationalisme était incomparablement plus difficile à manier pour les Jeunes-Turcs que pour les officiers égyptiens. Qui devrait être représenté dans la nouvelle assemblée nationale ? Fallait-il en appeler à une solidarité « ottomane » dans tout le royaume turc ? Si oui, il en résulterait une assemblée fort hétérogène. Ce fut aussi le cas après les élections de 1908, puisque le parlement en vint à être composé de 147 Turcs, 60 Arabes, 27 Albanais, 26 Grecs, 14 Arméniens, 10 Slaves et 4 Juifs. Vis-à-vis des Européens, le nouveau régime décida d'abord — jusqu'en 1913 — de mener une politique prudente. Il persista à miser sur le capital et le savoir-faire occidentaux, mais manifesta l'intention de réviser les accords qui avaient conféré aux hommes d'affaires étrangers des privilèges particuliers.

L'Egypte en 1882. Un incendiaire et un pillard sont fusillés. Cette esquisse faite sur place a été publiée dans « Illustrated London News ». En règle générale, les illustrateurs employés par les journaux réalisaient des dessins « photographiques » à partir de telles esquisses.

Du fait de dissensions intérieures, les Jeunes-Turcs adoptèrent une autre conception du nationalisme, le « panturquisme », selon laquelle l'assemblée nationale devrait avant tout représenter le peuple d'origine et de langue turques. Les partis représentant des minorités ethniques furent alors interdits, et l'assemblée issue des élections de 1912 fut entièrement dominée par les Turcs. Mais cela mit en péril l'unité du royaume. Les chrétiens serbes et croates s'insurgèrent lors de la guerre des Balkans de 1912-13, et les troubles grandirent au sein des importantes communautés grecques placées sous gouvernement turc. En Arménie, les révoltes suscitèrent de cruelles expéditions punitives turques qui aboutirent à des massacres de masse. Tout ceci ne fit que renforcer en Occident l'image de la « barbarie turque » à l'heure où la dissolution de l'Empire ottoman approchait.

Lorsqu'en 1914 la France et la Grande-Bretagne refusèrent catégoriquement toute révision des accords existants, les Turcs contractèrent une alliance avec l'Allemagne sur des bases égalitaires. La défaite de 1918 marqua la fin de l'Empire ottoman et la naissance de la Turquie moderne, Etat fondée sur le principe occidental de nationalité. Mais les contestations frontalières avec la Grèce constituèrent un épineux problème qui n'est toujours pas réglé (problème de Chypre, conflit dans la mer Egée).

Mohammed Tewfik Pacha, khédive d'Egypte à partir de 1879, fut le dernier représentant de la dynastie indépendante de langue turque. Son prédécesseur Ismaïl avait tout bonnement été déposé par les bailleurs de fonds européens qui redoutaient un chaos financier.

Scène de rue à Constantinople : barbier en plein air. Photo originale en couleur datant d'environ 1890. Les nombreux groupes ethniques représentés à Constantinople posaient des problèmes aux nationalistes turcs.

Nationalisme arabe et nationalisme juif

Une autre variante de nationalisme fut le « panarabisme ». Dirigé au début contre le régime turc, il fut encouragé par les Britanniques dont il servait les intérêts au moment de la Première Guerre mondiale. Ultérieurement, le nationalisme arabe devint avant tout un instrument de lutte contre la domination européenne. Mais le mouvement panarabe entrait pour une part en conflit avec le nationalisme territorial.

L'Egypte et les pays du Maghreb — où les populations arabes étaient réduites, et les traditions locales puissantes — restèrent à l'écart du foyer actif du nationalisme arabe.

Révolution turque en 1909 : le sultan Abdul-Hamid II est contraint d'abdiquer.

C'est en Israël et au Liban que le conflit entre diverses variantes de nationalisme revêtit l'aspect le plus dramatique. Ce mouvement très particulier qu'est le sionisme se développa à la fin du XIXe siècle parmi des groupes juifs opprimés. Inspiré en partie par le nationalisme slave de l'époque, il résulta également de la crainte d'une recrudescence de l'antisémitisme en Europe après 1870. Le nationalisme juif avait ceci de particulier qu'il n'était ancré ni dans un pays, ni dans une langue ! Mais dans les années 1890, l'achat de terres et l'installation de colons juifs en Palestine jetèrent les bases du futur Etat d'Israël. On peut affirmer non sans raison que ce nationalisme se développa sous l'aile de l'impérialisme. La famille Rothschild finança cette colonisation, et la Grande-Bretagne, au cours de la Première Guerre mondiale, fit la célèbre promesse que serait créé un « foyer national juif » en Palestine. Les conditions étaient dès lors réunies pour un conflit avec le nationalisme panarabe et plus spécialement palestinien.

Les premiers signes du problème libanais apparurent dès les années 1860 et 1870. Il y avait dans ce pays une classe de dirigeants chrétiens, les Maronites, de langue et de culture arabes. Au sein de la majorité non chrétienne, les Druzes formaient un groupe politiquement actif. Dès lors, quel type de nationalisme était à même de s'imposer ? La solution résida dans un nationalisme « territorial » qui préconisa pour le territoire du Liban un gouvernement autonome au sein d'un Etat laïc apte à garantir les droits civiques de toutes les confessions. En 1920, l'Etat libanais moderne fut créé sous mandat français.

Aucune de ces variantes de nationalisme ne proposant d'alternative économique, on continua à participer au marché mondial en exportant des produits agricoles et en important des marchandises industrielles. Certes, l'on désirait partout abroger les anciens accords qui avaient conféré des avantages particuliers aux hommes d'affaires européens, ce qui aurait permis de promouvoir les intérêts d'une bourgeoisie autochtone. Mais jusqu'à nouvel ordre, le nationalisme au Moyen-Orient qui demeurait circonscrit à la classe moyenne ne menaçait pas sérieusement la domination européenne.

« Vraie » foi et résistance acharnée

A l'inverse des mouvements réformistes suscités par les élites instruites, les réactions islamiques à l'influence occidentale purent aussi se traduire par des résistances farouches. Elles prirent avant tout la forme d'un « fondamentalisme », d'un retour à l'islam authentique tel qu'il était inscrit dans le Coran et dans les anciens récits de la vie du prophète. Ces dernières décennies, nous avons pu observer dans l'ensemble du monde islamique le fondamentalisme à l'œuvre comme instrument de purification sociale et de résistance à l'Occident, notamment dans l'Iran de Khomeini.

Le message de l'islam ne concernait pas seulement le

Prière à la Mecque. Certains prophètes pouvaient se servir de la foi musulmane pour provoquer de dangereux soulèvements politiques.

salut de l'âme, il définissait aussi à l'aide de règles détaillées (*charia*) l'ordre social tel qu'il devait être. Les fondamentalistes estimaient qu'il fallait prendre ces règles au pied de la lettre, y compris en matière de châtiments (mutilations, décapitations). Les mouvements de ce type étaient en même temps « puritains » en ce sens qu'ils condamnaient le luxe et les barrières sociales. De ce fait, ils devinrent souvent « protestants » en s'opposant aux autorités en place, accusées de corruption et de laxisme religieux. En outre, les mouvements fondamentalistes avaient en commun d'insister sur l'importance de la piété, de la foi personnelle. Les ressemblances avec les mouvements chrétiens de type protestant, puritain ou piétiste sautent aux yeux.

Troupe armée de la secte wahhabiste (1911). Cette secte qui défendait la pureté de l'islam occupait une position dominante en Arabie Saoudite.

A gauche : les derviches formaient une confrérie islamique revêtant les caractères d'un ordre monastique. Ils essayaient de parvenir à l'extase religieuse en effectuant rapidement des mouvements corporels ou des pas de danse, souvent en poussant des cris aigus. Ces derviches tourneurs jouèrent un rôle important dans les mouvements politiques fanatisés.

Les fondamentalistes s'en prirent d'abord à la décadence *intérieure* du monde islamique. Comme en matière de réformes, des impulsions majeures provinrent initialement de l'Inde — où le royaume islamique moghol avait sombré aux XVIIe et XVIIIe siècles. Au Moyen-Orient, Mohammed ibn-Abd el-Wahhab (1703-87) avait fondé dès le XVIIIe siècle un mouvement destiné à restaurer l'islam *arabe* originel, celui d'avant les conquêtes turques et perses. Politiquement, ce mouvement était dirigé contre l'hégémonie turque sur l'Arabie. Le wahhabisme trouva un terrain particulièrement favorable au sein de la dynastie régnante en Arabie Saoudite. Les Turcs écrasèrent une tentative d'insurrection en 1818, mais les idées du mouvement se diffusèrent également hors d'Arabie. Elles allaient enrichir l'arsenal de l'islam en lutte contre l'influence européenne.

Les « mouvements prophétiques » furent ceux qui suscitèrent le plus efficacement une résistance de masse aux ingérences occidentales. Dans beaucoup de courants islamiques, on attendait la venue d'un nouveau prophète, un *mahdi* (« personne guidée par Dieu »), qui allait enfin créer un monde juste, conforme aux prescriptions du Coran. Proche du messianique judaïque, cette croyance se prêtait parfaitement à motiver révolte et guerre sainte (*djihad*) contre potentats locaux ou ennemis extérieurs. La révolte d'Abd el-Kader contre les Français dans l'Algérie des années 1830 (voir vol. 11, p. 71), la formation du royaume des Senoussis en Lybie après 1843 et leur combat contre les conquérants italiens entre 1911 et 1932, ou encore la révolte du Mullah contre les Italiens en Somalie, offrent autant d'exemples de mouvements de résistance d'inspiration prophétique. Mais ce fut surtout le régime mahdiste du Soudan qui mobilisa d'importantes forces armées contre les Européens dans les années 1880 et 1890. A titre d'illustration, ce cas mérite d'être examiné de plus près.

Le royaume prophétique du Soudan ou le triomphe du fondamentalisme

Le soulèvement religieux au Soudan fut d'abord une réaction contre l'impérialisme *égyptien*. Grâce à leur armée modernisée, les Egyptiens avaient conquis ce pays dès les

Le prophète Mohamed Ahmed

Lorsque le prophète apparut en 1881, sa personnalité fit une impression profonde : *« Quand je vis son visage, tous mes soucis s'envolèrent, je le vis seulement et entendis ses paroles... à mes yeux il était la lumière, la paix habitait mon cœur. »* Le prophète prêchait un retour à l'islam authentique, originel : plus de boissons alcoolisées, interdiction de fumer du tabac et du haschisch, et 27 coups de fouet à ceux qui proféraient des jurons. Les jeunes femmes ne devaient pas sortir sans leur voile, et les bijoux d'or ou d'argent étaient proscrits.

Mais après la victoire de Khartoum en 1885, le prophète récolta les fruits du pouvoir. Un missionnaire allemand nous a légué une description de la vie de harem : *« Autour de lui étaient étendues jusqu'à une trentaine de femmes, certaines agitaient silencieusement de grandes plumes d'autruche, tandis que d'autres, sans le sortir de son assoupissement, pressaient et massaient ses pieds à la mode soudanaise, d'autres encore effleuraient ses bras, tandis que sa première épouse caressait sa tête et son cou. »*

Le prophète ne vécut que 13 mois après sa victoire décisive, et le missionnaire ne douta pas un instant qu'il y eût un lien entre cette mort prématurée et une vie aussi déréglée.

(Heinrich Pleticha : *Der Mahdiaufstand in Augenzeugenberichten*, Düsseldorf 1967.)

Le mahdi (prophète) soudanais Mohamed Ahmed (1884). Le royaume qu'il avait édifié au Soudan subsista jusqu'à la conquête britannique en 1898.

Khartoum, 1885. Le général Gordon est tué à la suite d'une attaque des troupes du prophète. Gordon illustre bien le mécanisme de l'impérialisme. En Chine, il aida la dynastie mandchoue à écraser la révolte des Taipings en 1864-65, et il fut gouverneur du Soudan au sein de l'empire égyptien dans les années 1870 et 1880.

Le shah de Perse en 1873. Après le tournant du siècle, le trône persan vacilla sous la pression de grandes puissances agressives et d'un mouvement réformateur autochtone.

années 1820. Après 1860, en partie sous la pression des Européens, les autorités coloniales égyptiennes essayèrent d'étendre leur domination sur le sud du Soudan, notamment pour mettre fin au sinistre trafic des esclaves. Dans ce but, le gouvernement égyptien nomma en 1877 le général britannique Charles Gordon gouverneur du Soudan. Lorsque le prophète Mohammed Ahmed fit son apparition en 1881, il put ainsi attiser également la haine contre les infidèles européens. Les groupes de commerçants locaux, les *djallabas*, soutinrent l'insurrection dans l'intention de régler leurs comptes avec leurs concurrents égyptiens. Les nomades qui exécraient les exigences fiscales égyptiennes formèrent le fer de lance des troupes fanatisées du prophète. En 1885, elles s'emparèrent de Khartoum, et le général Gordon fut tué. Le prophète mourut la même année, mais son successeur, le calife Abdullah, parvint à repousser les ennemis intérieurs et extérieurs du royaume mahdiste pendant encore treize ans. Les Britanniques jugèrent nécessaire de restaurer la souveraineté égyptienne sur le Soudan. Dirigée par le général Kitchener, l'expédition militaire qui remonta la vallée du Nil en 1898 fut la plus impressionnante de toute l'histoire coloniale africaine. On estime que la bataille d'Omdurman coûta la vie à 11 000 Soudanais, tandis que 16 000 étaient blessés.

Les mouvements prophétiques islamiques se caractérisaient tous par une combinaison de prédication religieuse, de protestation sociale et de résistance aux ingérences européennes. Il fallait que les meneurs parlent un langage accessible aux masses populaires, et ce langage était celui de la religion. Les nouveaux conflits nés de la confrontation avec le monde extérieur étaient interprétés à l'aide des vieilles croyances. Quant aux espérances, elles étaient liées à l'annonce par le Coran d'une société idéale où régneraient la justice et la fraternité.

Les fondamentalistes islamiques voulaient renforcer à l'aide de la religion un tissu social qu'ils estimaient menacé, sous l'influence de la civilisation occidentale, par le matérialisme, l'individualisme, la corruption et l'opportunisme. L'islam originel rendu à sa pureté offrait un refuge psychologique dans un monde en train de vaciller, et il redonnait confiance face aux Européens. Au sens le plus large, il était porteur d'une résistance culturelle — trait que l'on retrouve dans la vague actuelle de fondamentalisme islamique. L'idée qu'une société juste pourrait rapidement s'instaurer n'était pas sans rapport avec le rêve chrétien du règne millénaire parmi les paysans révoltés d'Europe méridionale et d'Amérique latine, ni même peut-être avec la société sans classes que laissait espérer la doctrine communiste. « Mahdisme », « millénarisme » et marxisme constituaient sous cet angle des variations sur un même thème, et manifestaient en commun un sens aigu de l'oppression et une foi en la violence comme moyen d'instaurer le paradis sur terre. Les croyants islamiques manquaient peut-être du sens des réalités, mais le mélange de foi et de fanatisme qui les caractérisait faisait d'eux des adversaires redoutables. Par ailleurs, il est difficile de nier que le fanatisme ait pu servir d'alibi à la soif de conquête, au pillage ou à la recherche d'avantages personnels.

La Perse entre les grandes puissances

Au XIXe siècle, le royaume persan fut rattaché à l'économie mondiale de la même manière que l'Egypte et la Turquie, quoiqu'à un rythme plus lent. En 1914, la seule voie ferrée reliait Téhéran à une « ville sainte » située à une dizaine de kilomètres. Mais les exportations furent multipliées par douze entre 1800 et 1914. Paysans, artisans et commerçants en subirent les mêmes conséquences que

La révolution couve dans la Perse de 1906. Les petits commerçants ont fermé leurs bazars pour manifester. Mais le pouvoir autocratique du shah fut sauvé par les troupes russes et le soutien britannique.

partout ailleurs au Moyen-Orient. Dans la Perse du shah, le pouvoir central était peut-être encore plus faible que dans l'Empire ottoman, ce qui rendait le clergé islamique d'autant plus fort. Celui-ci disposait de vastes propriétés foncières et contrôlait l'enseignement aussi bien que les tribunaux.

Trait caractéristique de la Perse, les Russes y occupaient une position forte depuis qu'ils avaient conquis les actuels Ouzbékistan et Turkménistan dans les années 1860 et 1870. En 1900, le commerce russe avec la Perse était environ le double de celui de la Grande-Bretagne. Experts militaires et banquiers russes résidaient en nombre à Téhéran. La Grande-Bretagne, inquiète pour le flanc nord-ouest de l'Inde, s'employa à limiter l'influence russe. Cette rivalité fit monter la pression politique sur la Perse mais empêcha aussi toute conquête coloniale.

La révolution russe de 1905 eut un impact plus direct en Perse qu'ailleurs par le biais des étudiants persans à Moscou et des nombreux saisonniers qui travaillaient dans les régions frontalières. En Perse aussi, l'oppression et les faux pas du gouvernement avaient créé un climat révolutionnaire. Le mouvement réformiste créé à Téhéran en 1905 évoque celui des Jeunes-Turcs, avec toutefois quelques traits fortement spécifiques : le clergé islamique y joua un rôle important, et les classes inférieures se montrèrent plus actives. Les ouvriers de Téhéran firent grève, et un réseau de conseils locaux (*andjoman* en persan) se constitua au sein du peuple. Ces traits distinctifs allaient se retrouver dans les mouvements révolutionnaires iraniens — jusqu'à Khomeini.

Le mouvement réformiste persan parvint à obtenir en 1906 la mise en place d'une constitution et d'une assemblée élue. Cette victoire ne fut cependant que de courte durée. Des dissensions internes affaiblirent le gouvernement réformiste, et son programme nationaliste constituait un défi lancé aux grandes puissances. La Russie et la Grande-Bretagne jugeaient conforme à leurs intérêts la présence en Perse d'un régime autocratique, mais faible — comme en Turquie. La position des Russes était claire : « Politiquement, il faut que la Perse soit obéissante et utile, assez forte pour être un instrument entre nos mains. Economiquement, nous devons nous assurer l'exclusivité de la plus grande partie du marché persan au profit des capitaux et des entreprises russes. »

La Russie et la Grande-Bretagne divisèrent la Perse en deux « zones d'intérêt » par un traité signé en 1907. En 1908 comme en 1911, des troupes russes firent irruption dans la capitale persane, encerclèrent le parlement et abrogèrent la constitution. Le shah put instaurer un régime de terreur avec le soutien actif des Russes et des Britanniques. La Grande-Bretagne, berceau occidental du constitutionnalisme, porta sa part de responsabilité dans cette évolution. Cette politique des grandes puissances, l'Américain W. Morgan Shuster la résuma dans le titre d'un de ses ouvrages : « L'étranglement de la Perse » (*The Strangling of Persia*). Cette première rencontre du royaume persan avec l'Occident ne laissait rien augurer de bon pour l'avenir.

L'Afghanistan entre les grandes puissances

A partir de son unification en un royaume au milieu du XVIIIe siècle, l'Afghanistan posa des problèmes et suscita des enjeux sur la scène internationale. Les intérêts russes et britanniques entraient en conflit dans cette région du monde, et les luttes intestines entre clans de chefs offraient de riches possibilités d'ingérence. Dans les années 1860 et 1870, l'expansion russe en Asie centrale (Turkestan) effraya les Britanniques, avant tout car ils redoutaient que la résistance indienne au régime colonial ne se trouve confortée par ce voisinage russe. En 1878, la Grande-Bretagne envoya l'armée des Indes en Afghanistan pour la deuxième fois en 40 ans. Selon Disraeli il s'agissait de savoir si la domination dans le monde serait britannique ou russe. Le souverain afghan, Chir Ali, se réfugia en Russie, mais ses successeurs adoptèrent une neutralité acceptable aux yeux des Britanniques — moyennant 120 000 livres par an après 1893. En 1907, la Russie admit que l'Afghanistan faisait partie de la « sphère d'intérêt » britannique. Mais lorsque les Anglais quittèrent l'Inde, le rapport des forces se modifia, et l'invasion soviétique de 1979 put avoir lieu sans rencontrer d'opposition notable.

Des troupes afghanes exécutent un espion. Cette méthode fut introduite par les Britanniques lorsqu'ils écrasèrent la grande mutinerie indienne de 1858. Les musulmans redoutaient par-dessus tout la mutilation, car il fallait un corps entier pour être admis au paradis.

Troupes britanniques en Afghanistan. Le radeau est construit sur des corps de cochons — une très vieille technique dans les pays dépourvus de forêts.

La Chine : transformations culturelles et dissolution du royaume

Jardins du palais impérial à Pékin, peints par William Alexander (1767-1816). Ici, les Européens étaient confrontés à un des plus anciens royaumes du monde. Allait-il s'écrouler comme l'Empire ottoman au Moyen-Orient ou se moderniser en tant qu'Etat indépendant ?

Pour des raisons intérieures, la Chine se trouvait en crise lorsque les puissances européennes lui imposèrent de s'ouvrir au marché mondial à partir du milieu du XIXe siècle. Les élites dirigeantes chinoises, convaincues de la supériorité culturelle de leur pays, subirent un choc lorsque la confrontation avec les Européens révéla l'infériorité militaire de celui-ci. Pas à pas, des réformes furent mises en place pour affermir la Chine. Mais l'empire ne pouvait plus être sauvé. Après la révolution de 1911, le pays entra dans une phase de dissolution et de guerre civile qui se poursuivit jusqu'à la victoire communiste de 1949.

La révolution industrielle qui ne se fit pas

Max Weber qui avait employé le concept clé de « rationalisation » pour expliquer le développement de l'Europe s'en servit tout autant pour rendre compte de l'arriération de la Chine. Economiquement parlant, le système monétaire chinois et le capitalisme commercial auraient pu susciter un capitalisme industriel bourgeois, mais l'Etat n'en assura pas les fondements : la justice était arbitraire, rien ne garantissait la propriété privée et les droits civiques n'existaient pas. De ce fait, la sécurité requise pour des investissements industriels à long terme faisait défaut.

L'autre cause résidait selon Max Weber dans la morale chinoise qui visait à l'accomplissement humain par les études littéraires, à l'inverse de l'éthique européenne qui appelait l'individu à se réaliser par un travail acharné.

D'autres chercheurs ont rendu les Européens responsables du manque d'industrialisation de la Chine du fait qu'ils empêchèrent les pouvoirs publics d'agir librement comme en Russie ou au Japon.

(F. V. Moulder : *Japan, China and the Modern World Economy*, Londres 1977.)

Vue de l'extérieur, l'évolution de la Chine entre 1870 et 1914 n'est pas sans rappeler celle de l'Empire ottoman : traités de libre commerce arrachés sous la contrainte, intégration progressive au marché mondial sous des pressions extérieures, conquête directe par les Européens des anciennes marches du royaume chinois (Birmanie, Indochine, Mandchourie et Corée).

Mais vue de l'intérieur, la situation était tout autre. L'Empire ottoman consistait en une puissance militaire s'étendant sur des territoires fort divers où des populations hétérogènes n'avaient en commun que la foi islamique. En revanche, la Chine se présentait comme une *civilisation* unitaire. Son unité politique et culturelle remontait à plus de 2 000 ans. Le pays disposait d'une administration centralisée basée sur un système bureaucratique. Les fonctionnaires étaient sélectionnés de manière très particulière en fonction de leurs diplômes ; après avoir étudié pendant des années la littérature classique, ils recevaient ensuite une affectation en fonction de leurs aptitudes intellectuelles. Le recrutement de ces fonctionnaires s'effectuait pour l'essentiel au sein de la classe des propriétaires terriens. Mais le système des examens offrait aussi certaines possibilités de promotion à des représentants des classes inférieures.

Les élites dirigeantes ne furent pas toujours les mêmes, et des changements importants se produisirent en liaison avec les grandes révoltes paysannes, souvent déclenchées par la famine, mais qui purent aussi être soutenues par des propriétaires terriens mécontents et par une fraction des gens instruits. De tels changements de dynastie s'étaient produits régulièrement au cours de la longue histoire de la Chine, mais sans modifier pour autant le système de gouvernement et les modèles culturels. La dynastie qui régnait en 1870 avait été fondée en 1644 par des conquérants venus de Mandchourie.

De forts arguments politiques et idéologiques servaient à justifier le pouvoir impérial, et cela constituait un trait spécifiquement chinois. L'empereur était considéré comme un intercesseur entre le ciel et la terre, entre le cosmos et la société. Il synthétisait en sa personne le monde politique et l'univers religieux, ce qui conférait au pouvoir temporel une aura sacrée. En outre, la philosophie de Confucius imprégnait toutes les couches sociales, y compris la paysannerie. Son premier principe était l'obéissance à l'égard de l'autorité. Mais par ailleurs, le confucianisme assignait des règles strictes aux dirigeants : justice, bienveillance paternelle, responsabilité à l'égard des faibles, désintéressement. Le but suprême de l'Etat comme de l'individu était l'harmonie morale, vraie voie vers le bonheur.

Les idéaux traditionnels du confucianisme étaient liés à une société agraire autosuffisante. Cependant, à partir notamment du XVIe siècle, le commerce intérieur, l'artisanat et l'économie monétaire avaient revêtu une importance accrue, ce qui avait suscité la création de nouvelles villes et engendré une importante classe marchande. Des familles de banquiers géraient un important système de papier-monnaie, et l'on peut y voir l'embryon du capitalisme commercial qu'allaient pratiquer les propriétaires

L'autel nord du « Temple du Ciel » à Pékin était un symbole de la puissance de l'empereur — trait d'union entre le ciel et la terre. L'ordre politique reflétait l'ordre cosmique.

terriens. Mais toute initiative privée se heurtait à la pesante réglementation imposée par l'administration impériale qui freinait ainsi l'émergence d'une puissante classe bourgeoise. Il n'y eut pas de villes autogérées, contrairement à ce qui s'observait en Europe. Est-ce l'une des raisons pour lesquelles l'évolution technique ne s'opéra pas à la même allure qu'en Occident ? Les idéaux du confucianisme appliqués à une société agraire inhibèrent-ils les aspirations au progrès matériel ? La main-d'œuvre était-elle si abondante que le besoin de

Châtiment chinois pour des délits mineurs comme le chapardage : l'instrument est un carcan en bois portant l'indication du nom et de la faute du coupable. La loi reposait sur des peines extrêmement dissuasives.

développement technique ne se faisait pas sentir ? Mais au fond, pourquoi les Chinois, compte tenu de leur conception du monde, auraient-ils souhaité se lancer dans le développement industriel avant leur confrontation avec les Européens ?

Crise intérieure et extérieure — tentative de restauration (1865-74)

Les hasards de l'histoire firent que l'expansion européenne au milieu du XIXe siècle atteignit la Chine alors qu'elle était en proie à une crise intérieure. Des révoltes paysannes locales éclatèrent, dues sans doute à un fort essor démographique — la population aurait triplé de 1600 à 1850. D'importants défrichages n'empêchèrent pas la pénurie de terre, et les paysans devinrent plus vulnérables aux catastrophes naturelles. La classe des propriétaires terriens s'était également accrue, et elle exerçait une forte pression sur les paysans. La dynastie mandchoue fut accusée de corruption et de laxisme. Entre 1850 et 1864, la grande révolte des Taiping (voir vol. 11, p. 103) sembla amorcer un changement dynastique.

Les Européens avaient contraint la Chine à s'ouvrir de manière particulièrement brutale et choquante à partir de la guerre de l'opium en 1838-39 (voir vol. 11, p. 101). En 1842, le traité de Nankin donna aux Britanniques le droit de commercer librement à Hong Kong et dans cinq autres villes. Le commerce de l'opium constitua une manière efficace de s'implanter sur le marché chinois, contre la volonté des autorités autochtones. Les droits de douane sur l'entrée des produits européens furent plafonnés à 5 %. Le thé et la soie devinrent les principaux articles d'exportation chinois. Nous avons là un exemple typique de l'« impérialisme du libre commerce ». Mais les grandes puissances européennes tenaient à conserver le régime impérial dans le cadre duquel elles entendaient élargir les échanges commerciaux. Des troupes européennes commandées par le général britannique Charles Gordon aidèrent le régime à écraser la révolte des Taiping. Enrayèrent-elles ainsi une évolution naturelle qui aurait conduit à un changement dynastique et peut-être même à une métamorphose radicale de toute la société chinoise ? Cent ans plus tard, les révolutionnaires communistes allaient considérer les Taiping comme leurs prédécesseurs historiques.

A droite : trois éminents représentants des mandarins au pouvoir. Ils furent premiers ministres sous le règne de l'impératrice douairière Cixi — à partir de la gauche, Lian Fang, Yuan Shikai et Nadong.

Vers 1870, plusieurs voies semblaient encore s'offrir aux dirigeants de la Chine — défense acharnée de la civilisation classique, politique de réformes modérées, ou encore ralliement massif aux idées et aux techniques occidentales, avec les conséquences révolutionnaires que cela aurait entraîné pour l'ancienne société.

La première solution, conservatrice, avait été essayée au cours de la « période de restauration » (*dong zhi* = restaurer l'ordre) entre 1865 et 1874. Le prince Gong et ses collaborateurs jugèrent que la technique militaire européenne était indispensable pour défendre le régime impérial contre ses ennemis intérieurs et extérieurs. Des fabri-

Maréchal chinois en chaise à porteur, 1904. L'armée utilisait des techniques européennes (cf. les soldats à l'arrière-plan), mais les mandarins ne parvinrent pas à créer des formes modernes de gouvernement comme au Japon.

ques et des chantiers navals furent créés, ainsi qu'une école destinée aux « études occidentales », et la Chine fut dotée d'un ministère moderne des Affaires étrangères. Mais le but essentiel demeurait de préserver l'héritage du confucianisme et l'ordre social traditionnel. On refusa l'idée d'une industrialisation plus large et d'un développement économique qui auraient pu mettre cet ordre en péril. Ainsi, les dirigeants repoussèrent des projets de lignes de chemin de fer et d'exploitations minières dans l'intérieur du pays, tentant ainsi de s'opposer aux troubles que l'économie capitaliste moderne n'aurait pas manqué de semer avec le développement des communications, les migrations de populations, l'apparition d'agglomérations urbaines, etc. Ils ne désiraient pas d'académies militaires qui auraient formé un nouveau corps d'officiers placés à la tête d'une armée moderne. Le renforcement de l'Etat devait avant tout s'opérer par une élévation de la morale civique et du niveau d'instruction universitaire.

Globalement, cette tentative de restauration apparaît comme l'entreprise la plus impressionnante de sauvetage d'une culture non-européenne à l'époque moderne. Quant à l'arrière-plan de ce phénomène, il demeure l'objet de discussions. Qu'est-ce qui fut le plus important, les idéaux du confucianisme ou les intérêts des propriétaires terriens ? Cette tentative aurait-elle pu réussir si les grandes puissances européennes n'étaient pas intervenues en 1870 avec de nouvelles exigences de liberté commerciale et religieuse ? Ou ne doit-on pas tenir pour irréaliste l'idée de greffer dans le pays les techniques militaires occidentales sans pour autant réformer fondamentalement la société et les attitudes mentales ? Les tentatives de modernisation en Egypte et en Turquie à partir du début du XIXe siècle semblent confirmer cette thèse. Le fait est que cette tentative de restauration échoua. En 1874, le pouvoir échut à l'impératrice douairière Cixi, et les structures centralisées commencèrent à s'effriter. Des dirigeants locaux à la tête de forces militaires modernisées s'érigèrent en chefs de guerre à demi indépendants. La voie était libre pour des ingérences extérieures.

Des missions chrétiennes à l'impérialisme

Pour les Européens, les missions chrétiennes constituèrent un moyen particulièrement efficace pour pénétrer en Chine. Elles engendrèrent aussi les plus graves conflits locaux et furent constamment la source d'affrontements violents. Les activités missionnaires modernes se développèrent sous l'aile de l'impérialisme. Le traité de Nankin (1842) et les accords suivants établirent que les missionnaires, en vertu de la « liberté religieuse », auraient le droit de prêcher dans *toute* la Chine, et pas seulement dans les territoires de concessions, contrairement aux hommes d'affaires. En 1914, la Chine comptait environ un million de catholiques et quelque 230 000 protestants. Les communautés protestantes avaient à elles seules 1 300 missionnaires dans le pays.

Pour les autorités chinoises et la majeure partie de la population, les missions constituaient un défi, avant tout parce que les communautés religieuses obtinrent le droit d'acheter des terres et d'y créer des centres régis par la législation *européenne*. Ces stations devinrent ainsi des refuges, et les missionnaires essayèrent souvent d'intervenir dans les affaires judiciaires locales lorsqu'un chrétien

Petits soldats avec leur commandant en 1906. C'était là une survivance de l'ancienne organisation de l'armée. Chaque régiment possédait de tels groupes, armés de fusils à silex, mieux entraînés et plus disciplinés que leurs aînés.

L'ILLUSTRATION

Prix du Numéro : 75 Centimes. SAMEDI 20 JUIN 1908 66e Année. — No 3408.

L'impératrice douairière Cixi, photo en couleur de 1908. A partir de 1877, elle avait dominé la vie politique de manière rusée et brutale et s'était opposée aux forces qui œuvraient pour des transformations rapides.

Deux missionnaires britanniques se marient en costume chinois, l'homme avec une natte, conformément à un vieil usage. Comédie ou adaptation culturelle authentique ?

y était mêlé. En outre, ces centres devinrent le fer de lance de l'économie capitaliste. De nombreux chrétiens chinois se montrèrent économiquement très entreprenants, et tous prirent goût aux produits européens. Rien que cela explique amplement que les hommes d'affaires européens aient en règle générale ardemment soutenu la cause des missions.

Mais celles-ci eurent un retentissement plus profond en influençant les fondements mêmes de la famille et de la société chinoise. Un Chinois converti pouvait difficilement accepter l'obéissance absolue envers les parents telle que l'imposait le confucianisme, par exemple en matière de mariage et d'éducation des enfants. Il ne pouvait participer aux cérémonies familiales en l'honneur des ancêtres morts (« idolâtrie ») ni aux fêtes locales comportant des rites « païens ». Même quand les missionnaires ne s'en prenaient pas directement au régime impérial, l'élite dirigeante savait pertinemment que la doctrine chrétienne risquait de ruiner ce qui lui servait de fondement — l'idée que l'empereur était un médiateur entre le céleste et le terrestre. Mais les missionnaires ne se privaient pas de déclarer ouvertement qu'il fallait abolir le « despotisme » chinois. Sous cet angle, ils se montraient plus radicaux dans leur rejet de la culture chinoise que tout autre groupe d'Européens.

Groupe de femmes se rendant à un enterrement. Les missionnaires condamnaient le paganisme du culte chinois des ancêtres et des cérémonies sacrificielles qui l'accompagnaient, ce qui provoqua des conflits avec les familles et les autorités.

A l'échelon régional, ces conflits entraînèrent des troubles incessants et des attaques contre les centres de mission. Une xénophobie spontanée, parfois encouragée par les autorités locales, l'explique pour une part. Entre 1860 et 1879 se produisirent 34 actions violentes de ce type qui coûtèrent la vie à 24 missionnaires européens et à 130 Chinois. En 1870, le massacre de Tianjin marqua un sommet. Puis il y eut en 1899-1900 la grande révolte des Boxers, un mouvement de masse où la haine des étrangers se traduisit par des incendies d'églises et le massacre de nombreux Chinois christianisés.

Le massacre de Tianjin en 1870

Au cours de la période 1865-74 marquée par une tentative de « restauration intérieure », les autorités chinoises s'efforcèrent également de renégocier les accords unilatéraux accordant des droits aux étrangers établis dans le pays. L'ambassadeur britannique R. Alcock fit preuve de bonne volonté et se montra enclin à certaines concessions (par exemple une élévation des droits de douane sur les importations de soie et d'opium). Mais les hommes d'affaires européens établis en Chine s'insurgèrent, si bien que cet arrangement fut rejeté à Londres en 1870. La même année, le massacre de Tianjin anéantit toute possibilité de négociations sur un pied d'égalité. A la suite de rumeurs selon lesquelles le centre missionnaire de Tianjin kidnappait des enfants, le consul français M. Fontanier perdit le contrôle de lui-même et tua un policier local. Une foule en fureur assassina alors le consul, dix nonnes, deux prêtres et sept Français qui vivaient sur place, elle mit le feu au consulat et détruisit l'orphelinat de l'église. Les Etats européens répliquèrent en exigeant pour leurs ressortissants des droits économiques et politiques spéciaux, ce qui prépara le terrain à une « semi-colonisation » de la Chine dans les années 1880 et 1890.

Hommes d'affaires européens en Chine

Les nouveaux accords de libre commerce qui furent imposés à la Chine dans les deux dernières décennies du XIXe siècle ouvrirent largement la voie aux hommes d'affaires européens. Ceux-ci toutefois limitèrent pour l'essentiel leurs activités à des ports, des fleuves et des concessions déterminés, avec les Français au sud, les Britanniques dans le bassin du Yangsi, les Allemands à Jiaozhou dans la presqu'île de Shandong et, après 1905, les Japonais tout au nord dans la péninsule de Liaodong.

Comme au Moyen-Orient, les firmes européennes se concentrèrent sur le commerce extérieur avec exportation de thé et de soie brute, importation d'opium, de cotonnades, d'équipements pour la production et de marchandises industrielles. Mais les négociants européens ne cessèrent de déplorer que le commerce intérieur demeurât si modeste alors que le marché était potentiellement considérable. Les distances constituaient certes un handicap ; les voies de chemin de fer existantes n'avaient qu'une portée réduite. Et l'on était convaincu que les autorités locales barraient la route aux marchandises européennes. D'où les exigences réitérées des négociants auprès de leurs gouvernements en Europe afin qu'ils fassent pression pour renforcer les libertés commerciales.

En matière d'investissements directs, les Européens misèrent sur les communications, la construction navale et la navigation (secteur dans lequel ils possédaient quelque 75 % du capital en 1914), les chemins de fer (93 %), les mines de charbon et de fer (93 % du capital). Les plus grands investissements étaient réalisés dans les concessions ainsi qu'à Hong Kong et Shanghai.

En Chine comme comme dans le reste du monde, le nerf même des activités européennes, c'était le système bancaire mis en place. Il consistait d'une part en établissements européens indépendants créés sur place, de l'autre en filiales de grandes sociétés occidentales. Les banques eurent notamment la mission importante — et lucrative — de gérer les énormes dommages et intérêts imposés aux autorités chinoises après des défaites militaires subies

Les ravages de l'impérialisme

Pour faire comprendre à ses lecteurs les sentiments de haine que l'impérialisme put susciter, l'historien américain R. R. Palmer les a invités à se représenter la situation de la Chine en la transposant aux Etats-Unis : « *Des bateaux étrangers munis de canons patrouillent le Mississippi jusqu'à St. Louis, les étrangers vont et viennent sans obéir à d'autre loi que la leur, New York, la Nouvelle Orléans et d'autres villes ont leurs quartiers et leurs tribunaux spéciaux, et c'est là que se concentrent les activités bancaires et la direction des affaires. Les étrangers décident des douanes et contrôlent les recettes pour assurer le remboursement des dettes, la partie ouest de Washington a été incendiée (le Palais d'été en 1900), Long Island et la Californie ont été conquises par des puissances étrangères (Hong Kong et l'Indochine) et les Etats de la Nouvelle Angleterre sont menacés par deux puissances voisines (la Mandchourie). Les autorités autochtones sont à la fois complices et victimes, une bonne partie du pays est en proie au banditisme, à la guérilla et aux sociétés secrètes qui conspirent contre le gouvernement...* »

(R. R. Palmer : *A History of the Modern World*. New York 1961.)

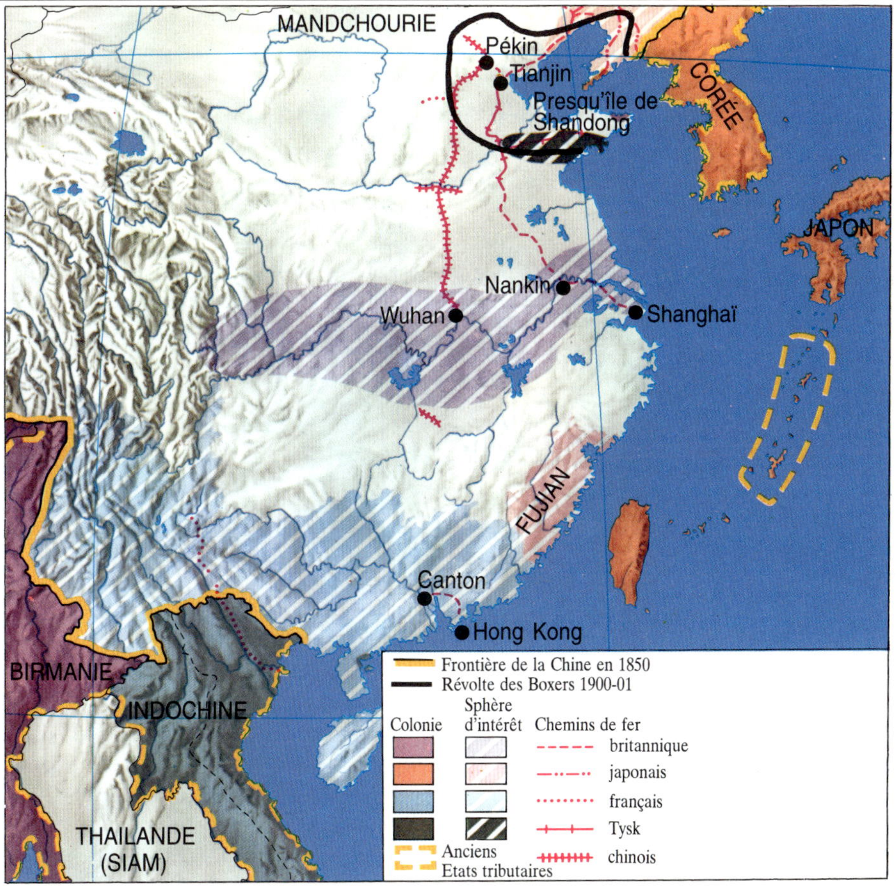

Les concessions européennes en Chine illustrent le processus de décomposition du pays. Le territoire où eut lieu la grande révolte des Boxers est marqué au nord.

Le port de Shanghai, le principal centre chinois de commerce avec l'Europe et de développement économique moderne. La ville était l'une de ces concessions dans lesquelles les Européens jouissaient de privilèges et pouvaient faire ce qu'ils voulaient hors du contrôle des autochtones.

La première ligne de chemin de fer chinoise est inaugurée à Tianjin en 1886. Les autorités chinoises misaient alors sur le développement économique en appelant les populations à « rendre l'Etat plus riche ». La construction de moyens de transport fut essentiellement financée par des capitaux étrangers.

face à des troupes d'invasion étrangères. En l'occurrence, les coûts de l'impérialisme étaient payés par sa victime. On a calculé que plus de deux milliards de francs-or furent ainsi payés en dommages de guerre entre 1895 et 1914.

Les banques servaient également d'intermédiaire pour les prêts européens consentis au gouvernement chinois — qui entre autres avait besoin d'argent pour payer les dommages de guerre ! A cette fin furent créés des consortiums regroupant des banques et des financiers européens de diverses nationalités. Les rivalités impérialistes n'empêchaient nullement une bonne coordination financière.

La supériorité politico-militaire des Européens leur conféra cet avantage économique de pouvoir décider des modalités de paiements. Ils imposèrent que ceux-ci soient effectués en devises européennes, liées à l'étalon-or depuis les années 1890. Or, la monnaie chinoise reposait sur l'étalon-argent. Elle perdit alors en valeur, ce qui entraîna une détérioration de la balance du commerce extérieur au profit des Occidentaux. En 1910, environ 30 % du budget de l'Etat chinois étaient affectés au remboursement de la dette extérieure. Ce pourcentage demeurait toutefois nettement en deçа de celui qui s'observait alors dans les pays d'Amérique latine et du Moyen-Orient.

Capitalistes chinois

Il serait totalement erroné de croire que l'évolution économique de la Chine entre 1870 et 1914 ait été uniquement fonction des entreprises européennes. L'ouverture sur le marché mondial créa un nouveau cadre, mais ce furent essentiellement les activités chinoises qui en déterminèrent le contenu. Aussi bien les autorités autochtones que des groupes privés relevèrent le défi et surent exploiter les nouvelles possibilités ouvertes par la rencontre avec les Occidentaux.

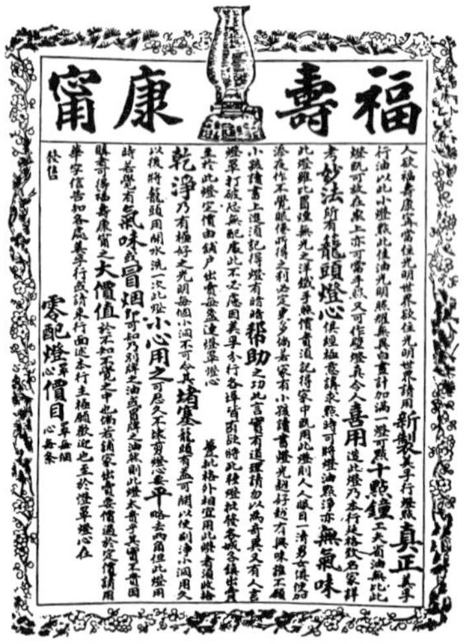

Affiche publicitaire de la Standard Oil Company en faveur de la lampe à paraffine européenne. Les producteurs occidentaux attendaient beaucoup de l'immense marché chinois, mais leurs calculs mirobolants allaient rarement correspondre à la réalité.

Ceux qui avaient œuvré à une grande restauration vers 1870 avaient voulu préserver la culture chinoise tout en y greffant les techniques militaires de l'Occident. L'échec de cette tentative, sanctionné par de nouvelles défaites militaires face aux grandes puissances, fit prendre conscience aux élites éclairées de la capitale que des réformes plus profondes s'imposaient. Le principal représentant de ce courant fut Li Hong-Tchang qui en 1884 devint le porte-parole de la politique étrangère chinoise. Il fallait renforcer l'Etat à l'aide d'un développement économique plus poussé. On était certes conscient des profondes transformations sociales et culturelles que cela pouvait entraîner, mais la seule alternative semblait être une défaite totale et la soumission aux étrangers. « Rendez l'Etat plus riche » : tel fut le mot d'ordre d'un programme de réformes qui, sous des formes diverses et avec bien des revers, allait caractériser la Chine jusqu'en 1911.

Dès le début, les autorités chinoises avaient maintenu les étrangers en dehors de la construction du téléphone et du télégraphe ; l'Etat s'en chargea lui-même. Il mit également sur pied un système postal moderne qui, en 1914,

Préparation de l'opium en Chine en 1881. Par la guerre de 1842, les Britanniques avaient obligé les Chinois à accepter la libre introduction et le commerce de l'opium.

Bibliothécaire chinois de la vieille école. De longues études consacrées à la littérature classique et des examens d'entrée exigeants constituaient toujours la voie royale d'accès aux emplois publics. Mais de plus en plus de voix s'élevèrent pour réclamer la modernisation de l'éducation et de l'administration.

était à parité avec celui de bon nombre de pays occidentaux. Dans les années 1880, d'intéressantes initiatives publiques furent prises pour promouvoir l'industrie (chantiers navals, chemins de fer, mines et usines textiles), en collaboration avec des hommes d'affaires chinois. De grandes sociétés furent créées selon le principe « contrôle public, exploitation privée » — l'Etat décidant du champ d'activité, contribuant à procurer des capitaux et conférant certains avantages sur le marché. Le mot d'ordre était « autorenforcement ». Cette politique industrielle ressemblait à celle du Japon à la même époque, mais les Japonais disposaient chez eux d'une liberté commerciale qui faisait défaut ici. Les mesures protectionnistes des autorités chinoises indisposaient les hommes d'affaires étrangers, et, après la guerre de 1895, le Japon obtint l'abolition des monopoles industriels en Chine. Pourtant, le programme d'industrialisation donna des résultat assez importants : entre 1895 et 1914, quelque 150 sociétés industrielles furent créées à l'aide de capitaux chinois s'élevant à 120 millions de dollars.

Globalement, le pays demeurait dominé par l'agriculture autarcique en 1914. Le rattachement au marché mondial était faible comparé à celui de l'Amérique du Sud et du Moyen-Orient. On estime qu'environ les trois quarts du commerce total s'effectuaient toujours dans le cadre du marché traditionnel, indépendamment des échanges extérieurs. Et même lorsque les Chinois adoptèrent l'économie monétaire, leurs activités demeurent marquées par les anciennes traditions. Les vieux impératifs moraux du confucianisme continuèrent à régner jusqu'au sein des dynasties d'affaires. Les associations corporatistes et les sociétés secrètes imposant des devoirs au-delà du cercle familial furent des facteurs de sécurité et de prospérité. Le capitalisme revêtit en Extrême-Orient une forme particulière, tout comme au Moyen-Orient.

Village chinois, dessiné d'après une photographie de 1888. L'immense majorité des Chinois vivait toujours d'une agriculture autarcique, mais beaucoup de propriétaires terriens connurent la prospérité en orientant leur production vers la vente.

A gauche : deux mondes se rencontrent. Une princesse impériale et l'épouse de l'ambassadeur de France lors d'une réception donnée au palais royal en 1907. A cette époque, une nouvelle classe de capitalistes chinois était en train d'émerger.

Catégories sociales en voie de transformation

Le développement économique entraîna d'importantes modifications sociales. La nouvelle bourgeoisie d'affaires affirma son importance dans la société. Dans les villes et les régions côtières sous juridiction européenne, les hommes d'affaires chinois furent alors délivrés du contrôle des administrations. Non seulement ils se livrèrent à leurs propres activités mais encore ils s'établirent comme représentants de firmes européennes. On a parlé à leur sujet de bourgeoisie *comprador*, un mot portugais qui signifie « acheteur » et qui allait servir à désigner toute bourgeoisie locale dépendante d'intérêts étrangers. Il faut pourtant souligner la position ambivalente de la bourgeoisie d'affaires en Chine, car elle se posait aussi en concurrente des étrangers. Ces négociants autochtones contribuèrent aussi bien au programme de modernisation économique après 1895 qu'au mouvement nationaliste qui conduisit à la révolution de 1911. En 1914, on comptait une cinquantaine de banques entièrement chinoises ; plus de 20 % des chantiers navals et de la navigation, et presque 70 % des capitaux industriels étaient entre les mains d'autochtones. Dans les vastes régions de l'intérieur, la classe des commerçants chinois occupait seule le terrain, y compris à présent comme intermédiaire pour l'import-export des sociétés européennes.

Comme au Moyen-Orient, la vieille classe des artisans fut directement touchée, à la fois positivement et négativement, par le rattachement au marché mondial. L'artisanat du fer ne résista pas à la concurrence européenne. Le fil de coton importé avait conquis en 1905 la moitié du marché chinois, et l'on évalue à plus de deux millions le nombre des fileurs chinois qui se retrouvèrent sans emploi. En revanche, le tissage d'étoffes augmenta à un tel degré en Chine que les *exportations* en furent multipliées par vingt entre 1870 et 1895. D'autres branches artisanales bénéficièrent aussi des activités exportatrices. Ce fut ainsi le cas du tissage de la soie, du conditionnement du coton, de la préparation du riz en vue des marchés étrangers et de la fabrication d'huile de soja.

Trois dames chinoises aux pieds mutilés, conformément à une antique coutume. Cette habitude de laçer et de déformer les pieds des filles devint un symbole de l'oppression féminine à laquelle les « modernistes » étaient bien décidés à mettre fin.

L'industrie et l'urbanisation suscitèrent l'apparition d'une classe ouvrière moderne en Chine. A proximité des grands marchés, de gigantesques ateliers rassemblèrent en certains lieux des milliers de travailleurs employés par exemple au tricotage du coton ou à la production d'allumettes. La main-d'œuvre soumise à un contrôle sévère pouvait être exploitée au maximum. Le nombre des ouvriers d'usine demeurait relativement faible — environ 1,5 million en 1919. Mais ils constituaient le groupe social le plus étroitement impliqué dans les méthodes de production du capitalisme, et le plus directement en contact — et parfois en conflit — avec les Européens.

Artisanat villageois en Chine. Le petit enfant est juché sur une corbeille d'osier. Le filage recula, mais le tissage augmenta fortement à la faveur du nouveau commerce international.

Femmes chinoises

Les missionnaires européens s'émurent de l'oppression des femmes en Chine : polygamie, meurtres de nouveaux-nés de sexe féminin, laçage et déformation du pied des filles, exclusion des femmes de l'instruction. Grâce à leurs études et à des voyages à l'étranger, des Chinois cultivés prirent conscience du problème et reconnurent que par exemple la déformation des pieds constituait une mutilation humiliante, parfaitement injustifiable dans le monde moderne. En 1902, cette coutume fut frappée d'une interdiction impériale. En l'occurrence, une telle réforme découlait directement de l'influence occidentale. Le mouvement réformiste postérieur à 1895 et avant tout les groupes révolutionnaires de 1911 formulèrent un programme radical d'égalité annonçant la révolution culturelle qu'allait opérer le régime communiste après 1949. Le drame d'Ibsen *Maison de poupée* suscita de vifs débats quand il parut en traduction. Parmi les femmes issues de la bourgeoisie qui jouèrent un rôle important avant 1914, on peut citer les sœurs Sung Ching-ling — qui épousa le révolutionnaire Sun Yat-sen — et Chiang Sung Mei-ling qui devint la femme de Tchang Kaï-chek. Au cours de la guerre civile qui dura jusqu'en 1949, elles se retrouvèrent dans des camps opposés. Sung accéda au poste de vice-Premier ministre dans la Chine communiste tandis que Chiang vécut en exil aux Etats-Unis.

La classe des propriétaires terriens elle aussi se transforma beaucoup. Les grands emplois publics ne s'imposaient plus avec la même évidence comme source de fortune et de prestige. Beaucoup de familles possédantes découvraient de nouvelles possibilités dans le commerce, la finance et l'industrie, domaines dans lesquels l'esprit d'entreprise permettait de réaliser des gains importants. Les biens fonciers pouvaient apporter des ressources nouvelles, grâce par exemple à la production pour l'exportation de soie grège ou de thé. Dans beaucoup de régions, ce processus entraîna une concentration accrue en grandes exploitations et donc un nombre croissant de paysans sans terre. Comme dans d'autres contrées où l'économie monétaire se répandit en milieu rural, les grands propriétaires disposèrent de nouvelles possibilités pour pressurer les paysans en accordant des prêts à taux usuraire, en augmentant les droits de fermage et en utilisant leurs droits traditionnels en matière de recouvrement fiscal et de commerce. Les fils de ces potentats locaux eurent les moyens de faire des études supérieures, souvent à l'étranger. Cette fraction « modernisée » de la classe des propriétaires terriens s'allia souvent à la bourgeoisie pour s'opposer à la vieille dynastie impériale.

L'émigration chinoise

A gauche : un mendiant en 1907. La Chine était caractérisée par une pauvreté très répandue. L'augmentation de population et le développement des grandes propriétés entraînèrent une pénurie de terres dans les campagnes.

L'essor démographique, la modernisation de la vie économique et les ingérences politiques des Européens entraînèrent d'importantes migrations de population. Dans les années 1850, la révolte des Taiping avait affecté l'équilibre démographique de toute la Chine du Nord. Vers la fin du siècle, un flux migratoire constant s'observa vers les grandes villes côtières. L'émigration chinoise vers les pays voisins eut également une grande importance pour l'avenir de l'Asie du Sud-Est. Ces colonies d'émigrants représentaient en 1914 de gros effectifs : 250 000 à Singapour, 2,5 millions au Siam (Thaïlande), 560 000 en Indonésie, 400 000 en Indochine, 920 000 en Malaisie, 150 000 en Birmanie. Dans toutes ces régions, les Chinois jouèrent un rôle clé en matière économique. Ils restèrent très solidaires les uns des autres dans les affaires comme sur le plan privé, et ils cultivèrent leur propre culture. Cela suscita chez les populations locales une large inimitié à leur égard. Aussi les Chinois furent-ils appelés les « juifs d'Extrême-Orient ». Plus tard, le mouvement nationaliste indonésien allait d'abord s'en prendre aux immigrants chinois.

Un autre type d'émigration fut organisé par les compagnies occidentales en quête de main-d'œuvre dans l'industrie, les mines ou le secteur textile de contrées à l'écart. Elles proposaient le transport gratuit en échange d'un contrat de longue durée — de cinq à dix ans. En Chine, des agents locaux disposaient d'une provision pour effectuer ce recrutement. Les autorités chinoises interdirent ce trafic, mais il se poursuivit illégalement à partir des ports contrôlés par les Européens. Des navires surchargés conduisirent leur cargaison humaine en Asie du Sud-Est (Sumatra, Malaisie), en Amérique latine (Pérou, Bolivie) et aux Etats-Unis. On parla de « commerce des cochons » ou de « trafic des coolies ». Conjointement avec des déportations du même type à partir de l'Inde et du Japon, ces migrations revêtirent une ampleur qui dépasse celle de la traite des Noirs en Afrique.

Mais à l'expiration de leur contrat, les coolies pouvaient s'établir dans le petit commerce, l'artisanat et les métiers de service, en Extrême-Orient comme en Amérique. C'est ainsi que les Chinois, qui avaient constitué un des peuples les plus isolés du monde, allaient se répandre dans le monde à la faveur de la nouvelle économie globale.

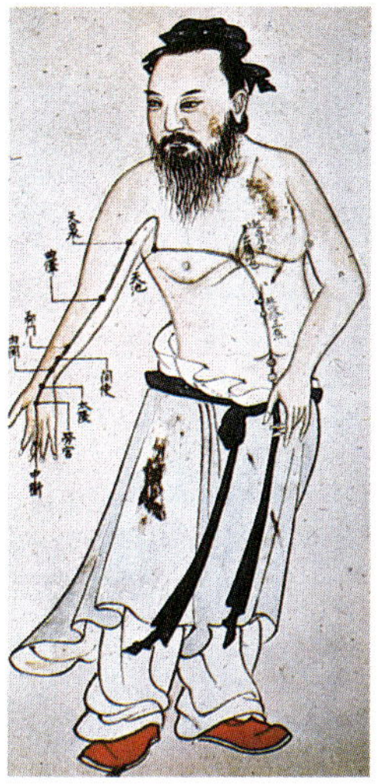

Acupuncture. Ce dessin indique les points où il convient de planter des aiguilles.

Exigences de réformes

En 1895, la défaite contre le Japon sembla apporter la preuve décisive que les techniques militaires occidentales ne pouvaient se greffer telles quelles sur la vieille société. Dans cette guerre, la Chine mobilisa plus de moyens militaires modernes que le Japon. Ce sont l'*organisation* de l'armée et le commandement qui se montrèrent défaillants. Ce revers trahissait le manque d'efficacité du régime dans son ensemble. La bureaucratie traditionnelle s'avérait incapable de mener à bien une modernisation économique et militaire. Ainsi, c'était l'échec du programme de réformes modérées — d'« autorenforcement » — dont Li Hong-Tchang avait été le principal porte-parole. De plus en plus nombreux étaient ceux estimant que c'était l'organisation de l'Etat elle-même qu'il fallait modifier. Au sein

Emigrants chinois à bord du vapeur « Alaska » en route vers San Francisco. L'émigration chinoise vers l'Asie du Sud-Est et l'Amérique fut extrêmement importante. Des intermédiaires blancs organisaient la majeure partie de ce « trafic des coolies ».

Livre chinois fabriqué selon la méthode traditionnelle en 1899. A cette époque apparurent aussi les premiers journaux imprimés. Bientôt, l'on réclama un alignement de la langue écrite sur la langue parlée.

Navires de guerre allemands à Kiau-Tchéou. Avec leur supériorité en matière de technique et d'organisation, les grandes puissances européennes et le Japon purent constamment obliger la Chine à des concessions humiliantes. Cela renforça les exigences d'une réforme intérieure.

de l'administration, une formation moderne devait se substituer à la culture classique. Politiquement se faisait sentir le besoin d'organes représentatifs aptes à créer des liens plus étroits entre le peuple et l'Etat. De telles réformes pouvaient s'inspirer de modèles occidentaux.

Rien de plus naturel que l'initiative réformiste vînt des gens hautement instruits, avant tout de ceux qui avaient séjourné à l'étranger et reçu une éducation de type européen. Après la défaite de 1895, des étudiants rassemblés pour les traditionnelles épreuves de recrutement à la fonction publique rédigèrent à l'intention de l'empereur une pétition exposant les grandes lignes d'un programme de réformes : refonte des études supérieures où les connaissances techniques détrôneraient l'érudition classique, combat contre l'analphabétisme au sein du peuple, création d'une assembée consultative servant de trait d'union entre l'empereur et ses sujets. Ces exigences exprimaient également les intérêts de la nouvelle bourgeoisie.

Au cours de cette période apparut pour la première fois en Chine un réseau de journaux et de revues modernes. Ils furent d'abord de facture classique, ce qui en limita la diffusion et la portée politique. Mais comme en Europe, l'art de l'imprimerie entraîna une mobilité accrue sur le « marché des idées », et le courant réformiste put se profiler plus distinctement. La traduction en chinois d'éminents philosophes européens de l'époque eut également un fort impact intellectuel.

Le nouveau mouvement réformiste atteignit son point culminant en 1898 lorsque l'empereur Guangxu rendit solennellement public un important programme de modernisation — le « programme des cent jours ». Les points forts en étaient : suppression des épreuves traditionnelles d'accès à la fonction publique, modernisation de l'armée, création d'une université nationale moderne, mise en place d'écoles communales dans les campagnes, envoi d'étudiants à l'étranger, nomination d'une commission nationale pour la promotion de l'économie chinoise,

Li Hong-Tchang, le principal réformateur chinois modéré, en visite dans l'atelier de montage d'un chantier naval français en 1896.

réforme de l'administration comportant la suppression de postes inutiles et archaïques qui n'avaient servi que de récompenses politiques.

Mais l'époque n'était pas encore mûre pour les réformes radicales de Guangxu. Les groupes conservateurs gravitant autour de l'impératrice douairière Cixi procédèrent à un coup d'Etat, et l'empereur fut emprisonné. Il allait falloir des événements autrement bouleversants pour que le noyau dur de la cour finisse par se montrer enclin à des réformes modifiant radicalement le vieil ordre politique.

Yan Fu : un théoricien chinois des réformes

Comme en terre islamique à la même époque, il y eut en Chine des penseurs qui se livrèrent à des réflexions extrêmement intéressantes sur les rapports entre leur propre culture et la civilisation occidentale.

A la fin du XIXe siècle, un des intellectuels chinois les plus productifs fut Yan Fu (1853-1921). Il venait d'une famille de propriétaires terriens de la province de Fujian qui pendant des générations avait fourni à l'Etat des fonctionnaires nourris d'érudition classique. Après des études traditionnelles, il fut admis à l'école navale. L'enseignement, dispensé en anglais, englobait l'arithmétique, la géométrie, l'algèbre, la trigonométrie, la physique, la mécanique, la chimie, la géologie, l'astronomie et la navigation. Après un bref temps de service, il fut envoyé à l'Académie de la Marine de Greenwich, près de Londres, pour y poursuivre ses études de 1877 à 1879.

Pour Yan, les études de type occidental avec ce qu'elles exigeaient de discipline scientifique et de précision furent une révélation. En proie à de multiples impressions au contact avec la société anglaise, il prit profondément conscience du contraste qu'elle présentait avec la Chine arriérée. Une question brûlante allait dorénavant solliciter sa réflexion : quelle était le secret des progrès de l'Occident ? Corrélativement : comment l'Etat chinois allait-il pouvoir se procurer « richesse et puissance » pour ne pas sombrer dans le monde moderne ?

Yan chercha la réponse chez les grands penseurs européens du XIXe siècle, Herbert Spencer en premier lieu. Revenu en Chine en 1879, il traduisit dans sa langue maternelle une partie de l'œuvre du philosophe anglais, après quoi il s'attaqua à d'autres classiques de la philosophie sociale européenne. Il traduisit en chinois « Évolution et éthique » de Thomas Huxley », « La richesse des nations » d'Adam Smith, « L'esprit des lois » de Montesquieu et « De la liberté » de John Stuart Mill.

Les idées de Darwin et de Spencer sur la « lutte pour la vie » et la survie des mieux adaptés furent une révélation pour Yan qui prit conscience des réalités brutales du monde moderne. Dans l'affrontement entre nations, les puissances européennes se montraient supérieures, et la Chine allait sombrer si elle ne parvenait pas à mobiliser de nouvelles forces. Comme les réformateurs islamiques au Moyen-Orient, Yan estima que les triomphes occidentaux étaient dus en dernière analyse à la méthode scientifique. C'est elle qui avait engendré les progrès techniques et, plus profondément, imprégné les mentalités occidentales en matière de conception du monde et de la société. Yan ne cessa de souligner combien cette manière de voir s'opposait diamétralement à celle traditionnelle des Chinois : les Européens regardent vers l'avant, ils *veulent* des changements, des améliorations. Aussi la société occidentale évolue-t-elle vers des formes de plus en plus nombreuses dont le degré de complexité et d'organisation ne cesse de croître (nous retrouvons là la conception spencérienne de la société assimilée à un organisme).

Mais Yan voit aussi un lien entre l'expansion de l'Occident et ses traditions de liberté. A l'Ouest, le moteur de l'évolution n'est autre que l'individu autonome, atome de l'univers social. Le « miracle occidental » réside dans le fait que la société, à l'aide du capitalisme privé, des droits civiques et de la démocratie politique, a libéré cette énergie individuelle tout en permettant la poursuite de buts communs. Egoïsme et intérêt national se conjuguent ici. La démocratie politique apparaît aussi comme le meilleur moyen de garantir la loyauté patriotique. En Grande-Bretagne, Yan fut particulièrement impressionné par l'« esprit civique » qui se manifestait notamment au sein des associations et organisations locales.

Yan s'intéressa en premier lieu au problème du pouvoir, moins à celui de la liberté individuelle. Il se rallia à l'optimisme du progrès de Spencer et sembla voir en la démocratie et les conquêtes matérielles deux phénomènes automatiquement liés, ce qui ne l'empêcha pas d'espérer que certaines valeurs fondamentales de la civilisation chinoise pourraient subsister.

Artilleurs chinois de la défense côtière servant un gigantesque canon de marque allemande en 1901. Mais les dirigeants ne furent pas à la hauteur, les tentatives de réforme de 1898 échouèrent, et le pays fut menacé de dissolution.

La révolte des Boxers : raisons internes et pressions extérieures

La protestation populaire la plus importante, et l'expression la plus significative de la crise chinoise au cours de la période 1870-1914, fut la « révolte des Boxers » qui fit rage en 1899-1900 au nord de la Chine. Dans le monde à cette époque, aucune autre insurrection paysanne ne revêtit pareille ampleur. Lorsque les forces rebelles atteignirent leur maximum, elles comptaient quelque 200 000 hommes. En juin 1900, elles envahirent Pékin, la capitale, et assiégèrent les ambassades étrangères. Les grandes puissances durent rassembler une armée internationale d'environ 30 000 soldats — allemands, français, britanniques, russes et japonais — pour écraser cette révolte.

Le modèle occidental en question

Yan Fu faisait partie de ces intellectuels chinois qui admiraient le puissant développement européen. L'Occident avait découvert les possibilités infinies de l'être humain et était parvenu à faire fructifier ses ressources d'une manière proprement imaginable en milieu chinois. Mais sur ses vieux jours, Yan fut saisi par le doute : *« J'en suis arrivé au sentiment que les progrès de l'Occident au cours de ces trois derniers siècles n'ont conduit qu'à la suffisance, aux massacres, à la corruption et à l'impudence. »* Yan opéra un retour à la philosophie chinoise classique, notamment celle qui affirme la relativité, la fragilité et la vanité des « dix mille choses » de ce monde. Toutes les idées sont comme des abris en paille qui peuvent offrir un refuge pour la nuit mais ne sauraient constituer une habitation durable : *« Tranquille dans mon petit pavillon, je contemple les nuages et écoute la pluie... mon cœur connaît la paix. Je me sens prêt pour le grand voyage. »*

(Benjamin Schwartz : *In Search of Wealth and Power. Yen Fu and the West*, Cambridge, Massachusetts, 1964.)

Fureur populaire chinoise. La révolte des Boxers éclate en 1900. Les légations européennes à Pékin sont attaquées. Quelque 300 Occidentaux sont tués. Cette révolte était à la fois dirigée contre la modernisation intérieure et l'impérialisme venu du dehors.

L'impérialisme pouvait parfois faire preuve d'un bel ensemble. Lorsque la paix fut conclue en 1901, la Chine se vit condamnée à payer d'énormes dommages et intérêts. En outre, hommes d'affaires et missionnaires étrangers obtinrent des privilèges supplémentaires. Pour s'assurer qu'ils seraient payés, les Européens prirent pour l'essentiel le contrôle des administrations chargées des douanes et des redevances. Cela hâta la fin du régime impérial.

La révolte des Boxers ressemblait aux soulèvements paysans en Europe méridionale, aux mouvements prophétiques au Moyen-Orient et aux résistances massives en Afrique à la même époque tout en présentant des traits spécifiquement chinois.

L'histoire de la Chine avait été ponctuée de révoltes paysannes. Traditionnellement, la plupart des agriculteurs disposaient de leur propre lopin. Mais l'accroissement de population aux XVIIIe et XIXe siècles entraîna la parcellisation des terres et la pénurie. Un bilan dressé en 1930 révéla qu'environ la moitié des paysans avaient trop peu de terre pour pouvoir subvenir à leurs besoins. L'affaiblissement du régime à la fin du XIXe siècle eut pour conséquence que les canaux et les systèmes d'irrigation furent moins bien entretenus. Les catastrophes naturelles continuèrent à faire bien des victimes : on estime que dans les années 1876-79, 10 millions de personnes périrent à cause de la sécheresse en Chine du Nord. En 1898, de gigantesques inondations jouèrent leur rôle dans le déclenchement de la révolte des Boxers. L'harmonie cosmique entre le ciel et la terre semblait définitivement rompue.

Lorsque l'agriculture s'orienta vers la vente, les paysans se trouvèrent confrontés à des forces économiques impersonnelles sur lesquelles ils n'avaient guère de prise : variation du prix du riz sur des marchés lointains, demande fluctuante de thé et de soie à Londres ou à Tokyo, avidité des prêteurs auprès desquels ils s'endettaient. Les missionnaires chrétiens s'attaquaient à la vieille religion. Le réseau ferroviaire pénétrait toujours plus avant dans le pays et menaçait l'ancien style de vie. De nouvelles exigences fiscales pour moderniser l'armée furent l'une causes déclenchantes de la révolte de 1898. Et il est révélateur que celle-ci ait eu lieu dans la presqu'île de Shandong, concession dans laquelle les Allemands exerçaient une lourde pression pour se procurer de la main-d'œuvre locale. La frustration des masses paysannes se traduisit par une xénophobie massive englobant la dynastie impériale en place, elle aussi d'origine étrangère.

Agitation anti-européenne lors de la révolte des Boxers. La propagande utilise les caricatures et le théâtre de marionnettes. Le cochon représente toujours le missionnaire. Au cours de cette révolte, on exposa dans tout le pays des tableaux couverts de dessins de même type que celui qu'on voit ici à droite.

La révolte des Boxers : refus du modernisme

Divers groupes traditionnels de protestataires jouèrent un rôle majeur dans la révolte des Boxers — ainsi, des bandits, des soldats démobilisés et des bagarreurs professionnels qui enseignèrent la boxe dans les villages. Un des meneurs les plus réputés reçut le surnom de *Yi-he quan* — « les poings justes et harmonieux » — qui allait désigner tout ce mouvement. Des sociétés secrètes jouèrent un rôle particulier. Leurs membres devaient prêter serment et se soumettre à des rites magiques, la discipline la plus rigoureuse était exigée d'eux et ils pouvaient se voir exhortés à commettre des actes fanatiques.

On retrouve dans cette révolte des traits idéologiques qui s'observèrent également sur d'autres continents. Toute la misère du monde reçoit une explication simple : c'est l'influence étrangère qui en est la cause. Qu'un changement climatique survienne, et on accuse les chemins de fer européens de l'avoir provoqué ! Des rumeurs folles circulaient, engendrant une hystérie de masse : le pays allait être en proie au chaos, tous les habitants de la presqu'île de Shandong étaient voués à l'extermination. Le salut résidait dans une action violente contre toutes les forces modernes. Il apparaît typique que les révoltés se soient d'abord attaqués aux rails et aux poteaux télégraphiques. Les agents du modernisme par excellence, les Européens, furent directement visés, ainsi que leurs collaborateurs chinois, notamment ceux qui étaient christianisés. Des églises et des centres de mission furent détruits. Mais ces actions prirent également pour cibles fonctionnaires, hommes d'affaires et propriétaires terriens chinois.

L'élément magique revêtait une grande importance dans ce mouvement. Ainsi, l'entraînement rituel à la boxe devait rendre invulnérable face aux balles de l'ennemi. De tels rites protecteurs furent également pratiqués sur d'autres continents par des paysans révoltés. Une perspective utopique se dessinait clairement. Il fallait restaurer un état idéal inspiré par un âge d'or remontant à un passé immémorial. Mais d'autres desseins se manifestaient également. Les révoltés pillaient les manoirs, accumulaient des richesses et se paraient de titres mirobolants.

La révolte des Boxers prit une tournure inattendue du fait qu'au début, les fonctionnaires de la province puis la famille impériale à Pékin s'y rallièrent dans l'espoir de pouvoir s'en servir contre la pression impérialiste. En outre, face à un tel mouvement de masse, la dynastie mandchoue menacée avait besoin de prouver son patriotisme chinois. Mais il s'avéra que cette alliance était une erreur tactique, puisque les grandes puissances finirent par mobiliser des forces considérables. Le régime impérial fit alors amende honorable, ce qui lui valut de perdre encore de son prestige aux yeux des étrangers aussi bien que des paysans.

Dessin satirique allemand de Max Slevogt pendant la révolte des Boxers. Les insurgés combattent vainement l'influence occidentale symbolisée par le chemin de fer.

La révolution de 1912 : révoltes militaires

La révolte des Boxers fit vaciller l'empire sur ses bases. Les cercles favorables aux réformes au sein de la bourgeoisie et de la classe des propriétaires terriens avaient pris leurs distances vis-à-vis de la révolte. Même les groupes nationalistes révolutionnaires animés par des étudiants et des intellectuels s'étaient montrés hésitants devant tant de superstition et d'antimodernisme. Mais le mouvement réformiste dans son ensemble tira profit de la perte de prestige de l'empire. Des officiers se rallièrent activement aux exigences de réformes, soulignant qu'une forte armée présupposait un Etat moderne.

Comme en Turquie et en Perse, la révolution russe de 1905 fit sentir ses effets en Chine. Les milieux conservateurs de la cour révisèrent alors leurs positions, et le régime consentit en 1906 à une série de réformes inspirés du « programme des cent jours » de 1898 : le système classique des examens fut aboli, et l'on décida de la mise en place d'un nouveau système éducatif avec scolarité obligatoire. On envoya des délégations à l'étranger pour étudier les constitutions occidentales, comme les Japonais l'avaient fait avant la réforme de 1890. Une assemblée nationale se réunit pour la première fois en 1910, mais sans posséder de pouvoir réel. Si le régime mandchou s'opposa si longtemps à des réformes, c'est assurément parce que la dynastie régnante elle-même descendait de conquérants étrangers et qu'elle avait tout à craindre d'une assemblée nationale qui aurait été investie d'un pouvoir réel.

Dessin de propagande en faveur des Boxers. Ceux-ci s'emparent des « diables étrangers » (les Européens) pour les soumettre à un procès sommaire. La xénophobie était poussée à son paroxysme.

Mais le grand problème du régime impérial résidait dans la décomposition des structures administratives nationales à l'échelon régional. Dans leurs unités modernisées, les officiers capables et ambitieux étaient en vérité indépendants de Pékin. Après 1909, les assemblées provinciales conférèrent aux propriétaires terriens modernes une autonomie politique analogue, et elles renforcèrent le processus de dissolution du royaume.

La dynastie mandchoue fut obligée de se retirer en 1912. Ainsi prit fin en Chine un régime impérial vieux de deux mille ans. Il serait cependant discutable de qualifier cet événement de « révolution ». La cause directe en fut une révolte militaire dirigée par de jeunes officiers à

Les forces européennes unies (environ 30 000 hommes) prennent d'assaut Pékin en juin 1900. Cela met fin à la révolte des Boxers, la plus grande insurrection populaire qui se soit produite dans le monde à cette époque.

De 1877 à sa mort survenue en 1908, l'impératrice douairière Cixi fut la personnalité dominante au sein de la famille impériale. En 1898, elle stoppa le programme de réformes par un coup d'Etat, mais après 1905, elle fut obligée de moderniser les écoles et d'accepter des réformes politiques.

Le dernier empereur de Chine, Henry Pu Yi, accéda au trône en 1908, son père, le prince Chun, assurant la régence. Il se montra favorable à des réformes, mais l'homme fort de la politique chinoise était à présent Yuan Shikai, le collaborateur de l'impératrice douairière décédée.

Wuhan en octobre 1911. Dans plusieurs provinces, l'armée s'était modernisée sur le modèle prussien, pour une part avec des instructeurs allemands. Les militaires de la nouvelle génération désiraient mettre fin à l'impuissance du pays face aux étrangers. Dès lors, l'empire conservateur constituait un obstacle, et la république apparaissait comme une forme de gouvernement plus adéquate. Les jeunes officiers de Wuhan avaient créé des groupes d'études clandestins qui travaillaient sur de telles hypothèses. Comme ils risquaient d'être arrêtés, ils décidèrent de prendre par la force le commandement de leur unité. Cette révolte se propagea rapidement à d'autres provinces. En bien des endroits, elle reçut l'appui des propriétaires terriens modernes qui constituaient l'élément dominant des nouvelles assemblées provinciales et œuvraient pour l'instauration d'un régime constitutionnel qui accorderait une plus grande liberté aux provinces. Cette vague de révoltes obligea finalement l'empereur à abdiquer le 12 février 1912. Un des principaux généraux, Yuan Shikai, fut proclamé chef d'Etat à Pékin. Mais le pays était en pleine dissolution, et Yuan n'arrangea pas la situation en jouant sur les rivalités entre divers groupes pour assurer son propre pouvoir.

Sun Yat-sen et les nationalistes

Dans la Chine d'aujourd'hui, la chute du régime impérial est souvent présentée comme une révolution « nationaliste », une conséquence du mouvement anti-impérialiste et un antécédent à l'instauration du communisme.

Il est vrai qu'un mouvement nationaliste se dessina à l'aube du XXe siècle parmi les intellectuels et les étudiants, notamment ceux de l'étranger. Et le leader de ce mouvement, Sun Yat-sen, joua un rôle important lors de la chute de l'empire. Toutefois, c'est peut-être aller trop loin que de voir en lui le « père de la république ».

Sun Yat-sen (1866-1925) fit ses études d'une part à Hawaii auprès de missionnaires anglais, d'autre part à Hong Kong. Dans les années 1890, il apparut comme un des premiers nationalistes révolutionnaires — comme ceux déjà évoqués à propos du Moyen-Orient.

Comme nous l'avons vu, le nationalisme chinois avait ceci de particulier qu'il était autant dirigé contre le régime mandchou que contre les étrangers. La chute de l'empire en constituait le premier objectif, et la mise en place d'un Etat fort le but suprême. A cette fin, les nationalistes jugeaient nécessaire de poursuivre les réformes intérieures et de croiser le fer avec l'impérialisme occidental. Sun Yat-sen n'avait pas pour autant de programme précis. Il ne s'appuyait sur aucune analyse des classes sociales et n'avait par exemple aucune idée arrêtée sur la manière dont les paysans pourraient être mobilisés. Pour lui, « le peuple » n'était qu'un concept vague servant de pôle opposé à celui d'« impérialisme », et rien n'était dit sur ce qui serait entrepris en sa faveur. On peut presque parler d'un nationalisme romantique présentant des traits communs avec le populisme russe. Ce n'est pas un hasard si Lénine, en 1912, écrivit un article intitulé « Démocratie et populisme en Chine ».

Mais le progamme de Sun gagna des partisans parmi les étudiants de l'étranger, notamment ceux installés au Japon, et parmi d'autres Chinois de la diaspora établis en Asie. On a calculé que ce mouvement comptait quelque 3 000 intellectuels, organisés à partir de 1906 au sein de l'« Alliance révolutionnaire ». En Chine, les nationalistes se servirent en partie de sociétés secrètes choisies pour attiser les protestations les plus diverses, y compris les insurrections paysannes. Mais l'Alliance révolutionnaire, très peu structurée et en proie à des divisions, n'entretint que des liens distants avec la révolte militaire de Wuhan d'octobre 1911. Elle avait été informée de ces projets d'insurrection mais elle les jugeaient insuffisamment mûris et s'était donc tenue à l'écart.

Sun Yat-sen était aux Etats-Unis lorsque la révolte militaire éclata, mais il rentra à Shanghai en décembre 1911. Le premier janvier 1912, il obtint le soutien d'une assemblée de Nankin comptant des représentants de 17 provinces pour se proclamer président de la nouvelle république. Cependant, face aux forces militaires supérieures de Yuan Shikai, il se retira pour éviter des affrontements.

Yuan Shikai était soutenu par les grandes puissances qui lui accordèrent aussitôt un prêt d'environ 25 millions de livres. Cela lui donna les moyens d'écraser les nationalistes qui avaient alors contracté une alliance avec les pro-

Yuan Shikai visite en 1911 les monuments funéraires impériaux. C'est là qu'il déclare que le dernier empereur de la dynastie mandchoue est déposé. Les révoltes militaires dans les provinces portèrent le coup de grâce à l'empire.

priétaires terriens favorables aux réformes. De cette alliance résulta le parti nationaliste, *Guomindang*, qui en 1914 obtint la majorité au sein de la nouvelle assemblée nationale. Mais Yuan fit parler la force : le parti nationaliste fut dissous, et l'assemblée nationale dispersée. Après quoi il exerça un pouvoir dictatorial jusqu'à sa mort en 1916. Le changement de pouvoir survenu en 1912 n'avait entraîné aucune révolution sociale ou nationale. En 1917, Sun mit en place un contre-gouvernement à Canton. La Chine entra alors dans une période de guerre civile qui allait durer 40 ans, jusqu'à l'instauration du régime révolutionnaire en 1949.

Nationalisme chinois et anti-impérialisme

Un fort climat de crise régna en Chine à l'aube du XXe siècle. Le pays allait-il cesser d'être un Etat indépendant ? Un pamphlet brûlant de 1903 intitulé « L'armée révolutionnaire » allia la xénophobie à une critique radicale du régime mandchou, d'origine étrangère lui aussi, et qui avait totalement échoué à défendre le pays. Révolté contre les études classiques, l'écrivain Tsou Jung s'était rendu au Japon où il avait notamment étudié l'histoire et la politique européennes. Il aboutit à la conclusion que les Chinois devaient retrouver confiance en eux, mettre à la porte les Mandchous et se procurer des connaissances à l'Ouest pour repousser les Occidentaux. Il lança un appel à ses compatriotes : *« Vous avez une administration impériale — saisissez-la ; vous avez des lois — défendez-les ; vous avez des industries — prenez-les en main ; vous avez des forces militaires — commandez-les vous-mêmes ; vous avez des terres et des ressources infinies — faites-les fructifier par vous-mêmes ! »*

(C. Worswick et J. Spence : *Imperial China. Photographs 1850-1912*, Londres 1979.)

Révolution culturelle : le mouvement du 4 mai

Nous avons rendu compte des événements en Chine au cours de la période traitée, mais il peut être intéressant d'ouvrir une perspective sur la phase suivante. Avec la chute du régime impérial, c'est toute la conception traditionnelle du monde qui vola en éclats. L'empereur n'avait-il pas assuré le lien entre le céleste et le terrestre, n'avait-il pas été le garant de l'ordre social et moral ? Les années qui suivirent 1912 furent caractérisées par un vide idéologique qui ajouta la démoralisation à la dissolution politique.

Le comble de l'humiliation fut atteint en 1915 quand le Japon, à la faveur de la Première Guerre mondiale, profita de l'absence des grandes puissances pour soumettre la Chine à de nouvelles exigences en matière de privilèges économiques et de souveraineté politique, en premier lieu dans les anciennes concessions allemandes.

Ce défi japonais — comme la défaite militaire de 1895 — amorça une phase encore plus radicale d'adaptation de la Chine au monde moderne. Environ 4 000 étudiants de l'étranger regagnèrent leur pays pour protester contre le Japon et lancèrent un mouvement culturel radical appelé plus tard « mouvement du 4 mai » — par allusion à des affrontements avec la police le 4 mai 1919. Ils exprimèrent leurs idées dans « Le magazine de la jeunesse », fondé en 1915 par l'intellectuel révolutionnaire Chen Duxiu et rebaptisé ensuite « Nouvelle jeunesse ». Des centaines de publications analogues virent le jour au cours des années suivantes. Le programme de ces jeunes radicaux marquait en réalité un rejet total de l'héritage culturel chinois.

Le mouvement du 4 mai partait de l'idée classique que tout changement social exige au préalable un changement de valeurs et d'attitudes mentales. Conformément à la pensée chinoise traditionnelle, la société, la culture et la religion étaient conçues comme une totalité organique. Et puisque l'ancien système s'était montré incapable de tenir tête aux grandes puissances modernes, il fallait le rejeter dans sa *totalité* pour instituer à la place un ordre nouveau sur le modèle occidental : entraves familiales s'effaçant au profit de la liberté individuelle, égalité entre les sexes, libre choix du partenaire conjugal et même révolution littéraire qui ferait de la langue parlée la base de la langue écrite et remplacerait le formalisme par l'humanisme. Un des dirigeants du mouvement en résuma le programme ainsi : « Madame la Science et Madame la Démocratie vont chasser le roi Fuxi du pays. »

Par rapport à la tentative de restauration vers 1870 et à la politique ultérieure de réformes, le mouvement du 4 mai représentait la phase la plus extrême de la réaction chinoise face au défi occidental, et même, sans nul doute, la révolution culturelle la plus radicale jamais apparue dans le monde avant 1914. Dans l'histoire de la Chine, ce mouvement ouvrit aussi la voie aux idées marxistes qui pénétrèrent après la révolution russe de 1917. Mais il est typique que Mao ait attaché plus d'importance que Marx à la culture, et qu'il ait insisté sur la nécessité de modifier les idées et les attitudes. Il est plus facile de comprendre la révolution culturelle des années 1960 si l'on a présent à l'esprit le rôle historique du mouvement du 4 mai.

Le leader nationaliste Sun Yat-sen avec son épouse Sung Ching-ling. Ils représentaient les nouvelles classes sociales instruites et industrieuses qui s'étaient développées après 1870.

L'impérialisme outrageant : la Chine représentée sous les traits d'un singe qui danse. Publicité britannique de 1898 pour un produit « idéal pour nettoyer la porcelaine chinoise ». Avec de tels procédés, les Européens pouvaient-ils espérer autre chose que de s'aliéner le monde entier ?

Le « miracle » japonais

L'évolution du Japon entre 1870 et 1914 présente un intérêt particulier. Avant 1868, le Japon, apparemment, ressemblait à un royaume féodal où des seigneurs passablement autonomes entretenaient des liens avec le prince qui rappelaient ceux unissant vassaux et suzerains dans l'Europe médiévale. En 1914, le pays était doté d'une administration centrale bureaucratisée, d'une industrie importante et de forces armées modernes. En 1905, la victoire du Japon sur la Russie eut un profond retentissement dans le monde entier. Comment cette mutation avait-elle pu s'effectuer ?

Fin du Japon « féodal » : le shogun Yoshinobu se retire en 1868, et l'on fait sortir l'empereur de sa retraite. Le pays est prêt pour son grand bond en avant.

En 1868, des forces militaires en provenance des deux provinces du sud-est Choshu et Satuma firent irruption dans la capitale Edo (la future Tokyo) et déposèrent le shogun, « généralissime » issu de la dynastie des Tokugawa qui avait régenté le pays pendant 250 ans. Simultanément, l'empereur fut tiré de sa retraite à Kyoto et restauré dans ses pouvoirs. Les années de règne de l'empereur Mutsuhito (1868-1912) allaient être désignées comme l'« ère du Meiji » (gouvernement éclairé). Le nouveau régime lança à un rythme accéléré les réformes qui firent bientôt du Japon un Etat industriel moderne.

Au Japon comme en Chine et au Moyen-Orient, les réformes politiques et la révolution furent *déclenchées* par la pression européenne. Dans les années 1850 et 1860, le Japon lui aussi dut accepter des accords humiliants sous la menace militaire des grandes puissances occidentales. Il s'agissait essentiellement de libre commerce (les douanes japonaises à l'importation ne devant pas excéder 5 %) et du droit des Européens à exercer des activités missionnaires, à se déplacer librement dans le pays (limité d'abord aux districts côtiers), à posséder leurs propres tribunaux ressortissant à la législation européenne.

Mais la cause la plus profonde de la révolution est à chercher dans l'évolution *intérieure* du Japon sous le

Yamaoka Tesshu, membre de la haute aristocratie qui constituait l'ancienne classe dirigeante, se rend à des négociations avec l'armée rebelle en 1868. Il s'agissait d'assurer pacifiquement un transfert de pouvoir du shogun à l'empereur. Les nouveaux dirigeants allaient se recruter parmi les samouraïs appartenant à la petite noblesse.

régime des Tokugawa. A vraie dire, la situation en 1868 ne ressemblait à celle d'aucun autre pays non occidental.

Le dynamisme de l'ancien Japon

Il serait erroné de réduire le Japon d'avant 1868 à une société « féodale ». Certes, la majeure partie du pays était constituée d'environ 250 provinces autonomes à la tête desquelles le seigneur n'entretenait avec le shogun que des liens de loyauté de type personnel et cérémoniel. Mais ces seigneurs et leurs suites étaient tenus de passer la moitié de leur temps dans la capitale Edo, ce qui contribua à créer des liens politiques étroits au niveau national. En outre, le shogun exerçait un contrôle administratif direct sur environ le quart du pays. Et dans ces territoires comme dans les autres provinces, une administration centralisée s'était développée sur le modèle bureaucratique. C'étaient les fameux samouraïs — guerriers de petite noblesse — qui géraient ces tâches administratives. Ils avaient progressivement quitté les campagnes pour s'établir dans les villes fortifiées et s'étaient transformés en une classe de fonctionnaires ne possédant pas de biens fonciers.

Dans le domaine économique, on peut déceler au cours des XVIIIe et XIXe siècles un capitalisme naissant qui rend compréhensible la rapidité avec laquelle l'industrialisation allait s'opérer. Dès 1720, Edo comptait environ un million d'habitants, plus que Londres à la même époque. Le recouvrement et l'acheminement du produit des taxes et redevances exigées par l'Etat, essentiellement sous forme de riz, exigeaient un développement intensif des routes et la mise en place de structures commerciales et financières au niveau national. Cela permit l'émergence d'une importante classe marchande. L'agriculture produisant pour la vente était répandue dans les campagnes, et le nombre des gros paysans augmentait. En revanche, il n'y avait pas de classe de propriétaires terriens. Dès les années 1860, certaines des provinces importantes du Sud-Ouest avaient déjà mis à profit les accords commerciaux avec les Européens pour se lancer dans des projets industriels.

Antagonismes sociaux dans l'ancien Japon

Fukuzawa Yukichi (1835-1901) a décrit dans son autobiographie les tensions qui régnaient au sein de la classe des samouraïs avant 1869. La petite noblesse avait beau être instruite et se montrer économiquement prospère, cela ne lui conférait pas de droits juridiques et politiques pour autant, ceux-ci étant liés à la vieille hiérarchie féodale. *« ... à l'école, j'étais le meilleur élève, et personne ne pouvait me manquer de respect. Mais sitôt sorti de la classe, les enfants issus de la haute noblesse étaient libres de me traiter comme moins que rien... »* Dans une école de samouraïs, le règlement stipulait que les élèves venant des milieux les plus élevés pouvaient être accompagnés de deux serviteurs ainsi que d'un valet préposé aux sandales et d'un porteur de parapluie. Ceux issus de la classe immédiatement inférieure avaient droit à ces deux derniers valets mais à un seul serviteur, et ceux de la catégorie suivante à un serviteur et un préposé aux sandales, mais pas de porteur de parapluie. Les moins bien lotis des élèves venaient à l'école sans serviteur, mais l'établissement mettait à leur disposition un valet chargé collectivement des sandales lorsqu'ils étaient en classe. De telles préséances furent abolies après la révolution, mais la morgue nobiliaire à l'égard du peuple demeura une caractéristique de la société japonaise.

(Voir K. Pyle : *The Making of Modern Japan*, Lexington 1978.)

Par ailleurs, le Japon occupait une position unique parmi les pays non occidentaux du fait qu'approximativement 40 % des hommes savaient lire et écrire au milieu du XIXe siècle. Par l'intermédiaire d'un comptoir commercial néerlandais, quelques Japonais entrèrent en contact avec la science occidentale. A partir du milieu du XVIIIe siècle, on commença à traduire des ouvrages européens traitant d'astronomie, de chimie, de géographie, de mathématiques, de physique, de métallurgie et de tactique militaire. Et dans les écoles supérieures fut systématiquement dispensé un enseignement scientifique de type occidental. Quant à l'esprit rationnel de planification, on peut se faire une idée de son ampleur en prenant comme critère la

Femmes préparant le coton en vue du filage. L'homme à droite porte les fibres déjà préparées. L'artisanat et le commerce japonais avaient beaucoup évolué avant 1868, ce qui allait permettre la grande modernisation postérieure à 1870.

limitation des naissances qui s'effectua parfois au prix de la mise à mort de nouveaux-nés. De ce fait, l'accroissement de population fut relativement faible au XIXe siècle.

A l'inverse des autres régions non européennes, le Japon constituait déjà une nation avant sa rencontre avec l'Occident. Le pays possédait une configuration géographique bien définie et une histoire plus que millénaire en tant qu'empire unitaire. La religion nationale, le shintoïsme, vouait un culte à la nature et aux ancêtres, et elle enseignait entre autres choses l'origine divine du droit impérial et le caractère élu du peuple japonais. Cela ne pouvait qu'encourager le patriotisme et l'esprit de sacrifice, dispositions qui allaient être délibérément exploitées à l'ère du Meiji. Par ailleurs, la morale politique japonaise était imprégnée de confucianisme, doctrine qui avait pénétré au Japon au moment de la formation de l'empire. Le bouddhisme occupait une position forte dans la société y compris parmi les paysans. La plupart des courants bouddhistes soulignaient l'importance de la miséricorde et de la méditation, mais la secte Nichiren était intolérante, fanatique et fortement nationaliste. Par comparaison avec la Chine et les territoires islamiques, il apparaît clairement que la classe japonaise dominante, celle des samouraïs, était marquée par une tradition qui, outre le patriotisme, exaltait un style de vie individualiste et audacieux. Cela aussi pouvait constituer un bon point de départ pour l'épanouissement d'un esprit moderne d'entreprise, tourné vers les activités économiques.

La pression occidentale et la révolution de 1868

Tout ceci aide à comprendre pourquoi le grand bond en avant du Japon après 1870 était *possible*. Encore fallait-il qu'émerge un nouveau régime animé de la volonté politique de mener à bien la modernisation économique.

Ce qui a été dit précédemment permet de mieux cerner les circonstances *politiques* qui permirent la révolution de 1868. Il régnait à vrai dire une situation révolutionnaire de type classique puisque l'évolution économique et sociale allait à l'encontre du vieil ordre existant. Les principaux emplois administratifs des provinces et de la capitale étaient réservés aux familles de « haute noblesse ». Même au sein de la petite noblesse constituée par les samouraïs, il y avait toute une hiérarchie. Parmi ceux d'entre eux qui étaient capables, instruits et ambitieux régnait un mécontentement généralisé du fait du blocage des possibilités de promotion dans l'administration.

L'ancien régime pouvait être également accusé d'incompétence et de corruption. Dans les années 1860, il s'était trouvé en pleine crise financière faute d'avoir su efficacement recouvrer les impôts. Les marchands prospères se montraient particulièrement amers, qui constataient que fortune et capacité n'entraînaient aucune reconnaissance sociale ni influence politique. Il y eut aussi de fréquentes révoltes paysannes locales dans les années 1860. A Choshu, où le soulèvement contre le régime des Tokugawa s'amorça, des bouleversements internes avaient rendu nécessaire de compléter l'armée de samouraïs avec des soldats de plus basse extraction.

Dans cette perspective, le défi lancé par l'Occident peut être considéré comme une cause *déclenchante* de la révolution de 1868. Les accords de libre commerce arrachés sous la contrainte dans les années 1850 et 1860 constituaient une humiliation insupportable, notamment pour les samouraïs patriotes, mais aussi pour une fraction de la haute noblesse à la cour. Les discussions sur la meilleure façon de réagir laissèrent apparaître les mêmes clivages qu'en Chine. L'un des groupes préconisa une « restauration » basée sur la vieille société agraire qui aurait œuvré à une régénération *morale*. C'était là le pendant de la tentative de restauration chinoise entre 1865 et 1874. Les partisans d'un autre courant, les « réalistes », voulaient se servir de l'Etat pour promouvoir un développement économique moderne, comme les politiciens réformistes en Chine et au Moyen-Orient. Ces courants coïncidaient pour l'essentiel avec deux manières différentes de se définir par rapport aux Européens : d'une part l'école *jo-i* (mettre à la porte les barbares), de l'autre l'école *kaikoku* (ouvrir le pays). Les tenants de la première estimaient qu'une ouverture du pays entraînerait une catastrophe économique et culturelle. Leur analyse n'était pas dépourvue de réalisme : « Croire que nous pouvons accueillir la science occidentale tout en rejetant la morale occidentale jugée mauvaise et pernicieuse, c'est comme dire aux gens que même si le courant central du fleuve est empoisonné, rien ne les empêche de boire l'eau des rives. » En revanche, l'école *kaikoku* soutenait que le commerce extérieur devait servir à renforcer l'Etat et que l'on pouvait combiner « morale orientale et science occidentale ».

Quand en 1868 les attaques contre la capitale en provenance de Choshu et de Satsuma portèrent un coup fatal au régime du shogunat, il se trouvait que l'évolution moderne était particulièrement avancée dans ces deux provinces. Elles possédaient une économie stable, des armes modernes et une classe particulièrement ambitieuse de samouraïs patriotes. Cependant, même si les samouraïs révolutionnaires avaient le soutien de commerçants mécontents et de certaines couches inférieures de la société, toute comparaison entre les événements de 1868 et les révolutions bourgeoises occidentales serait hors de propos. Pour l'essentiel, il ne s'agissait que d'une restructuration du pouvoir au sein de la noblesse. Ainsi, les droits civiques et politiques ne figuraient pas au programme. Les idéaux du confucianisme étaient pratiquement lettre morte — théorie et pratique étaient deux choses bien différentes. L'attitude des samouraïs à l'égard du reste de la population n'était qu'arrogance brutale.

Bain japonais traditionnel — « Ukiyo-e ». Le style de vie raffiné des hautes classes.

L'empereur Mutsuhito. Son gouvernement de 1868 à 1912 fut appelé « Meiji », autrement dit « régime éclairé ».

Construction de l'Etat et domination d'une classe

Les nouveaux dirigeants formaient un petit noyau, 15 à 20 personnes peut-être, essentiellement composé de jeunes samouraïs en provenance de Choshu et Satsuma, les deux provinces séditieuses. Ils visaient avant tout à défendre leur pouvoir contre leurs ennemis intérieurs et extérieurs. Les réformes administratives et économiques doivent être vues dans cette perspective. Le résultat n'était pas acquis d'avance, il dépendait pour beaucoup de l'énergie et de l'habileté manœuvrière des dirigeants.

La grande métamorphose du Japon s'opéra en bonne partie par essais et erreurs. Certains principes se trouvaient énoncés dans le « serment impérial » de 1868. Il y était dit par exemple que « les connaissances devraient provenir du monde entier de façon à renforcer le pouvoir impérial », et aussi qu'il fallait rejeter toutes les coutumes absurdes de l'ancien temps.

La tâche la plus pressante consistait à mettre sur pied un appareil d'Etat moderne et centralisé. Le premier pas fut de congédier les membres de la haute noblesse qui gouvernaient les provinces et de transformer celles-ci en districts administratifs gérés par des fonctionnaires nommés au niveau central. Les seigneurs écartés obtinrent toutefois d'amples compensations, en premier lieu sous forme d'obligations d'Etat qui leur permirent de jouer un rôle clé dans le système bancaire, industriel et commercial moderne. Il n'empêche que toutes les hiérarchies de type féodal furent abolies. Ainsi, les samouraïs perdirent le droit de porter l'épée. L'égalité devant la loi devait régner, et les droits d'accès à la fonction publique devaient être les mêmes pour chacun.

Le principal résultat de ces réformes, c'est que la classe des samouraïs en vint à dominer totalement l'appareil d'Etat. Dans les années 1870, ils occupaient de 70 à 80 % de tous les postes de l'administration centrale et régio-

La vie quotidienne au Japon. Intérieur cossu présenté à l'Exposition universelle de Paris en 1878. Le nouveau régime s'employa d'emblée à se rapprocher de l'Occident et à y puiser des connaissances.

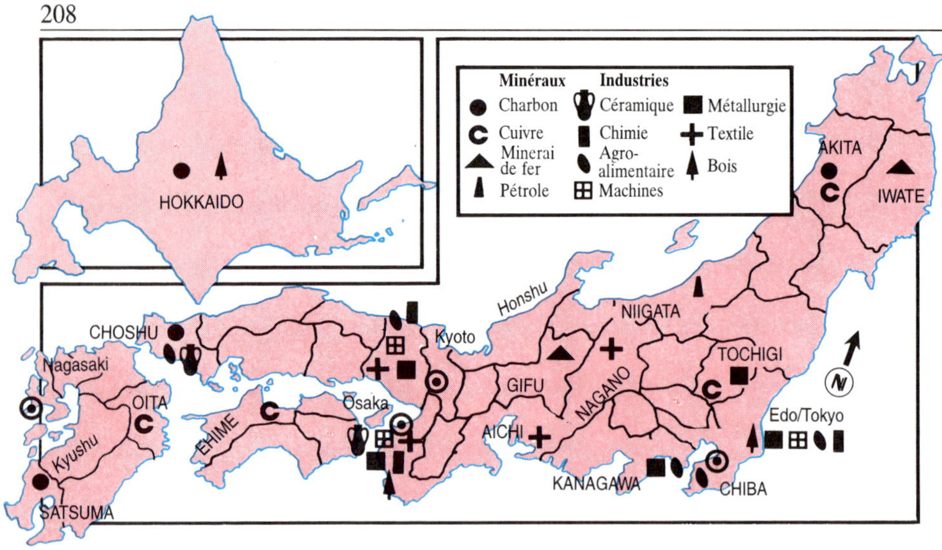

L'industrialisation du Japon : chemins de fer et industries principales. Les ressources naturelles, notamment le charbon et le minerai de fer, étaient limitées.

nale, y compris dans l'enseignement, et ils exerçaient une hégémonie pratiquement sans partage sur la police urbaine. En outre, ils constituaient l'élément dominant dans l'armée modernisée où ils pouvaient jouer leur rôle de noblesse guerrière sous des formes nouvelles. Dans la vie économique également, les samouraïs furent favorisés par l'Etat. De la sorte, le Japon passa sous la domination d'une classe particulière de dirigeants, stable et soudée, qui étendit ses ramifications dans l'administration, la défense et l'économie.

Impôts, service militaire et révoltes paysannes

Les recettes du nouveau régime furent d'abord assurées par une réforme de l'impôt foncier dans les campagnes. Celui-ci fut désormais fonction de la *valeur* des propriétés, et non plus comme auparavant de leur rendement. Le recouvrement fut rendu plus efficace. Ainsi, le budget de l'Etat reposa sur des recettes fixes et prévisibles. La productivité de l'agriculture fut améliorée grâce à la sélection des plantes, l'irrigation, le drainage, l'emploi d'engrais — bref, grâce à des améliorations techniques de même type que celles mises en jeu en Europe à la même époque. On a calculé que la production agricole globale avait augmenté de 20 % entre 1878 et 1892, alors que la progression démographique n'était que de 15 %. Les excédents ainsi dégagés alimentaient pour l'essentiel les caisses du fisc. La première phase de la construction de l'Etat et de l'industrialisation reposa donc sur les paysans.

Les bases d'une armée moderne furent jetées en 1873 avec la loi instaurant pour tous un service militaire de trois ans. Avec un tel instrument de pouvoir, les révoltes locales pouvaient être réprimées, comme celle qui éclata à Satsuma en 1876. Pour les paysans, le service militaire était un nouveau et pesant fardeau. On l'interprétait d'une part comme un élargissement du travail forcé, de l'autre comme un « impôt sur le sang ». Selon des rumeurs qui

Dirigeants haut placés du nouveau régime qui discutent d'une invasion de la Corée. Peinture de Yoshitaki (1877). Un petit groupe de samouraïs venus des provinces de Choshu et de Satsuma fut le moteur de la modernisation radicale.

Chaise à porteurs japonaise. Les paysans portaient aussi un autre fardeau — les obligations militaires et fiscales imposées par le nouveau régime.

couraient, on saignait les conscrits rien que pour satisfaire les instincts sadiques de la nouvelle élite dirigeante.

Nous avons vu comment une vague d'insurrections paysannes contribua à préparer le terrain au coup d'Etat de 1868. Avec les nouveaux impôts et les dispositions sur la conscription, il fallait s'attendre à des flambées de révoltes paysannes dans les années 1870. Au total, on a en dénombré près de 200 entre 1870 et 1877.

On a porté des jugements divers sur l'importance de telles insurrections paysannes à cette époque clé de l'histoire du Japon. S'agissait-il d'un combat d'arrière-garde contre une politique éclairée de modernisation, ou était-ce les fondements d'une autre évolution possible du Japon moderne qui s'écroulaient ? Des historiens marxistes ont parlé d'une « révolution avortée », comme à propos de la révolte des Taiping dans la Chine des années 1850 et 1860. Et il est vrai que certaines de ces révoltes paysannes visaient à une « transformation sociale » basée sur des exigences populaires de justice et une vision utopique du « salut du monde ». Telle était la version japonaise des rêves paradisiaques dont nous avons constaté la présence sur tous les continents face au défi de la modernisation. Et, comme en Chine ou dans le monde islamique, les paysans manifestèrent un mélange de xénophobie et de colère contre l'oppression intérieure. Mais les révoltes paysannes japonaises, spontanées et isolées, furent aisément réprimées par le pouvoir.

Le fardeau des paysans

Au Japon, le progrès se manifesta avant tout au niveau de l'Etat et de la classe dirigeante. Pour l'immense majorité du peuple, les conditions de vie ne s'améliorèrent guère. Le financement de l'Etat moderne pesa essentiellement sur les paysans qui durent payer plus d'impôts et effectuer des travaux obligatoires.

Un agriculteur éclairé s'exclama dans son journal aussi tard qu'en 1926 : *« Ah Tokyo, tu es une machine meurtrière qui suce le sang des paysans au nom de la civilisation urbaine capitaliste. »* Et il écrivit à la date du 4 octobre 1926 : *« Je reviens du travail. La maison est sans éclairage, noire comme de la poix. Mon père malade gémit... les enfants pleurent. Ah, quelle misère ! Telle est en vérité la condition paysanne. Mon corps est usé. La mère a ôté ses vêtements de travail trempés de sueur et ne fait pas un mouvement. Les "gens cultivés" ont une existence brillante tandis que nous qui produisons le nécessaire — nourriture, logis et vêtements — devons vivre une pareille vie. Tokyo éclaire le ciel à l'est. Tu es aux côtés des propriétaires terriens la sangsue qui suce notre sang. »*

(Citation extraite de M. Hane : *Peasants, Rebels and Outcasts. The Underside of Modern Japan*, New York 1982.)

Assemblée nationale et culte de l'empereur

Le terme qui s'applique le mieux au régime japonais postérieur à 1868 est celui d'oligachie. Mais le pays fut doté en 1890 d'une constitution et d'une assemblée nationale élue à la suite d'un processus compliqué qui déboucha sur un compromis fort intéressant entre la tradition politique japonaise et les modèles occidentaux.

La revendication d'une constitution vint d'abord d'une fraction de la classe dirigeante qui fit sécession en 1874.

Réforme politique : l'empereur donne au pays une nouvelle constitution prévoyant une assemblée nationale élue. Mais le droit de vote était très limité, et le cabinet de l'empereur n'était pas responsable devant l'assemblée.

Ce groupe qui allait devenir le parti libéral se mêla à la lutte pour le pouvoir. Mais même les politiciens aux commandes pouvaient juger qu'une assemblée nationale était un instrument utile au service de l'Etat, à la fois comme forum pour la propagande gouvernementale et comme soupape de sûreté en cas de pression de groupes mécontents. Une assemblée nationale était utile aussi bien au gouvernement qu'à l'opposition. En l'occurrence, ce furent donc des besoins structurels qui suscitèrent les réformes politiques, au Japon comme dans les pays occidentaux à la même époque. Et, sans nul doute, le régime voulut aussi renforcer son prestige aux yeux des Occidentaux par l'adoption d'une constitution et l'instauration d'une assemblée nationale, symboles d'un Etat moderne.

La déesse Fujiyama devant la célèbre montagne du même nom. La religion nationale, le shintoïsme, fut renouvelée pour renforcer l'autorité de l'empereur.

Les dirigeants japonais se mirent à l'œuvre avec leur esprit méthodique traditionnel. En 1882, un politicien de haut niveau, Ito Hirobume, fut chargé d'un voyage d'étude en Europe. Il est à noter qu'il passa le plus de temps à Berlin et à Vienne. Comme dans les deux pays germanophones, la constitution japonaise de 1890 fut promulgée d'en haut — comme un don de l'empereur. L'assemblée nationale fut dotée d'une chambre haute composée de membres *désignés* à vie et d'une chambre basse élue, mais par un corps électoral très limité. Le cabinet constituait le centre du pouvoir, et il n'était pas responsable devant l'assemblée.

La nouvelle idéologie officielle reposait sur la tradition impériale, et la religion nationale, le shintoïsme, connut une renaissance. L'Etat était présenté comme une famille placée sous l'autorité patriarcale de l'empereur. En 1890, l'année même où la constitution entra en vigueur, le gouvernement édicta une « ordonnance impériale sur l'enseignement et l'éducation ». Le peuple était exhorté à l'obéissance au sein de la famille, à la constance en amitié et à l'esprit de sacrifice pour l'Etat, cela pour « défendre et préserver le trône impérial qui s'étend sur le ciel et la terre ». De telles formules étaient répétées sous des formes cérémonielles dans les écoles, et le gouvernement se servit délibérément des manuels scolaires pour promouvoir un nationalisme japonais.

Dans ce processus de construction de la nation, la centralisation du vieux culte shinto apparaît comme un phénomène intéressant. Il existait quelque 200 000 endroits sacrés répartis dans les campagnes où l'on pratiquait le culte des ancêtres et sollicitait l'aide des esprits en matière de santé, de fécondité et de bien-être. Ces sanctuaires furent alors regroupés et placés dans de nouveaux centres administratifs où les prêtres étaient contrôlés par les fonctionnaires de l'Etat. Le rituel fut standardisé et remodelé de manière à donner l'impression que l'empereur était la figure centrale du culte shinto. On chercherait vainement dans d'autres parties du monde exploitation plus habile de représentations religieuses millénaires au profit de l'Etat moderne.

Le « miracle » économique

Au Japon également, le rattachement au marché mondial constitua le point de départ essentiel du développement économique moderne. Le commerce extérieur connut une énorme croissance. Les exportations passèrent de 15,5 millions de yens en 1868 à près de 450 millions en 1908, et les importations augmentèrent au même rythme.

Ce qui distingue le Japon des autres pays non occidentaux, c'est que l'augmentation du commerce extérieur entraîna d'emblée une forte croissance économique intérieure. La nature des marchandises qui entraient et sortaient du pays en témoignait. En 1913, environ les deux tiers des importations consistaient en matières premières, la part des produits fabriqués n'excédant pas 17 %. Les exportations en revanche comportaient 30 % de produits finis et environ 50 % de produits semi-finis, et les articles les plus importants étaient le fil de coton et les tissus vendus dans les pays asiatiques voisins. Cela montrait que le Japon avait su procéder à une industrialisation importante au cours de cette période. Pourtant, en volume, le produit de l'industrie japonaise demeurait très modeste en comparaison avec celui des pays occidentaux. En 1913, l'apport du Japon ne représentait qu'un pour cent de la production industrielle mondiale.

Autre trait distinctif du Japon par rapport à l'Amérique latine, au Moyen-Orient et à la Chine, les étrangers y jouaient un rôle économique bien moindre. C'était dû pour une part au fait que ce pays était plus éloigné de l'Europe. Dans une certaine mesure, l'Inde et la Chine faisaient office d'Etats-tampons face à l'expansion européenne. Mais le Japon n'offrait pas non plus de matières premières intéressantes. Ainsi, l'isolement et le manque de ressources naturelles se muèrent en avantages. Comparé avec le marché chinois, celui du Japon parut d'abord limité aux yeux des exportateurs occidentaux. Mais en 1908, il était devenu aussi important pour les Britanniques et les Américains que celui de la Chine.

Pour construire une économie moderne, les Japonais misèrent délibérément sur leurs propres forces. Aucune société étrangère ne fut admise à gérer les chemins de fer ou les mines, contrairement à ce qui s'observait ailleurs. Fait décisif, le Japon parvint à rassembler lui-même l'essentiel des capitaux qu'il lui fallait pour se doter d'une infrastructure industrielle, acheter des armes, etc. Cela se fit d'abord par l'imposition des paysans, mais aussi par

Usine japonaise de soie employant de la main-d'œuvre féminine. Elle est construite sur le modèle européen. La Japon sut beaucoup mieux que la Chine utiliser le marché mondial à son profit.

L'empereur se rend a l'inauguration de la première ligne de chemin de fer en 1872, quatorze ans avant que la Chine possède sa première voie ferrée. Pouvoirs publics et hommes d'affaires privés unirent leurs efforts pour promouvoir le développement économique.

Le premier gratte-ciel japonais — « Junikai » (douze étages). C'est là que fut installé le premier ascenseur du pays. Ce bâtiment était un centre de distractions avec théâtres, bars et restaurants à tous les étages.

la mobilisation de fortunes privées. En outre, les sociétés pouvaient aisément accumuler des capitaux du fait des bas salaires payés à une main-d'œuvre fortement disciplinée. Dans les provinces, les ouvrières de l'industrie cotonnière travaillaient pour une rémunération incroyablement basse. Enfin, des capitaux importants affluèrent au Japon lorsque la Chine fut condamnée à lui verser des dommages après la guerre de 1895 (369 millions de yens) et la révolte des Boxers (39 millions).

Jusqu'à la Première Guerre mondiale, la part des capitaux étrangers dans les investissements japonais ne dépassa pas 13 %. Avant 1894, la dette extérieure de l'Etat était inférieure de moitié à celle de la Chine. Mais le Japon dut augmenter ses emprunts à l'étranger à la suite de la guerre contre la Chine en 1895 et du développement industriel accéléré qui s'ensuivit, si bien qu'en 1914, c'est le Japon qui était deux fois plus endetté que la Chine. Mais son économie était assez forte pour s'accommoder de ce fardeau.

Un Etat volontariste et de nombreux entrepreneurs

Quel fut le moteur essentiel de la croissance économique ? Les opinions divergent à ce sujet. Le plus souvent, on met en avant le rôle actif de l'Etat et d'une poignée de financiers importants qui stimulèrent la croissance d'« en haut ». L'Etat organisa l'infrastructure économique en supprimant les barrières féodales, en prenant en charge les moyens de transport et en créant un système bancaire et financier de facture occidentale. Lors de la première phase, dans les années 1870 et 1880, les pouvoirs publics prirent aussi l'initiative de susciter des usines modernes, par exemple dans l'industrie du coton. Les autorités procuraient les équipements et des experts étrangers, après quoi l'exploitation était confiée à des personnes privées. Nous avons vu précédemment comment les Japonais, après la guerre de 1895, s'étaient opposés à des initiatives chinoises de ce type. Cela montre bien l'importance du potentiel politico-militaire dans l'évolution économique. C'est grâce à cette politique étatique de développement qu'un petit nombre de familles japonaises, appelées *zaibatsu*, ont pu prendre le contrôle des grandes entreprises qui depuis lors ont dominé l'industrie japonaise (Mitsubishi, Mitsui). Celle-ci doit son caractère particulier à ce mélange de monopoles, de réglementations étatiques et de traditions issues des samouraïs.

Mais simultanément, l'Etat créa aussi les conditions d'un marché capitaliste libre. Le Japon fut doté d'une législation commerciale de type occidental qui comportait des règles relatives à la propriété privée, aux contrats, aux assurances, etc. Il y avait donc du champ pour des initiatives économiques privées. Dans le domaine agricole également, l'Etat légalisa la propriété privée avec établissement d'un cadastre et réglementation des procédures de cession entre particuliers. Tout cela stimula une croissance venant « du bas », grâce à une multitude de petites entreprises qui developpèrent les procédés artisanaux traditionnels et se dotèrent d'équipements techniques simples mais modernes. Et les petits épargnants contribuèrent pour beaucoup à la prospérité des banques.

Les paysans aisés qui étaient apparus dans les campagnes sous l'ancien régime contribuèrent tout spécialement à cette « croissance venue du bas ». Parallèlement à leurs activités agricoles tournées vers la vente, ils prêtèrent de l'argent et investirent dans des sociétés artisanales. Ils avaient l'expérience du commandement en milieu rural, ils étaient durs à la tâche, économes, et ils misaient au maximum sur l'éducation. Beaucoup d'entre eux atteignirent des positions très élevées dans le monde des affaires. Animés de l'esprit d'entreprise du capitalisme, ils obéissaient plus à l'appel du profit qu'aux idéaux patriotiques des samouraïs. L'industrie légère, notamment celle du textile, joua un rôle dominant dans l'évolution économique jusqu'à la Première Guerre mondiale. En 1895, elle représentait 81 % de la production industrielle globale. Certains traits de cette évolution évoquent plus de vieux pays manufacturiers comme la Grande-Bretagne et la France que par exemple l'Allemagne ou la Russie qui procédèrent au développement accéléré de l'industrie lourde.

Adaptation culturelle

A l'ère du Meiji, les dirigeants japonais furent étonnamment prompts à s'adapter à la modernité, non seulement sur le plan économique et politique mais aussi en matière d'habillement, d'architecture, d'art et de distractions. Au cours des premières décennies s'opéra une « européanisation » tous azimuts qui ne suscita pas les mêmes protestations qu'en Chine ou au Moyen-Orient. Le nationalisme culturel brillait-il par son absence au Japon ? Une explication réside peut-être dans le fait que ce pays situé à la périphérie de la zone d'influence chinoise était habitué depuis longtemps à recevoir des impulsions de l'extérieur. De plus, la rencontre avec l'Europe se produisit à un moment où le Japon se trouvait dans une situation révolutionnaire qui donnait au nouveau régime une grande liberté d'action pour chercher de nouvelles voies. Et ce qui fut sans doute décisif, c'est que le pays n'était pas dirigé par une aristocratie foncière qui aurait eu tout à redouter de l'industrie et de l'Etat. Au contraire, les intérêts personnels des dirigeants étaient liés à un Etat fort et à une économie moderne.

Dames japonaises pratiquant la musique à l'occidentale. Gravure sur bois d'environ 1890. A la fin du XIXe siècle, le style de vie européen était de bon ton.

Un des intellectuels les plus écoutés de cette période fut Fukuzawa Yukichi. Après un long voyage à l'étranger, il écrivit en 1866 un livre sur « l'état de l'Occident », dans lequel il analysa tout spécialement les conditions sociales, le système familial, les rôles sexuels — et également des institutions comme les postes, les banques, les hôpitaux, les asiles. Rallié au libéralisme et à l'utilitarisme de type britannique, Fukuzawa préconisait une métamorphose culturelle totale au Japon. Il fallait rejeter la morale du confucianisme car elle reposait sur une conception de la nature et la société incompatible avec la rationalité scientifique. L'individualisme, l'indépendance et l'esprit d'initiative étaient les clés de la civilisation moderne. Dans son livre consacré à « la nature de la civilisation », il soutint que la faiblesse fondamentale du Japon résidait dans son système familial qui étouffait précisément l'individualisme. Nous rencontrons une fois de plus un penseur non européen enclin à expliquer l'essor occidental en termes de mentalité et de culture.

« Eviter l'Asie »

Fukuzawa Yukichi argumenta en 1885 pour que le Japon tourne le dos à l'Asie : *« La Chine et la Corée ne nous sont pratiquement d'aucune aide. Mais pour des raisons de voisinage, les Européens nous assimilent souvent à ces pays... C'est extrêmement fâcheux. Nous n'avons pas le temps d'attendre nos voisins pour renouveler l'Asie. Mieux vaut les éviter et nous associer aux nations occidentales civilisées. »*

Les modèles européens s'imposèrent massivement auprès de la jeunesse dorée japonaise dans les années 1870 et 1880 : *« Porter le haut-de-forme, manger du bifteck, fonder des sociétés anonymes, utiliser du savon, travailler en comité avec des règles formelles, fumer du tabac roulé dans du papier à la place de la pipe, planter de nouvelles espèces de froment, lire la Bible, employer une double comptabilité, être assis sur deux chaises — tout cela fit partie du style de vie hautement prisé qu'on appelait civilisé. »*

(K. Pyle : *The Making of Modern Japan*, Lexington 1978.)

Nationalisme culturel et organisation scolaire

Mais des idées conservatrices circulaient également parmi les dirigeants. Un homme comme Kato Hiroyuki condamnait l'intérêt personnel, craignant qu'il ne dissolve la société. Fukuzawa avait émis l'idée qu'un régime constitutionnel avec une assemblée élue permettait de conjuguer individualisme et cohésion nationale. Kato s'insurgeait contre cette manière de se représenter des atomes individuels en combinaisons libres. Pour lui, les individus étaient plutôt à considérer comme les branches d'un arbre. La nation japonaise devait donc retrouver ses racines historiques propres, mais de manière à pouvoir concilier morale du confucianisme et science de l'Occident. Ce furent de telles idées qui prirent corps dans la propagande

La civilisation en marche ? Mode européenne dans une rue japonaise en 1875. On peut se demander si la mine des spectateurs reflète l'admiration ou le mépris.

Débat à l'assemblée nationale japonaise. Style européen et traditions nationales coexistent. Comparé avec le Moyen-Orient et la Chine, le Japon n'opposa pas les mêmes résistances culturelles face à l'Occident. Pourquoi cette différence ?

politique officielle axée sur le culte de l'empereur. Mais même de telles doctrines pouvaient s'accorder avec l'esprit d'entreprise et les ambitions qui caractérisaient les dirigeants japonais sur le plan politique et économique.

L'instrument clé de cette mutation culturelle fut le système scolaire obligatoire mis en place dans les années 1871-72, à la même époque qu'en Europe. Dans un premier temps, les manuels ne furent souvent que des traductions directes d'ouvrages américains. Dans les années 1870, quelque 5 000 étrangers étaient employés comme conseillers et enseignants. Les missions chrétiennes, à nouveau autorisées après 1873, contribuèrent à la création d'écoles supérieures dont quelques-unes allaient même devenir des universités. En 1886, les années d'école primaire furent portées à quatre, et selon les statistiques officielles, 95 % des enfants en âge scolaire étaient assis sur les bancs de l'école en 1906. Comme en Occident, la scolarisation contribua à transformer les mentalités et à inculquer discipline et ambition, autrement dit les qualités requises d'une main-d'œuvre efficace.

Il faut toutefois nuancer. Même à l'école, les différences de classes se manifestaient clairement. En milieu rural, on renâcla longtemps devant l'obligation scolaire, surtout pour les filles. Et l'entraînement à l'esprit critique demeura pour l'essentiel l'apanage de l'école supérieure où les enfants de l'ancienne classe des samouraïs étaient en majorité. Dans les larges couches populaires, l'école servit peut-être surtout à inculquer la discipline et l'obéissance politique en conformité avec le vieux confucianisme et la nouvelle idéologie impériale. Pourtant, l'école devint aussi le moyen le plus sûr pour les enfants du peuple de « s'élever au-dessus de leurs parents ». Comme les jeunes Européens, ils n'étudièrent pas que contraints et forcés, mais bel et bien pour acquérir des connaissances et se débrouiller dans la vie.

Le soleil se lève au Japon. Dessin satirique français de 1905. Ce triomphe de l'« empire du soleil levant » était ressenti comme une menace à l'extérieur. Le capitalisme japonais portait-il l'impérialisme en son sein ?

Impérialisme et antagonismes de classes

L'année 1894 marqua un tournant dans l'évolution du Japon. Le gouvernement obtint de la Grande-Bretagne l'abrogation des accords arrachés sous la contrainte au cours des années 1850 et 1860. Dans les cinq ans qui suivirent, les autres pays européens suivirent l'exemple britannique. Avec la nouvelle constitution de 1890 et une législation économique de type occidental, le Japon avait renforcé son statut de pays « civilisé ». En pratique, cela impliquait que les hommes d'affaires, missionnaires et diplomates européens pouvaient vaquer à leurs occupations sans craindre d'obstacles ou de mauvais traitements. L'exigence d'un statut spécial pour les citoyens étrangers cessa d'être à l'ordre du jour. En 1911 disparut le dernier vestige des accords d'antan : le Japon put décider souverainement des droits de douane qu'il appliquerait.

Sur le plan international, l'année 1895 permit au Japon d'être à parité avec les grandes puissances après sa victoire sur la Chine en Corée ainsi que l'annexion de Formose et de la presqu'île de Liaodong avec Port-Arthur. Désormais, l'impérialisme devint une composante nécessaire du capitalisme japonais. La guerre provoqua une vague de ferveur patriotique. Dressant le bilan des transformations survenues après 1868, Fukuzawa écrivit ceci : « Mais au milieu de toutes ces réformes, il y eut *une* chose que nous autres amis de l'Occident n'aurions jamais pu nous figurer voici 30 ou 40 ans, à savoir le triomphe du Japon comme puissance impériale dans une grande guerre... Quand je pense à ce prodigieux succès, c'est comme si je rêvais, et je ne puis que verser des pleurs de joie. »

Mais cette victoire entraîna simultanément une insécu-

Impérialisme japonais. Image de propagande militaire après la guerre victorieuse contre la Chine en 1895. Non seulement les techniques étaient importées d'Europe, mais aussi l'idée de la Croix-Rouge (à droite sur l'image).

rité fondamentale qui allait accompagner le Japon moderne. Le pays avait-il acquis son statut de grande puissance beaucoup trop tôt ? Les pays européens intervinrent en 1895 pour limiter les prises de guerre japonaises. La presqu'île de Liaodong dut être restituée à la Chine, et la Russie se dressa en rivale menaçante sur le continent. Il apparut nécessaire de consentir un effort militaire considérable pour assurer la sécurité de l'empire nouvellement conquis. Le Japon dut se tenir prêt dans l'éventualité d'une grande guerre, si bien qu'au cours de la décennie 1893-1903, les dépenses militaires triplèrent. Outre la marine, il fallait une armée prête à se battre sur terre. Ce besoin demeura tout aussi pressant après la victoire de 1905 sur la Russie. En 1913, environ la moitié du budget de l'Etat était affectée aux dépenses militaires.

L'empire et la course aux armements exigeaient un accroissement important du potentiel industriel, et, à cette fin, on eut recours pour la première fois à des prêts étrangers. Tout cela fit peser un lourd fardeau sur la population avec notamment une augmentation de 40 % des impôts locaux. Il fallut aussi se livrer à une propagande de grand style pour renforcer l'esprit de sacrifice parmi le peuple.

Cette évolution creusa sérieusement le fossé entre les classes sociales. L'industrialisation fut financée en partie par l'exploitation des ouvriers dont les salaires réels n'augmentèrent pratiquement pas jusqu'à la Première Guerre

Le baptême du feu japonais contre une grande puissance : guerre contre la Russie en 1905. La flotte russe fut anéantie dans le détroit de Corée. Mais les coûts de cette grande politique pesaient lourdement sur le peuple.

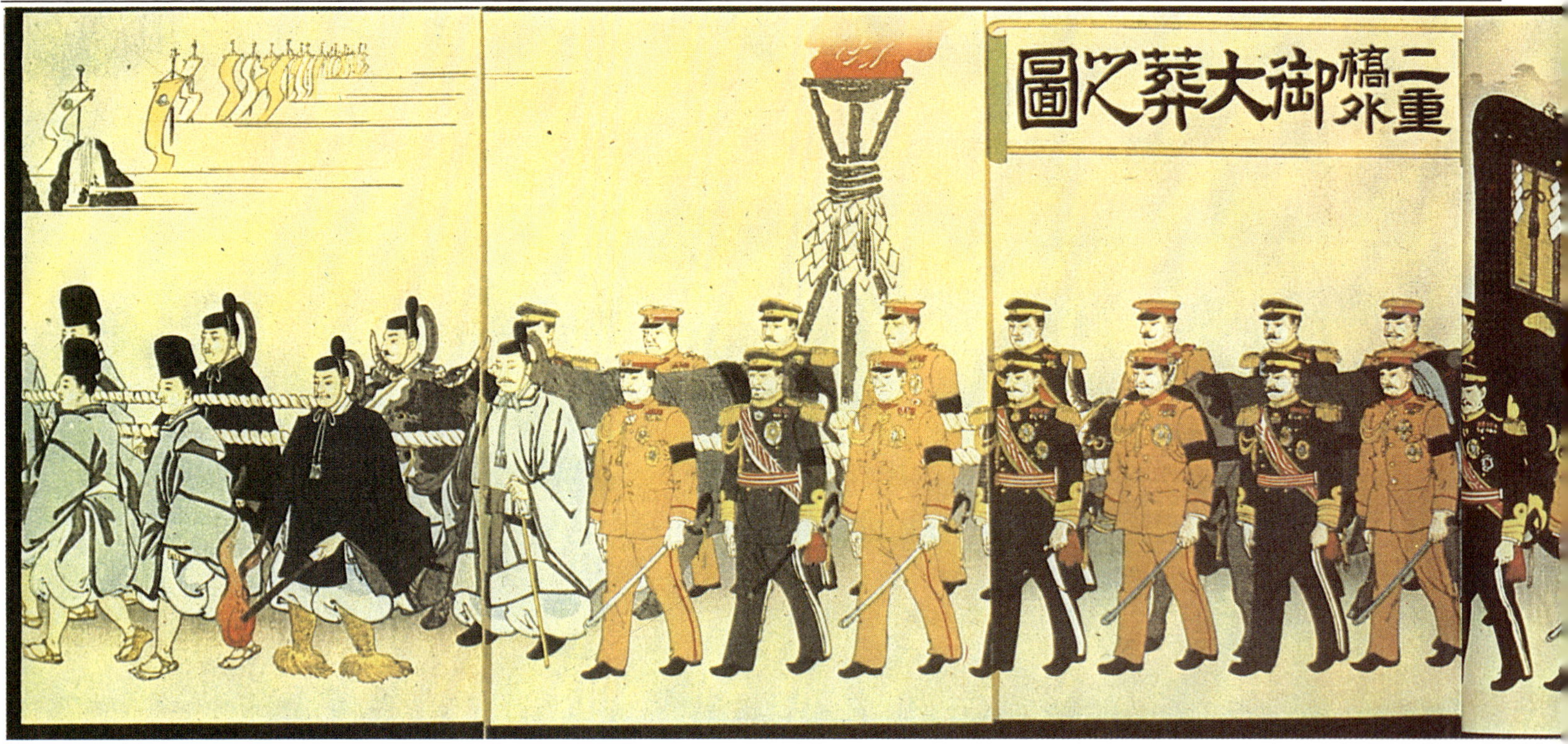

mondiale. L'état sanitaire de ces ouvriers était déplorable ; comme en Europe, la tuberculose gagnait du terrain. Au tournant du siècle, l'âge moyen de vie était de 43-44 ans, et aussi tard qu'en 1930, la mortalité infantile était deux fois plus élevée qu'aux Etats-Unis. Dans ces conditions, il était naturel que les ouvriers commencent à s'agiter. L'influence du socialisme européen se manifesta dans les années 1890, et de petits groupes d'intellectuels et de travailleurs s'efforcèrent d'organiser des syndicats. En 1901 fut fondé un parti social-démocrate. Mais le gouvernement utilisa ses pouvoirs pour interdire à peu près tout, y compris un journal socialiste. Dans leur frustration, certains socialistes se laissèrent tenter par les idées anarchistes et la violence. Ce type d'opposition pouvait également se fonder sur un courant d'idées autochtone (Nakae Chomin, 1847-1901) qui défendait l'égalité des droits naturels de tous les êtres humains et militait pour la souveraineté du peuple et la liberté de l'opposition. Les socialistes tournèrent le dos à l'impérialisme : pour survivre dans le monde moderne, un petit pays devait pratiquer une politique juste.

Rôle social des entreprises et politique paysanne

Les autorités japonaises s'attaquèrent au « problème social » avec beaucoup d'énergie. Les dirigeants estimaient que le Japon pouvait tirer les leçons des erreurs de l'Europe et trouver des solutions pour coordonner et réconcilier travail et capital. Les idéaux du confucianisme offraient un bon point de départ. De grandes sociétés comme Mitsubishi et Mitsui procédèrent dès le tournant du siècle à des réformes qui allaient faire école. L'entreprise prenait en charge assurance maladie et pension, elle augmentait les salaires en fonction de l'ancienneté et accordait des primes au prorata des bénéfices. Tout cela liait les salariés à l'entreprise, que ce fût par loyauté librement consentie ou par crainte de perdre des avantages en cas de départ. Dans les grandes usines textiles employant une main-d'œuvre féminine furent créés des internats qui offraient des cours de loisirs tant par souci de créer une ambiance plaisante que pour prévenir les activités syndicales. Le gouvernement promulga en 1911 la première loi sur la sécurité du travail en usine, et en 1919, lors d'un mouvement de grève, fut créée une « commission de médiation » qui présupposait la mise en place d'un conseil ouvrier dans l'entreprise. Un tel système était à même de canaliser les mécontentements et de faire obstacle à un front syndical.

Comme nous l'avons vu, le fardeau de l'industrialisation pesa avant tout sur les paysans. La nouvelle loi agraire qui introduisait la propriété privée rendit plus facile l'achat et la vente de terres. Mais conjointement avec la pression fiscale et les problèmes d'endettement, ces dispositions obligèrent beaucoup de paysans à vendre leur bien pour devenir métayers sur ce qui avait été leurs terres. Alors qu'au début de l'ère du Meiji, 30 % des terres étaient affermées, cette proportion s'élevait à 45 % au tournant du siècle. L'augmentation de la productivité et la conquête de nouvelles terres permirent aux gens de se nourrir malgré l'augmentation de population, mais les campagnes japonaises étaient caractérisées en 1914 par la surpopulation, la pauvreté et l'archaïsme des méthodes d'exploitation. Il n'y eut pas comme en Europe d'exode rural massif, et le fossé culturel entre villes et campagnes ne fit que se creuser.

La tradition des révoltes paysannes avait été étouffée à l'ère du Meiji. A partir des années 1890, le gouvernement avait pris des mesures pratiques pour améliorer la condition des villageois et les endoctriner politiquement. Les autorités encourageaient les contrats de métayage claire-

Procession funéraire à la mort de l'empereur Mutsuhito en 1912. Des représentants officiels venus de tous les coins du monde y participent. Lors de ces cérémonies, une grande fierté nationale se manifesta. Ce sentiment allait permettre la poursuite de l'évolution intérieure, mais allait aussi nourrir une agressivité dirigée vers l'extérieur.

ment établis et la modernisation des méthodes d'exploitation. Des centres de jeunesse proposant diverses activités de loisirs furent créés dans les villages pour susciter un bon esprit civique. Les associations militaires de réserve jouèrent aussi un grand rôle pour nourrir l'enthousiasme à l'égard de l'armée, et dans le pire cas un patriotisme aveugle mâtiné de racisme, comme cela s'observa à l'aube de la Première Guerre mondiale.

Les partis politiques et le destin du Japon

Même si les protestations populaires furent étouffées, le régime japonais, au tournant du siècle, laissa le champ libre au développement de partis politiques. Ce furent avant tout les grands propriétaires terriens et les hommes d'affaires qui cherchèrent à promouvoir leurs intérêts par ce biais. Mais les membres des fractions rivales au sein de l'élite bureaucratique se rallièrent également à différents partis, ceux-ci se trouvant ainsi reliés à l'appareil d'Etat. Au début du XXᵉ siècle, le gouvernement collabora avec l'assemblée nationale, et pendant une courte période entre 1918 et 1932, le Japon connut un régime parlementaire. Mais les tendances à la dissolution au sein des partis et la crise internationale aux alentours de 1930 ouvrirent la voie au régime militaire à caractère fasciste qui entraîna le Japon dans un impérialisme agressif dont l'aboutissement fut la défaite militaire de 1945.

Cette catastrophe de 1945 incita à interroger l'histoire. La dictature militaire fasciste aurait-elle pu être évitée, ou était-elle une conséquence inéluctable de l'évolution accélérée que les samouraïs avaient suscitée après 1868 ? Comme nous l'avons mentionné, des historiens marxistes ont pu parler de « révolution avortée » à propos des révoltes paysannes des années 1870. L'Etat japonais aurait-il pu présenter un visage différent s'il avait été plus largement ancré dans le peuple ? Au début du XXᵉ siècle, le système des partis offrait-il une authentique alternative libérale, ou les différentes formations politiques se bornaient-elles à refléter les rivalités internes au sein d'une classe dirigeante autoritaire ? Et de quelle liberté d'action disposaient vraiment les dirigeants à l'ère du Meiji ? Etaient-ils prisonniers de leur propre besoin d'affirmation nationale face au monde moderne, ou leur politique était-elle avant tout déterminée par les intérêts spécifiques de la classe des samouraïs ? En 1945, on pouvait se demander si le « miracle » japonais n'avait pas fait le malheur du peuple.

La mort de l'empereur

L'ère du Meiji prit fin avec la mort de l'empereur Mutsuhito en 1912. Mis sur le trône lors de la révolution de 1868, il avait symbolisé le Japon moderne et éclairé. Le culte de l'empereur avait été un moyen de susciter une nouvelle et puissante conscience nationale. Les cérémonies funéraires montrèrent à quelle profondeur ces sentiments avaient pénétré. Des foules immenses représentant toutes les classes sociales se massèrent en silence et prièrent à l'extérieur du palais. « *Celui qui voyait cet océan de têtes courbées ne pouvait avoir meilleure preuve de l'adoration profonde vouée à l'empereur...* » L'émotion atteignit un degré encore plus intense quand on apprit que le héros de la guerre russo-japonaise, le général Nogi, s'était rituellement suicidé ainsi que son épouse le jour des funérailles impériales. D'éminents écrivains comme Natsume Soseki et Mori Ogai ont raconté par la suite comment ces sentiments puissants les détournèrent progressivement des modèles occidentaux et les incitèrent à s'inspirer plus profondément de la tradition japonaise.

(K. Pyle : *The Making of Modern Japan*, Lexington 1978.)

L'Inde : transformation et stagnation

C'est sous domination coloniale directe que l'Asie du Sud-Est et l'Afrique furent entraînées dans l'évolution mondiale moderne. Pourquoi précisément ces parties du monde ? Le débat sur le colonialisme a été marqué par les passions politiques et idéologiques. Une des grandes interrogations tourne autour de son apport véritable : « développement » ou « sous-développement » ? L'Inde, la plus ancienne des colonies britanniques, fut aussi la première qui connut un mouvement nationaliste actif. D'où l'intérêt particulier qu'elle présente dans les discussions générales sur le colonialisme. Après la Seconde Guerre mondiale, le nationalisme et les thèses néo-marxistes ont souvent été invoqués en guise d'explication. L'on semble s'orienter aujourd'hui vers une appréciation plus nuancée, plus soucieuse de prendre en compte la complexité du problème.

Un motif traditionnel de l'art indien : Vishnou, qui assure la cohésion du monde, se repose sur Ananta, le serpent de l'éternité. Son épouse Lakshmi le sert. Dans son nombril pousse une fleur de lotus qui est le trône de Brahma, le créateur. A chaque instant se poursuit la création. Miniature indienne de 1870.

Si l'on concentre trop exclusivement son attention sur le phénomène colonial, on risque de négliger l'évolution *intérieure* indienne. Après tout, ce sont des faiblesses internes qui rendirent possible la conquête britannique. A l'inverse de la Chine et du Japon, l'Inde ne fut jamais un royaume unitaire, pas plus dans l'Antiquité que sous la domination islamique au Moyen Age ou qu'à l'époque moghol à partir d'environ 1530. Le pays était caractérisé par une grande diversité culturelle et sociale : six religions dominantes (hindouisme, islam, christianisme, bouddhisme, zoroastrisme et culte vichnouite des sikhs), deux grandes familles linguistiques (indo-aryen et dravidien) avec 14 langues officielles et un nombre incalculable de dialectes, et plus de 2 000 castes. « Un tel pays et une telle société, n'étaient-ils pas prédestinés à être la proie des conquérants ? », se demandait Karl Marx. Au XVIIIe siècle, les compagnies de commerce britanniques et françaises avaient d'abord été poussées à la conquête pour assurer la sécurité de leurs activités économiques, puis s'étaient trouvées activement mêlées aux luttes intestines du pays.

Le système des castes qui tisse des liens très particuliers entre religion et société rend difficile toute description de l'évolution interne de l'Inde. Ce système peut schématiquement se résumer ainsi. La société hindoue était divisée en quatre groupes principaux : *brahmanes* (prêtres et professeurs), *ksatriya* (guerriers et nobles), *vaisya* (paysans, artisans) et *sudra* (serviteurs et autres représentants des métiers subalternes). Mais ces quatre catégories ne constituaient qu'un cadre général au sein duquel fourmillaient des milliers de sous-castes. Au niveau local, une caste était composée de membres d'un même lignage contrôlant des professions déterminées, possédant un rituel religieux commun et se mariant à l'intérieur du groupe (endogamie). Théoriquement, les castes pouvaient coexister harmonieusement, sans conflits, en vertu de la division du travail. Même un réformateur radical comme le Mahatma Gandhi s'en tenait à cet idéal hindou d'une société organique et imprégnée de religiosité face aux déchirures de l'Occident.

Une bayadère, danseuse et chanteuse du temple indien. Au sein de l'hindouisme, les penseurs réformateurs critiquèrent l'exploitation de la femme. Celle-ci se manifestait notamment sous forme de prostitution dans les temples.

Castes et transformations sociales

Un problème majeur consiste à déterminer quel a été au juste le rôle des castes dans l'évolution de l'Inde après

La caste guerrière (Kshatriya) en action. Le système des castes était à la base de l'ordre social hindou. Même dans l'économie et l'administration modernes, les représentants des vieilles castes supérieures allaient continuer à dominer.

Incinération de cadavres sur les bords du Gange. Les Hindous brûlaient leurs morts et procédaient à leurs cérémonies religieuses sur les escaliers sacrificiels qui descendaient vers le fleuve. Les Britanniques combattirent certaines coutumes qu'ils jugeaient barbares comme l'immolation des veuves par le feu, les sacrifices d'enfants et la brutale discrimination de caste.

1870. Nous avons abordé les autres régions non occidentales en commençant par en décrire les conditions matérielles. Marx — qui s'intéressa de près à l'évolution moderne de l'Inde — mit l'accent sur les transformations de la « base » économique et n'eut que mépris pour ceux qui accordaient quelque valeur causale à la « superstructure », autrement dit au système des castes. Parmi ces derniers figurait Max Weber qui y attacha une grande importance. Il y voyait un exemple particulier de la manière dont la religion et les rites pouvaient renforcer les clivages économiques. Plus récemment, le sociologue Carl Wittfogel élabora une théorie générale du despotisme oriental. A ses yeux, les formes du pouvoir politique jouaient le premier rôle dans les sociétés asiatiques, plus que l'économie et la religion. Si l'on adopte un tel point de vue, il est logique d'accorder une place essentielle au gouvernement colonial lui-même.

Compte tenu de l'état actuel de la recherche, rien ne s'oppose à ce que nous adoptions pour l'Inde le même ordre d'exposition que pour les autres parties du monde. Les transformations économiques et politiques créèrent une nouvelle situation pour tous les groupes sociaux, et certains individus s'émancipèrent et s'élevèrent socialement malgré le système des castes. L'idée que celles-ci auraient été séparées par des barrières étanches ne tient pas. Dans une région dynamique comme le Bengale, on relève aisément des exemples de personnes issues de castes différentes qui, grâce aux revenus de leur commerce ou de leur charge, purent acheter des terres, ce qui leur valut ensuite d'être rituellement admises dans la caste des guerriers. Cela rappelle l'anoblissement de bourgeois en Europe à la même époque. Dans les hautes castes, cette situation nouvelle eut pour conséquence que certains sous-groupes (par exemple la vieille aristocratie politique de la caste guerrière) reculèrent sur l'échelle sociale, tandis que d'autres (comme au sein de la caste instruite des brahmanes) virent leur pouvoir et leur prestige renforcé grâce à leurs fonctions dans l'administration coloniale ou l'exercice de professions libérales.

Toutefois, il ne fait aucun doute que les vieilles castes supérieures en vinrent également à dominer l'économie et l'administration modernes. Dans les villages, les castes de propriétaires fonciers gardèrent et renforcèrent leur position. Même si nous croyons pouvoir affirmer que les conditions matérielles offrent l'explication essentielle à l'évolution moderne de l'Inde, il nous faudra néanmoins prendre en compte la justification religieuse très particulière de l'ordre social qui joua dans ce pays un rôle inhibiteur plus marqué qu'ailleurs.

L'administration britannique

L'administration coloniale britannique fut réorganisée après la grande mutinerie ou révolte des Cipayes qui eut lieu en 1857-58. Cette révolte, traitée dans le vol. 11, offre

Un symbole impressionnant de la présence anglaise en Inde : le bâtiment des chemins de fer et de l'administration à Bombay. Les fondements de la puissance britannique étaient l'ordre — et les chemins de fer.

un exemple précoce du type de résistance qui allait ensuite s'observer dans une série de pays africains et asiatiques. Ce fut pour une part une réaction massive contre l'introduction par les Britanniques d'écoles européennes, de missions chrétiennes et de réformes législatives (interdiction contre des coutumes barbares comme l'immolation des veuves par le feu, les sacrifices d'enfants, la discrimination brutale de caste). Mais ce fut aussi le combat des principautés jadis autonomes (« Native States ») pour éviter d'être incorporées à l'empire britannique des Indes.

Les Anglais tirèrent de cette révolte la conclusion qu'il leur fallait une administration plus efficace et une politique plus prudente. Il valait mieux miser sur l'ordre et le contrôle que sur des réformes rapides. Jadis considérée par les réformistes anglais comme un laboratoire, l'Inde apparaissait à présent comme irréformable. Paradoxalement, ce changement de politique intervint au moment où la civilisation occidentale commençait à pénétrer sérieusement dans le secteur économique.

Après 1858, la responsabilité du gouvernement de l'Inde fut confiée à un ministre britannique des Affaires indiennes, représenté dans le pays-même par un vice-roi. Ce vice-roi gouvernait avec un « conseil exécutif » et, en matière de lois, prenait l'avis d'un « conseil législatif » où siégèrent à partir de 1870 trois représentants indiens désignés par les Britanniques. Jusqu'en 1909, la plupart des membres du conseil législatif furent *nommés* par le gouverneur, beaucoup en vertu de leurs fonctions au sein de l'administration coloniale. En d'autres termes, le conseil n'avait rien d'une assemblée représentative. Il était l'organe du gouverneur, mais rien n'empêchait d'en faire par voie de réformes un parlement comme dans les dominions blancs de la couronne.

En dessous du pouvoir politique, il y avait le célèbre « Indian Civil Service », une élite administrative qui comptait au tournant du siècle environ 1 000 fonctionnaires dont 40 Indiens. Ils contrôlaient au niveau central et régional l'énorme appareil administratif qui employait environ 500 000 Indiens en 1900 (la police, la poste et l'enseignement compris).

Cette élite administrative, typiquement britannique dans ses méthodes de gestion, se recrutait essentiellement parmi les diplômés d'Oxford et de Cambridge. Très efficace, l'« Indian Civil Service » se montra soucieux d'impartialité et d'objectivité, ce qui assura son autorité auprès des populations, notamment rurales. A leurs propres yeux, ces fonctionnaires étaient « l'armature de fer » qui maintenait la cohésion du sous-continent indien. A la lumière de l'histoire, ce jugement paraît fondé.

Après 1870, l'amélioration des liaisons maritimes et des conditions sanitaires incita un nombre croissant de Britanniques à faire venir leur famille. Cela entraîna une diminution des contacts avec les populations locales. Derrière les murs du foyer, dans l'ambiance particulière des clubs, sur les terrains de criquet ou de golf, les Anglais purent cultiver leur « splendid isolation ». Le commérage, la critique et le rejet étaient des armes efficaces contre ceux qui s'écartaient des normes en usage. Dans un tel milieu, l'autosatisfaction ne pouvait que prospérer, de même qu'un mépris condescendant à l'égard des indigènes.

Les Britanniques en Inde (environ 100 000 en 1881) formaient un monde à part. Important pour conforter le sentiment d'identité, le club était aussi un foyer de ragots, de médisances, de snobisme et de mépris pour le monde extéreur. Ici, le club de golf de Calcutta en 1910.

En 1881, l'Inde comptait environ 100 000 Britanniques. Lorsqu'en 1883 lord Ripon, vice-roi nommé par le gouvernement libéral de Gladstone, proposa l'abolition des droits juridiques spécifiques des Européens (« Ilbert Bill »), cela provoqua un tollé parmi les « Anglais des Indes ». Ces protestations eurent pour résultat que si un inculpé occidental était déféré devant un juge indien, il était en droit d'exiger un jury composé pour moitié d'Européens. En l'occurrence, le racisme anglais se montra sous son jour le plus détestable. Mais cette campagne européenne apprit aussi aux nationalistes indiens les techniques de l'agitation politique.

L'Indian Civil Service avait sous ses ordres une police moderne, dirigée par des Britanniques mais surtout composée d'Indiens à l'échelon provincial. Ultime instrument du pouvoir, il y avait enfin l'armée des Indes qui comptait en 1910 quelque 70 000 Britanniques et 130 000 Indiens.

Ces chiffres révèlent que le gouvernement colonial

Un fonctionnaire britannique reçoit d'un de ses subordonnés indiens une invitation à un mariage. En 1900, environ 500 000 Indiens étaient employés dans l'administration publique sous l'autorité d'un nombre restreint de cadres anglais.

s'exerçait avant tout avec le concours des autochtones — un paradoxe apparent que l'on retrouve dans tous les territoires coloniaux. Bref, le terme de « gouvernement colonial » ne recouvre qu'un partie de la réalité. C'est en fait un Etat qui se construisit, comme à la même époque dans d'autres parties du monde. Mais dans la majeure partie de l'Inde, les Britanniques pouvaient marcher sur les traces des Moghols en matière d'administration locale et de recouvrement des impôts. Un tel substrat faisait généralement défaut dans les colonies africaines.

Les Indiens comme partenaires

Après la révolte des Cipayes, les Britanniques entreprirent délibérément d'asseoir leur puissance sur des alliances avec des groupes indiens influents. Cela s'observa surtout dans les royaumes et principautés autonomes qui constituaient toujours le tiers de l'Inde. Ces territoires étaient placés sous l'œil d'un « résident » britannique qui ressemblait plus à un diplomate qu'à un administrateur. Par ailleurs, les règles concernant leur autonomie demeuraient inchangées. Dans ce contexte, on a utilisé le terme de « gouvernement indirect », et ce type d'organisation allait s'imposer pour la gestion locale de tous les territoires coloniaux britanniques, en Afrique comme en Asie. Ce gouvernement indirect pouvait se justifier en termes de développement harmonieux — d'« évolution » et non de révolution. Dans le même esprit, les Anglais parlaient de « respect pour la spécificité des différentes cultures » et du droit des peuples à « suivre leur propre voie ». Sur le plan politique, cela signifiait concrètement que les Britanniques se liaient avec les forces locales conservatrices. C'était une manière d'essuyer le moins de résistance possible, et cela fonctionna tant que le but fut d'assurer le calme et l'ordre, non de susciter un développement forcé.

Le maharadjah de Rewah, vers 1865. Après 1870, la plupart des princes traditionnels de l'Inde se montrèrent fidèles partenaires des Britanniques. Ils gardèrent leur autonomie sous l'œil d'un « résident » britannique.

Démonstration de force : en 1903, « durbar » (cérémonie solennelle) en l'honneur de lord Curzon, le vice-roi, et de lady Curzon qui sont juchés sur le premier éléphant. Rien d'étonnant à ce que l'Inde ait été considérée comme « la perle du royaume britannique » !

Démonstration de force

Les Britanniques adoptèrent la tradition indienne du *durbar*, cérémonie réunissant à l'occasion d'hommages ou de négociations le souverain, la cour et les sujets. En ces occasions, la domination britannique et la soumission indienne se traduisirent de manière frappante. Ainsi, lorsque la reine Victoria fut couronnée « impératrice des Indes » en 1877. Un des Indiens présents, Keshub Sen, exprima ainsi ses sentiments : *« Personne ne peut nier que toute cette fête, du commencement jusqu'à la fin, fut une impressionnante cérémonie religieuse... Qui pourrait douter que la reine Victoria soit un instrument aux mains de la providence pour hausser ce pays arriéré à un niveau plus élevé au sein des nations ? Grâce soit rendue à la reine Victoria !... Ceci n'est pas l'œuvre des hommes mais celle de Dieu. Il l'accomplit par l'intermédiaire de la nation britannique. »*

Sans doute Keshub Sen appartenait-il à une des familles les plus anglicisées du Bengale, mais on ne saurait guère douter qu'il ait exprimé là une opinion largement répandue parmi l'élite intellectuelle indienne de l'époque.

(*Sources of Indian Tradition*, sous la dir. de W. T. De Bary, vol. 2, Londres 1958.)

Le gouverneur britannique (Lieutenant Général) de la province du Pendjab invite en 1875 les principaux princes locaux à prendre le thé (cinq maharadjahs, deux radjahs et un nabab).

Un soldat gurkha inspecte son arme. Les gurkhas, recrutés parmi les hautes classes du Népal, étaient les soldats les plus célèbres et les plus appréciés de l'armée des Indes. La Grande-Bretagne en recrute toujours comme militaires de carrière.

Même dans les « Indes britanniques », il arriva que l'aristocratie locale fût investie d'importantes responsabilités en matière fiscale et judiciaire (ainsi, dans le Bengale et dans la province d'Oudh, au nord du pays).

Mais en règle générale, les Indes britanniques étaient soumises à un « gouvernement direct », avec une bureaucratie locale exercée par des fonctionnaires compétents et, dans les tribunaux conçus sur le modèle britannique, par des magistrats versés dans le droit.

Les collaborateurs les plus proches des Anglais étaient les Indiens scolarisés, mais une étrange ambivalence s'observait dans leurs rapports. Ces gens instruits étaient des « produits » des écoles et instituts de langue anglaise totalement imprégnés de culture britannique. Pourtant, les Anglais ne manquaient pas de se gausser de cette classe de « babus » (*babu* = « mister », « sir ») qui essayait d'imiter les modèles européens.

Les Indiens instruits formaient un rouage indispensable dans la machine coloniale. Aussi la situation devint-elle grave vers le tournant du siècle quand ils commencèrent à revendiquer des droits égaux. Les Britanniques se montrèrent négatifs. Pressentaient-ils que ces hommes seraient à terme les fossoyeurs du colonialisme ?

Le fait que le recrutement pour l'armée comme pour l'administration se soit largement effectué au sein des castes dominantes constitue un phénomène intéressant. Les soldats venaient des castes des propriétaires fonciers les moins riches. La caste des brahmanes fournissait l'essentiel des fonctionnaires instruits. Mais l'on recruta aussi pour le service colonial au sein de groupes moins huppés — commerçants et autres — surtout lorsqu'un examen d'entrée fut normalement exigé pour y accéder.

Même dans leurs rapports avec les masses paysannes, les Britanniques devaient essentiellement miser sur une collaboration librement consentie. Non sans raison, ils pouvaient soutenir que l'administration coloniale avec ses règles bien définies protégeait les paysans contre l'exploitation arbitraire au plan local. L'impôt direct sur les terres

Représentants des régiments « rajput » dans l'armée des Indes (rajput = membre de la noblesse guerrière et féodale dans l'Inde du Nord-Ouest). En 1910, environ 130 000 Indiens et 70 000 Britanniques servaient dans l'armée des Indes.

« Diviser pour régner » ?

Les nationalistes interprétaient la collaboration britannique avec l'ancienne classe de dirigeants indiens comme une manœuvre pour maintenir la classe moyenne instruite à l'écart du pouvoir. Jawaharlal Nehru, le futur Premier ministre, écrivit en 1932 : *« Nous voyons comment les Britanniques... sont aux petits soins pour une classe féodale moribonde ; ils fabriquent de grands propriétaires terriens, soutiennent des centaines de princes indiens qui sont dépendants d'eux dans leurs Etats à demi féodaux. Et pourtant, ces mêmes Britanniques avaient été les pionniers en Europe d'une révolution de la classe moyenne ou de la bourgeoisie qui avait donné le pouvoir à leur parlement... Ils ne pouvaient devenir amis avec le peuple car leur présence en Inde avait pour but d'exploiter les masses... C'est la raison pour laquelle les Britanniques s'appuyèrent sur ce qui restait de féodalisme en Inde... Ce soutien ne pouvait que prolonger artificiellement une classe en sursis ; qu'il vienne à cesser et il ne restera à celle-ci qu'à disparaître ou à s'adapter aux nouvelles réalités. »*

Le nationalisme lui-même, on le voit, portait l'empreinte des antagonismes de classe.

A droite : l'Inde et le marché mondial. Une importation un peu spéciale : des blocs de glace pour rendre la vie plus confortable aux Européens. Les voiliers demeurent en majorité dans les ports. Dessin datant des années 1880.

La première locomotive fait son apparition à Indore, dans l'Inde centrale, en 1875. En 1914, l'Inde comptait plus de voies ferrées que les autres pays asiatiques et les autres colonies britanniques. Elles furent un facteur d'unité.

mettait les administrateurs chargés du cadastre, de la taxation et du recouvrement en contact avec les communautés villageoises. Cet impôt était la principale source de revenus pour l'Etat, puisqu'il représentait 40 % des recettes fiscales. Le volume total de la fiscalité a été l'objet de discussions. On estime qu'en 1935, impôts et taxes représentaient de 6 à 7 % du produit national brut, soit à peu près le tiers de ce qui s'observait en Occident à la même époque. Dans une telle perspective — et par comparaison avec le Japon — l'Inde peut paraître sous-imposée. Cependant, pour un paysan pris individuellement, l'impôt s'élevait parfois jusqu'à la moitié de ses revenus *nets*. Et lors des années de famine, comme dans la dernière décennie du XIXe siècle, cela pouvait entraîner des conséquences dramatiques et provoquer des troubles en milieu rural. La crainte que cela se produise explique sans doute que l'impôt sur les terres, globalement considéré, n'ait guère augmenté en Inde entre 1850 et 1914. Mais il y avait d'importantes variations régionales.

Ainsi, les Britanniques collaborèrent avec différentes catégories d'Indiens. L'expression « diviser pour régner » résume en partie leur stratégie. Mais la division avait existé avant, et le règne reposait sur un équilibre fragile. L'administration coloniale n'était pas une machine capable d'étouffer sans coup férir les résistances locales. Le recours à la force coûtait cher, et le prix de la coercition aurait pu rapidement enlever toute rentabilité au projet colonial. On a parfois présenté les Britanniques comme une nouvelle caste au sommet de la société indienne, étroitement liée aux autres groupes locaux.

La politique économique

Le processus d'intégration de l'Inde au marché mondial prit vraiment son essor entre 1860 et 1914. La valeur des exportations globales passa alors de 330 millions de roupies à environ 2,5 milliards — une multiplication par plus de sept. Les produits agricoles en constituaient l'essentiel : coton, jute, blé, graines oléagineuses et thé. Globalement, l'augmentation de la production était moins importante et moins diversifiée que dans des pays comme la Russie ou le Japon. Dans quelle mesure était-ce dû au système colonial et quelle était la part des faiblesses internes ?

En Inde, les autorités britanniques créèrent les conditions du développement économique : ordre militaire, abolition des douanes intérieures, instauration d'une législation sur le modèle anglais. En matière d'échanges extérieurs, le principe du libre commerce fut imposé de la même manière que dans d'autres parties du monde, et il ouvrit toute grande la porte aux produits industriels britanniques. Dans une première phase, jusqu'à l'épanouisse-

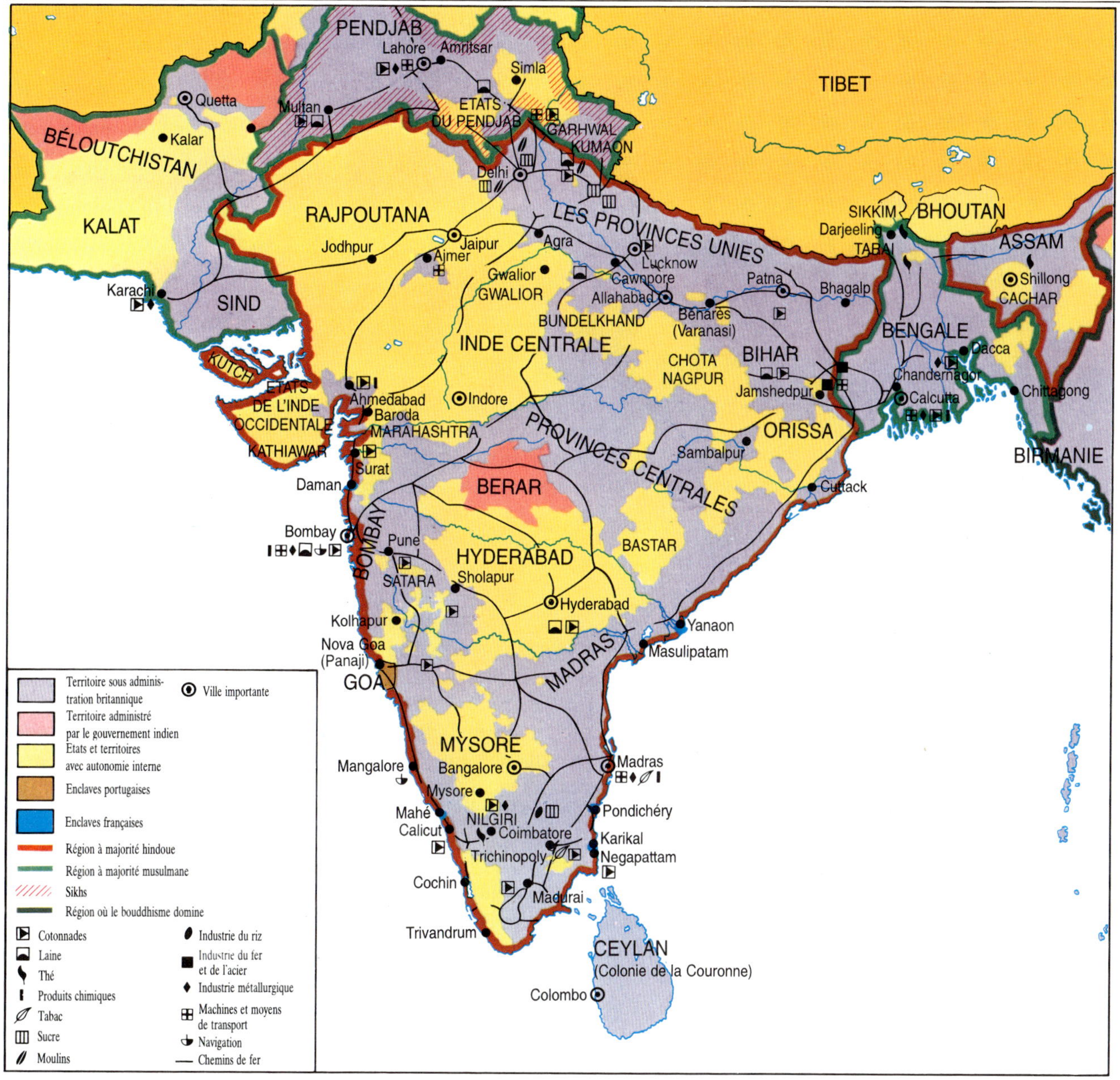

L'Inde à l'époque coloniale. Les zones en jaune représentent les Etats princiers jouissant de l'autonomie interne, et un liseré rouge entoure les provinces à majorité hindoue. Les chemins de fer permettaient d'acheminer les produits d'exportation vers les côtes.

ment du libre commerce après 1840, il arriva que les Britanniques se servent de la politique douanière à leur profit : les tissus indiens de qualité furent frappés de droits de douane élevés pour protéger l'industrie britannique. Après 1850, le jeu du libre commerce profita *automatiquement* aux Britanniques qui pouvaient alors proposer des produits meilleurs et moins chers.

L'Inde ne disposa donc pas de protections douanières comme celles instaurées à l'époque en Russie, aux Etats-Unis et en Europe continentale. Quand les autorités coloniales voulurent introduire dans les années 1880 et 1890 une douane à l'importation, les fabricants britanniques y firent obstacle. Après la Première Guerre mondiale seulement, l'industrie indienne bénéficia de protections douanières. Mais il ne faut peut-être pas exagérer l'importance de celles-ci. Certains secteurs de l'économie indienne gagnèrent à pouvoir importer sans acquitter de droits des équipements bon marché, et le libre commerce fut bénéfique aux exportations agricoles.

L'apport le plus évident des autorités coloniales au développement économique fut la construction de voies ferrées et de systèmes d'irrigation. Les chemins de fer allaient connaître une extension inouïe. Après la création en 1853 d'une première ligne à Bombay, un programme d'ensemble fut réalisé à partir de 1859. En 1914, le pays comptait 55 000 kilomètres de voies ferrées, ce qui plaçait l'Inde au premier rang des pays asiatiques et de toutes les colonies britanniques. Le tracé des lignes fut fonction de considérations stratégico-militaires, et plus encore des impératifs du commerce extérieur. Pour rentabiliser les coûts de constrution, il fallait transporter de grandes quantités de marchandises. Aussi les villes portuaires furent-elles favorisées au détriment de celles de l'intérieur qui n'étaient que des marchés régionaux. Cette situation est caractéristique de l'ensemble du tiers monde. Les chemins de fer contribuèrent puissamment à lier les différentes parties de l'Inde en un ensemble économique et politique plus soudé. L'économie monétaire put se développer sur de nouvelles bases. Des villages de plus en plus nombreux eurent des contacts renforcés avec le monde exté-

L'appareil photo a fait son entrée en Inde. En 1899, il n'était pas difficile de trouver des gens affamés à photographier. Quelque trente millions de personnes furent victimes de la famine entre 1860 et 1900.

rieur. Mais l'Inde rurale ne s'ouvrit pas tous azimuts, contrairement à ce que Marx avait laissé entendre.

Evolution démographique, émigration et politique agricole

Pour la grande majorité des Indiens, c'était la politique agricole des autorités coloniales qui revêtait le plus d'importance. La population augmenta considérablement — de 130 millions en 1840 à 257 en 1881 et 303 en 1911. Il se produisit aussi une émigration d'une ampleur considérable. L'Inde possédait de vieilles traditions en matière de navigation et de commerce dans l'océan Indien. La colonisation britannique apporta une sécurité accrue et des possibilités de profit jadis inconnues. Les commerçants indiens qui fonctionnèrent comme intermédiaires furent le fer de lance de l'économie monétaire depuis la Birmanie jusqu'à l'Ouganda. Beaucoup servirent directement dans l'administration coloniale anglaise hors de l'Inde, notamment en Birmanie. Là où la main-d'œuvre locale faisait défaut, on pouvait attirer des ouvriers indiens en les transportant gratuitement s'ils acceptaient un contrat de longue durée. Ce fut le cas dans l'industrie sucrière d'Afrique du Sud, dans la construction ferroviaire au Kenya, et des travailleurs indiens prirent aussi le chemin des plantations de l'Asie du Sud-Est, de l'Océanie et même de la Guyane britannique en Amérique du Sud. On a calculé qu'au total, 27 millions d'Indiens émigrèrent entre 1846 et 1932. Aucun pays d'Europe ne connut pareille ponction, et cette migration de population s'inscrit parmi les plus impressionnantes de l'histoire.

Les Britanniques pouvaient s'enorgueillir d'avoir fait énormément pour lutter contre la faim : chemins de fer, systèmes d'irrigation et aide organisée. Ici, un camp destiné aux plus démunis au cours d'une période de famine.

Pour les autorités coloniales, les épidémies et le manque de nourriture constituaient des défis majeurs. Au tournant du siècle, on se battait encore contre des maladies infectieuses ayant disparu en Europe. Le choléra ne cessait d'exercer ses ravages dans le delta du Gange, et la variole était répandue partout. Les chemins de fer accéléraient la contagion. En 1907, une épidémie de peste fit deux millions de victimes en quelques semaines. Mais des mesures sanitaires permirent progressivement de diminuer les risques d'épidémies.

Quand la mousson était insuffisante, la disette pouvait se répandre dans tout le pays, et la mortalité atteignait alors des chiffres astronomiques. On a calculé qu'environ 30 millions de personnes furent victimes de la famine entre 1860 et 1900. Cependant, le combat des autorités coloniales contre ce fléau fut couronné de succès. Grâce aux chemins de fer, on put acheminer des vivres vers les régions touchées. Les pouvoirs publics mirent en place des systèmes d'irrigation en fonction d'une stratégie conséquente. En 1883 fut adoptée une « loi sur la faim » avec un plan de crise permanent. Plus tard fut institué un « fonds d'assurance contre la famine » qui disposa de sommes importantes. Les systèmes d'irrigation jouèrent un rôle clé dans cette lutte. En 1903, quelque 22 millions d'hectares de terre en étaient pourvus (environ 8 millions avec des canaux, 6,5 millions avec des puits, plus de 4 millions avec des citernes, le reste avec d'autres procédés techniques), ce qui représentait la sixième partie de la surface cultivable de l'Inde d'alors. Environ la moitié de ces installations fut financée par des fonds publics.

Néanmoins, il s'avérait que la population augmentait plus vite que les ressources alimentaires. Mais les variations régionales étaient grandes. Schématiquement, on peut parler d'une amélioration dans les provinces du Nord-Ouest et d'une détérioration dans le Bengale, surtout pour les plus petits cultivateurs. Le passage à une agriculture commerciale axée sur le coton et le sucre put reléguer les cultures vivrières dans des terres de moins bonne qualité. En revanche, la production de jute et de riz pour la vente complétait l'agriculture alimentaire. Il est difficile de dire si la production commerciale eut globalement un effet négatif sur la subsistance des masses paysannes, car il faut aussi tenir compte des marchandises que celles-ci pouvaient à présent acheter. Lorsque les conditions de vie se détériorèrent, la raison majeure en fut probablement l'augmentation de population.

Pesanteurs rurales

En Inde, la vie rurale présente une grande complexité et d'importantes variations régionales. Les données statistiques antérieures à 1914 présentent bien des lacunes. Socialement, il y avait toute une échelle mouvante allant du petit cultivateur au gros paysan et au propriétaire foncier. Les agriculteurs qui possédaient des terres pouvaient aussi en louer d'autres à titre de complément ou encore affermer une partie des leurs.

La productivité agricole n'augmenta guère. On a parlé de « développement stationnaire ». Les propriétaires terriens adoptèrent rarement l'exploitation à grande échelle faisant appel à une main-d'œuvre salariée. Et les prêteurs d'argent qui acquéraient des terres laissèrent les anciens propriétaires les exploiter en tant que métayers. En 1860, les Britanniques instaurèrent une loi agricole introduisant le concept de propriété privée sur le modèle européen. Entre autres effets, cela induisit les petits paysans à la tentation d'hypothéquer leurs terres pour obtenir des prêts. Une estimation révèle qu'en 1923, 83 % des agriculteurs du Pendjab étaient endettés. En cas de remboursement défaillant, les terres risquaient d'être mises en vente selon un mécanisme classique dans le monde entier. A l'autre bout de l'échelle augmenta le nombre des grands propriétaires terriens qui purent vivre en ville du produit de leurs fermages.

Le marché du coton à Khangaon dans le Berar occidental. L'industrie textile indienne se développa puissamment à l'époque coloniale et exporta beaucoup. En 1930, un tiers seulement des produits textiles venait de l'étranger.

A gauche : agriculteurs dans le Pakistan d'aujourd'hui. La surpopulation et l'exploitation capitaliste des terres entraînèrent des problèmes d'endettement et assurèrent la domination des propriétaires, en Inde comme dans d'autres pays.

Cette évolution causa beaucoup de souci aux autorités britanniques. A l'aide de lois promulguées entre 1880 et 1900, elles essayèrent de freiner les achats et les ventes de terres. En revanche, elles étaient enclines à promouvoir les exploitations capitalistes rationnelles faisant appel à une main-d'œuvre salariée. La culture du thé dans les plantations européennes du Nord-Est joua un rôle pilote. Mais ces plantations ne couvraient que 0,3 % des terres cultivables. Par ailleurs, les Britanniques échouèrent complètement dans leurs tentatives de constituer une classe moderne et efficace de propriétaires terriens. Ils achoppèrent aussi bien sur les intérêts économiques propres aux possédants que sur le système de valeurs spécifiquement indien. Affermer conférait puissance et prestige, et la pénurie de terres permettait de toucher d'importantes redevances. Les prêteurs d'argent pouvaient exiger des intérêts extrêmement élevés.

Les autorités britanniques légiférèrent pour éviter que les gens endettés ne soient trop pressurés. La prison pour dettes fut interdite. Des banques coopératives furent créées en 1904, mais sans grand effet. Les autorités suscitèrent aussi des coopératives de vente destinées à éliminer les nombreux intermédiaires, mais en 1938 encore, elles ne comptaient que 3,5 millions de membres parmi les paysans. Les coopératives elles-mêmes ne tardèrent pas à tomber sous la coupe des intermédiaires, des prêteurs d'argent et des castes rurales dominantes.

Economiquement et culturellement, les campagnes allaient pour l'essentiel garder leurs traits ancestraux. On a discuté des causes de cette inertie. Le bon sens paysan put se montrer sceptique à l'égard de certaines techniques modernes, par exemple le labourage en profondeur de terres maigres qui augmentait les risques d'érosion. Par ailleurs, maladies et malnutrition expliquent sans doute le manque d'énergie. Les interdictions religieuses, par exem-

Plantation européenne de thé dans le Bengale, 1880. Elle offre un exemple typique d'agriculture capitaliste reposant sur une main-d'œuvre salariée. Mais de telles plantations ne couvraient que 0,3 % des terres cultivables du pays.

Dame anglaise (memsahib) transportée en rickshaw dans les campagnes du sud de l'Inde (vers 1895). Les tentatives britanniques de réforme de l'agriculture ne furent guère suivies d'effet.

ple le tabou alimentaire hindou frappant la viande bovine, dressèrent aussi des obstacles. Mais l'explication majeure doit malgré tout résider dans le système économique lui-même. Riches des revenus que leur rapportaient fermages et intérêts de prêts, les propriétaires terriens avaient de bonnes raisons de vouloir préserver le vieux système au sein duquel les métayers, pieds et poings liés, ne se sentaient en rien motivés à se montrer plus efficaces.

La religion contribua à maintenir l'ordre ancien dans les campagnes, notamment par le système des castes. Il était difficile de promouvoir des vertus libérales comme l'égalité des droits, la liberté, l'esprit d'entreprise. Une étude effectuée dans le Bihar révéla qu'en 1951, les castes disposant traditionnellement de biens fonciers contrôlaient toujours l'essentiel des terres — 80 % de celles-ci étaient aux mains d'environ 10 % des familles de la province. Mais les petits paysans et les métayers ne devinrent pas révolutionnaires pour autant. Même si l'économie monétaire put aggraver leur situation, ils dominaient toujours le prolétariat sans terre issu des castes les plus basses.

L'inertie des campagnes fit obstacle au développement industriel. Faute d'une augmentation de la production agricole, les investissements dans d'autres secteurs demeurèrent très limités. Les prêteurs et les propriétaires terriens n'étaient guère enclins à réinvestir les gains qu'ils réalisaient au détriment des paysans. Des sommes importantes étaient affectées à des fins cérémonielles (mariages, enterrements). En outre, les faibles revenus des paysans limitaient le marché des produits industriels.

Il s'agissait là de causes *internes* au sous-développement, indépendantes du système colonial. De telles barrières subsistent encore dans l'Inde d'aujourd'hui.

Les rares révoltes paysannes

Les révoltes paysannes furent bien peu nombreuses en Inde. Il y en eut toutefois, même si la passivité des masses populaires apparaît comme le trait dominant.

Ces révoltes paysannes se produisirent dans deux districts, le Bengale en 1872 et le Mahārāshtra en 1875. Dirigées contre les prêteurs d'argent et les propriétaires, elles ne furent nullement antibritanniques. Au contraire, on estimait généralement que la reine Victoria voulait protéger les paysans contre les exploiteurs locaux. Quand les autorités coloniales augmentèrent l'impopulaire impôt sur le sel, il s'ensuivit des protestations de masse dans la région de Bombay en 1878. Les autorités durent faire appel à la force armée pour rétablir l'ordre. Dans ce contexte, les protestations prirent aussi une coloration anti-impérialiste.

A la même époque, des révoltes paysannes spontanées éclatèrent sur la côte de Malabar et dans plusieurs des principautés autonomes. Les insurgés avaient rarement un programme bien défini. L'exception fut la révolte de février 1879 dans le Mahārāshtra qui mobilisa un millier de participants actifs. Des intellectuels de la petite bourgeoisie locale figurèrent en première ligne. Les attaques traditionnelles contre les prêteurs et les propriétaires terriens furent assorties d'un programme nationaliste. Le mouvement exigea le développement de l'industrie et du commerce, une réduction des impôts, la diminution des salaires des fonctionnaires coloniaux et des moyens financiers plus importants pour combattre la faim. Mais le Mahārāshtra était un district particulier, riche d'une longue tradition patriotique depuis les luttes contre les Moghols et l'islam au XVIIe siècle.

Si l'on compare avec la Chine, les révoltes paysannes indiennes postérieures à la grande mutinerie de 1857-58 ne jouèrent qu'un rôle mineur. La pauvreté était-elle si

Appel à la guerre sainte contre les Britanniques en 1897. Mais l'Inde rurale était conservatrice et fortement liée au système des castes. Par comparaison avec la Chine, les révoltes paysannes indiennes ne jouèrent qu'un rôle mineur.

Batelier sur l'Indus en 1878 — une image intemporelle. L'Indien gardait son propre rythme.

accablante qu'elle engendrait plus de fatalisme que de pugnacité ? Les autorités coloniales, avec leurs principes juridiques et leurs mesures contre la famine, n'apparaissaient-elles pas malgré tout comme une puissance tutélaire de type paternel ? On raconte l'histoire de ce paysan indien qui, entendant parler pour la première fois de Jésus et de ses bonnes actions, aurait cru qu'il s'agissait de l'ancien commissaire du district ! Mais peut-être cette histoire révèle-t-elle avant tout la manière dont les Britanniques souhaitaient être perçus.

Marx et l'Inde

Karl Marx se représentait l'Inde comme une société statique, dépourvue d'histoire. Mais il était persuadé que le capitalisme britannique allait la restructurer sur le même modèle que celui observé en Europe : *« L'ingérence anglaise... mit fin à ces petites sociétés rurales à demi barbares, à demi civilisées en faisant voler en éclats leurs fondements économiques, ce qui provoqua la plus grande révolution sociale et même la seule véritable qu'ait connue l'Asie... Certes, les motifs de l'Angleterre étaient des plus douteux et les méthodes répréhensibles, mais là n'est pas l'essentiel. L'essentiel réside en ceci : l'humanité peut-elle accomplir ses desseins sans une révolution sociale radicale en Asie ? Abstraction faite de ses fautes, l'Angleterre fut l'instrument inconscient de l'histoire pour l'accomplissement de cette révolution. »*

Cependant, Marx minimisa l'importance de la tradition indienne et des forces d'inertie qui s'opposaient efficacement aux changements sociaux. Max Weber vit plus clairement les effets inhibiteurs d'ordre culturel qui se manifestaient par exemple dans le système des castes.

(Cf. F. V. Moulder : *Japan, China and the Modern World Economy*, Londres 1977.)

Artisanat et industrie — décadence et progrès

L'idée que l'industrie britannique aurait ruiné l'artisanat indien apparaît trop peu nuancée. Dans ce domaine, il n'est guère aisé de trouver des statistiques fiables. Les derniers résultats de la recherche permettent de brosser le tableau suivant.

L'artisanat de luxe destiné aux cours princières s'étiola à mesure que l'ancienne élite dirigeante perdit de sa puissance. L'artisanat du filage fut progressivement supplanté par le fil britannique et *indien* fabriqué industriellement, mais le tissage à la main semble s'être maintenu ; en l'occurrence, c'était un avantage que de disposer de fil industriel moins cher et de meilleure qualité. Serviettes et châles tissés à la main s'exportèrent en nombre important. En 1930, parmi les presque six milliards de mètres de tissus dont l'Inde fit usage, 1,6 milliard avaient été tissés à la main dans le pays et 2,4 provenaient d'usines indiennes, la part des importations se limitant à 1,9 milliard de mètres.

Bref, l'industrie indienne de transformation se développait malgré la concurrence européenne. Dans le Bengale, la plupart des usines de jute étaient aux mains des Européens. En revanche, les Indiens dominaient la production cotonnière — filage d'abord, puis, à partir de 1880, tissage également. La région de Bombay était traditionnellement un centre important d'exportation de fil de coton et de tissus. Les exportateurs indiens de textiles dominèrent

Tisserand indien au travail. Les fileurs furent éliminés par la concurrence des usines britanniques et indiennes, mais le tissage à la main demeura compétitif (plus du quart des tissus vendus en 1930).

Chantier naval indien. L'Inde devint au cours de la période coloniale l'un des plus grands pays industriels du monde. En 1939, presque la moitié de ses exportations consistait en produits industriels.

longtemps le marché chinois qu'ils alimentaient encore aux trois quarts en 1906. Le malheur historique de l'Inde, c'est que l'industrie japonaise se développa alors et qu'elle parvint à conquérir le marché chinois.

Il fut plus difficile de mettre sur pied une industrie métallurgique indienne, du fait de la concurrence britannique mais aussi du peu d'empressement des autorités. Un magnat indien de l'acier apparut pourtant à la fin du XIXe siècle, Jamshed N. Tata, assisté de son fils Ratan. Ils rassemblèrent assez de capitaux indiens pour créer le plus grand groupe sidérurgique de l'empire britannique. La Première Guerre mondiale ouvrit à l'industrie métallurgique de nouvelles possibilités. Au cours des années qui suivirent, elle détrôna celle du coton et, en 1939, elle couvrait les trois quarts des besoins d'acier du pays. A cette époque, 43 % des exportations de l'Inde consistaient en produits industriels !

La nouvelle classe moyenne indienne. Employés dans une fabrique d'allumettes (Western India Match, 1937). C'est sur ce groupe que le parti du Congrès nationaliste pouvait avant tout s'appuyer.

Il demeure qu'on pourrait accuser les autorités coloniales de manquements. Au XIXe siècle, elles n'avaient eu aucune raison de mener une politique industrielle active en Inde tant que le pays pouvait se fournir de manière satisfaisante en Grande-Bretagne. Les énormes besoins en matériels liés à la construction des chemins de fer avaient ailleurs suscité une industrie lourde, mais en Inde, ils furent couverts par des achats en Angleterre. Il en alla de même pour les équipements militaires.

Cependant, les autorités menèrent une politique industrielle plus active après 1900. Ainsi, elles créèrent en 1907 un ministère spécialement chargé du commerce et de l'industrie. La compagnie pétrolière Burma Oil se développa grâce au soutien de l'Etat, et certaines des aciéries de Tata jouirent du même privilège. A Madras fut fondée une entreprise nationale pour la production d'aluminium. Une commission officielle préconisa en 1919 une intervention active de l'Etat dans l'industrie, et en 1928, près de 10 % des ouvriers indiens étaient employés dans des entreprises publiques. A ce stade, la politique de libre commerce avait été abandonnée, et l'industrie indienne bénéficiait de certaines protections douanières.

Mais au total, le processus d'industrialisation n'eut jamais la même vigueur qu'au Japon et en Europe. Sans doute est-ce dû pour beaucoup à des causes intérieures. Les entrepreneurs indiens s'intéressaient avant tout au commerce. En règle générale, ils n'avaient ni compétence ni appétence pour des activités industrielles exigeant une planification à long terme. Les représentations religieuses traditionnelles peuvent aussi avoir joué leur rôle. Dans beaucoup de castes, le travail physique était considéré comme humiliant. Le contraste était grand entre la culture hindoue et la civilisation européenne.

Dans les discussions sur le régime colonial, d'aucuns ont soutenu que les Britanniques ne s'étaient pas montrés assez durs ! Si l'on compare par exemple avec la Russie, on constate que l'administration en Inde répugna à des interventions radicales dans les campagnes qui auraient favorisé l'évolution capitaliste mais auraient aussi détruit la vieille société. En évitant une fiscalité trop lourde, on se priva aussi de capitaux qui auraient pu financer l'industrialisation. Cela s'explique en partie par l'absence d'ancrage national du gouvernement colonial. Les cercles humanitaires britanniques réagissaient promptement à tout abus de pouvoir. En Inde, les salaires étaient proches du minimum vital, ce qui faisait redouter aux industriels britanniques une âpre concurrence. Ce fut l'une des raisons qui poussèrent les autorités coloniales à adopter en 1881 une loi limitant l'exploitation des ouvriers. Il allait s'écouler trente ans avant que pareille législation ne fasse son apparition au Japon !

L'Inde « pressurée » ?

En matière d'exploitation, les nationalistes indiens s'en prirent d'abord aux transferts directs de fonds vers la Grande-Bretagne. Il suffisait de lire le budget de l'Etat pour s'en aviser. En 1891, le quart des recettes fiscales globales prit le chemin de l'Angleterre. Il s'agissait des pensions des fonctionnaires rentrés au bercail, de toutes les dépenses du ministère de l'Inde à Londres, y compris les frais de ménage, du coût global de la ligne de télégraphe entre la Grande-Bretagne et l'Inde, des achats de matériels en Grande-Bretagne et des intérêts des emprunts publics. Un Etat indépendant aurait eu aussi de telles dépenses, mais moins d'argent serait sorti des frontières. Le paiement d'intérêts à des prêteurs étrangers n'était en rien spécifique à l'administration coloniale. Et calculés en pourcentage du produit national, ces transferts ne représentaient pas grand-chose — environ 0,5 % par an entre 1870 et 1900.

Les nationalistes indiens soutenaient également que les dépenses militaires étaient démesurées. Entre 1870 et 1900, elles représentèrent quelque 30 % des dépenses publiques si l'on y inclut également la formation en Grande-Bretagne de régiments destinés à servir dans l'armée des Indes et l'utilisation de forces armées indiennes pour les conquêtes britanniques en Birmanie, en Afrique et au Moyen-Orient, notamment pendant la Première Guerre mondiale. Une comparaison avec le Japon, la Russie et l'ancien royaume moghol révèle cependant que les dépenses militaires n'avaient rien d'extraordinaire. Nous nous souvenons qu'en 1913, celles-ci s'élevaient au Japon à la moitié du budget de l'Etat.

En Inde, les activités économiques britanniques alimentèrent le budget de diverses manières : intérêts du capital, pensions pour les employés, transferts directs de bénéfices. Mais il en allait toujours ainsi avec les activités économiques européennes. Ces mécanismes s'intensifièrent après 1890 avec l'adoption de l'étalon-or dans le commerce international. Du coup, la roupie indienne basée sur l'argent perdit en valeur, et les transactions internationales en livres anglaises devinrent plus chères.

Pour la Grande-Bretagne, l'important excédent des exportations indiennes revêtait sans nul doute beaucoup plus d'importance que les transferts de fonds. Concrètement, cela impliquait que l'Inde utilisait l'argent qu'elle avait gagnée à l'extérieur pour acheter des marchandises en Grande-Bretagne. Bien entendu, ce n'était pas le fait du hasard ; les autorités coloniales, directement ou indirectement, s'employaient à favoriser les intérêts britanniques. Ce furent les grandes firmes anglaises d'import-export établies en Inde qui élaborèrent ce modèle.

Bibliothèque indienne. La salle de lecture de la Baroda Central Library. Les Indiens cultivés étaient les collaborateurs administratifs mais les rivaux politiques des Britanniques.

Bourgeoisie et gens instruits

La classe d'hommes d'affaires indiens qui se développa sous le régime colonial se recruta pour une bonne part au sein des familles de banquiers, prêteurs, commerçants et propriétaires terriens. En plus de leurs activités commerciales, bancaires et industrielles dans les villes, ces représentants des hautes castes purent acheter des terres et prêter de l'argent dans les campagnes, ce qui leur permit de pressurer les paysans. Vis-à-vis des hommes d'affaires britanniques, ils se trouvaient dans une position ambivalente. Beaucoup d'entre eux étaient liés à des firmes anglaises d'import-export, et l'on pourrait parler ici, comme en Chine, de bourgeoisie « comprador ». Mais ils étaient aussi les concurrents de leurs homologues britanniques sur le marché indien. Ils purent parfois se sentir discriminés par les banques comme par les autorités coloniales, ce qui eut pour effet de les pousser à l'engagement politique.

Influences culturelles mutuelles : l'élite indienne cultivée s'européanisa, mais les fonctionnaires britanniques furent également influencés par le style de vie indien. Nous voyons ici un Anglais au début du XIXe siècle avec professeur de langues, échiquier et pipe.

Les Indiens instruits, fonctionnaires ou représentants des professions libérales, avaient eux aussi une attitude ambivalente à l'égard des Britanniques. Ils étaient partagés entre l'admiration et le désir de collaborer d'un côté, l'amertume et l'esprit de révolte de l'autre. Les diplômés de l'université, souvent formés en Angleterre, formaient un groupe à part. Ils venaient souvent de la caste des brahmanes et en perpétuaient les traditions savantes sous des formes nouvelles. Ils tiraient leur subsistance de l'administration coloniale, ce qui déjà les mettaient en porte-à-faux dans la société indienne. Mais beaucoup de représentants de l'élite cultivée venaient aussi d'autres castes, de familles d'hommes d'affaires et de propriétaires. De la sorte, ils avaient leurs racines dans la bourgeoisie autochtone en train de se développer et ils en partageaient les intérêts tout en misant sur leur carrière administrative.

Après 1870, l'Indian Civil Service était en principe ouvert aux Indiens diplômés de l'enseignement supérieur, mais les obstacles pratiques ne manquaient pas. Ainsi, les

Rabindranath Tagore (1861-1941), écrivain et philosophe, fut le premier prix Nobel de littérature non occidental (1913). Il allia philosophie hindoue et idéalisme occidental.

Temple hindou. Aux XIXe et XXe siècles, d'éminents penseurs œuvrèrent à une réforme de l'hindouisme : adaptation au monde moderne, abolition de survivances barbares, justice sociale.

épreuves de l'examen d'entrée avaient lieu à Londres. Ceux des Indiens qui furent admis purent se plaindre d'être oubliés au moment des promotions. En 1913, l'Indian Civil Service ne comptait que 5 % d'Indiens. Mais l'instruction gagnait du terrain. Entre 1885 et 1900, le nombre des étudiants de l'enseignement supérieur passa de 11 000 à 23 000, et celui des élèves du secondaire de 429 000 à 633 000. Cela signifiait que les classes moyennes avaient à présent un accès plus large à une instruction poussée. Mais la concurrence se fit plus dure en matière d'emploi et de carrière, ce qui apporta de l'eau au moulin des revendications nationalistes : autonomie et participation accrue aux décisions servaient les intérêts de carrière de l'élite cultivée. Tout aussi importante fut la réaction psychologique aux attitudes méprisantes et racistes qui étaient le sous-produit logique du colonialisme.

Renaissance hindoue et aspirations réformistes

Mieux dans tout autre territoire colonial, on peut observer en Inde comment le combat contre le colonialisme fut également inspiré par un nationalisme *culturel.* Au XIXe siècle, celui-ci prit la forme d'un renouvellement de l'hindouisme — une renaissance qui revêtit des proportions intellectuelles imposantes.

L'hindouisme tel qu'il s'exprimait dans la pratique religieuse des différentes castes présentait une diversité extrême. Pourtant, certains traits de la « grande tradition » issue des livres sacrés, les Vedas, se retrouvaient partout : système des castes, rôle des brahmanes, lieux de pèlerinage, vache sacrée, doctrine de la migration des âmes, importance du sacrifice et de l'approfondissement spirituel pour s'élever vers la divinité. Les chefs religieux attachaient une importance particulière au refus du monde matériel et aux voies intérieures conduisant au bonheur.

C'est au sein de la « petite tradition » de l'hindouisme, bâtie autour de divinités locales et de cérémonies secrètes variant à l'infinité, que résidait la diversité. Dans ce contexte, la méditation religieuse jouait un rôle moins important. Les gens du peuple, en Inde comme ailleurs, vivaient essentiellement leur religion au quotidien, dans le cadre qui leur était imparti.

Le principal apport de l'Occident au renouvellement de l'hindouisme fut l'étude scientifique du sanskrit, entreprise dès la fin du XVIIIe siècle, qui donna naissance à la linguistique indo-européenne. Cette mise en lumière d'une origine commune créa chez beaucoup d'Européens et d'Indiens un sentiment spécial de parenté au sein de la grande famille indo-européenne.

Par ailleurs, la religion chrétienne et la tradition humaniste européenne lançaient un défi à l'hindouisme, notamment du fait des critiques acérées des missionnaires à l'égard de l'iconolâtrie et des coutumes barbares.

L'Inde compta toute une série de brillants intellectuels — de Ram Mohan Rai (1772-1833) au Mahatma Gandhi (1869-1948) — qui tous manifestèrent leur intérêt pour différents types de réformes. Une des tendances qui se développa, d'orientation *fondamentaliste*, préconisa un retour à l'hindouisme authentique, originel, tel qu'il s'exprimait dans les Védas. Un tel retour n'empêcherait pas l'adaptation au monde moderne, y compris à la science occidentale. Nous avons rencontré le même message chez les réformateurs islamiques. Le *monothéisme*, assorti du rejet de l'iconolâtrie et des sacrifices parfois sanglants, constitua un autre courant. Un troisième se montra orienté vers les *réformes sociales* : abolition de l'immolation des veuves par le feu, des sacrifices d'enfants, de la polygamie, de la prostitution dans les temples, des mariages arrangés — et avant tout, mesures énergiques pour améliorer les conditions inhumaines de vie des castes les plus basses. Aussi bien Mahadev Ranade (juge à la cour suprême de Bombay) que Gopal Gokhale (professeur, écrivain et politicien) dénoncèrent au tournant du siècle combien il était inconséquent de condamner la manière dont les Indiens étaient traités en Afrique du Sud tout en acceptant la discrimination encore plus brutale dont étaient victimes les castes inférieures en Inde même. Ranade dressa la liste des causes essentielles de l'arriération de l'Inde : autosatisfaction liée au système des castes, inégalités sociales, soumission aux puissants, fatalisme indifférent en présence du mal et des injustices. Cela ressemblait à s'y méprendre au disgnostic porté par Lutfi as-Sayyid sur la mentalité égyptienne (voir p. 181).

La plupart des penseurs réformistes hindous avaient aussi en commun une admiration profonde pour la culture britannique. Beaucoup d'entre eux avaient été éduqués en Grande-Bretagne, certains depuis l'enfance. Parmi les vertus anglaises dignes d'être pratiquées, ils désignaient au premier chef l'autonomie de l'individu, la liberté politique, l'égalitarisme, l'esprit patriotique, la conscience culturelle et une attitude volontariste accompagnée du sens du devoir. En revanche, ils rejetaient le matérialisme européen et la concurrence qu'il engendrait. On en vint naturellement à l'idée d'un échange mutuel entre l'Europe et l'Inde. L'hindouisme pouvait montrer à l'Occident le chemin d'un approfondissement spirituel sans lequel il ne pouvait y avoir de vie heureuse. Telle était la mission historique de l'Inde. Beaucoup d'Européens, les théosophes par exemple, tournèrent le dos à leur propre civilisation et cherchèrent à se régénérer dans la tradition hindoue. Quelques-uns allaient participer activement au mouvement nationaliste indien.

L'histoire vue par les nationalistes

En matière de colonialisme, les dirigeants nationalistes indiens avaient une conception diamétralement opposée à celle de Marx : à leurs yeux, les Britanniques *faisaient obstacle* au développement de l'Inde.

Nehru s'exprima ainsi en 1932 : *« L'Inde était un pays d'artisanat florissant lorsque les Britanniques y prirent le pouvoir. L'étape suivante aurait normalement dû être l'industrialisation et l'introduction du machinisme moderne. Mais au lieu d'aller de l'avant, l'Inde régressa bel et bien du fait de la politique britannique. Elle cessa d'être un pays d'artisanat et redevint plus que jamais un pays agràire. Cette malheureuse agriculture doit par conséquent nourrir une quantité d'artisans désormais sans emploi... Et avant que ce problème majeur soit résolu, misère et pauvreté ne connaîtront pas de fin... »*

Cependant, Nehru minimisait les facteurs *internes* d'arriération. Comme on allait le constater, l'indépendance politique n'élimina pas les obstacles à une industrialisation rapide.

Les linguistes européens contribuèrent au renouvellement de l'hindouisme, notamment par l'étude du sanskrit, langue indo-européenne. Ici, un fonctionnaire britannique « étudie » les traditions chorégraphiques locales dans un milieu plaisant (1887).

Le Congrès national indien

Certains intellectuels hindous choisirent de mener une vie retirée, marquée par l'ascétisme et les exercices spirituels (*yoga*). Mais beaucoup se montrèrent politiquement actifs

Influences culturelles mutuelles : la reine Victoria avec son secrétaire indien au château Balmoral en 1901. La reine appréciait la manière de servir empressée, discrète et silencieuse des Indiens.

Nationalisme indien. Une foule immense s'est rassemblée à Bombay le 28 décembre 1914 pour écouter le premier discours de Gandhi depuis son retour d'Afrique du Sud.

en tant que journalistes, tribuns populaires ou fondateurs d'associations. De l'idée d'un renouvellement de l'hindouisme à celle d'un renouvellement *national* fondé sur l'indépendance politique, le pas était vite franchi. Et compte tenu de l'admiration qu'on portait aux idées britanniques, il était tout naturel de réclamer des droits politiques, sans considération des intérêts spécifiques des classes instruites.

La création en 1885 à Bombay du « Congrès national indien » marqua une étape décisive. Au cours de ses vingt premières années d'existence, il suivit une ligne modérée et libérale, caractéristique des mouvements nationalistes dans leur phase initiale. Les dirigeants étaient issus des hautes classes, essentiellement des castes supérieures instruites. Lors de la première session, 50 % des délégués exerçaient une profession libérale (enseignants, journalistes, avocats, médecins...), l'autre moitié se répartissant à part égale entre négociants et propriétaires terriens.

Le Congrès national indien fut à bien des égards une institution étonnante. Longtemps, il n'eut pas d'organisation ferme et consista uniquement en assemblées annuelles. Par ailleurs, ses membres se livraient à l'agitation politique dans la presse et les meetings. Et des pétitions étaient adressées régulièrement aux autorités coloniales. D'importantes dissensions intérieures se manifestèrent. Les questions relatives aux castes, à la religion et aux régions étaient sources de division. Peu de musulmans participaient au Congrès. L'Inde manquait d'unité, y compris parmi les classes hautement instruites. Mais « la mère patrie indiennne était devenue une nécessité politique, et c'est pourquoi elle apparut ».

Il peut paraître surprenant que tant de citoyens britanniques aient joué un rôle actif dans le Congrès à ses débuts. L'un des fondateurs en était un fonctionnaire anglais à la retraite, Allan Hume, qui y fut ensuite élu président et le marqua initialement de son empreinte. Au total, il y eut cinq présidents britanniques jusqu'en 1917, dont une femme, la théosophe Annie Besant.

Pour que le Congrès pût fonctionner, il fallait d'abord que les autorités accordent une certaine liberté de réunion et d'expression, et ensuite que les participants aient la conviction de pouvoir faire du travail utile au sein du régime colonial. Ainsi, le combat contre l'impérialisme s'amorça sous l'aile de l'impérialisme et à la grande époque de l'impérialisme ! Cela constitue un phénomène unique dans l'histoire universelle.

Le programme du Congrès

Les questions qui pouvaient rassembler le Congrès étaient avant tout celles qui touchaient aux intérêts spécifiques des élites instruites et de la bourgeoisie. Ainsi, l'exigence d'une présence indienne accrue dans l'administration publique et les organes politiques. Les autorités étaient également sommées de prendre des mesures pour promouvoir l'industrie, les activités économiques et le secteur bancaire en Inde. On exigeait une diminution des hauts salaires et des pensions britanniques de manière à limiter la fameuse « saignée » économique de l'Inde au profit de la Grande-Bretagne. Un dirigeant nationaliste comme Dadabhai Naoroji critiquait aussi la « saignée morale » effectuée par le colonialisme. En s'arrogeant l'exclusivité des grands emplois, les Britanniques écartaient les Indiens instruits des responsabilités indispensables à leur formation morale. Aussi tombaient-ils à la place dans l'égoïsme politique et les positions extrémistes.

Hindouisme, nationalisme et mission universelle

A l'occasion de ses longues tournées de conférences, Swami Vivekananda (1836-1902) fit connaître l'hindouisme aux Etats-Unis et en Europe. En Inde, il fit beaucoup pour que les problèmes sociaux figurent au programme du nationalisme. Vivekananda pensait que l'hindouisme avait une mission universelle à accomplir :

« Tout l'Occident est comme un volcan qui peut exploser demain... Les Occidentaux se sont rendus dans les quatre coins du monde sans y trouver l'apaisement. Ils se sont enivrés de jouissances et en ont mesuré la vanité. Il est temps à présent d'œuvrer pour que la spiritualité indienne pénètre en Occident... Un puissant sentiment national nouvellement éveillé exige que nous conquérions le monde avec la pensée indienne... L'Occident nous traite de rêveurs, mais nous estimons que c'est l'Occident qui rêve et s'amuse avec des choses éphémères... Le bonheur réside non dans la machine mais dans l'esprit humain. Seul celui qui contrôle sa vie intérieure peut être heureux... Aussi est-il naturel que le renouvellement spirituel vienne d'Orient. »

(*Sources of Indian Tradition*, sous la dir. de W. T. De Bary, vol. 2, Londres 1958.)

Les dirigeants du Congrès n'exigeaient pas l'indépendance. « Le plus grand malheur pour l'Inde serait que l'Angleterre se retire et l'abandonne à elle-même », déclara Dadabhai en 1871. Les premiers congressistes étaient convaincus que les Britanniques consentiraient librement à des réformes et accorderaient à l'Inde son indépendance quand le moment serait venu. « L'Angleterre est notre maître en politique », disait Surendranath Banerjee. « Nous ne souhaitons pas le divorce, mais une union permanente en tant que partie intégrante du grand empire qui a donné au reste du monde l'exemple d'institutions libres. »

Les réactions des autorités coloniales à l'égard du Congrès se montrèrent ambivalentes. D'un côté, les Britanniques pouvaient canaliser les protestations et garder le contrôle en faisant des concessions. En Grande-Bretagne même, les exigences du Congrès rencontraient une large sympathie dans les milieux libéraux. Mais par ailleurs, de telles concessions allaient à l'encontre des habitudes les plus enracinées de la bureaucratie coloniale. L'incompétence et la corruption n'étaient-elles pas répandues parmi les fonctionnaires indiens ? Le vice-roi voyait dans le Congrès une création artificielle des classes moyennes. Il se demandait de quel droit cette « minorité microscopique » dépravée par la vie urbaine moderne aurait pu prétendre représenter « l'Inde véritable », autrement dit les masses paysannes et les chefs traditionnels que le régime colonial entendait protéger. Ce qui se produisit dans un premier temps, c'est que les élites instruites furent mieux représentées dans les conseils municipaux des villes. Puis la réforme constitutionnelle de 1891 rendit possible l'*élection* de représentants indiens au conseil législatif central. Cela ouvrit une première brèche dans un système colonial jusqu'alors fermé, mais pour les Indiens instruits, il ne s'agissait là que d'une concession insignifiante.

Le nationalisme radical et les musulmans

Entre 1890 et 1920, des tendances plus radicales apparurent au sein du nationalisme indien. Cela se manifesta principalement par un nombre croissant de meneurs issus de castes autres que celle des brahmanes, par des tentatives de mobilisation des masses populaires, par des revendications plus radicales (autonomie, indépendance) et par l'usage de formes d'action extrémistes (boycottage, terreur). Mais la question du recours à la violence entraîna aussi un éclatement du Congrès en différentes fractions.

Dans cette nouvelle phase, la figure dominante fut Bal Gandadhar Tilak (1856-1920), originaire du Mahārāshtra. En compagnie d'amis politiques, il créa à Poona dans les années 1880 une école privée d'inspiration patriotique et un journal en langue marathi appelé *Kesari* (« le lion »). La législation britannique sur la censure était assez libérale pour permettre de violentes attaques contre des fonctionnaires coloniaux nommément désignés. Rédigé dans la langue du peuple, le journal de Tilak fut accueilli avec enthousiasme dans les campagnes où il était lu à haute voix. A partir de 1895, Tilak organisa des fêtes populaires de masse avec processions, musique et théâtre évoquant la résistance des héros du Mahārāshtra contre le régime moghol au XVIIe siècle. Il lança aussi une série d'associations culturelles et sportives pour stimuler le patriotisme de la jeunesse. Ainsi, le passé fut mobilisé au service du combat contemporain. Le problème, c'est que ce passé

Les nationalistes indiens combattirent l'hégémonie britannique qui reposait sur la force des armes. Ici, une « batterie d'éléphants » en marche, 1880. Mais les ripostes armées aux protestations politiques (par exemple le massacre de Amritsar en 1919) portèrent gravement atteinte au prestige des Britanniques.

Fête religieuse hindoue à la fin du XIXe siècle. Certains leaders nationalistes se servirent des traditions religieuses pour accroître la conscience politique.

était *hindou*. Par rapport aux musulmans, il contribua à semer la division.

Tilak fut le premier à affirmer fortement que les Britanniques étaient totalement dépendants de la collaboration indienne. Quelques Anglais ne pouvaient rien faire à eux seuls. La résistance la plus efficace consistait donc à rompre cette collaboration et à se servir du boycottage : « Nous allons refuser d'aider à recouvrer les impôts et à maintenir l'ordre. Nous n'allons plus contribuer à des actions militaires hors de l'Inde avec du sang et de l'argent indien, nous cesserons de collaborer avec la justice, nous aurons nos propres tribunaux, et, quand le moment sera venu, nous refuserons de payer l'impôt. » Mais de telles actions pouvaient coûter cher à l'individu, qu'il s'agît de son emploi ou de ses profits, et elles exigeaient donc esprit de sacrifice et autodiscipline. Tilak lui-même fut condamné en 1897 à 18 mois de prison, et une foule enthousiaste le salua comme un martyr de la liberté à sa libération. Le premier boycottage important — en protestation contre le partage du Bengale en 1905 — se révéla efficace. Les importations de marchandises britanniques diminuèrent de 25 %, et les Anglais durent faire des concessions.

Au sein du Congrès, les tensions augmentèrent alors entre modérés et « extrémistes ». Malgré l'inscription de l'autonomie interne (*svaraj*) au programme de 1906, il y eut rupture entre les deux groupes l'année suivante. Il s'ensuivit que les radicaux furent refoulés du Congrès. Tilak prit alors la tête du « Parti nouveau » et se montra plus enclin à utiliser la violence en politique. De telles actions appelaient automatiquement l'intervention de la police. De dures mesures répressives contraignirent ce groupe à la clandestinité. L'extrémisme politique s'allia alors avec le fondamentalisme religieux, extrémiste lui aussi avec son idéal d'une société purement hindoue reposant sur les textes sacrés fondateurs, les Védas. C'était la version indienne des rêves de paradis politique que nous avons rencontrée dans des circonstances analogues sous d'autres cieux. Mais cette flambée d'enthousiasme hindou creusa encore plus le fossé avec les groupes musulmans. A partir des années 1870, ceux-ci avaient également connu une renaissance intellectuelle parallèle à celle de l'hindouisme. Seyid Ahmed Khan en fut l'une des figures de proue, et l'« Aligarh Muhammedan Anglo-Oriental College » (aujourd'hui « Aligarh Muslim University ») le principal foyer intellectuel. Dans les années 1880, les musulmans se sentirent supplantés par les hindous dans l'administration coloniale. En revanche, une série de principautés autonomes avaient à leur tête des dirigeants islamiques. Les Britanniques attisèrent ces tensions pour diviser le front de résistance nationale. En 1906, les musulmans firent sécession et créèrent la « Ligue musulmane ». En 1916, la Ligue et le Congrès conclurent certes une alliance (« accord de Lucknow »), mais, à terme, une évolution se dessinait vers un partage de l'Inde qui allait aboutir à la création du Pakistan et du Bangladesh.

Nationalisme et préjugés raciaux

Les nationalistes indiens se heurtèrent constamment à une attitude de refus de la part des fonctionnaires coloniaux britanniques. Selon l'écrivain George Orwell qui fut un temps engagé dans la police en Birmanie, le code des Anglais tenait en cinq points : 1. Veiller soigneusement à son prestige ; 2. Main de fer (sans gant de velours) ; 3. Solidarité des Blancs entre eux ; 4. « Si on leur donne le petit doigt, ils prennent toute la main » ; 5. Esprit de corps !

Orwell a décrit comment fut accueillie la proposition d'admettre un médecin indien au club local : *« Alors, tu voudrais que cet insecte de Veraswami soit admis au club, hein ? Qu'il se mêle à la conversation et nous tripote avec ses mains moites et nous souffle au visage son haleine empestée d'oignon ? Grand Dieu, il va disparaître d'un coup de botte dans le train si j'aperçois ici sa silhouette noiraude. Ce répugnant petit gros !... Ellis haïssait vraiment les Asiatiques — les accablait d'un mépris crispé et amer comme s'ils incarnaient le mal et la saleté... C'était un homme intelligent et un bon employé dans sa firme, mais il appartenait à cette catégorie de Britanniques — hélas fort nombreuse — qui n'aurait jamais dû mettre le pied en Orient. »*

(George Orwell : *Burmese Days*, Londres 1934.)

Désobéissance civique, non-violence. En 1930, d'éminentes femmes indiennes passent outre à l'interdiction britannique de produire du sel (cf. le chaudron à gauche). A droite, l'épouse de Jawaharlal Nehru, le président du Congrès national indien. Elle fut condamnée à six mois de prison.

Les contre-mesures britanniques et le rôle de Gandhi

Outre qu'ils contrecarrèrent le courant radical, les Britanniques procédèrent à des réformes constitutionnelles destinées à se ménager la fraction politique modérée. En 1909, une majorité d'Indiens siégeait au conseil législatif, mais sans pouvoir sur le conseil exécutif du gouverneur.

L'apport indien aux côtés des Anglais pendant la Première Guerre mondiale laissa espérer des récompenses politiques. En 1919, les Britanniques introduisirent une nouvelle constitution (Montagu-Chelmsford) qui marquait un pas en direction d'une autonomie accrue dans les provinces et de la mise en place d'une assemblée législative *élue* au sein du parlement central. Mais les Britanniques refusaient toujours tout contrôle parlementaire indien du vice-roi et de son conseil. Les concessions politiques de la constitution de 1919 furent trop limitées et vinrent trop tard. Si le Congrès collabora dans les provinces, il amorça au niveau central une campagne de résistance qui sous des formes diverses allait se poursuivre jusqu'à l'indépendance en 1947. Le changement le plus important, et le plus dangereux pour les Britanniques, c'est que le Congrès entreprît un travail d'agitation politique au sein des masses paysannes.

Mohandas Karamchand Gandhi fut le grand nom du nationalisme indien au XXe siècle. Plus que quiconque, il contribua à jeter des ponts entre le Congrès et les masses populaires, et à associer combat social et combat national. Il naquit en 1869, fit ses études en Grande-Bretagne et

Campagne de désobéissance : la police disperse une barricade de chars à buffles dressée pour protester contre les tentatives de réglementation britanniques concernant le transport des marchandises. Il y eut six morts et soixante blessés lors des affrontements avec la police.

A gauche : le Mahatma Gandhi (1869-1948), avocat formé à Londres et longtemps actif en Afrique du Sud. Il fut le principal représentant du nationalisme indien après la Première Guerre mondiale et utilisa la force spirituelle et la non-violence (« satyagraha ») pour combattre les Britanniques .

exerça vingt ans la profession d'avocat parmi les Indiens d'Afrique du Sud avant de rentrer dans son pays en 1914. De ce fait, son apport politique en Inde se situe au-delà de notre période, mais ses réflexions sur les relations entre la civilisation occidentale et la culture autochtone à l'âge de l'impérialisme se rattachent directement à une question maintes fois abordée dans ce volume.

Après son séjour en Grande-Bretagne, Gandhi tira la conclusion formelle que la civilisation occidentale était autodestructrice et qu'il fallait de ce fait la rejeter. Elle était marquée par le matérialisme, l'individualisme, le goût d'une liberté illimitée et l'absence d'ancrage religieux. Par comparaison, la civilisation indienne apparaissait supérieure, et l'on pouvait remédier par des réformes à ses faiblesses sociales comme le système des castes. La quête de profit matériel et de jouissance était condamnée d'avance : « La nature humaine est comme un oiseau sans cesse en mouvement, plus elle obtient et plus elle désire, et elle demeure éternellement insatisfaite. Plus nous cédons à nos passions et plus elles se déchaînent. »

Gandhi fut directement influencé par l'appel de Tolstoï à la vie simple : que chacun contribue par son travail manuel à se procurer vêtements, nourriture et abri. Pour Gandhi, le rouet fut à la fois un moyen de se procurer la paix de l'âme et un instrument au service d'une meilleure économie domestique parmi les masses populaires misérables. Un style de vie basé sur l'exploitation des autres créait une dépendance qui faisait obstacle à toute liberté personnelle véritable. Gandhi devint surtout célèbre par ses idées sur la résistance passive qu'il avait mises en pratique au cours de son long séjour en Afrique du Sud. A ses yeux, la violence engendrait la violence et conduisait à un cercle infernal. Des droits durables ne pouvaient être conquis que par le sacrifice, et s'il le fallait par la souffrance. Gandhi souligna ce que cela exigeait de force d'âme (*satyagraha* = « s'en tenir à la vérité »). Ainsi, l'indépendance spirituelle de l'individu était posée comme une condition de l'indépendance nationale.

L'Inde n'allait pas suivre la ligne de Gandhi. Mais ses pensées ont exercé dans le monde entier une profonde influence sur tous ceux qui cherchaient une alternative à la civilisation industrielle.

Gandhi près de son rouet. Il rejeta la société industrielle occidentale, incapable d'apporter le bonheur, et prêcha pour un mode de vie authentique incluant le travail manuel. Assurer sa subsistance économique était une condition nécessaire pour parvenir à l'indépendance politique.

L'Afrique en noir et blanc

Au sud du Sahara, l'Afrique formait « le continent noir » dont l'intérieur demeurait pour l'essentiel inconnu avant la venue des explorateurs européens au XIXe siècle. C'était aussi la plus arriérée de toutes les régions du monde. Plus encore que l'Inde, l'Afrique semblait « prédestinée à être la proie des conquérants », pour reprendre les termes de Karl Marx. Le développement moderne de ce continent fut fortement marqué par la politique des puissances coloniales, mais aussi par la capacité d'adaptation et d'initiative des Africains. Dans ce chapitre, nous allons en retracer l'évolution jusqu'à la Seconde Guerre mondiale de manière à brosser un portrait d'ensemble de la période coloniale.

Les études sur l'Afrique, même les plus rigoureuses, sont rarement dépourvues d'implications idéologiques. A l'époque de la traite des Noirs et de l'impérialisme régnait une conception méprisante fondée sur des considérations raciales. Seul un gouvernement colonial pouvait civiliser ces contrées. Plus tard, après la décolonisation, les historiens eurent souvent tendance à décrire la vieille Afrique en des termes idylliques, et à présenter le colonialisme et le commerce international comme responsables d'un sous-développement catastrophique. Pourtant, l'indépendance n'a pas automatiquement créé le développement, et les chercheurs manifestent aujourd'hui un intérêt accru pour les causes *internes* de l'arriération africaine.

Celle-ci peut s'expliquer en partie par l'isolement de ce continent. Le développement résulte pour beaucoup de la diffusion des techniques et des impulsions culturelles. Au nord, le Sahara dressait une barrière, et la navigation était difficile le long des côtes de l'Atlantique. Au sud, les chutes d'eau des grands fleuves empêchaient les bateaux d'atteindre la mer. Dans les zones de forêts tropicales, les transports posaient de gros problèmes. Du fait de la maladie du sommeil, les chevaux étaient inutilisables au sud de la savane.

Une autre explication à cette arriération réside dans les structures agricoles et les conditions démographiques. Des Etats stables ne peuvent se constituer sans un minimum de population et un certain niveau de production agricole. Une population dense peut à son tour stimuler les innovations techniques par les besoins qu'elle crée. C'est ce qu'affirme notamment l'historienne danoise Esther Boserup. L'établissement des populations bantoues au sud de

Femme foulani en Afrique occidentale, parée de bijoux traditionnels. Noblesse, humanité, force intérieure dans la joie comme dans la souffrance. Une image de ce que la culture africaine peut offrir de mieux.

l'équateur est relativement récent et s'est poursuivi jusqu'à notre époque. Dans une bonne partie de la savane africaine, la terre est ingrate et la sécheresse fait planer une menace constante. Ceci, conjointement avec des maladies tropicales comme la malaria, la maladie du sommeil ou l'hématurie provoqué par la bilharzie, contribue à expliquer la faible densité de population. La traite des esclaves à destination du monde islamique et de l'Amérique freina également l'augmentation démographique dans certains territoires faiblement peuplés.

La maladie du sommeil propagée par la mouche tsé-tsé dans toute l'Afrique centrale, de Dakar à l'Erythrée au nord et de l'Angola au Natal au sud, empêchait qu'on se servît de bêtes de somme. L'usage de la roue ne se généralisa jamais, et la charrue était inconnue. La houe et le couteau constituaient les outils habituels de l'agriculteur. On pratiquait généralement l'assolement avec des champs

Société familiale. Cette ferme d'Afrique du Sud a été conçue pour abriter une grande famille. Dans tout le continent africain, la lignée était la pierre angulaire du système politique et servait d'ancrage aux individus.

A gauche : labourage en Ethiopie. Dessin de 1868. Plus au sud, on ne se servait que de la houe.

qui restaient en friche de 10 à 30 ans. Sans outillage adéquat, les systèmes d'irrigation ne pouvaient être que très simples, et, faute de roue, il était difficile d'élever l'eau à différents niveaux pour la déverser dans des canaux. Les grains étaient broyés entre des pierres à la force du poignet, ce qui prenait beaucoup de temps aux femmes. Hormis dans le « vieux Zimbabwe », on trouve extrêmement peu de traces de bâtiments en pierre d'avant l'époque coloniale. On peut assurément qualifier de « primitives » les techniques africaines antérieures à cette période.

Différents types de sociétés africaines

La géographie et la démographie fournissent des éléments d'explication à la dispersion ethnique et politique. On relève en Afrique quelque 800 langues différentes, et une classification plus fine laisse aisément apparaître le double. Jusqu'à 1870, les formes d'organisation politique furent extrêmement variées. On distingue souvent « sociétés étatiques » et « sociétés familiales », mais nous parlerons plutôt de sociétés « centralisées » ou « non centralisées ». Dans les secondes, il n'y avait ni chefs, ni rois. Les villages étaient dirigés par le conseil des anciens. Mais les groupes d'âge, les communautés religieuses et les oracles pouvaient relier entre elles des sociétés locales, jusqu'à former de vastes unités atteignant plusieurs millions de personnes, comme ce fut le cas avec les peuples tiv et ibo au Nigeria. Selon certaines estimations, la moitié des populations africaines au sud du Sahara aurait appartenu à des sociétés non centralisées avant la conquête européenne.

Même dans les royaumes les plus centralisés, les villages étaient relativement autonomes, et gérés par des familles. Le roi avait rarement des fonctionnaires à lui placés dans les districts. A la périphérie du royaume, il n'avait guère de pouvoir, et une sécession était toujours à craindre. Dans la savane au nord et en Ethiopie, les maîtres du pays disposaient certes d'une cavalerie qui pouvait atteindre rapidement des territoires lointains. Mais plus au sud, là où la mouche tsé-tsé empêchait l'usage des chevaux, la cohésion des royaumes était nécessairement plus

Le roi Winyi IV du Bounyoro en Ouganda. Avant l'époque coloniale, environ la moitié des populations d'Afrique Noire était placée sous l'autorité de rois ou de chefs de ce type. En bien des endroits, ils gardent encore beaucoup de pouvoir.

lâche, même si la terreur pouvait faire régner l'obéissance dans de vastes contrées. Les royaumes Achanti (Côte-de-l'Or) et Bouganda (près du lac Victoria) eurent des rudiments d'administration « bureaucratique » avec des fonctionnaires spécialisés et hiérarchisés. Le terme d'« Etat » serait cependant impropre pour désigner de tels royaumes qui évoquent plutôt ceux qui existaient en Europe au début du Moyen Age.

Au sud du Sahara, l'Afrique ne possédait pas l'écriture, hormis l'Ethiopie, les territoires islamiques de la région du Soudan et les villes de la côte orientale. On en est réduit à des spéculations sur le pourquoi de cette absence d'écriture. Est-ce l'isolement qui fit qu'elle ne se diffusa pas à partir du nord, où n'en ressentait-on pas le besoin ? Qu'est-ce qui suscite un tel besoin ? Le commerce à grande échelle, l'administration publique ou la science ? Quoi qu'il en soit, l'absence d'écriture rend difficile de telles activités, et il faut la considérer à la fois comme cause et effet de l'arriération technique et politique de l'Afrique.

Transport d'esclaves. L'esclavage sous différentes formes joua un rôle important dans les sociétés africaines du fait de la pénurie de main-d'œuvre.

« Arriération humaine » ?

Après les horreurs du nazisme au cours de la Deuxième Guerre mondiale, les Européens se montrent plus prudents pour parler de « barbarie » dans d'autres parties du monde. Mais au XIXe siècle, ils furent horrifiés par la brutalité et le peu de cas qu'on faisait de la vie humaine dans les royaumes africains. Ce sont là des aspects de la « vieille Afrique » que les historiens modernes ont tendance à occulter. Voici le récit d'un témoin oculaire qui assista à l'exécution d'un homme accusé en 1859 à Akim, en Côte-de-l'Or, d'avoir eu des relations sexuelles avec une des épouses du roi : *« ... des couteaux furent enfoncés dans la joue de l'homme et dans la partie gauche de sa poitrine et de son dos. On lui mit des pointes dans le nez, on arracha la peau et la chair de ses deux pieds... et on le força à danser. Ensuite, son pénis fut coupé.... Une barre de fer fut enfoncée dans le corps de l'homme et fichée à terre, puis on la retira et on décapita le supplicié au son des grands tambours. »*

Cette homme avait porté atteinte au caractère sacré du roi, violant ainsi les normes sociales fondamentales. Mais même dans d'autres cas, la torture et les mutilations faisaient partie des châtiments ordinaires.

(R. Addo-Fening : *Akyem Abuakwa, env. 1874-1943*, thèse de doctorat, Accra 1980.)

Esclavage, économie et religion

Au XIXe siècle, l'ampleur de l'esclavage constitua un trait particulier de l'économie africaine par comparaison avec d'autres régions. Là où les terres étaient abondantes, il était difficile de contraindre les paysans à la dépendance et d'exiger d'eux de hauts rendements, comme ce fut le cas avec le système de la propriété foncière sur d'autres continents. Le contrôle physique de la main-d'œuvre devint la meilleure manière de s'enrichir. On eut recours à la force politique et militaire pour capturer des esclaves. Les condamnés de droit commun pouvaient être vendus à des acheteurs étrangers, et le kidnapping était une manière de « produire » des esclaves.

Divers châtiments en usage sous le règne de l'empereur Théodore d'Ethiopie (1855-68), représentés par un dessinateur éthiopien : mutilations, fouet, pendaison, lapidation... On coupait la langue à certains, d'autres périssaient sur le bûcher. La terreur régnait dans les royaumes conquérants d'Afrique.

Ceux-ci furent incorporés à la société des conquérants de différentes manières, depuis l'esclavage de masse dans les propriétés des classes dirigeantes de certains royaumes d'Afrique occidentale jusqu'à la servitude dans des foyers paysans tout à fait ordinaires.

En règle générale, les terres appartenaient collectivement à des familles et des villages mais les foyers avaient un droit d'exploitation privée. Les échanges locaux de marchandises s'effectuaient sur les marchés mais aussi sous forme de dons et de tributs dans le cadre du système politique. Cette dernière forme d'échanges, de type précapitaliste, était plus fondée sur une proximité personnelle et réciproque que sur des accords impersonnels réglant les transactions. Toutefois, dans les échanges *à grande distance*, c'était une forme de capitalisme commercial qui dominait sur un marché libre.

Les conceptions religieuses traditionnelles offraient un contraste saisissant avec la rationalité occidentale. La lignée et l'Etat constituaient aussi des entités religieuses dont le chef assurait le contact avec les esprits des ancêtres. Dans l'agriculture, les esprits naturels jouaient un rôle important et il fallait les satisfaire à l'aide de sacrifices et de cérémonies. La maladie, les accidents et les revers étaient souvent interprétés en termes de sorcellerie, et on devait alors disposer de techniques magiques pour se défendre. Cette manière de concevoir la causalité ne disparut pas à l'époque coloniale et elle persista à l'âge de l'indépendance, y compris parmi les Africains instruits.

Aux yeux des Européens, l'Afrique du XIXe siècle apparaissait également comme « humainement arriérée ». L'esclavage et la traite arabe des Noirs qui ne cessait de gagner du terrain à partir de la vallée du Nil et de l'Afrique orientale firent grand bruit en Occident. La torture et les sacrifices humains suscitèrent l'horreur et le dégoût des observateurs européens. Les récits les plus effrayants se multiplièrent aussi, car c'était le type même de littérature qui se vendait bien. Mais la réalité était suffisamment atroce. Là où il y avait abondance d'esclaves, comme dans les Etats côtiers d'Afrique occidentale, les sacrifices humains pouvaient dégénérer en massacres de masse lorsqu'un chef ou un roi mourait. Ce sont là des aspects de l'Afrique précoloniale que les historiens modernes ont tendance à occulter. Elizabeth Isichei est allée jusqu'à parler de « conspiration du silence ». Si les cercles humanitaires européens se montrèrent favorables aux conquêtes coloniales en Afrique, ce fut entre autres choses par souci de mettre fin à de telles cruautés.

Le marché aux esclaves, peinture de Frank Brangwyn (1892). Le trafic transatlantique diminua, mais celui à destination du monde arabe augmenta en revanche au XIXe siècle. Certains royaumes africains en tiraient des bénéfices, mais ce fut la mort de beaucoup de petites sociétés.

La révolution commerciale du XIXe siècle

Les résultats de la recherche ont entraîné une révision radicale de l'histoire de l'Afrique au XIXe siècle avant la conquête coloniale. Loin d'être immobile, ce continent a connu des révolutions profondes qui à bien des égards annoncent la période suivante. Ainsi apparaît une continuité qu'on n'avait guère soupçonnée entre l'époque précoloniale et l'époque coloniale.

Le moteur de ces grandes transformations fut un rattachement plus étroit au marché mondial. Le long des côtes atlantiques, ce fut la demande de l'Europe industrialisée qui commença à se faire sentir. A mesure que la traite des Noirs, entre 1800 et 1870, fut progressivement stoppée dans cette partie du monde, le commerce « normal » se développa à pas de géant — arachides du Sénégal, huile de palme des régions situées dans le golfe de Guinée,

L'exportation d'ivoire augmenta fortement au XIXe siècle. Dessin de 1896 en provenance du Congo. En Afrique occidentale, ce furent toutefois les produits forestiers qui constituèrent la principale exportation.

ivoire et cire d'abeille du Congo et de l'Angola. Dans la vallée du Nil et le long de la côte orientale en revanche, les esclaves demeuraient la principale marchandise avec l'ivoire. Ils étaient acheminés vers les plantations des Arabes swahilis de la côte orientale et vers Zanzibar, vendus comme porteurs, soldats ou esclaves agricoles aux Arabes de la vallée du Nil. Les plantations européennes des petites îles de l'océan Indien achetaient elles aussi des esclaves. En matière d'importation, le fusil était l'article le plus important. Il révolutionna l'Afrique, avec toutes les conséquences politiques que cela impliqua.

Les effets sociaux de ce nouveau commerce furent extrêmement variables. En Afrique occidentale apparut une « classe moyenne » de paysans produisant pour la vente et de commerçants qui se montra surtout prospère dans de vieux royaumes — Achanti en Côte-de-l'Or, Oyo au pays des Yoroubas (Nigeria). Dans les villes côtières, de la Sénégambie au nord au Cameroun à l'est, de riches familles commerçantes d'ethnies diverses étaient établies depuis l'époque de la traite des Noirs. Après 1840-50, il y avait eu aussi l'implantation massive dans de nouvelles colonies (Sierra Leone, Nigeria) des esclaves que la marine britannique avait débarqués après arraisonnement de navires de négriers. Christianisés par les missions européennes, ils se répandirent sur toute la côte occidentale comme commerçants, missionnaires et enseignants, et même dans certains cas comme médecins et avocats.

Mais au total, les pays d'Afrique de l'Ouest étaient assez forts pour résister aux conséquences de la révolution commerciale. Un nouvel empire, conquis par les armes sous la conduite de Samori Touré, apparut dans les années 1870 entre les sources du Niger à l'ouest et le fleuve Volta à l'est. Les grands royaumes islamiques — Toucouleur dans le haut Niger, Foulani dans le nord du Nigeria, Bornou près du lac Tchad — furent les moins touchés par la révolution du commerce.

Le rôle des fusils dans la « construction des nations »

Dans les territoires où les principales marchandises à vendre demeuraient les esclaves et l'ivoire, l'essor du commerce entraîna des effets politiques autrement dramatiques. Dans la région du Nil, des commerçants musulmans basés à Khartoum lancèrent vers le sud et l'ouest des expéditions de pillage et de conquête. La conséquence en fut l'extermination de nombreuses petites sociétés négroïdes. Un des chefs de ces expéditions, Rabeh Zubayr, fit la conquête du vieux royaume de Bornou, près du lac Tchad, en 1894. On observe semblable « impérialisme du fusil » en Ethiopie où Menelik de Shoa, dans les années 1870 et 1880, étendit son empire sur de vastes territoires au sud. Il devint empereur en 1889.

En Afrique orientale également, guerriers et chefs de caravanes jouèrent à cette époque les fondateurs d'empires. Mirambo et Msiri, du peuple des Nyamouezis, en créèrent en Tanzanie du Nord-Ouest et au Congo du Sud-Est. Les Arabes swahilis de la côte orientale pénétrèrent

Ranavalona III, reine du royaume mérina à Madagascar, en 1895. Un exemple de « modernisation intérieure » avec développement de l'instruction et christianisation.

jusque dans la région du Congo à l'ouest du lac Tanganyika et au nord vers Stanleyville (Kisangani) dans les années 1860 et 1870. Comme dans la vallée du Nil, des empires commerciaux surgirent en Afrique du Centre et de l'Est, forgés par la terreur exercée sur des sociétés désarmées, non centralisées. Les marchandises « normales » étaient exclues de ce commerce à cause des difficultés de transport. Le massacre des éléphants et la traite des esclaves furent donc de règle. Une extrême violence régnait, qui apparut comme le comble de la barbarie aux yeux des premiers explorateurs européens.

Mais les nouveaux royaumes conquis par les armes peuvent aussi être l'objet de jugements plus positifs. Ils comblaient un vide politique apparu avec les nouvelles possibilités commerciales. Sous cet angle, ils préfiguraient aussi bien les territoires coloniaux que les futurs Etats indépendants. On a pu parler d'un « impérialisme africain », d'un début de partage de ce continent avant la conquête européenne. Les nouveaux royaumes ainsi constitués marquaient un premier pas vers la « construction des nations » au-delà des anciennes frontières tribales. Cette unité croissante se manifesta le plus clairement sur le plan linguistique. Le *swahili* se répandit alors vers l'intérieur en Afrique orientale, le *lingala* le long du fleuve Congo et le *haoussa* en Afrique occidentale.

Ainsi, le contact avec le marché mondial et l'Europe industrialisée entraîna des conséquences particulièrement dramatiques pour l'Afrique dès avant l'époque de la colonisation. La raison majeure en fut le manque de structures politiques fermes et de développement économique. Les Africains étaient-ils en mesure d'y remédier eux-mêmes ?

Femmes guerrières (amazones) au Dahomey, royaume d'Afrique occidentale. Le fusil était le principal article d'importation. Il permettait de nouvelles conquêtes.

« Modernisation intérieure » avant le colonialisme

Certains historiens modernes ont soutenu que les royaumes africains du XIXe siècle auraient pu devenir des Etats modernes si la colonisation ne s'était pas produite. Ce fut dans une certaine mesure le cas de l'Ethiopie, mais il s'agissait d'un royaume dont l'origine remontait au début de notre ère. On conçoit difficilement comment les autres royaumes conquis par les armes et basés essentiellement sur le pillage auraient pu devenir des Etats stables.

Il est plus réaliste de s'interroger sur les possibilités de développement de royaumes plus anciens, établis, qui effectivement tentèrent de se moderniser au moment de la conquête coloniale. Examinons-en quelques cas.

En Egbaland (Nigeria) et en Fantiland (Côte-de-l'Or), des Africains scolarisés et des gens de diverses races essayèrent de « moderniser » ces vieux royaumes dans les années 1870. Ils obtinrent des chefs qu'ils fassent place dans leur conseil à des personnes instruites. Ils élaborèrent sur le modèle européen un programme d'administration, de création d'écoles et d'introduction de techniques modernes dans l'artisanat et l'agriculture. Mais en Egbaland, les chefs traditionnels renâclèrent devant tant d'innovations. Le gouverneur des forteresses de la Côte-de-l'Or craignait que la « Fédération des Fantis » ne s'en prît aux Britanniques, et il en emprisonna les meneurs pour un temps. Après quoi l'élite cultivée se rallia à l'idée d'une administration britannique directe à partir de 1874, seule solution pour promouvoir un Etat plus fort et plus moderne.

Dans le Bouganda les missions chrétiennes développèrent considérablement les structures scolaires. Mais à la fin des années 1880, ce royaume fut en proie à une guerre civile entre partis religieux rivaux : protestants, catholiques, musulmans et tenants de la religion traditionnelle. Cela accéléra la conquête britannique accomplie en 1890.

A Madagascar, le royaume Mérina travailla non sans succès à sa modernisation intérieure. Au début du XIXe siècle, on s'était procuré des fusils grâce à la vente d'esclaves dans les îles britanniques et françaises de l'océan Indien.

Européens traversant le continent africain. Ici, le capitaine Marchand en route vers le Nil à partir du Congo dans les années 1890. Notez la nature de l'équipement : un âtre de forge portatif et une baignoire. L'hygiène soutenait le moral et renforçait la confiance en soi

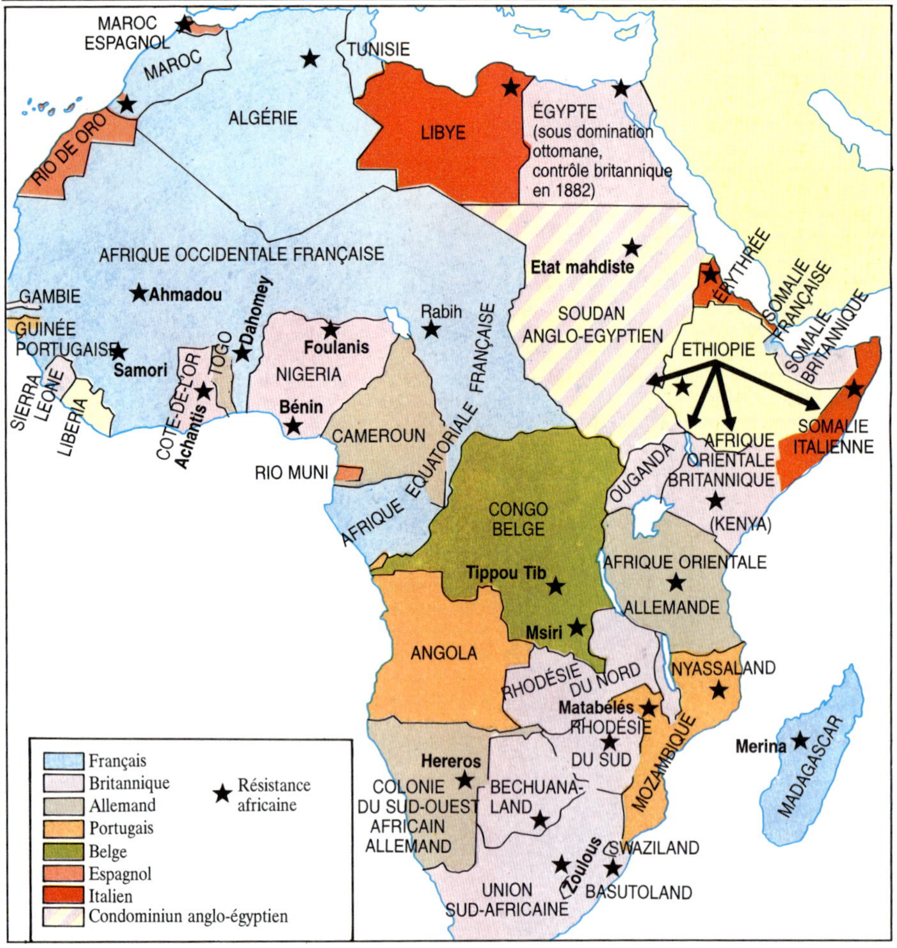

La nouvelle carte de l'Afrique après les conquêtes coloniales européennes. Les principales résistances africaines sont marquées avec une étoile.

En 1830, le royaume Mérina étendait sa domination sur environ les deux tiers de Madagascar, et à sa tête, des officiers issus de la classe sociale des hommes libres supplantèrent les vieilles familles nobles. Tout spécialement après le changement de reine en 1869, on procéda à une modernisation radicale avec scolarité obligatoire, organisation militaire de type européen, bureaucratie hiérarchisée et luxe dans les hautes classes. La reine et le Premier ministre se convertirent au christianisme et lancèrent une campagne contre l'ancienne religion, ce qui apparaît exceptionnel dans l'histoire de l'Afrique.

La conquête française de Madagascar en 1895. Le royaume mérina s'effondra rapidement, en partie à cause des rivalités intérieures.

Mais ces efforts se brisèrent sous les coups d'ennemis intérieurs et extérieurs. Un tel programme coûtait cher, d'où des impôts élevés et de lourdes exigences de travail forcé. Les troubles sociaux augmentèrent, notamment sous forme de banditisme organisé dans les campagnes. Les adversaires du régime accusèrent les dirigeants de corruption et de rapacité. On se servit de l'ancienne religion pour attiser les protestations sociales. En outre, dans les régions périphériques de l'île, les groupes victimes de conquêtes opposèrent une forte résistance à l'impérialisme mérina. Quand la France porta son attaque en 1895, le royaume s'effondra comme un château de cartes. Et l'année suivante éclata l'« insurrection de Menalamba » dirigée à la fois contre les Européens et contre l'ancienne élite qui avait œuvré en faveur de la modernisation.

On peut dire en gros que les efforts de modernisation intérieure échouèrent parce que ces vieux royaumes étaient trop faibles. Ils ne parvinrent pas à maîtriser les conséquences révolutionnaires de la rencontre avec le commerce mondial et les missions européennes. La menace de conquête que faisaient planer les grandes puissances occidentales limita aussi la liberté du commerce.

La conquête européenne — collaboration et résistances africaines

Les mécanismes de la conquête européenne apparaissent nettement plus complexes au sud du Sahara que dans d'autres parties du monde. Les exigences impérialistes en matière de libre commerce se manifestèrent. Des potentats locaux, par exemple dans le delta du Niger, furent contraints d'accepter que les Européens se livrent à leur négoce et benéficient sur place du droit d'exterritorialité. Le plus important fut toutefois que les commerçants et missionnaires occidentaux appelèrent à la conquête pour assurer l'ordre nécessaire aux exportations, à la construction de moyens de transport et à la mise en place d'institutions éducatives. Dans l'optique des Européens et des Africains de haut niveau d'instruction, l'absence d'Etats autochtones forts rendait l'administration coloniale nécessaire. Le chemin de fer reliant la côte orientale au lac Victoria ne put être construit que quand les territoires concernés furent placés sous une même autorité. Les coûts de transport passèrent de 200 livres par tonne à 2,4 seulement, et l'Ouganda put commencer à exporter du coton. Un phénomène particulier à l'Afrique fut la traite arabe des esclaves qui continua à sévir au cours des années 1870 et 1880 dans l'est et le centre du continent, faisant obstacle à un commerce normal et à toute stabilité politique. Cela alerta aussi l'opinion humanitaire européenne qui exigea un régime colonial pour extirper le mal à la racine. Au total, la course aux colonies africaines entre 1880 et 1900 ne saurait s'expliquer en termes purement économiques, et il faut prendre en compte les motifs humanitaires, diplomatiques et stratégiques.

La conquête européenne marqua bien entendu une rupture dans l'histoire de l'Afrique. Elle dessina une nouvelle carte politique comprenant une quarantaine de territoires, les futurs Etats indépendants. Mais parler de « partage de l'Afrique » n'est peut-être pas adéquat. C'est plutôt un regroupement qui s'opéra par rapport au morcellement politique d'avant. Les frontières tracées ne furent pas entièrement arbitraires, la conquête ayant tendance à suivre les vieilles routes commerciales. Mais dans les régions de l'intérieur, les nouvelles frontières, dans la mesure où elles étaient marquées, purent diviser ce qui autrefois était uni. Les colonies étaient « artificielles » en ce sens qu'elles regroupaient de nombreuses ethnies, mais ce phénomène n'était pas uniquement propre à l'Afrique.

Comme en ce qui concerne l'Inde, il serait faux de s'imaginer que les Européens aient pu soumettre entièrement les populations africaines et mettre en place l'administration qu'ils voulaient. Les troupes de conquête, composées de soldats africains et d'officiers européens, étaient en règle générale très peu nombreuses. Aussi était-il raisonnable d'essayer de conclure des arrangements à l'amiable avec les chefs africains, et beaucoup de royaumes jouirent de conditions favorables à l'époque coloniale. Dans le Bouganda par exemple, l'élite dirigeante se vit reconnaître le droit de propriété privée sur de vastes domaines. Le gouverneur Harry Johnston défendait cette politique en arguant qu'il se trouvait « face à près d'un million de Noirs assez intelligents, en partie civilisés, mais d'humeur guerrière, et qu'il ne disposait que de 10 000 à 12 000 fusils ».

Dans certains territoires, les Africains collaborèrent de leur plein gré. Ainsi, les Fantis de la Côte-de-l'Or qui avaient besoin d'assistance contre les Achantis au nord. Ailleurs, cette collaboration fut arrachée sous les menaces militaires des Européens. Là où les chefs africains ne voyaient aucune possibilité d'entente, il ne restait plus que la résistance. C'est aussi la voie que choisirent les plus forts d'entre eux en Afrique occidentale, comme au Dahomey et au royaume des Achantis. Quand des troupes britanniques suivies de colons avides de terres pénétrèrent chez les Zoulous du Natal et les Matabélés du Zimbabwe, elles se heurtèrent également à des résistances militaires. Pour assurer leur autorité, les forces européennes purent se comporter de manière extrêmement brutale, avec des expéditions punitives implacables dirigées contre les districts révoltés.

C'est en Ethiopie que la résistance fut la plus efficace. Le royaume s'était renforcé grâce à une administration centralisée et un armement moderne sous l'impulsion des empereurs Théodore (dans les années 1850 et 1860) et Ménélik (après 1889). La tradition scolaire religieuse du pays joua aussi un rôle important, puisque l'empereur

Soldats français fabriquant des croix funéraires à Madagascar en 1895. Les fièvres provoquaient une mortalité extrêmement élevée.

Ci-dessus : collaboration avec les puissances coloniales. Les Français nomment un nouveau roi au Dahomey. Le colonialisme reposait souvent sur de telles alliances.

Résistance à la conquête : le royaume d'Ethiopie repousse l'attaque italienne à Adoua en 1896. Dessin éthiopien.

Les Français écrasent une révolte en Côte d'Ivoire au début du XXe siècle. A titre d'exemple et d'avertissement, une tête coupée a été placée au bout d'une pique. La violence est le fondement du pouvoir.

avait à sa disposition des fonctionnaires instruits qui pouvaient négocier avec les Européens. Les grandes puissances se tenaient mutuellement en échec dans cette partie de l'Afrique. C'est l'Etat le plus faible, l'Italie, qui reçut le feu vert pour attaquer. Mais l'armée italienne essuya une défaite à Adoua en 1896. Au cours de cette période, Ménélik participa au « partage de l'Afrique » en annexant de vastes territoires au sud et au nord-ouest.

Le colonialisme : catastrophe ou bénédiction ?

Pour les dirigeants des royaumes africains, la colonisation fut une catastrophe puisqu'elle porta généralement un coup fatal à leur pouvoir. Mais parmi les groupes jusqu'alors opprimées, il n'était guère difficile de trouver des personnes prêtes à témoigner des avantages du colonialisme. Rashid bin Hassani (env. 1861-1935), membre de la tribu Bisa près du lac Nyassa, commence ainsi ses mémoires :

« Je suis le dizième enfant de ma mère, mais tous ceux nés avant moi sont morts. Après moi, deux filles vinrent au monde. L'une mourut de faim quand elle avait quatre ans, l'autre fut tuée d'un coup de sagaie quand les Ngonis attaquèrent ; je fus moi-même pris comme esclave. »

A la fin de son récit, il écrit :

« Vous me demandez si c'était mieux avant l'arrivée des Européens. En guise de réponse, laissez-moi vous dire comment je me suis rendu de Moshi à Dar es-Salaam. Je suis arrivé une canne à la main, et sans armes. J'ai quitté ma maison sans appréhension et je la retrouverai intacte quand je rentrerai... J'entends pas mal de jeunes se plaindre de devoir payer des impôts chaque année, mais je peux affirmer qu'il vaut mieux payer des impôts que de périr victime d'un coup de sagaie ou d'être vendu comme esclave et maltraité jusqu'à la mort. »

(*Ten Africans*, sous la dir. de M. Perham, Londres 1936.)

L'Etat colonial — le gouvernement central

Le colonialisme manifesta le plus concrètement ses effets par la mise en place de structures étatiques modernes. C'était une manière de remédier à « l'arriération politique » de l'Afrique. La paix et l'ordre s'instaurèrent progressivement. Coutumes et punitions barbares furent combattues. L'on construisit des administrations centrales sur le modèle bureaucratique européen. Ce qui faisait défaut dans une perspective occidentale, c'était un contrôle parlementaire. Dans les territoires français, belges et portugais, il n'y avait pas la moindre assemblée représentative. En revanche, les Britanniques créèrent dès le début des « conseils législatifs » comme dans leurs anciennes colonies blanches et en Inde. Dans ces conseils siégeaient même quelques rares membres africains désignés. Après la Première Guerre mondiale, quelques villes situées sur l'Atlantique obtinrent le droit d'*élire* des représentants aux conseils législatifs du Nigeria, de la Côte-de-l'Or, du Sierra Leone et de la Gambie. A cette époque siégeait déjà au conseil législatif de l'Inde une majorité de représentants autochtones élus.

Les nouvelles dispositions judiciaires furent également conçues sur le modèle européen. Dans les colonies françaises, la plupart des Africains pouvaient certes être condamnés sans procès à de courtes peines de prison par simple décision administrative (*indigénat*). Mais les principes du droit régnaient dans les territoires britanniques. Sans doute le commissaire du district faisait-il fonction de juge local en première instance, mais on pouvait faire appel de ses décisions. Dans les affaires agricoles et familiales, et même dans la plupart des différends, le droit coutumier faisait autorité. Seuls les chrétiens instruits pouvaient choisir dans certains cas que le droit familial européen leur soit appliqué. Sous cet angle le colonialisme n'entraîna aucune révolution.

Dans les colonies britanniques, les Africains jouissaient d'une large liberté d'expression et de réunion. La critique contre les autorités coloniales pouvait se montrer mordante dans les journaux autochtones. En Côte-de-l'Or, il arriva que des fonctionnaires britanniques fussent déférés en justice par des avocats africains pour abus de pouvoir. Par comparaison, la liberté politique dans les colonies françaises, belges et portugaises paraissait limitée. Au total, on peut néanmoins soutenir que la construction des Etats coloniaux, hormis dans l'extrême sud de l'Afrique, s'effectua de manière acceptable pour les Africains, qu'il s'agisse du recours à la force ou de la pression fiscale. Jusqu'à la Première Guerre mondiale, la plupart des colonies reçurent des subventions européennes pour équilibrer leur budget. La grande majorité des fonctionnaires se composait d'Africains scolarisés. C'était là le meilleur exemple de collaboration.

L'Etat colonial — le gouvernement local

A l'inverse de l'appareil central, le gouvernement local dut partout s'adapter aux formes traditionnelles d'ordre social. Rétrospectivement, les effectifs de l'administration coloniale européenne apparaissent incroyablement réduits. Le Rwanda et le Burundi étaient dirigés par moins de 50 Européens — un fonctionnaire pour environ 70 000 Africains ! De ce fait, il est évident que l'administration locale ne pouvait que reposer sur la collaboration avec des partenaires africains. Les Britanniques s'en remettaient volontiers aux chefs traditionnels (« gouvernement indirect »), l'Inde et la Malaisie servant d'exemples. La politique anglaise en Afrique tint constamment compte de l'expérience indienne, et les gouverneurs mis en place furent souvent des anciens d'Asie.

En revanche, Français, Belges et Portugais misèrent plus sur un « gouvernement direct » en désignant de nouveaux chefs dans les villages. Mais même ceux-ci en vinrent le plus souvent à être choisis parmi la vieille élite dirigeante du cru. A présent, c'était la *personne* du chef

L'Européen dans l'art africain. Un fonctionnaire colonial est porté par des soldats congolais armés. Motif du début du XXe siècle ornant le siège d'un chef à Bajokwe (Congo).

A gauche : les nouveaux pouvoirs publics européens. En Afrique du Sud-Ouest, le gouverneur allemand écoute un Africain qui lui expose son cas.

qui représentait les autorités, tandis que les anciens conseils perdaient de leur pouvoir. Cela contribua à miner les traditions démocratiques africaines, et beaucoup de chefs purent devenir des despotes locaux en toute impunité.

Les commissaires de districts, des Européens frais émoulus de l'université, risquaient d'être désorientés lors de leur premier contact avec la réalité africaine. Il leur fallait rassembler des informations auprès de leurs partenaires indigènes les plus proches — chefs, employés, maîtresses — qui jouaient leurs propres cartes pour promouvoir leurs intérêts. Comme d'autres peuples soumis à des forces d'occupation, les Africains pouvaient faire semblant de ne pas comprendre pour échapper ou biaiser aux ordres. Parfois, l'administration coloniale ressemblait plus à un théâtre surréaliste qu'à une machine efficace chargée d'ouvrir la voie au capitalisme. Après quelque temps, un commissaire de district pouvait éprouver une sympathie réelle pour « ses » indigènes et par exemple prendre leur parti contre des hommes d'affaires européens.

Pour les milieux dirigeants traditionnels, ce qui allait advenir des esclaves était d'importance capitale. La prohibition de l'esclavage fut proclamée, mais les Européens, soucieux d'éviter les troubles sociaux, se montrèrent prudents dans l'application de cette mesure. Normalement, les esclaves eux-mêmes devaient prendre l'initiative de réclamer leur liberté auprès d'un tribunal européen, ce que beaucoup n'osaient pas faire. Malgré tout, une libération massive s'opéra au cours des décennies qui précédèrent la Première Guerre mondiale. Les Européens qui avaient besoin de gens pour l'armée, les travaux publics et les entreprises privées saluèrent avec satisfaction cet apport de main-d'œuvre. Pourtant, l'esclavage se poursuivit discrètement sous des formes plus douces, les nouveaux esclaves pouvant être utilisés comme métayers ou comme serviteurs.

Bref, la conquête coloniale n'impliqua aucune révolution sociale, même si, à terme, les gens instruits allaient constituer un nouveau groupe puissant. Mais les vieilles familles dirigeantes surent aussi saisir les nouvelles possibilités qui s'offraient pour exploiter leur position politique et s'enrichir par l'agriculture et le commerce.

Essor des communications modernes : en 1897, installation d'une ligne de télégraphe en Afrique-Occidentale française.

Construction d'une ligne de chemin de fer au Dahomey au début du XXe siècle. Ce fut la plus grande révolution dans l'histoire de l'Afrique depuis l'apparition de l'agriculture. Mais il était rare que les voies ferrées pénètrent très profondément dans le continent.

Développement économique ?

L'une des tâches les plus urgentes des régimes coloniaux fut d'accélérer le rattachement de l'Afrique au marché international. C'était une manière de surmonter enfin l'isolement qui avait longtemps caractérisé ce continent. Outre une administration ordonnée, les moyens essentiels mis en œuvre furent le développement des communications, l'établissement de firmes d'import-export européennes et de banques modernes dans les principales villes. En matière de production, les interventions directes se limitèrent à l'agriculture et au secteur minier. Il est très difficile de dresser un bilan équilibré et synthétique de ce processus. Les variations régionales étaient importantes, et le colonialisme se transforma beaucoup entre la période précédant la Première Guerre mondiale et sa phase finale postérieure à 1945. Et les interprétations divergent en fonction des opinions politiques de chacun. Les transformations observées, certains les qualifient de « développement », d'autres de « sous-développement ». L'exposé qui suit repose sur la conviction que la période coloniale impliqua à la fois une exploitation de la part des Européens et des possibilités de développement pour les Africains. Ce qui est essentiel ici, c'est de déterminer la part respective de contrainte et d'acceptation volontaire dans le passage à une production tournée vers l'exportation.

La conquête coloniale put entraîner des conséquences économiques dévastatrices. Les plus mal lotis furent les peuples de l'est et du sud du continent qui perdirent leurs terres au profit de colons européens. En Rhodésie (Zimbabwe), plus de la moitié des terres et l'essentiel du cheptel furent confisqués. Au Kenya, les Européens s'arrogèrent l'exclusivité des « hautes terres blanches » qui représentaient environ 20 % des meilleures terres agricoles du pays. En même temps que les conquêtes se poursuivaient, la peste des troupeaux, au cours des années 1890, fit d'énormes ravages dans tout l'est et le sud de l'Afrique. En outre, les actions guerrières et les migrations de population au cours de la première phase du colonialisme entraînèrent de nouvelles épidémies : variole, malaria, maladie du sommeil et grippe espagnole.

Une femme occupée au séchage des fèves de cacao à Kumasi en Côte-de-l'or. Les agriculteurs ghanéens misaient de leur plein gré sur la culture du cacao, et le pays fut en 1914 le plus grand exportateur au monde de cette denrée.

Les paysans et l'économie monétaire

Akokoaso, village de Côte-de-l'Or voué à la culture du cacao, comptait un peu plus de mille habitants. Une enquête datant des années 1930 révèle l'effet de l'économie monétaire. Plus de la moitié des foyers n'étaient alors composés que des parents et enfants et non plus de grandes familles comme jadis. La spécialisation professionnelle était en marche : 66 personnes gagnaient leur vie comme forgerons, menuisiers, marchands de vin, sage-femmes, enseignants et acheteurs de cacao. Les marchandises commerciales avaient fait leur apparition : la moitié des revenus servait à payer vêtements, chaussures, conserves, vin, sel, instruments modernes, et l'on versait une cotisation à l'école, à l'église et à certaines institutions de bienfaisance. Mais l'endettement était lourd. Les taux usuraires liés aux prêts à court terme pouvaient atteindre 50 %, et chaque famille utilisait en moyenne la moitié de ses revenus à payer ses dettes. L'économie monétaire engendra des inégalités : 25 % des paysans avaient été obligés de quitter leur ferme, tandis que des agriculteurs entreprenants, des commerçants, des prêteurs et des avocats pouvaient posséder jusqu'à 6 ou 7 exploitations qu'ils confiaient à des fermiers. Cela révèle clairement le contraste entre le capitalisme et l'agriculture autosuffisante.

(W. K. Hancock : *A Survey of British Commonwealth Affairs,* vol. 2, Londres 1942.)

Mais après la Première Guerre mondiale, la population s'accrut rapidement dans toutes les colonies. Cela fut dû aux progrès de la médecine dont les Européens furent les propagateurs ainsi qu'à un acheminement plus efficace de nourriture à destination des régions touchées par la famine. Au Ghana (Côte-de-l'Or), la population quadrupla entre 1918 et 1961. La production de nourriture répondit à la croissance démographique grâce à la mise en exploitation de nouvelles terres. Jusqu'à un certain point, de nouvelles techniques furent également introduites, notamment par les colons : meilleure sélection végétale et animale, emploi de la charrue, fumage, vaccination, meilleurs systèmes d'irrigation. Les connaissances agricoles furent diffusées par des centres expérimentaux, ainsi que par les colons et les missionnaires.

Dans les régions côtières de l'Afrique occidentale qui avaient toujours eu les liens les plus étroits avec le marché mondial, les paysans africains acceptèrent volontairement d'augmenter leur production destinée à l'exportation. Les meilleurs exemples en sont fournis par la culture de l'arachide au Sénégal et dans le nord du Nigeria, et par celle du cacao en Côte-de-l'Or. En 1912, la Côte-de-l'Or était le premier producteur mondial de cacao. Les autorités essayèrent parfois de freiner ce type de production par souci de produire des vivres à la place et d'éviter les déséquilibres écologiques. Ce qui motivait les paysans, c'était avant tout ce que l'argent leur permettait d'acheter : des maisons modernes, des produits importés plus ou moins luxueux comme de l'eau-de-vie, du tabac, des vêtements. Les produits modernes de l'industrie incitèrent les paysans à se rallier à l'économie monétaire, en Afrique comme en Europe.

Intégration de l'Afrique au marché mondial. Des tissus importés sont présentés à la douane de Quilimane (Afrique orientale) en 1878.

Livraisons forcées et travail obligatoire

Mais au cours de la première phase du colonialisme, les autorités firent peser une lourde pression sur les paysans dans de nombreux territoires. L'exigence d'impôts en numéraire obligeait à produire pour la vente ou à louer sa force de travail. Il y avait aussi l'obligation de livrer des quotas déterminés de marchandises destinées à l'exportation, par exemple du coton, à des prix qui pouvaient être très inférieurs à ceux du marché. Dans l'« Etat indépendant du Congo » à l'époque du roi Léopold — entre 1885 et 1908 — , la pression administrative put dégénérer en terreur pure et simple. Mais dans l'entre-deux-guerres, la liberté de production devint de règle.

Là où les colons étaient nombreux, comme au Kenya ou en Rhodésie, on eut parfois recours à l'Etat pour *empêcher* une production africaine destinée à la vente qui aurait fait concurrence à celle des agriculteurs européens. L'Etat pouvait également favoriser les paysans européens par diverses mesures — par exemple construction de voies ferrées et de routes au tracé adéquat, subventions au transport, politique douanière, dispositions sur le crédit. Pourtant, même dans ces territoires, il y avait place pour un développement agricole africain. Une classe notable de gros paysans autochtones se développa en Rhodésie comme au Kenya. Dans les années 1950, la révolte des Mau-Mau fut dirigée aussi bien contre ces capitalistes noirs que contre les colonisateurs européens.

Le travail obligatoire, autrement dit le recrutement forcé d'une main-d'œuvre dont la maigre rémunération était fixée par l'administration, fut un phénomène courant pendant la première phase de la colonisation. Ces gens étaient notamment utilisés comme porteurs et comme ouvriers dans les travaux publics (construction de voies ferrées et de routes). Mais au Congo belge, en Afrique-Equatoriale française et dans le Tanganyika allemand, les autorités, par l'intermédiaire des chefs, recrutèrent ainsi de force une main-d'œuvre destinée en fait à des plantations *privées*. En Rhodésie, le « Bureau de la main-d'œuvre indigène » eut recours à des moyens de coercition indirects pour envoyer des ouvriers dans les mines les plus rebutantes. Entre 1906 et 1912, le tiers des mineurs fut recruté de cette manière ; ensuite, cette proportion chuta rapidement. Une convention internationale de 1930 interdit le travail obligatoire à des fins privées et en réglementa l'usage dans le secteur public. Mais à ce stade, il y avait un peu partout en Afrique assez de main-d'œuvre volontaire, et ce avant tout à cause des nouvelles habitudes de consommation qui exigeaient de l'argent.

Victimes de la terreur régnant dans l'Etat indépendant du Congo sous administration européenne : ces enfants ont été mutilés parce qu'ils n'avaient pas livré leurs quotas de produits destinés à l'exportation. Les méthodes du roi Léopold firent scandale en Europe.

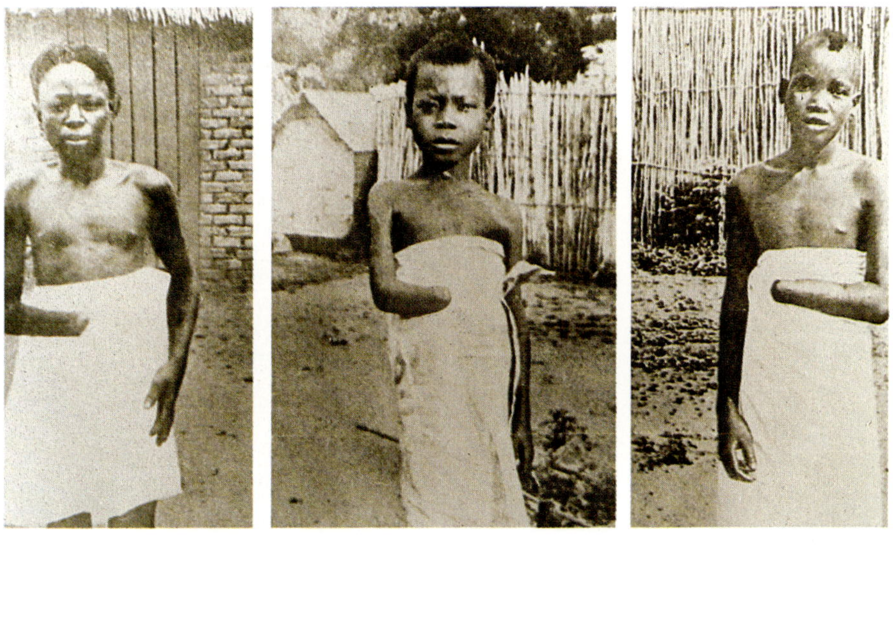

Le roi Léopold de Belgique, maître de l'Etat indépendant du Congo jusqu'en 1908. L'Europe offrait l'image de la dignité imperturbable des représentants de la « civilisation ».

Rares furent les Africains qui ne furent pas touchés par la nouvelle économie monétaire. Ici, il faut aussi prendre en compte le commerce intérieur, par exemple l'approvisionnement des villes. De nouvelles possibilités s'ouvrirent pour des millions d'Africains, par exemple dans le commerce de détail ou comme acheteurs pour le compte d'entreprises européennes. Néanmoins, le rattachement de l'Afrique au marché mondial demeurait faible. Les investissements européens en Afrique Noire apparaissaient étonnamment limités, environ 275 millions de livres en 1900 et 610 millions en 1913. Et les deux tiers de ces capitaux prenaient le chemin de l'Union Sud-Africaine, le seul pays de ce continent ayant de l'importance pour l'économie occidentale. Dans toutes les colonies, l'on exportait avant tout des matières premières. Etait-ce une étape initiale nécessaire pour s'intégrer au marché international, ou bien un « sous-développement » induit par le colonialisme ? Le même modèle commercial caractérisait aussi l'Ethiopie indépendante. Le rattachement de la Scandinavie au marché mondial s'était opéré de cette manière. Après 1945, lors de la dernière phase du colonialisme, les autorités de tutelle soutinrent les entreprises industrielles, mais le marché intérieur était limité et le substrat culturel peu favorable. Y aurait-il jamais eu des usines en Afrique si le colonialisme n'ait pas existé ?

« Léopold II, roi du Congo, dans son costume national ». Dessin satirique britannique publié au cours de la campagne de 1908 contre les méthodes détestables utilisées au Congo — dirigées ici contre Léopold lui-même par le dessinateur.

Migrations de populations et développement des villes

Les effets sociaux de la nouvelle économie furent particulièrement dramatiques en Afrique tant était grande la distance entre les modes de vie traditionnels et les modèles occidentaux. Le résultat, c'est qu'autosubsistance et économie monétaire, solidarité familiale et individualisme se mêlèrent en proportion variable et de manière complexe. C'est pourquoi l'idée qu'on pourrait faire une distinction simple entre l'« ancienne » et la « nouvelle » Afrique est tout à fait erronée.

Dans les campagnes, l'économie monétaire engendra de nouvelles différenciations, comme dans d'autres parties du monde. Quand la production pour la vente gagna du terrain, s'étendit aussi le droit de propriété privée. Le paysan exigeait de posséder le champ qu'il labourait, sans ingérence de la famille ou de la communauté villageoise. Achats et ventes de terres devinrent plus fréquents. Des paysans ambitieux, qui travaillaient peut-être deux fois plus que la moyenne, réalisèrent de gros profits et eurent les moyens d'engager de la main-d'œuvre. Peut-être prêtèrent-ils aussi de l'argent, et de nouvelles terres leur échurent en cas de non-remboursements. Mais les exigences familiales en matière de dons mutuels, d'hospitalité, de prêts et d'aide de la part des plus prospères, jouèrent un peu le même rôle que jadis la répartition des terres communes. Un paysan ne pensant qu'à lui-même risquait que des parents envieux ne le soumettent à des pratiques magiques de caractère maléfique.

Une femme propose ses produits au marché de Gondar en Ethiopie. Les femmes acquirent plus d'indépendance dans les villes. Grâce au commerce et à d'autres sources de revenus (bien souvent la prostitution), elles purent subvenir à leurs besoins, y compris les mères célibataires.

Les changements sociaux se manifestèrent clairement sous forme de migrations de populations. Dans le sud de l'Afrique, des millions de travailleurs se rendirent dans les régions minières. En Afrique occidentale, un flux de main-d'œuvre parti de la savane au nord se dirigea vers les régions forestières et les villes côtières au sud. A l'est, l'agriculture commerciale pratiquée au Bouganda attira des ouvriers des territoires avoisinants. Dans les régions soudanaises, des pèlerins musulmans mirent le cap à l'est, et beaucoup s'établirent dans la vallée du Nil.

Un travail salarié donnait plus de liberté. Les hommes jeunes notamment pouvaient ainsi échapper à un père dominateur et assurer leur indépendance en gagnant de l'argent. S'ils payaient eux-mêmes la dot de leur promise, les anciens perdaient un important moyen de pression. Mais dans la plupart des cas, ces déplacements — travail saisonnier ou expérience de jeunesse — n'étaient que temporaires. Les mines et les villes n'apportaient aucune sécurité aux malades ou aux vieux, contrairement à la famille. Il n'empêche que les migrations furent particulièrement spectaculaires en Afrique.

La population urbaine augmenta de manière considérable ; entre 1900 et 1950, le nombre d'habitants de certaines villes se trouva multiplié par dix. Et pourtant, 9 % seulement des Africains vivaient dans des cités en 1950, contre 13 % en Asie et 25 % en Amérique du Sud. La vie quotidienne dans les villes africaines revêtait des formes incroyablement chaotiques. Les nouveaux citadins avaient été attirés par la liberté et les possibilités de réussite personnelle. De jeunes hommes gagnaient en prestige aux dépens des anciens du fait de leur instruction. La famille limitée aux parents et enfants devint la cellule sociale de base. Les femmes pouvaient accéder à une nouvelle liberté économique. La prostitution se répandit. Les hommes avaient conservé les attitudes de la société traditionnelle polygame et collectionnaient volontiers les femmes, y compris mariées. Toute cela engendra des conditions familiales extrêmement variées. Beaucoup de mères élevant seules leurs enfants préférèrent à un remariage une indépendance basée sur une combinaison de travail salarié et de services sexuels. Des sociologues comme Durkheim et Simmel qui s'étaient montrés préoccupés par l'évolution urbaine en Occident auraient été encore plus alarmés par l'Afrique. A un stade précoce, on parla de « dissolution », de « détribalisation » et d'« anomie » — autrement dit d'absence de normes.

Place de marché à Kumasi (Côte-de-l'Or). Les villes africaines étaient caractérisées par une vie commerciale intense. Les nouveaux arrivés gardaient des contacts étroits avec les régions rurales d'où ils venaient.

La classe moyenne, les ouvriers et la vie associative

Cependant, le terme de « dissolution » risque d'introduire une perspective beaucoup trop étroite. Il y eut aussi « construction », de nouveaux horizons s'ouvrirent et de nouvelles solidarités se créèrent. Ce fut la classe moyenne africaine composée de petits négociants et d'employés du public et du privé qui s'enracina le plus solidement en milieu urbain. Mais ce fut elle aussi qui se heurta la première aux barrières raciales de la société coloniale. Les Européens qui dirigeaient l'administration et l'économie tranchaient fortement sur la population africaine par leurs revenus et leur style de vie. Seuls quelques rares Africains disposaient des diplômes nécessaires pour conquérir des emplois élevés, et les commerçants, avocats et médecins assez riches pour vivre à l'européenne n'étaient pas légion. Les gros négociants africains du XIXe siècle ne purent résister à la concurrence des hommes d'affaires européens. Beaucoup de commerçants autochtones se plaignirent de discrimination directe, par exemple en matière de prêts bancaires. Et la véritable bourgeoisie coloniale résidait en Europe. C'est là que se trouvait le quartier général des grandes maisons de commerce et des banques, là que fonctionnait l'industrie, là que s'accumulait le capital par le jeu des transferts de bénéfices, d'intérêts et de pensions depuis les colonies vers la métropole.

Parmi les travailleurs, les ouvriers qualifiés formaient un groupe privilégié disposant d'emplois stables dans le secteur public ou privé et bénéficiant souvent d'aide au logement et de certaines assurances. Dans les mines du Congo et de Rhodésie, on prit des mesures sociales étendues après la Première Guerre mondiale pour inciter les

L'attrait de la ville

« L'air des villes rend les hommes libres », dit-on parfois en Europe. L'écrivain congolais I. Lutumba décrit dans un livre la fascination qu'exerce sur son héros, un jeune garçon, la nouvelle route qui traverse le village et disparaît sur la crête de la montagne : *« Ce n'était pas n'importe quelle route, c'était la route de Léopoldville. Léopoldville... Aux oreilles de Fwala, ce mot avait des accents magiques qui faisaient surgir des images attirantes et merveilleuses. Ah, quel mystère torturant ! Quand pourrait-il le pénétrer ? Fwala avait vu tant d'hommes, les uns à pied, les autres juchés sur des véhicules chargés, qui se rendaient à Léopoldville en riant et en chantant. Quand serait-ce son tour ? ... Le lendemain à l'aube, sa maman Anna l'appela en vain. A la faveur de la nuit, son fils était parti avec un petit baluchon sous le bras, parti sur l'irrésistible route qui menait à Léopoldville. »*

(R. Anstey : *King Leopold's Congo*, Londres 1966.)

La classe moyenne africaine. Ce couple congolais pose pour le photographe, elle en tenue traditionnelle, lui en costume européen — malgré le climat tropical.

Exploitation minière au Congo. Le minerai de cuivre est pelleté sur une chaîne de transport. A un stade précoce, les entreprises minières du Congo misèrent sur des mesures sociales pour s'assurer une main-d'œuvre stable et sédentaire.

ouvriers à faire venir leur famille ; ainsi pouvait se constituer une main-d'œuvre sédentaire et permanente.

Au plus bas de l'échelle, on trouvait dans les villes un prolétariat misérable vivant dans des bidonvilles et errant dans les rues à la recherche d'un petit travail ou de nourriture. Les guenilles, la crasse, les maladies et parfois la débilité, mais également les comportements agressifs et la criminalité, faisaient de ce prolétariat le symbole effrayant des déséquilibres liés à l'évolution urbaine.

La proportion entre ces différents groupes sociaux était variable. La bourgeoisie africaine était surtout nombreuse dans les villes de la côte occidentale, et en revanche très peu répandue à l'est du continent, dominé par les colons. Les plus fortes concentrations ouvrières s'observaient dans les régions minières du centre et du sud de l'Afrique.

Sur ce continent comme en Occident, la floraison des associations en milieu urbain témoigna éloquemment des besoins sociaux nés des transformations des conditions de vie. Des « associations tribales », assez semblables à nos sociétés folkloriques, apparurent à un stade précoce. Outre leurs activités de loisirs, elles offraient un soutien à leurs membres en cas d'accident ou de malheur. Sur les lieux de travail se développèrent des sociétés d'assurances mutuelles. Dans les quartiers d'habitation, des groupes religieux et des associations prirent l'animation en main. Les syndicats se développèrent dans les grandes branches, par exemple les chemins de fer et les mines, mais l'instabilité de la main-d'œuvre rendait difficile tout travail d'organisation. Ces associations ne développèrent pas moins une nouvelle solidarité s'étendant au-delà des frontières tribales, et elles offrirent un point d'appui dans un monde bouleversé.

Danse religieuse avec masques et échasses chez les Dogons. A l'arrière-plan, un des danseurs porte un masque extrêmement haut qui représente une maison à plusieurs étages. La religion africaine était profondément ancrée dans la société, aussi allait-elle subir d'importantes modifications à l'époque coloniale.

Transformations religieuses et missions chrétiennes

Comment les masses populaires vécurent-elles cette évolution moderne ? Quels furent leurs sentiments et leurs pensées ? Ce sont là des questions difficiles, surtout en Afrique où seule une petite minorité fut scolarisée et donc apte à s'exprimer par écrit. Une manière d'approcher le problème consiste à étudier l'évolution *religieuse*, et sur ce point, la recherche récente a ouvert de nouvelles perspectives.

La conception africaine du monde était d'essence religieuse. La religion n'était pas qu'une relation entre l'homme et la divinité, elle expliquait aussi le monde matériel et donnait des moyens d'agir sur lui. Les problèmes qui surgirent avec le colonialisme — perte de terres, épidémies, pressions, travail forcé, et aussi tous les nouveaux conflits entre les individus et la famille, les anciens et les jeunes, les femmes et les hommes — alimentèrent l'inquiétude religieuse et la quête spirituelle dont on observe clairement les manifestations au début du XXe siècle. De nombreux chefs religieux, de « prophètes », apparurent au sein des religions africaines locales. Ils proposèrent de nouveaux rites, de nouveaux objets magiques, affirmant qu'ils pouvaient extirper efficacement le mal. Certains d'entre eux essayèrent de guérir les souffrances physiques en chassant les mauvais esprits. D'autres s'orientèrent plus vers les problèmes sociaux. Il était typique, par exemple, qu'on attribuât tous les malheurs à des sorcières et magiciens qu'il fallait identifier et exterminer pour recouvrer santé et bonheur. En Rhodésie du Nord, Tom Nyirenda organisa dans les années 1920 un mouvement pour l'extermination des sorciers qui s'étendit au Congo méridional et coûta la vie à pas mal de gens.

Une autre solution consistait à se convertir au christianisme. Les missions remportèrent un grand succès à l'époque du colonialisme, peut-être le plus grand de l'histoire de la chrétienté. Plus étroitement lié à l'éducation scolaire, le christianisme contribua à élargir l'horizon spirituel tout en s'accordant avec les nouvelles réalités économiques. La croyance locale aux esprits fut battue en brèche par le développement de l'économie monétaire et du commerce international. Probablement le christianisme était-il aussi plus à même que les croyances traditionnelles de combler des besoins religieux et intellectuels

A gauche : expédition scientifique en 1907 pour étudier la maladie du sommeil au Congo français. Peu à peu, l'on prit des mesures efficaces pour se protéger de la mouche tsé-tsé. La médecine tropicale fit de grands progrès, et les populations augmentèrent rapidement après la Première Guerre mondiale.

profonds — avec par exemple la foi en un Dieu unique, la cohésion d'une doctrine fortement charpentée, les offices religieux, les prières, et, plus encore peut-être, la croyance en la vie éternelle. La paroisse était source de nouvelles valeurs communautaires. Et les avantages pratiques liés aux institutions religieuses — des soins médicaux à l'éducation — avaient aussi leur attrait.

Mais conversion ne signifiait pas métamorphose subite. Des restes de tradition religieuse africaine subsistaient parmi les chrétiens, aussi bien le culte des ancêtres que la croyance en la sorcellerie. En outre s'opéra une « africanisation » du christianisme européen, notamment pour la simple raison qu'il fallut traduire l'évangile dans les langues locales. Les termes bibliques furent ainsi associés à la culture locale. Pour traduire « Dieu », on se servit souvent du terme africain désignant la plus haute divinité. Evangélisateurs et prêtres autochtones se servirent de comparaisons tirées de la vie quotidienne pour faire passer leur message. Ainsi s'opéra une greffe de la doctrine chrétienne en milieu africain.

Par ailleurs, des éléments chrétiens comme la croix et le nom du Christ purent être incorporés à la foi africaine, ce qui contribua parfois à rendre la frontière fluctuante entre les deux religions. A la fin de l'époque coloniale, on estimait que hors de l'islam, environ la moitié des Africains étaient devenus chrétiens.

Eglises africaines indépendantes et mouvements prophétiques

Les Eglises dirigées par des missionnaires européens pouvaient être perçues comme trop contraignantes avec leur strict dogmatisme. Aussi l'Afrique connut-elle une exceptionnelle floraison d'Eglises chrétiennes indépendantes, de sectes et de mouvements prophétiques, notamment en version protestante avec cette conception démocratique selon laquelle chaque individu doit étudier lui-même les écritures saintes. Nous nous baserons ici sur la distinction opérée initialement par Bengt Sundkler, historien suédois des religions, entre Eglises « éthiopiennes » et « sionistes ».

Les Eglises « éthiopiennes » étaient des filiales des Eglises missionnaires, mais placées sous direction africaine. Généralement créées par des représentants de la classe moyenne, elles témoignaient peut-être d'un désir de « décolonisation » ecclésiastique, l'« Ethiopie » étant le symbole de l'indépendance africaine. En règle générale, ces Eglises se montraient tolérantes à l'égard des formes religieuses et des coutumes autochtones. Et elles autorisaient des offices religieux plus libres et plus imprégnés d'affectivité que ceux des Européens.

Le groupe « sioniste » (dont le nom venait initialement d'une mission américaine basée à Zion dans l'Illinois) présentait une hétérogénéité beaucoup plus marquée. Ici, les fondateurs étaient presque toujours des prophètes, des personnes en possession de dons religieux particuliers. Le schéma classique était le suivant. Après avoir surmonté une crise personnelle en pratiquant l'ascèse de la solitude, ils avaient eu la révélation en songe d'un nouveau message et d'une nouvelle forme de religion qui combinait souvent des éléments chrétiens et africains. Le Saint-Esprit jouait toujours un rôle important, de même que la guérison par la prière et l'expulsion des mauvais esprits. Chant, danse et extase caractérisaient l'office religieux, mais les vieilles « superstitions » étaient strictement prohibées. Il s'agissait d'un mouvement intense de réveil chrétien. L'on accordait un crédit total aux promesses bibliques d'un royaume terrestre de mille ans au cours duquel toutes les souffrances disparaîtraient. C'était le même rêve millénariste que celui déjà évoqué à propos de l'Europe du Sud et de l'Amérique latine. Les disciples de ces prophètes se regroupaient en communautés plus ou moins fermes, dans quelques cas au sein d'Eglises bien structurées, la plus importante étant celle de Simon Kimbangu dans le bas Congo : fondée dans les années 1920, elle comptait trois millions de membres en 1970.

Le prophète zoulou Isaiah Shembe fonda la plus grande Eglise indépendante en Afrique du Sud. La tenue des prêtres portait l'empreinte de la tradition zouloue, notamment le collier de perles noires.

Sectes et Eglises sionistes présentent un intérêt particulier en liaison avec l'évolution sociale. En Afrique méridionale et centrale, elles furent particulièrement nombreuses dans les régions minières, dans les plantations et dans les villes où les tensions sociales étaient les plus vives. Les prophètes établissaient souvent un lien entre souffrance individuelle et souffrance sociale, entre guéri-

Formation professionnelle au Congo belge sous la direction de missionnaires : ici, enseignement de la broderie. Ce type d'activités pratiques attira beaucoup de gens vers l'Eglise et contribua à l'évolution moderne.

son personnelle par la foi et salut collectif. Certaines de ces Eglises prophétiques se dressaient pour protester contre le capitalisme et le colonialisme, contre l'individualisme trop poussé, l'inégalité et l'exploitation. Elles faisaient appel à des symboles que tout le monde pouvait comprendre, et elles s'efforçaient de recréer un sentiment de communauté dans un monde éclaté. Les compagnons du prophète étaient tous « frères » et « sœurs » sur le mode égalitaire. Dans un certain nombre de « villages modèles », on misa sur l'économie monétaire mais on rejeta comme étranger le système scolaire européen.

C'était la version africaine du rêve d'une « société de proximité » dont nous avons trouvé des exemples sur tous les continents. Les historiens discutent toujours de l'intimité du lien entre évolution sociale et transformations religieuses, mais personne ne songerait à nier qu'il y ait eu action réciproque entre ces deux phénomènes.

Chrétiens d'Afrique ayant reçu une formation scolaire (Afrique du Sud, 1879). Ils étaient fiers de leur réussite et ambitieux, mais les Européens se moquaient souvent d'eux.

Enseignement rural en Afrique-Occidentale française. Dans les territoires français, l'Etat prit en charge l'essentiel du système scolaire. Dans les colonies britanniques, ce rôle fut confié aux missions — dûment subventionnées par les pouvoirs publics.

Développement scolaire, élite cultivée et discrimination raciale

A l'époque coloniale, le développement de la scolarité rattacha l'Afrique au « marché culturel du monde ». Pour ceux qui en bénéficièrent, cela constitua une expérience encore plus bouleversante que les changements économiques et sociaux qui s'étaient succédé. Portes et fenêtres s'ouvraient sur le vaste monde, tout l'arsenal des idées et des connaissances humaines devenait en principe accessible. L'enseignement scolaire impliqua une coupure radicale avec la conception traditionnelle du monde. Il diffusa des modes de pensée occidentaux, rationnels, aptes à expliquer scientifiquement tous les phénomènes naturels, à l'inverse de la tradition africaine reposant sur une causalité magico-religieuse.

A la fin de l'époque coloniale, il apparaissait pourtant que seule une minorité d'enfants avait été scolarisée en Afrique — d'environ 10 % en Afrique-Occidentale française à 50 % en Côte-de-l'Or et au Congo belge. La scolarité moyenne avait rarement dépassé trois ou quatre ans, et l'on savait lire et écrire à des degrés variables. Dans l'Afrique britannique et au Congo belge, c'étaient les missionnaires qui pour l'essentiel s'étaient occupés des tâches éducatives, mais avec des subventions de l'Etat et sous son contrôle. La France misa sur des écoles publiques, mais celles-ci ne connurent qu'un développement limité. Quant aux études supérieures, elles n'étaient l'apanage que d'un très petit nombre d'Africains. Jusqu'à la Seconde Guerre mondiale, il fallait se rendre en Europe ou en Amérique, et généralement à ses frais, pour étudier à l'université. Avocats, médecins et professeurs qui constituèrent les premières élites africaines étaient donc le plus souvent issus de riches familles de commerçants dont la prospérité remontait à l'époque de la traite des esclaves et de la révolution commerciale.

Mais le groupe plus nombreux de ceux qui avaient reçu une éducation moins poussée se montra lui aussi capable d'initiative. Cette « sous-élite », comme on l'a parfois appelée, fut à l'origine des activités associatives dans les villes et devint le moteur de l'action syndicale dans de nombreuses colonies après la Première Guerre mondiale. Elle se répandit aussi en milieu rural, fournissant enseignants, employés, évangélistes, et devenant ainsi un trait d'union entre élites cultivées et masses populaires.

Comme en Inde, les rapports entre l'administration coloniale et l'élite autochtone étaient ambivalents. Partenaires essentiels des Européens, ces Africains instruits

Les merveilles de l'imprimerie

C'est dans le contexte africain, qu'on mesure le mieux l'importance historique de cette merveille qu'est l'art de l'imprimerie. Celui qui savait lire avait accès à tout l'héritage culturel occidental du moins en principe. Au fronton d'une imprimerie située à Kumasi au Ghana (Côte-de-l'Or), on pouvait lire ces mots :

« Ceci est un espace de civilisation, un refuge pour l'art contre les outrages du temps, un arsenal pour la vérité combattant hardiment la rumeur rampante... A partir de cette maison, le verbe prend son essor, non comme une onde se propageant dans le vide, mais coulé dans le plomb, à l'abri des déprédations du temps. Ami, tu te trouves au seuil d'un espace sacré ; ceci est une imprimerie ! »

(G. Hunter : *The New Societies of Tropical Africa*, Londres 1962.)

furent aussi les premiers qui essayèrent de dépasser les limites imposées par le colonialisme. Grâce à leurs études et éventuellement un séjour en Europe, ils avaient assimilé l'essentiel de la culture occidentale, mais il leur était difficile de se faire reconnaître, et rares étaient ceux qui étaient payés d'amitié ou de respect. On ne peut mesurer la frustration psychologique que cela entraîna, mais l'humiliation personnelle est peut-être la forme d'oppression qui affecte le plus profondément l'être humain. En Inde, les préjugés raciaux étaient malgré tout tempérés par la reconnaissance scientifique d'une origine indo-européenne commune — linguistique et peut-être même ethnique. Nous avons vu comment Britanniques et Indiens pouvaient parler de liens entre l'Occident et l'Orient. Mais en l'Afrique, la morgue raciale ne connaissait guère de frein. L'arrogance de la bourgeoisie à l'égard de la classe ouvrière, déjà très sensible en Europe, se trouvait décuplée en terre africaine. « L'européen inhumain » se montrait ici sous son jour le plus défavorable.

A gauche : les Occidentaux commencent à se familiariser avec l'Afrique. Enseignement dispensé en 1897 dans une école française pour aveugles. Les représentations qui se forgèrent alors se retrouvent largement de nos jours.

Les milieux britanniques et belges étaient les plus fermés. Concrètement, l'idéologie du « gouvernement indirect » impliquait qu'on ne se mélangeait pas aux autochtones, même si la justification officielle en était le « respect pour les différentes traditions ». Les Français et les Portugais avaient en revanche des ambitions quant à l'« assimilation » des Africains à la culture européenne. Les contacts sexuels avec les populations locales n'étaient pas l'objet de la même réprobation que dans les milieux britanniques. Au sein des missions chrétiennes, tous les fidèles étaient « frères » et « sœurs », ce qui n'empêchait pas les attitudes condescendantes. Après deux ou trois décennies en Afrique du Sud, des missionnaires norvégiens se demandaient encore s'il fallait se contenter de recevoir les Africains dans la véranda ou si l'on pouvait les accueillir dans la salle de séjour !

Nationalisme culturel africain

En Afrique aussi se posa la question d'une conciliation possible entre la civilisation moderne et la culture locale. Par rapport aux autres régions traitées précédemment, ce continent montre de manière particulièrement saisissante le lien entre cette interrogation et le besoin de remédier à l'éclatement de la personnalité. Comme dans les mouvements prophétiques africains, on peut déceler une quête de « guérison » au sens large. Il s'agissait non seulement de trouver des solutions aux problèmes personnels mais aussi de renforcer un sentiment d'identité collective et de jeter les bases d'une alternative politique au colonialisme.

Les Noirs américains et antillais jouèrent un rôle important dans le nationalisme culturel africain. Ils ressentaient plus que quiconque le besoin de se ressourcer, eux qui avaient perdu leurs racines depuis longtemps. Un pionnier fut le maître d'école antillais Edward Blyden, actif au Liberia et en Sierra Leone à partir de années 1860. Plus tard, Marcus Garvey, un dirigeant ecclésiastique américain, caressa le projet d'un retour en masse des Noirs de son pays sur leur continent d'origine. L'Antillais W. E. B. Du Bois milita en faveur du panafricanisme à partir de 1897. La première conférence panafricaine se tint à Londres dès 1900. En Afrique, ce furent d'abord les élites cultivées des villes côtières de l'Atlantique qui œuvrèrent au tournant du siècle à un nationalisme culturel. Dans l'entre-deux-guerres, les intellectuels d'Afrique-Occidentale française et des Antilles donnèrent le ton à partir de Paris avec ce qu'on a appelé le mouvement de la « négritude ».

Tous ces penseurs avaient certaines idées en commun. Ils n'admettaient pas la supériorité culturelle des Européens. La civilisation technique ne pouvait-elle pas se muer en barbarie sous forme de conquête coloniale ou de guerre mondiale ? Les valeurs africaines traditionnelles — religiosité, solidarité familiale, sentiment de la nature, spontanéité — n'étaient-elles pas imprégnées de plus d'humanité ? Blyden estimait que la scolarité devait faire

Ce tam-tam congolais de 1843 représente un Européen avec une bouteille de gin et un verre. Un symbole de la civilisation ? L'alcool était depuis longtemps une marchandise d'échange, mais la situation se modifia à l'époque coloniale.

Fabrication d'alcool à Madagascar en 1881. Les cannes à sucre sont mises à bouillir dans la cuve de droite, les vapeurs transitent dans un vieux canon de fusil et se condensent dans un récipient en bois contenant de l'eau froide. L'alcool ainsi distillé est recueilli dans les flacons qu'on voit à gauche.

Art africain : masque bakouba au Congo, utilisé par une tranche d'âge déterminée lors de cérémonies initiatiques. Le collier de perles devant la bouche était le symbole d'un serment secret. Des cauris — coquillages qui servaient également de moyen de paiement — ornent le front et la tête.

fructifier ces qualités, et il espérait que l'islam pourrait devenir le dénominateur commun religieux de tous les Africains. En vérité, c'était la communauté des petites sociétés locales qui se trouvait ainsi exaltée. On songe à Rousseau et à certaines formes de populisme européen. Des intellectuels occidentaux virent aussi dans la négritude des possibilités de renouvellement aussi bien artistiques qu'existentielles. Jean-Paul Sartre souligna ainsi que les Blancs savaient tout de la technique, mais que cette civilisation matérielle ne touchait qu'à la surface des choses, à l'inverse de la négritude, profondément ancrée dans l'existence individuelle et collective. C'était un parallèle aux idées indiennes selon lesquelles la spiritualité orientale était à même de compléter la technique occidentale.

La redécouverte de l'histoire africaine fut un élément important de ce nationalisme culturel. Les bases en furent jetées par des chercheurs établis en Europe, comme cela avait été le cas à partir du XVIIIe siècle en matière de linguistique indo-européenne. L'attention se porta d'abord, notamment au sein du mouvement de la négritude, sur les grands royaumes et les civilisations avancées des régions soudanaises et de la vallée du Nil. Parmi les intellectuels anglais, l'égalitarisme chrétien et les idées libérales jouèrent un rôle plus important, ce qui prépara la voie au nationalisme et au mouvement indépendantiste.

Ces gens appartenant au peuple herero ont été capturés après une révolte dans l'Afrique allemande du Sud-Ouest. Les rebelles furent toujours perdant sur le continent africain, mais le nationalisme allait ultérieurement s'inspirer de leur exemple.

Révoltes précoces

Si on limite la portée du concept de « nationalisme » aux seules exigences d'indépendance politique, force est de constater qu'il n'y eut rien de semblable en Afrique avant la Première Guerre mondiale. Mais on peut aussi entendre par nationalisme toute forme de protestation contre le colonialisme, même lorsque l'indépendance ne figurait pas au programme. Et ce phénomène s'est manifesté dès l'époque de la conquête coloniale.

Peu de temps après l'arrivée des conquérants se déclenchèrent une série de révoltes contre la colonisation : à Madagascar en 1896 (« Menalamba »), en Rhodésie la même année (Matabélés, tribus du Mashona), en Afrique du Sud-Ouest en 1903-07 (Herreros), au Tanganyika en 1905-08 (Maji-Maji) et au Niger en 1905-06. Ces révoltes avaient un lien évident avec les premières résistances armées. Ce qu'on avait redouté se produisit : confiscation de terres, taxes, travail imposé et livraison forcée de produits destinés à l'exportation, si bien que l'on rêva d'un retour au « bon vieux temps ».

Mais ces révoltes présentaient aussi certains traits annonçant le nationalisme. Là où les chefs africains traditionnels avaient été vaincus par les Européens surgissaient de nouveaux leaders appelant à la résistance, certains d'entre eux ayant exercé des professions modernes au service des Occidentaux. Les dirigeants religieux jouèrent un rôle particulièrement intéressant, aussi bien ceux qui appartenaient au clergé traditionnel, comme au royaume Matabélé ou à Madagascar, que les prophètes visionnaires d'un genre nouveau qui apparurent par exemple au Mashonaland ou au Tanganyika. En utilisant la vieille religion, ils pouvaient exciter le peuple au combat. On se figurait ordinairement que les pouvoirs magiques des chefs protégeaient efficacement contre les balles des ennemis. Le mot « Maji », qui signifie « eau », fait allusion à de tels moyens. L'union religieuse pouvait aussi transcender les vieux clivages politiques. Au Tanganyika, le chef ngoni Songa écrivit à un ancien ennemi : « Nous avons reçu ordre de Dieu de chasser tous les Blancs. Nous sommes prêts à les combattre... Envoie cent hommes armés de fusils. Oublions notre vieille hostilité. »

Les humiliations du colonialisme

On peut affirmer sans risque d'exagération que tout Africain scolarisé aurait personnellement quelque chose à dire des humiliations subies au contact d'Européens affichant leur supériorité raciale. Patrice Lumumba qui fut le premier Premier ministre du Congo arriva jeune à Léopoldville après avoir été formé par des missionnaires de province. Il dévora tous les livres qu'il put trouver : Voltaire, Rousseau, Hugo, Molière, Churchill, Agatha Christie, Simenon ! Il était fier de maîtriser la culture occidentale et avait le désir ardent d'être accepté sur un pied d'égalité par les Belges. Marchant un jour dans la rue, il bouscula involontairement une femme blanche. « Fais attention, espèce de singe crotté ! », cria-t-elle avant que Lumumba ait eu le temps de s'excuser. C'était la pire humiliation que pouvait subir un Congolais, et cet incident contribua à transformer les espérances de Lumumba en déception et en amertume.

(R. Anstey : *King Leopold's Congo*, Londres 1966.)

Même si les révoltes furent réprimés, elles semèrent la panique chez les Européens, ce qui put entraîner une politique coloniale plus prudente. Les Matabélés reçurent la promesse de recouvrer une partie de leurs terres, et leurs chefs furent à nouveau reconnus comme interlocuteurs des autorités coloniales. Au Tanganyika, les Allemands assouplirent en partie leurs exigences. Mais ces révoltes coûtèrent cher aux Africains. On estime que 75 000 personnes périrent au Tanganyika avant l'écrasement de la révolte des Maji-Maji. Le peuple herero fut victime de cruelles expéditions punitives allemandes.

Protestations modernes

En 1897, une forme moderne de protestation se développa en Côte-de-l'Or lorsque avocats et chefs traditionnels unirent leurs efforts pour empêcher les autorités coloniales de contrôler les « terres non cultivées » du pays. La société de défense des droits des indigènes (« Aborigines' Rights Protection Society ») obtint l'oreille de Londres et constitua un groupe de pression pendant toute l'ère coloniale. Elle insista de manière conséquente sur le fait que l'administration britannique en Côte-de-l'Or reposait sur une *alliance*, non sur une conquête.

Les premières associations politiques modernes furent créées pour défendre les intérêts des gens instruits. Ce fut ainsi le cas du « Congrès national pour l'Afrique de l'Ouest » fondé sur le modèle indien en 1920. Les militants invoquèrent les idées européennes sur la liberté et le droit à l'autonomie, et ils revendiquèrent des représentants élus au conseil législatif, une extension des structures scolaires et plus d'Africains dans la haute administration. Mais en prétendant représenter le peuple tout entier, ils entrèrent en conflit avec les chefs traditionnels qui avaient gardé leur position dans le système britannique de gouvernement indirect. Ceux-ci collaborèrent alors avec les Anglais pour s'opposer aux exigences du congrès.

Une nouvelle phase de protestation, plus dangereuse, s'ouvrit quand ouvriers et paysans dépendants de l'économie moderne s'éveillèrent à l'action. Le tournant s'opéra au moment de la crise mondiale aux alentours de 1930. Grèves et manifestations se succédèrent dans une série de villes, et les populations rurales firent preuve d'une conscience politique accrue. En 1931 comme en 1936, les paysans de la Côte-de-l'Or refusèrent à la fois de livrer leur cacao et d'acheter des marchandises anglaises. Parmi l'élite, des avocats défendirent ce type d'actions, et les chefs se servirent de leur autorité pour renforcer le mouvement. Cette tendance à une union politique plus soudée préfigurait les futurs mouvements indépendantistes.

Mais jusqu'à nouvel ordre, l'élite instruite, même en Afrique de l'Ouest, ne pouvait raisonnablement songer à prendre le contrôle de l'Etat. Outre que ces hommes étaient peu nombreux, ils demeuraient trop inexpérimentés. Le Congo belge, qui ne possédait en 1960 que 12-15 diplômés de l'université, représentait un cas extrême. Doutant des qualités morales de cette élite, les Britanniques affirmaient qu'elle se servirait de son pouvoir pour exploiter les masses populaires. Un important fonctionnaire anglais déclara au cours d'une conférence en 1939 qu'en Afrique, les autorités coloniales pouvaient du moins être sûres d'avoir un temps illimité à leur disposition.

Afrique du Sud : impérialisme et autonomie blanche

Il n'est guère aisé de situer l'Afrique du Sud dans un contexte historique global. Ce pays présente des traits communs avec d'autres dominions blancs, et c'est aussi le statut qui lui fut accordé en 1910. La différence, c'est que

Fonctionnaire européen dans sa voiture avec chauffeur. Sculpture en bois congolaise datant du début du XXe siècle. Les nationalistes africains attendaient leur heure.

Ce tableau d'Alphonse de Neuville illustre la guerre contre les Zoulous (1879). Les Britanniques mobilisèrent 20 000 soldats contre le royaume le plus puissant d'Afrique du Sud.

les Blancs, minoritaires, n'y représentaient que de 20 à 25 % de la population. Cette proportion entre les races rend intéressante une comparaison avec le sud des Etats-Unis. Et l'on observe aussi un parallélisme avec les pays d'Amérique latine, même si la politique de discrimination raciale constitue un trait spécifique de l'Afrique du Sud.

Mais ce pays, partie intégrante de l'Afrique noire, doit d'abord être replacé dans son contexte géographique. L'évolution économique s'opéra en gros de la même manière que plus au nord dans les régions exploitées par des colons et les districts miniers du continent. La grande différence résidait dans l'importance de la population blanche (environ 20 % en 1900) et dans l'autonomie politique que celle-ci obtint en 1910, ceci étant évidemment lié à cela. Au Kenya aussi, les colons avaient revendiqué une forme d'autonomie après la Première Guerre mondiale, mais ils étaient si peu nombreux par rapport à la population africaine qu'une telle exigence ne pouvait être prise au sérieux. La haute administration coloniale siégeait à Londres et c'est là que se recrutaient les fonctionnaires. Ceux-ci s'opposaient parfois très vivement aux colons locaux, et ils prenaient souvent la défense des intérêts africains, par exemple en matière agricole. Cet arrière-plan aide à mieux voir comment les pouvoirs publics servirent en Afrique du Sud à garantir les privilèges des Blancs. La Rhodésie du Sud qui devint en 1923 colonie autonome occupait une place intermédiaire entre le Kenya et l'Afrique du Sud.

Humiliation du peuple zoulou. Le roi Cetewayo, habillé à l'européenne, est débarqué dans la ville du Cap pour être conduit en captivité (octobre 1879).

Celle-ci, sur le plan *politique*, fut marquée jusqu'à la Deuxième Guerre mondiale par l'opposition entre Boers et Britanniques. L'Etat libre d'Orange et le Transvaal, républiques boers indépendantes, furent happées par le monde moderne lorsqu'on découvrit dans les années 1870 et 1880 de riches gisements d'or et de diamants à Johannesburg et à Kimberley. Les manœuvres britanniques pour étendre leur domination coloniale depuis la province du Cap et le Natal jusqu'aux républiques boers de l'intérieur entraîna la plus grande révolte armée de toute la période du partage de l'Afrique. La « première guerre des Boers » eut lieu en 1880, et le grand règlement de comptes se produisit en 1899-1902 lors de la « seconde guerre des Boers ». Au début, grâce à une tactique audacieuse de guérilla, les Boers remportèrent des succès étonnants, mais la machine de guerre britannique en vint à compter 450 000 hommes face à quelque 88 000 Boers. Innovation historique, une bonne partie de la population civile fut regroupée dans des camps de concentration pour éviter qu'elle n'aide les combattants boers. En 1902, ceux-ci furent contraints de déposer les armes et de s'accommoder de la domination britannique.

Une politique de réconciliation conduisit à l'instauration en 1910 d'une Union sud-africaine autonome rattachée à la couronne britannique. Jusqu'en 1948, le pays fut gouverné par les partis du centre représentant aussi bien les anglophones que les Boers modérés comme les anciens généraux Louis Botha, Jan C. Smuts et James B. M. Herzog qui acceptaient les liens avec la Grande-Bretagne. L'Afrique du Sud participa aux deux conflits mondiaux aux côtés des Britanniques. Mais des courants nationalistes se développèrent parmi les Boers, d'une part en réaction aux efforts britanniques pour rendre la langue anglaise dominante, de l'autre pour défendre une politique de discrimination raciale à l'égard des Noirs. Entre 1924 et 1933, le Parti nationaliste allié au Parti travailliste fut au pouvoir. La province du Cap avait longtemps conservé une disposition relative au droit de vote des Africains possédant de l'instruction et des biens. En 1909, 4,7 % des électeurs du Cap étaient africains. Mais cette disposition fut abrogée en 1931.

L'Afrique du Sud dans les années 1890. Une famille boer du Transvaal en route vers le nord : la fièvre de l'or s'est emparée de la région de Johannesburg.

La discrimination raciale prend forme

Quelles furent donc les implications de cette souveraineté blanche en matière de développement économique et social ? La conquête des terres et le système des réserves furent les facteurs les plus importants. La loi agraire de 1913 (« Native Land Act ») réservait 7 % des terres du pays à la population africaine (cette proportion allait atteindre 13 % au cours des 50 années à venir). Hormis cela, celle-ci n'avait pas le droit de posséder des terres et était donc assimilée en réalité à une main-d'œuvre étrangère. En 1930, 22 % des Africains vivaient dans des villes, environ 45 % travaillaient pour des agriculteurs blancs comme métayers ou journaliers, et le reste de la population résidait à demeure dans des réserves. Pour séjourner hors de celles-ci, un passeport était exigé. L'agriculture de ces réserves ne tarda pas à péricliter sous l'effet conjugué de la surpopulation et d'une faible productivité. Il devenait dès lors nécessaire de se procurer un travail salarié.

Mais bien entendu, cet abandon de l'agriculture au profit d'un travail rémunéré ne résulta pas uniquement de mesures coercitives. Dans les sociétés africaines indépendantes de la partie orientale de la province du Cap, une ligne de partage se dessinait dès la fin du XIXe siècle entre fermiers entreprenants et aisés d'une part, main-d'œuvre agricole de l'autre. Et la « prolétarisation » devint aussi un

Cecil Rhodes, le représentant le plus agressif de l'impérialisme britannique en Afrique du Sud. Il spécula dans les mines, fut Premier ministre de la colonie du Cap et organisa aussi bien les attaques contre les républiques boers des hauts plateaux que la conquête de la Rhodésie (Zimbabwe et Zambie) au nord.

Un commando de Boers se réunit à Newcastle (Natal). Les Boers démontrèrent l'efficacité des techniques modernes de guérilla. Les Britanniques leur opposèrent une autre « trouvaille » : le regroupement des populations rurales dans des camps de concentration.

Enthousiasme norvégien pour les Boers

Les Boers furent largement soutenus par l'opinion européenne, notamment aux Pays-Bas et en Allemagne. L'Irlande envoya deux brigades de volontaires. En Norvège, on compara le combat des Boers contre les Anglais à celui des Norvégiens contre les Suédois. Le parlement accorda des crédits pour envoyer deux observateurs militaires norvégiens. Les historiens s'engagèrent aussi : Ernst Sars s'opposa à une reconnaissance de la conquête britannique, Halvdan Koht écrivit un livre sur la situation au Transvaal et Jac. S. Worm-Müller signa en 1902 une biographie consacrée au général boer Christian de Vet avec en sous-titre « présentation d'un héros et de son combat ». La même année, il se rendit aux Pays-Bas pour rencontrer le président en exil Krüger. Dans « Le Figaro », Bjørnson exorta la communauté internationale à protester comme à l'occasion de l'affaire Dreyfus. Mais Ibsen se montra sceptique : « ... toute cette agitation boer est un tantinet ridicule ». Le journal « Morgenbladet » s'inquiéta à l'idée d'une défaite britannique, craignant que l'équilibre des forces n'en soit affecté, ce qui aurait donné du champ à l'ours russe !

(Arne Gunnar Carlsson : *Norske reaksjoner på boerkrigen 1899-1902*, Trondheim 1978.)

problème chez les Boers quand la population augmenta et que les terres se firent rares. Nombre d'entre eux s'employèrent comme métayers (« bijwoners ») pour le compte d'autrui, et beaucoup allèrent s'installer dans les villes. A la fin des années 1920, il y avait près de 300 000 « Blancs pauvres » de ce type.

Un intéressant conflit entre considérations raciales et intérêts économiques apparut précocement. Au cours des années difficiles qui suivirent la Première Guerre mondiale, les compagnies minières voulurent augmenter le nombre des travailleurs africains qualifiés pour réduire les coûts salariaux. Mais cela provoqua des réactions violentes de la part des ouvriers blancs. En 1922, au cours de la « révolte de Randu », 230 grévistes blancs trouvèrent la mort lors des affrontements avec la police, et quatre de leurs meneurs furent pendus. Ce fut une des raisons qui poussa en 1924 le Parti travailliste à apporter son soutien au Parti national raciste. Et la récompense ne se fit pas attendre. En 1926, une nouvelle loi sur le travail stipula que les ouvriers blancs avaient le droit exclusif d'occuper les emplois qualifiés et bien payés dans les mines et autres grands chantiers. Ainsi se créa une « aristocratie ouvrière » sur des bases raciales. Les compagnies minières se montrèrent également sceptiques à l'égard des importantes subventions accordées aux agriculteurs blancs. Ces mesures qui s'exerçaient au détriment des produits africains rendaient la nourriture plus chère et partant les coûts de production plus élevés. Ainsi donc, un régime raciste pouvait aller à l'encontre des intérêts du capitalisme.

Industrialisation et protestations africaines

Ce fut l'industrialisation qui creusa le fossé entre l'Afrique du Sud et le reste du continent. Les activités minières engendraient des activités multiples : développement des transports, ateliers de réparation, fonderies, fabriques de

« Royal Horse Artillery », tableau de George Scott (1900). La supériorité des Britanniques décida finalement de l'issue de la guerre des Boers. Mais à peine 50 ans plus tard, ceux-ci, par voie électorale, avaient conquis le pouvoir dans toute l'Union sud-africaine.

ciment et autres matériaux de construction, centrales électriques, etc. Les ressources fiscales en provenance des mines permirent à l'Etat de pratiquer une politique industrielle active. A la fin des années 1920, il décida de créer une industrie lourde basée sur le fer et l'acier ainsi que d'améliorer l'approvisionnement en électricité, eau et gaz. Simultanément se développa une industrie de transformation, notamment agro-alimentaire. En l'espace de cinq ans, de 1933 à 1938, le produit national brut augmenta de 70 %. Cela créa 400 000 emplois dans l'industrie, les trois quarts d'entre eux pour des travailleurs non européens. Les salaires étaient bas en comparaison avec l'Europe mais élevés par rapport au reste du continent.

Outre les richesses minières, les ressources humaines furent le moteur économique de l'industrialisation. Avec ses connaissances, son sens de l'organisation, son pouvoir d'achat, l'importante population blanche bénéficia en outre de ses contacts internationaux et de ses possibilités de mobiliser des capitaux étrangers. C'est pourquoi l'Afrique du Sud est plus comparable aux dominions blancs qu'aux autres pays du continent noir. Son exemple montrait que le fait d'être situé à la périphérie du marché mondial n'avait pas nécessairement d'effet inhibiteur sur un développement économique multiple.

Jusqu'en 1940, la résistance autochtone en Afrique du Sud revêtit en gros le même aspect que dans les colonies évoluées plus au nord du continent. Les confiscations de terres et les exigences fiscales poussèrent des milliers de Zoulous à se révolter en 1906 sous la conduite de leur chef Bambata. Au cours de ce soulèvement, 30 Blancs et environ 3 000 Zoulous furent tués. Les Eglises sionistes et les mouvements prophétiques connurent un remarquable essor au moment de la Première Guerre mondiale, phénomène incontestablement lié au désespoir provoqué par la loi agraire de 1913. Les protestations populaires pouvaient toujours prendre des formes religieuses quand les issues politiques étaient bouchées.

Des Africains instruits avaient fondé des journaux dès la fin du XIXe siècle, et en 1912 fut créé le Congrès national africain (ANC) sur le modèle du Congrès national indien. Avant la Première Guerre mondiale, Gandhi avait remporté des succès avec sa campagne de désobéissance parmi les Indiens d'Afrique du Sud, mais des actions analogues de la part des Noirs restèrent sans résultat. L'ANC était une organisation typiquement élitiste qui comptait encore moins de 4 000 membres en 1938. Ses moyens d'action consistaient essentiellement en articles de journaux, lettres de protestations et délégations à Londres. Ainsi, en 1936, l'organisation protesta contre la loi agraire de 1913 et la perte du droit de vote africain dans la province du Cap. Un syndicat fondé en 1920, l'*Industrial and Commercial Worker's Union* (IUC), se montra plus efficace. Au mieux, il approcha les 200 000 membres, mais les problèmes financiers, les actions policières et les dissensions entre dirigeants communistes et non communistes avaient en 1930 paralysé cette organisation.

Globalement considérées, les protestations africaines avant 1940 furent mesurées et tolérantes à l'égard des Blancs. L'Afrique du Sud connaissait une croissance économique rapide, les salaires étaient plus élevés que dans les autres régions d'Afrique et les Africains aisés avaient toujours accès au meilleur système éducatif du continent. Toutes les voies menant à des droits politiques au sein d'une société multiculturelle ne semblaient pas irrémédiablement fermées. Mais en fait, l'opinion au sein de la population blanche était alors en train de se durcir, et une politique plus radicale de discrimination raciale s'annonçait.

Travailleurs africains dans les mines d'or de Johannesburg. La prospérité de l'Afrique du Sud et tout le système monétaire occidental devinrent largement dépendants de ces mineurs noirs.

La classe supérieure blanche en Afrique du Sud. On pratique ici le bowling sous sa forme initiale dans des installations luxueuses.

Epilogue

Avec ce volume de Mémoires du Monde, nous sommes arrivés au seuil de notre propre siècle. Les événements relatés nous concernent tout particulièrement. Bien des traits fondamentaux de la société moderne apparaissent au cours de la période 1870-1914 : les innovations techniques révolutionnaires, l'urbanisation, les migrations de population, l'industrialisation, l'école pour tous et le développement du secteur public au niveau national et communal. C'est aussi l'époque où l'on commence à prendre conscience des coûts humains du développement. La solitude n'augmente-t-elle pas, les solidarités familiales et locales n'ont-elles pas tendance à s'affaiblir, les valeurs affectives ne s'appauvrissent-elles pas dans une société dominée par le souci d'efficacité ? Nous avons vu Max Weber s'en prendre à ces spécialistes sans âme et ces amateurs de sensations sans cœur qui s'imaginaient avoir atteint un niveau de civilisation insurpassable. Nombreux furent les penseurs, sociologues et artistes de l'époque qui s'attaquèrent à ces problèmes dont l'actualité demeure brûlante. Etudier cette période, c'est comme dialoguer avec nous-mêmes.

La croissance économique d'alors, fondée sur les techniques modernes, apparaît comme une énigme dans l'histoire universelle. En plus des conditions matérielles, nous avons souligné dans ce volume l'importance des progrès des sciences et la collaboration de plus en plus étroite entre la recherche et l'industrie. Nous avons aussi insisté sur les facteurs humains : santé et éducation, morale du travail et discipline. Sans nul doute, la *liberté* fut également source de prospérité économique : le capitalisme et la démocratie bourgeoise encouragèrent l'entreprise privée tandis que simultanément, le nationalisme renforçait l'esprit civique. Nous avons constaté que de nombreux penseurs non occidentaux expliquaient en dernière analyse les triomphes de l'Occident par des facteurs spirituels et culturels de cette nature.

Après 1870, l'histoire universelle acquit une nouvelle dimension du fait du rattachement étroit de tous les continents à un marché mondial en pleine expansion. Ce phénomène constitue également une explication importante à cette « croissance énigmatique ». L'économie monétaire et la production pour le marché, l'industrialisation et l'éducation pénétrèrent progressivement dans toutes les parties du monde. C'est la raison pour laquelle il nous a paru naturel de suivre le même plan dans les chapitres de ce volume consacrés aux différentes régions. Si le lecteur a le sentiment que c'est la même histoire qui se répète sous des formes variées, nous aurons atteint notre but.

On ne saurait ramener l'évolution moderne du tiers monde à la simple résultante d'une *diffusion* de la « civilisation occidentale ». Le titre de ce volume — « L'Occident conquiert le monde » — implique donc une forte simplification. Dans toutes les régions du monde, un développement interne avait commencé à s'opérer avec l'accroissement démographique, le développement du commerce, les transformations sociales et politiques. L'émergence d'un capitalisme commercial intérieur en Chine et au Japon avant la rencontre avec les Européens en offre le meilleur exemple. Le rythme de l'évolution ultérieure allait dépendre de ce stade initial. Mais le capitalisme commercial était une chose, le développement industriel une autre. L'apport unique de l'Occident à la civilisation mondiale résida dans la formidable expansion des techniques qui notamment sous forme industrielle allaient se répandre sur tous les continents.

Dans la conquête du marché mondial, l'impérialisme fut le compagnon d'armes du capitalisme. Il se montra inutile dans les dominions blancs et en Amérique latine, ces territoires possédant des Etats de type européen qui misaient sans réserves sur les capitaux et le savoir-faire européens. Mais dans d'autres parties du monde, les Européens firent parler la force de différentes manières pour élargir le commerce et pour introduire techniques et formes d'éducation modernes. Nous avons vu que cela s'opéra essentiellement à l'aide de traités de libre commerce autoritairement imposés au Moyen-Orient, en Chine et au Japon. Après quoi les marchandises industrielles firent elles-mêmes une bonne partie du travail pour parachever la « conquête ». Elles étaient meilleures et moins chères que les produits de l'artisanat local et incitèrent donc les gens à gagner de l'argent pour en acheter, de sorte qu'ils s'orientèrent vers la production commerciale ou le travail salarié. Dans bien des cas, le capitalisme se montra à même de l'emporter par ses propres forces, sans grande intervention impérialiste. Mais l'Afrique et l'Asie du Sud-Est furent directement placées sous tutelle coloniale.

Le facteur essentiel qui décida de l'évolution des pays non européens, ce fut le degré de puissance des structures politiques locales. Après 1870, l'Etat japonais indépendant put jouer un rôle actif dans l'industrialisation, si bien que les accords de libre commerce arrachés sous la contrainte ne constituèrent pas un obstacle rédhibitoire. En revanche, l'empire chinois, affaibli par des luttes intestines, ne se montra pas capable d'une telle mobilisation nationale. Et nous avons vu que là comme en Egypte, les puissances européennes s'étaient refusées à favoriser les industries locales. En outre, la Chine fut condamnée à verser d'énormes dommages à la suite d'actions militaires européennes.

En Afrique, l'absence d'Etats centralisés servit de justification essentielle à l'instauration de régimes coloniaux. Sinon, comment ce continent aurait-il pu être doté de moyens de transports modernes et rattaché de façon stable au marché mondial ? Le colonialisme surmonta l'« arriération politique » en mettant en place des appareils d'Etat modernes tant en Afrique qu'en Asie du Sud-Est. Mais le rôle des autorités coloniales dans le développement économique demeure l'objet de vives discussions. Les opinions émises dépendent notamment de ce qu'on croit qu'il serait advenu *sans* le colonialisme. Par comparaison avec le Japon indépendant, l'industrialisation dans les colonies demeura fort modeste. Mais la situation de départ *avant* la colonisation était aussi bien plus mauvaise, notamment en Afrique. Le colonialisme ne fit pas obstacle au développement industriel : en 1940, près de la moitié des exportations de l'Inde consistait en produits manufacturés.

Notre petite planète. Les images prises par satellite nous permettent d'en prendre la mesure. Les perspectives nouvelles liées à la conquête de l'espace peuvent peut-être aussi nous aider à voir l'évolution historique sous un jour plus global, plus synthétique.

Cette évolution globale fut dirigée par les Occidentaux appartenant à l'élite bourgeoise. Chefs d'orchestre du capitalisme, ils donnèrent le ton en matière de style de vie moderne. Parmi les réactions suscitées par cette évolution, certaines se montrèrent réformistes, d'autres révolutionnaires. La majeure partie de la classe ouvrière occidentale doit être considérée comme réformiste. Son combat se fit plus âpre au cours de cette période, mais il visait essentiellement à *réformer* le capitalisme par une redistribution des fruits de la croissance. Politiquement et culturellement, la tendance fut à une intégration croissante des travailleurs à la société bourgeoise. Il en alla de même pour les ruraux. Mais nous avons aussi constaté çà et là l'existence de courants populistes exaltant l'idéal du petit paysan indépendant.

Dans le tiers monde également, les catégories sociales modernes — gens d'affaires, fonctionnaires et militaires — adoptèrent une attitude réformiste : poursuite du développement en cours mais diminution de la domination européenne. La plupart des « révolutions » qui se produisirent entre 1870 et 1914 correspondent à ce schéma — celles d'Egypte (1881), de Russie (1905), de Perse (1905-06), de Turquie (1908) et de Chine (1911) résultèrent d'une opposition conjointe à l'aristocratie locale et à l'influence européenne. Mais ceux qui les dirigèrent acceptaient le rattachement au marché mondial et le modèle occidental de développement. Dans les territoires coloniaux, et d'abord en Inde, les nationalistes exigèrent certes un pouvoir *politique* accru, mais avant 1914, la décolonisation ne fut pas à l'ordre du jour.

Les élites du tiers monde furent amenées à s'interroger sur leur propre culture. Sous la rubrique de « nationalisme culturel », nous avons évoqué comment des intellectuels et des personnalités religieuses s'efforcèrent dans toutes les parties du monde de préserver leurs racines autochtones tout en adaptant les traditions à la science et à l'économie modernes.

Des mouvements authentiquement révolutionnaires exigeant une restructuration radicale de la propriété se développèrent au sein des populations rurales d'Europe orientale et méridionale ainsi qu'en Amérique latine. La révolution mexicaine de 1911 tendit à faire disparaître les grandes propriétés, et la révolution russe de 1917 réalisa un programme communiste. Mais même les communistes russes acceptèrent l'industrie moderne et l'Etat fort comme instruments au service du progrès. De la sorte, ils incarnèrent une variante particulière de l'idéologie moderne du développement.

Les insurrections paysannes spontanées à coloration religieuse représentèrent les alternatives les plus révolutionnaires. Nous en avons rencontré des exemples sur tous les continents : les « révoltes primitives » d'Europe du Sud, les sectes chrétiennes, « millénaristes », d'Afrique et d'Amérique latine, les mouvements prophétiques et « fondamentalistes » en terre islamique, la révolte des Taiping et celle des Boxers en Chine. Ces courants comportaient aussi un élément conservateur, à savoir la croyance en un âge d'or originel, en un paradis perdu qu'il s'agissait d'essayer de restaurer.

Une présentation d'ensemble comme celle esquissée dans ce volume ne pouvait viser qu'à restituer les grands traits de l'évolution globale, abstraction faite des individus concrets et des événements particuliers — notre planète vue par satellite en quelque sorte, avec l'inévitable perte de nuances que cela implique.

La politique internationale n'a nullement constitué l'un des thèmes majeurs de ce livre, mais nous avons vu comment l'évolution moderne a modifié l'équilibre des forces entre les nations. L'Allemagne est devenue la nouvelle grande puissance européenne. En Asie, le Japon s'est affirmé comme le premier challenger « de couleur ». Autre première, la confrontation dans le Pacifique des Etats-Unis et de la Russie, les deux futures superpuissances. De même que le capitalisme avait engendré des conflits de classes, ainsi l'impérialisme avait entraîné de nouvelles tensions entre nations. Et la science et l'industrie modernes avaient jeté les fondements d'une course aux armements qui allaient donner aux hommes des possibilités illimités de se détruire eux-mêmes. Notre période se termine lorsque la Première Guerre mondiale éclate.

Postface

par le professeur François Caron

L'histoire du monde, de 1870 à 1914, peut se lire de deux manières. Est-elle l'étape ultime de l'entreprise de domination de la planète, entamée par l'Europe au XVIe siècle ? Où fournit-elle, en conformité avec le modèle libéral, une illustration éclatante du pouvoir créateur de l'échange ? Chacune de ces visions de l'histoire contient sa part d'exactitude et d'erreur. C'est autour de l'Europe occidentale que s'organisa l'économie internationale et l'intensification des échanges constitue bien le fait dominant de la période. La diffusion, dans le monde entier, du modèle de croissance, apparu en Europe Occidentale au crépuscule des temps modernes, en fut la conséquence directe. Mais l'accélération du processus devait entraîner sa remise en cause radicale. L'histoire de cette époque peut alors se lire comme l'amorce du déclin de la domination européenne.

L'élargissement de l'espace européen a atteint son apogée entre 1870 et 1914. Le monde devint une « Europe sans rivages », qui intégrait pays neufs, colonies et pays soumis. La prospérité de l'Europe et du monde reposa sur l'intensification des échanges entre les pays et les continents. La renaissance du protectionnisme, à partir des années 1880, ne fit qu'en ralentir l'allure. L'Europe exporta ses hommes, ses capitaux et ses marchandises, en un mouvement coordonné de ces trois composantes de l'échange international. L'impulsion fut donnée par le progrès des techniques de transport et de communication : chemins de fer, marine à vapeur, technologies du froid, télégraphie continentale et transocéanique, mais aussi tunels, canaux maritimes et installations portuaires. Par une sorte de miracle, la croissance des échanges mondiaux fut équilibrée. Elle se développa dans une atmosphère de stabilité monétaire. Le réseau des grandes places financières et bancaires, dominées par celle de Londres, mais solidaires les unes des autres, joua un rôle de régulateur du système. Mais la montée en puissance des Etats-Unis y introduisit un élément de déséquilibre, auquel la guerre donna une dimension inattendue.

L'économie mondiale connut, à partir des années 1890, une seconde vague d'industrialisation. Le processus de croissance soutenue se diffusa vers les périphéries européennes et les pays neufs, mais aussi vers l'Asie, le Japon ouvrant la marche. Dans les pays déjà engagés sur la voie de l'industrialisation, la croissance s'accéléra. Elle s'accompagna d'un bouleversement des fondements technologiques de la civilisation matérielle. L'électricité, le moteur à explosion, la turbine, l'automobile, l'aéronautique, le téléphone, la chimie de synthèse, la biochimie figurent parmi les composantes d'un nouveau système technique, qui s'épanouit au XXe siècle. Certaines de ces filières dérivaient directement de l'application de découvertes scientifiques. D'autres, à partir d'une base purement technologique, subirent un irrésistible processus de « scientification ». Le contrôle des connaissances, par les Etats et les entreprises, devint, dès lors, plus que jamais, un enjeu de pouvoir. Le fait était ancien. Mais il prit des dimensions nouvelles : l'apparition, en Allemagne et aux Etats-Unis, des grands laboratoires de recherche industrielle en témoignent. Les stratégies d'entreprises furent dorénavant dominées par la volonté de contrôler l'évolution des savoirs. Le double mouvement de concentration et de multinationalisation en résulta tout naturellement.

En Occident, les techniques nouvelles apportaient des solutions appropriées aux dysfonctionnements du système antérieur, issu de la première révolution industrielle. elles offraient surtout une réponse aux aspirations de la société, pour plus de bien-être, de santé, de confort, de loisir, de communication. Les consommations alimentaires se diversifièrent et s'améliorèrent considérablement. De nouveaux produits apparurent, tels que l'automobile, la bicyclette ou le téléphone, qui firent naître des pratiques culturelles propres à chacun d'entre eux. L'invention du marketing, le recours à une publicité intensive en assurèrent la promotion. Une divergence apparut entre une société américaine orientée vers la consommation et la production de masse, et les sociétés européennes, dont les comportements de consommation étaient restés plus diversifiés et les méthodes de production plus traditionnelles.

La modification des schémas de consommation était la conséquence naturelle de la hausse des niveaux de vie. Les taux de mortalité se réduisirent considérablement. Le combat contre les microbes et les épidémies était déjà bien engagé. Les salaires réels s'accrûrent sensiblement. Ainsi naquit une classe ouvrière nouvelle, mieux logée, mieux nourrie, mieux protégée contre les accidents, la maladie et la vieillesse. La pauvreté n'était pas vaincue, mais elle n'était plus considérée comme fatale, ni même tolérée. Les sociétés paysannes furent durement touchées par la concurrence des pays neufs et la mort des industries rurales. Mais elles entamèrent, à des rythmes plus ou moins rapides, un processus de modernisation. La grande bourgeoisie se renouvela et s'enrichit. Tout le monde ne fut certes pas gagnant au grand jeu des affaires. Mais les occasions d'édifier de belles fortunes ne manquèrent pas. L'acteur principal du changement social fut une classe moyenne, en pleine mutation, formée d'ingénieurs, de techniciens, d'ouvriers hautement qualifiés, d'artisans, de cols blancs, de petits entrepreneurs. La position de la femme dans cette société en mouvement évolua rapidement.

Dans un monde en expansion, de graves tensions apparurent. Un nationalisme exacerbé précipita l'Europe dans la folie meurtrière de 1914. Des résistances de plus en plus fortes à la diffusion du modèle occidental de développement s'affirmèrent. En Russie même, le changement institutionnel et social ne suivit pas les rythmes d'une réussite économique, pourtant éclatante. Le système s'effondra en 1917. Dans les pays d'outre-mer, le processus de développement fut inégal. Les pays neufs connurent une croissance rapide, mais développèrent des systèmes sociaux totalement opposés les uns des autres. Les pays coloniaux ne reçurent qu'une très faible part, bien insuffisante pour satisfaire leurs besoins, des investissements internationaux. Leur essor économique fut, dans de nombreux cas, bridé. Le contact avec le marché mondial et la civilisation occidentale n'entraîna qu'assez rarement un développement équilibré. Il eut, dans certains cas, des effets destructeurs. L'évolution fut largement conditionnée par la situation politique, sociale et culturelle des différents pays, brutalement confrontés au système de valeurs et aux techniques occidentales. Le rejet absolu de la « modernité » fut rare et ne dura pas. Mais, dès avant 1914, l'idéologie nationaliste et le réveil des consciences religieuses donnèrent, aux peuples soumis, les moyens d'affirmer leur identité, menacée de disparition.

La guerre de 1914 ne fut pas la conséquence des « contradictions internes » du capitalisme. Diplomates et hommes politiques ne purent échapper, à partir de 1871, aux logiques de l'intimidation et des rapports de force. L'Europe en sortit fragilisée durablement. Mais, dans l'histoire du monde, les « leaderships » n'ont jamais été que provisoires.

Monsieur François CARON
*Professeur à l'Université
de Paris IV Sorbonne*

Index
des noms de lieux et de personnes

Un index complet figure dans le volume XVI.
La lettre B après un numéro de page renvoie à la légende d'une illustration, la lettre R à un encadré. Les mentions f et ff indiquent qu'il faut également consulter la ou les pages suivantes.

D

E

F

G

H

I

J

K

S

T

U

V

W

Y

Z

Liste des illustrations

1	Les débuts de l'humanité	5	Le Moyen âge face aux nomades 1000-1300
2	La naissance des grandes cultures 1200-200 av. JC.	6	L'Europe en crise 1300-1500
3	L'Asie rencontre l'Europe 200 av. JC.-500	7	Les grandes découvertes 1350-1500
4	Les religions en marche 500-1000	8	La nouvelle Europe 1500-1750